中央高校建设世界一流大学学科和特色发展引导专项资金资助
中央高校基本科研业务费资助

财政政治学文丛

# 县治的财政基础
## ——基于县级基本公共服务提供的视角

陶 勇／著

复旦大学出版社

## 丛书组成人员

丛书顾问　施　诚　王联合

丛书主编　刘守刚　刘志广

丛书编委会（拼音为序）

　　　　　　曹　希　李　钧　梁　捷　林　矗　刘守刚　刘志广
　　　　　　马金华　马　珺　宋健敏　汤艳文　陶　勇　童光辉
　　　　　　王瑞民　魏　陆　温娇秀　武靖国　解洪涛　徐一睿
　　　　　　闫　浩　杨海燕　杨红伟　曾军平

# 总序 PREFACE

　　成立于2013年9月的上海财经大学公共政策与治理研究院,是由上海市教委重点建设的十大高校智库之一。我们通过建立多学科融合、协同研究、机制创新的科研平台,围绕财政、税收、医疗、教育、土地、社会保障、行政管理等领域,组织专家开展政策咨询和决策研究,致力于以问题为导向,破解中国经济社会发展中的难题,服务政府决策和社会需求,为政府提供公共政策与治理咨询报告,向社会传播公共政策与治理知识,在中国经济改革与社会发展中发挥"咨政启民"的"思想库"作用。

　　作为公共政策与治理研究智库,在开展政策咨询和决策研究的同时,我们也关注公共政策与治理领域基础理论的深化与学科的拓展研究。特别地,我们支持从政治视角研究作为国家治理基础和重要支柱的财政制度,鼓励对财政制度构建和现实运行背后体现出来的政治意义及历史智慧进行深度探索。在当前中国财政学界,从政治学角度探讨财政问题的研究还不多见,研究者也零星分散在各高校,这既局限了财政学科自身的发展,又不能满足社会对运用财税工具实现公平正义的要求。因此,我们认为有必要在中国财政学界拓展研究的范围,努力构建财政政治学学科。

　　呈现在大家面前的丛书,正是在上海财经大学公共政策与治理研究院率先资助下形成的"财政政治学文丛"。作为平台,它将国内目前分散的、区别于当前主流方法思考财政问题的学者聚合在一起,以集体的力量推进财政政治的研究并优化知识传播的途径。文丛中收录的著作，内容上涵盖基础理论、现实制度与历史研究等几个方面，形式上以专著为主、以文选为辅，方法上大多不同于当前主流财政研究所用分析工具。

我们上海财经大学公共政策与治理研究院将继续以努力促进政策研究和深化理论基础为己任，提升和推进政策和理论研究水平，引领学科发展，服务国家治理。

胡怡建

2019.10

# 前言 PREFACE

作为中国基层行政单位的县,自古以来就是联系国家行政和乡村社会、承上启下的桥梁。县级政府直接服务于农村地区的农村居民,承担着为广大农村居民提供公共产品和公共服务的重任,在推进基本公共服务均等化中地位关键,作用重要。公共服务的提供是否有效,中央政策是否能够贯彻和落实,农村社会经济的发展和基层社会的稳定,关键都要看县级政府,所以,自古以来就有"郡县治,天下安"一说。

财政是国家治理的基础,财政也是县治的基础,县级基本公共服务的提供需要充沛的财力来保障。然而,自 20 世纪 90 年代中期以来,县级财政收支矛盾日益突出,县级财政困难重重已经成为一种常态,这导致了县域公共服务的提供水平低下,严重不足,深刻影响了广大农村人口的公共利益。为此,增强县级政府提供基本公共服务的财力保障,提高县级政府治理的水平是政府和学术界亟待研究和解决的一项重要课题。

本书的研究对象是除了市辖区的所有的县级单位,特别聚焦和关注于真正的 1 483 个县。以县级基本公共服务和县级财力动态保障机制为两个基本抓手,首先从理论上阐述和界定县级政府提供基本公共服务的内涵和外延;通过设立系列指标,以县级义务教育、公共卫生、社会保障和基础设施四大主要基本公共服务为研究对象,对 2000—2016 年县级基本公共服务提供的现状进行实证分析,论证了县级基本公共服务在地区和城乡之间配置的现状和趋势;对 1993—2015 年县级财政基础和财力的状况进行评估和实证研究;研究县级财政能力对县级基本公共服务提供水平、均等化以及政府支出行为的影响;探究县级政府提供基本公共服务财力缺失的体制性原因;最后提出相关政策建议。

本书研究主要包括七个部分的内容。

在第一章导论部分,首先界定本书的研究对象和重要的基本概念;分析县级政府区别于其他级别地方政府的特征:县级政府和县级财政"农政"的特征,县级政府涵盖性、衔接性、综合性、独立性的特征,县级政府与乡镇政府的异同。

第二章首先从理论上分析县级基本公共服务的内涵和外延;从财政分权理论、新公共服务理论以及县级政府提供基本公共服务的特殊地位等方面,为县级政府在提供县级基本公共服务中的主体地位提供了理论支持。

县级基本公共服务的特征包括:(1)县级公共服务主要属于农村公共服务范畴;(2)绝大多数县级公共服务属于准公共产品,具有较强的外溢性;(3)县级政府是县级基本公共服务的主要提供者;(4)基础性和阶段性。

县级基本公共服务范围很广,主要包括:有助于农业生产和农村经济发展的基础设施;有利于提高县域居民福利的民生类基本公共服务;有助于县域社会经济可持续发展的公共产品。由于县级公共服务所覆盖的范围非常广泛,这就决定了县域基本公共服务提供方式的复杂性和多样性。

第三章从投入和产出的视角,对县级义务教育、公共卫生、社会保障、基础设施的投入和产出分别设立单项评价指标,通过对各单项指标的统计分析以及采用综合评价方法的分析,得出的基本结论是:2000—2016年,各级财政对县级义务教育、公共卫生、社会保障、公共设施的投入不断增加,县级基本公共服务的供给水平有了很大程度的提高,但是东中西地区间、省际间、城乡之间、县域内部的城乡之间的差距依然较大,两极分化严重。不过令人欣慰的是,在各级政府的高度重视下,总体来说,差距有缩小的趋势。但是,提高县级基本公共服务的供给水平和实现均等化的任务依然任重道远。

第四章根据数据的可得性,重点对县级政府一般公共预算收入的现实财力状况进行评估,一般公共预算反映了县级政府的可支配财力,是县级政府真正的财政基础。通过设立财政收入类、财政支出类、财政收支对比类、影响县级财政收支状况经济类的系列指标,从县级财政收入、财政支出、财政收支对比的三个视角,对1993—2015年中国县级政府财政收入的形式和内容、县级财政支出、县级财政自给能力、转移支付运行等进行全面系统的评估,分析县级财政基础以及财政压力的形成和表现。基本结论是:20世纪90年代以来,随着社会经济的发展,县级政府的财政收入有了很大的提高,但是,财政收入增长缺乏弹性,财政收入具有不稳定性;人均县级财政收入远低于全国平均人均财政收入;县级财政收入缺乏稳定的自主财源,对非税收入、上级政府的转移支付依赖性较大,债务负担和债务风险不断加大;地区间县级财力差距较大;五级政府中,县级政府的支出责任最大,财政收支矛盾日益突出,县级财政自给能力弱化,严重影响到我国基本公共服务的提供水平和均等化的实现。

第五章基于全国县级财政数据和以安徽省为案例的县级财政数据,建立动态面板数据的回归模型,通过使用广义矩估计GMM的方法,在一定程度上解决了模型中的内生性问题带来的估算偏差,定量分析县级财政能力对基本公共服务供给、均等化及支出行为的影响。研究发现如下:(1)县级财政自给率对全国县域基本公共服务、安徽省内县级基本公共服务供给的影响均为正,且结果高度显著。也就是说,县级财政自给能力越高,基本公共服务供给的水平就越高,均等化水平就越高。县级财力大小是因,基本公共服务的提供为果,要解决县级财政困难问题,提高它们提供基本公共服务的保障水平,必须要改善县级政府自身财力状况,增强县级政府自主发展能力和财政自给能力是县级财政解困的首要目的。(2)一般转移支付对安徽省内县级基本服务的供给具有明显的促进作用,专项转移支付对安徽省内县级基本公共服务供给的影响是负,且非常显著。这一结论与我国目前专项转移支付制度的不完善有着很大的关联性。因此,我国一般性转移支付的均等化作用必须得到肯定,而且还要继续加大一般性转移支付的比重,改革和完善专项转移支付制度。(3)县级财政自给率对基本建设支出占比有负相关的影响,且非常显著;县级财政自给率与教育支出占比有着显著的正相关关系。这意味着县级政府为增加财政收入和官员的政绩考核需要,具有偏向于将有限的财政资金用于经济建设的行为倾向,而忽视了教育的投入,在教育的投入上更加依赖上级政府的转移支付。为了保障基本公共服务供给与需求的平衡,需要规范县级政府的支出行为,优化政府支出结构,加大对民生类项目的投入力度。

第六章从纵向体制和横向体制两个方面,探求导致县级政府提供基本公共服务财力弱化的体制性原因。从横向体制的视角来看,就是长期以来我国实行的是城乡分治的二元经济结构,加剧了城乡之间的割裂状态,这也是造成基层财政困难的根本原因之一。从纵向的体制来看,地方政府治理结构,特别是省以下财政体制的不完善是造成我国县级财政困难的体制性原因。本章最大的亮点在于对各省"千头万绪"、内容繁杂的省以下财政体制进行的梳理,了解省以下收入划分、公共服务事权和支出责任划分、转移支付运行的现实情况和基本特征,发现省以下财政体制存在的问题,是建立县级政府提供基本公共服务财力保障机制的基本条件。主要观点:(1)省级以下政府事权划分不合理,县级政府的支出责任最大。(2)分税制设立的地方税收体系具有城市和工业倾向的特征,不利于农业县增加财政收入,并且加大了地区间财政能力的差距;过多采用"共享税"模式,地方共享税分配比例低,导致了地方财政困难。(3)省以下收入划分不合理,主要表现为:财政收入划分的形式多样化,收入规模较大,收入稳定的税种被划为省与地市或省与县(市)共享收入;划归为市县的税收收入少,税源分散,缺乏主体税种,省以下财力分配向省级政府集中;省以下转移支付规模大,县级政府对转移支付的依赖性过大,且专项转移支付规模大于一般性转移支付;省级政府没有起到均衡省以下财力,保障基层政府基本支出的责任。(4)"省管县"与"乡财县管"的省以下财政体制改革,也存在着许多问题,并没有真正缓解县乡财政的困难。

　　第七章认为由于中国县级政府众多,各县之间的经济发展水平参差不齐,差异很大,为了满足广大县域居民不断提高的基本公共服务需求,县级政府财力保障机制的政策应该因地制宜,适当弹性化,进行动态调整,不仅要提高县级政府的可支配财力,还要进一步增强县级政府财政自主发展能力和财政自给能力,以充分保障县级政府财力的可持续性。主要观点:(1)坚持城乡一体化的政策导向,加大对县域(农村)基本公共服务投入力度。建立国家级"农业县一般转移支付基金",专门用于农业县的财政解困;与农民市民化进程挂钩,提升财政提供基本公共服务的水平;加快农村基层民主制度建设,建立有效的农村公共资源使用监督机制;建立以政府为主体,社会协同治理的多元化县级公共服务。(2)根据相关理论、国际经验,结合中国的实际情况,本章最大的亮点是给出了教育、社会保障、公共卫生、公路事权与支出责任的划分清单,改革的基本方向是省级政府的支出责任要增强,市、县政府的支出责任要减少,改变目前基层政府支出责任过重的状况。同时要明确省以下事权和支出责任划分法律文本。(3)理顺省以下政府间收入划分,建立财力动态保障机制。一是建议赋予省以下各级地方政府相应的财权,根据事权的类型和属性,灵活匹配财权和财力。自有事权(法定事权):事权、财权与财力的匹配;委托事权:事权与支出责任的匹配;共担事权:事权与财力的匹配。二是加强县级政府财源建设,实行地方财源动态管理。包括:努力培育自有财源——大力发展县域经济;巩固主体财源——完善地方税制,构建地方各级主体税种;规范补充财源——加强基层政府非税收入和债务管理;完善来自上级政府的财源——完善政府间转移支付;挖掘潜在财源——提高国有资本经营收益上缴地方公共财政的比例。(4)加快地方政府治理结构的改革:从"省管县财政改革"转向"省管县行政改革",逐步减少行政级次;正确处理"条条"与"块块"的关系;改革政府考核和官员晋升机制。

# 目录 CONTENTS

| | |
|---|---|
| 第一章　导论 | 1 |
| 　第一节　研究背景和意义 | 1 |
| 　第二节　基本概念的确定 | 3 |
| 　第三节　国内外研究现状及其述评 | 6 |
| 　第四节　研究思路和方法 | 20 |
| 　第五节　研究结论与贡献、研究不足及展望 | 22 |
| | |
| 第二章　县级政府提供基本公共服务的理论基础 | 26 |
| 　第一节　县级政府提供公共服务的内涵和外延 | 26 |
| 　第二节　县级政府提供基本公共服务的理论基础 | 36 |
| 　第三节　本章小结 | 42 |
| | |
| 第三章　县级基本公共服务供给水平及均等化的实证研究 | 44 |
| 　第一节　县级基本公共服务供给评价指标体系的构建 | 44 |
| 　第二节　县级基本公共教育供给的统计分析 | 49 |
| 　第三节　县级基本公共卫生服务供给的统计分析 | 86 |
| 　第四节　县级基本社会保障服务供给的统计分析 | 101 |
| 　第五节　县级基础设施供给的统计分析 | 114 |
| 　第六节　县级基本公共服务均等化的多指标综合评价 | 124 |
| 　第七节　本章小结 | 129 |
| | |
| 第四章　县级政府的财政基础和财力状况的实证研究 | 134 |
| 　第一节　县级政府的财政基础 | 134 |
| 　第二节　县级政府财力状况与特征的实证分析 | 147 |
| 　第三节　本章小结 | 194 |

## 第五章 县级财政能力对县级基本公共服务供给及其行为的影响　　196
### 第一节 县级财政能力对县级基本公共服务供给的实证研究　　197
### 第二节 县级财政能力、转移支付对省内县级基本公共服务供给的影响——以安徽省为例　　204
### 第三节 县级财政能力对县级政府提供基本公共服务行为的影响　　218
### 第四节 本章小结　　224

## 第六章 县级基本公共服务供给财力短缺的体制性原因分析　　226
### 第一节 城乡二元经济体制是县级财政困难的制度性原因之一　　227
### 第二节 地方政府治理结构的缺陷　　232
### 第三节 财政体制的缺陷　　241
### 第四节 本章小结　　261

## 第七章 建立县级政府提供基本公共服务财力的动态保障机制　　263
### 第一节 坚持城乡一体化的政策导向,加大对县域(农村)基本公共服务投入力度　　264
### 第二节 完善省以下事权和支出责任的划分　　269
### 第三节 理顺省以下政府间收入划分,建立县级财力动态保障机制　　297
### 第四节 加快地方政府治理结构的改革　　313
### 第五节 本章小结　　317

**参考文献**　　319
**附录**　　332
**文丛后记**　　335

# 第一章
# 导　论

## 第一节　研究背景和意义

### 一、研究背景

向广大居民提供基本公共服务及满足社会公共需要是政府的基本职能,也是一个国家政治稳定和社会发展的基础。自2005年10月党的十六届五中全会第一次正式提出了实现"公共服务均等化"的目标以来,党和各级政府高度重视,积极组织推进和部署,我国基本公共服务的范围不断扩大、服务质量不断提高,在推进基本公共服务均等化方面取得了明显成效。

长期以来,在"重城轻乡""重工抑农"的二元经济结构下,国家对城乡公共服务的提供存在着巨大的差异,城乡公共服务资源配置严重不均衡,县域公共服务供给严重滞后,历史欠账太多,根本满足不了广大县域人口的需求,为此,提供惠及全民的公共服务体系、推进基本公共服务均等化是我国政府的重要使命,也是政府的重要政策目标之一,而县级政府在其中扮演着重要的角色。因为,作为中国基层行政单位的县,在传统社会,一直是国家行政管理与乡村地方自治两种治理方式的交界点,是连接国家行政与乡村社会的桥梁,是具有承上启下作用的中间层次的行政单位。自秦始皇时代统一建立郡县制的2 000多年来,中国社会多元化的文化传统和治理结构都是靠县一级来维持的。

从现行的行政体系结构来看,县在政府序列中具有举足轻重的地位。县级政府是国家设立在农村地区的一级政府。县域面积约占国土面积的90%,县域人口占全国人口的70%以上，13亿多人口中有10亿左右居住在农村和县属城镇。作为与广大基层社区最为贴近的最后一级政府，县级政府主要服务对象是广大农村人口，直接为农村居民提供公共服务，在推进基本公共服务均等化中地位关键，作用重要。公共服务的提供是否有效，中央政策是否能够贯彻和落实，农村社会经济的发展和基层社会的稳定，关键都要看县级政府，所以，自古以来就有"郡县治，天下安"一说。

财政是国家治理的基础，财政也是县治的基础，县级基本公共服务的提供需要稳定和充沛的财力来保障，县级财政在公共服务体系中占有非常重要的地位。然而，自1994年实行分税制改革以来，如此重要的财政体实际上在运行过程中困难重重，"国家财政蒸蒸日上，省级财政稳稳当当，市级财政勉勉强强，县级财政哭爹叫娘，乡级财政精精光光"。县级财政的困难和压力，导致了县域公共服务的提供水平低下，严重不足，严重影响了广大农村人口的公共利益。

为此，国务院2012年印发了《国家基本公共服务体系"十二五"规划》（国发〔2012〕29号）、2017年1月印发了《关于"十三五"推进基本公共服务均等化规划的通知》（国发〔2017〕9号），两个重量级文件都一致提出：要优化转移支付结构，完善省以下财政体制改革，加大财政投入力度，拓宽资金来源，增强县级政府财政保障能力，稳定基本公共服务投入，到2020年，基本公共服务体系更加完善，体制机制更加健全，在"学有所教、劳有所得、病有所医、老有所养、住有所居"等方面持续取得新进展，总体实现基本公共服务均等化。

可见，如何增强县级政府的财政保障能力，向广大县域人口提供基本公共服务，推进基本公共服务均等化是政府和学术界亟待研究和解决的一项重要课题。

## 二、研究意义

### （一）理论意义

本书的理论意义是基于县级政府提供基本公共服务的视角，从理论上阐述和界定县级政府提供基本公共服务的内涵和外延；通过设立系列评价指标，对县级义务教育、医疗卫生、社会保障和基础设施的供给水平进行统计分析和综合评价分析，论证县级基本公共服务在地区之间、城乡之间和县域内部城乡之间配置的现状和趋势；通过构建系列评价指标，从县级财政收入、财政支出、财政收支对比三个视角，对县级政府的财政基础和财力状况进行全面梳理，摸清家底，揭示目前县级财政运行的现状和特征；通过基于全国县级财政数据和安徽省的个案，建立动态面板数据回归模型,分析县级财政自给能力对基本公共服务供给、均等化及其支出行为的影响。全面系统地分析了县级政府提供基本公共服务财力缺失的体制性原因,并提出了相关政策建议,特别是对省以下财政体制的改革提出了一些建设性的意见。由于研究数据的限制以及县级政府的多样性和复杂性,目前国内外对中国县级财政的研究成果并不多见,本书为国内外的相关研究提供了补充,因此具有一定的理论意义。

**(二) 现实意义**

(1) 中国县级政府直接为全国70%以上的人口提供了70%的县域公共服务。县级政府提供的公共服务属于农村公共服务或公共产品范畴,关系到广大农村人口的基本生活和切身利益,其基础性地位尤为突出。县级财政是县级政府运行和发展的基础,县级财政状况不仅影响到公共服务提供的水平和质量,而且会影响到整个国家政权的稳定。本研究对于提高基层政府的执政能力,促进基层社会经济的稳定与发展,具有一定的现实意义。

(2) 本研究对于扭转县级财政困难状况,提高县级财力保障水平和提供公共服务能力,维护基层政府的社会秩序,实现地区间和城乡间基本公共服务均等化,构建和谐社会将起到一定的作用。

(3) 目前,中国财政体制的突出问题主要表现在基层财政,特别是省以下财政体制的不完善造成了县级财政的困难,本研究对省以下财政体制改革提出了建设性的意见,有助于我国财政体制的改革和完善。

## 第二节 基本概念的确定

### 一、县级政府和县治

县级政府是我国重要的行政单位之一,属于基层政府的范畴。从行政建制上,县级政府包括县政府(自治县、自治旗、旗、林区、特区)、县级市政府和城市的区政府。从政府职能的角度来看,县级政府的主要职能是"农政",直接面向农村,是我国农村基本的区域性政权设置,是农村经济、政治生活的区域性枢纽[1]。一般来说,直辖市、副省级市、地级市下设区级行政单位(有极少数地级

---

[1] 薛风平:"县级政府职位优化配置模型",《中共青岛市委党校青岛行政学院学报》,2013年第6期,第127页。

市不设区），是面向城市基层的县级行政建制，区政府的职能主要是市政。县级市一般是规模较小、不设区的城市，有一部分是通过撤县改建为市，其管辖的区域仍然是原来的农村地区，服务于广大农村人口仍然是其主要的职能，只不过相应扩展了城市政府的部分机构和功能[1]，因此，县级市的政府职能既有"农政"，也有市政。

本书的研究对象是除了市辖区的所有的县级单位，特别聚焦和关注于真正的1 483个县[2]。因为，目前基本公共服务提供不足、财政真正困难的就是这些具有"农政"职能的县级单位，从内涵上来说，属于农村政府和农村财政范畴。而市辖区已经融入城市经济体系中，面对广大城市居民，以工业为主，市场化、城市化和工业化的水平都较高，从内涵上来说，属于城市政府和城市财政范畴，财政状况相对较好，所以，本书不将它们纳入研究范围。

县治，亦称县域治理，是国家治理体系的基础环节，是指在县级行政区域内，以县城为中心，以乡镇为纽带，以广大农村为腹地，县域各级行政机构对公共事务的管理活动和政治活动及其相关制度安排。县域治理归根结底是行政管理层面的活动，但县域治理与传统的县政管理不同，传统的县政管理以政府的权威为基础、自上而下单向度的公共权力运行，而县域治理强调权威的多元化以及国家与社会、政府与市场的双向互动。在现代治理的视角下，县级政府治理能力是指政府运用公共权力，协调各类主体，维持公共秩序，提供公共服务，满足公共需要，增进公共利益的能力。

县域自治是治理理论在县域治理上的升华，是指公共权力在政治层面上实行纵向分权，国家将那些与居民日常生活密切相关的纯地方性事务，作为自治行政事务划归县级政区单位，由辖域的居民组成县域自治社团，并通过法律赋予相应的权限，按照由县域自治社团的成员（当地居民）选举产生县级地方政府，县级地方政府在法律规定的自治事务范围内，按照并代表当地居民的利益和愿望，处理地方社会公共事务，独立地行使职权，且只对选举产生它的当地居民负责的一

---

[1] 陈国辉："我国县级市发展模式探析"，《管理观察》，2014年第36期，第47-49页。

[2] 截至2016年，中国共有2 851个县级单位，其中，市辖区954个，县级市360个，县1 366个，自治县117个。由于近年来，随着中国城市化的迅速发展和行政区划的调整和改革，许多地方政府纷纷撤"县"设"区或市"，县级行政单位变化较大，这也为本项目数据的收集和处理带来了一定的麻烦。为了保证研究对象的前后一致和数据口径的统一，一些由"县"改为"区"，只要行政级别和隶属关系未变的县级单位依然保留，例如，山东省在2001年撤销长清县，设立"长清区"，仍然属于县级单位，行政级别未发生改变，因此仍予以保留。安徽省在2011年将地级市巢湖市改为县级市，由合肥市代管，行政级别发生巨大的变化，因此予以剔除。

种地方政治制度[1]。县域自治是现代世界各国政治发展的潮流,也是我国县政改革的出路。

## 二、县级政府的特征

相对于其他级别的地方政府来说,作为面对广大农村地区、面对农民的中国基层政府,县级政府和县级财政有着自己的特征,和其他级别的地方政府有着一定的差异。

### (一) 县级政府和县级财政"农政"的特征

作为国家行政体系基础环节的县级政府,除了服务一部分城市人口外,主要服务对象是广大农村人口,到目前为止,农村人口占总人口的70%以上。农村地域广阔,事务繁杂,无论从人口规模,还是从地域空间来看,县比任何其他级别的政府都承担着更重的农政任务。正如国内著名学者徐勇所说:县既是城市的"尾",又是农村的"头",是中国城市与农村、农业与工商业、市民与农民的分界线[2]。虽然,乡镇政府是直接服务于农村居民的一级政权组织,比县级政府的服务范围要小,服务对象更加集中,但相对于乡镇政府来说,县级政府的结构更加完善,功能更加齐全,乡镇政府对于县级政府具有很强的依赖性;相对于省、市政府来说,提供农村公共产品和公共服务是县政府的基本职能,因此,县级政府与"三农"关系最密切。

### (二) 县级政府涵盖性、衔接性、综合性、独立性的特征

县级政府在整个国家行政体系中是承上启下、连结城乡、沟通"条块"的重要枢纽。它是城乡经济的结合部、"条块"的结合部、"农政"与"市政"的结合部,因此也就体现出其功能的特殊性,主要表现为很大的涵盖性、明显的衔接性、较强的综合性及相当的独立性等[3]。此外,县级政府是中央政府和上级政府贯彻执行一系列政策的末端,因此对上级政府推行政策的执行或调整,甚至变通,也特别容易发生在这一级行政单位中,最容易出现"上有政策,下有对策"的状况。县级政府及其下属的相关机构在政策执行的过程中,最先触及基层社会的各种反应,面对的事务最为庞杂,遇到的各种阻力和冲突也很大,需要县级政府自身独立去执行。

---

[1] 周仁标著:《"省管县"改革的动因、困境与体制创新研究》,安徽师范大学出版社2012年版,第13页。
[2] 徐勇:"县政、乡派、村治:乡村治理的结构性转换",《江苏社会科学》,2002年第2期,第27-30页。
[3] 李修义主编:《中国县级综合改革的历程与实践》,经济管理出版社1992年版,第10-11页。

### 三、基本公共服务以及基本公共服务均等化

对于什么是公共服务、基本公共服务以及基本公共服务均等化,国内学者从不同的视角进行了研究,但对此并没有形成统一的认识。

2012年7月,国务院颁布的《国家基本公共服务体系"十二五"规划》,在综合和吸收了学术界的众家之长后,对基本公共服务的相关概念进行了界定。

基本公共服务,指建立在一定社会共识基础上,由政府主导提供的,与经济社会发展水平和阶段相适应,旨在保障全体公民生存和发展基本需求的公共服务。享有基本公共服务属于公民的权利,提供基本公共服务是政府的职责。

基本公共服务均等化,指全体公民都能公平可及地获得大致均等的基本公共服务,其核心是机会均等,而不是简单的平均化和无差异化[1]。

### 四、县级政府的财政基础

财政基础是指县级政府拥有的财力及其来源,是县域治理的财力保障。县级财力是指县级政府维护政权机构正常运转,履行公共职能和提供公共服务的支付能力,也是县级政府凭借政治和财产等权力,为实现其职能的需要,利用各种手段筹集、支配和使用的各种财政性资金的总和。这一概念也被称为政府的财政收入。财政收入是反映一个国家或地区财力大小的重要指标(财政收入的构成和具体内容参见第四章)。

## 第三节 国内外研究现状及其述评

### 一、基本公共服务的提供以及均等化水平的评估方法和标准

George Boyne、Martin Powell和Rachel Ashworth[2]将公共服务的需求、权

---

[1] 陶勇:"县级政府提供基本公共服务的困境——基于地方政府治理结构的视角",附录于《公共经济与政策研究》,西南财经大学出版社2014年版,第1-10页。

[2] George Boyne, Martin Powell and Rachel Ashworth: "Spatial equity and public services: An empirical analysis of local government finance in England", *Public Management Review*, 2001,3 (1):19-34.

利、税收努力三个方面结合起来对英国地方公共财政和公共服务供给的空间分布的公平性进行了实证研究。公共服务的需求由地方人口的特征所决定,权利由对国家和地方的税收贡献来衡量,税收努力则采用地方税收占财政收入的比重来表示。

萨瓦斯[1]认为:可以使用支出均等标准(Equal Payment)、效果均等标准(Equal Output)、投入均等标准(Equal Input)和需求满意程度均等标准(Equal Satisfaction of Demand)来衡量。支出均等标准又分为支出额度与公共服务相匹配(Equal Payment for Equal Amount of Service)及支出能力与公共服务相匹配两个部分(Equal Payment for Equal Ability to Pay)。如何来选择这些标准,则取决于决策者的价值观,价值观的选择最终是一个政治过程。

国内学者对公共服务的提供以及均等化水平的评价标准和体系也非常丰富,测量均等化程度的方法有很多,主要有变异系数、泰尔指数和基尼系数等。具有代表性的观点主要有以下三个方面。

### (一) 确定转移支付系数

李萍、许宏才和李承等利用财政部确定的转移支付系数来衡量地方政府提供公共服务的均等化程度。所谓的财政转移支付系数是衡量中央财政对地方财政的均衡性转移支付弥补标准收入与标准支出之间缺口程度的一个指标,系数的确定是参照均衡性转移支付总额、各地区标准收支差额以及各地区的困难程度来决定的[2]。转移支付系数越大,均等化程度就越高。这一方法在财政部门被广泛采用。但缺点是仅仅是对均衡性转移支付的计量,没有包括其他的转移支付,所以只能反映部分均等化程度。此外,均衡性转移支付规模的大小在一定程度上并不一定反映公共服务的均等化程度,最终还要取决于资金的使用结果。

### (二) 财政投入水平的高低

国内有不少学者从财政投入水平、人均支出等视角来考察公共服务提供的水平以及均等化的状况。由于我国地域辽阔、各地自然禀赋、社会经济发展水平、人口和文化、地方政府的支出偏好差异很大,地方政府的财政支出行为也会千差万别。因此,即便地方政府支出数额相同,也不能保证基本公共服务的提供就相同。

### (三) 构建多项指标的综合评价视角

陈昌盛和蔡跃洲[3]针对中国公共服务服务供给的状况,开发了一个含 8

---

[1] E. S. Savas:"On equity in providing public services", *Management Science*, 1978,24(8):800-808.
[2] 李萍主编:《财政体制简明图解》,中国财政经济出版社 2010 年版,第 66 页。
[3] 陈昌盛、蔡跃洲:"中国政府公共服务:基本价值取向与综合绩效评估",《财政研究》,2007 年第 6 期,第 20 页。

个子系统和165个指标的指标体系,分别从投入、产出和效率三个方面,用基准法和数据包络的评估方法,对2000—2004年我国公共服务的综合效率、投入产出效率和地区差异情况进行了分析。

安体富和任强[1]构建了一个包含4个级别、25个单项指标的基本公共服务指标体系,并利用这一指标体系对我国2000—2006年的公共服务及其具体的均等化情况加以评价,得出我国地区间公共服务水平的差距正逐步扩大的结论。

2007年,中国人民大学调查中心在借鉴了联合国开发计划署编制的人类发展指数基础之上,编制了中国发展指数,对我国2004年和2005年31个省级行政区的中国发展指数进行了分析。

刘尚希、杨元杰和张洵提出从投入(资金)—产出(设施、制度)—结果(大众受益)三个维度来考察基本公共服务供给以及公共财政在基本公共服务均等化中的作用[2]。

卢洪友(2012)从投入—产出—受益三个维度评估中国基本公共服务的均等化,将投入指标界定为基本公共服务的财力支持力度、物质基础设施以及人力资源配置状况;产出指标主要反映通过这些资源投入所能生产出来的基本公共服务供给能力,以及服务生产部门的保障密度;而受益指标反映了各地区提供基本公共服务所产生的影响效应[3]。

投入—产出—受益(效率)评估设计体系可以使得对问题的分析全面、有效和透彻,但不足之处是产出类指标与受益类指标难以区分,产出类指标也可以说是受益类指标,让广大民众受益也是基本公共服务最好的产出结果。例如,人均道路里程既可以说是基础设施的产出,也可以用来反映广大民众从中获得的受益程度。

## 二、有关对中国基本公共服务均等化现状的研究

世界经济合作与发展组织(OECD)发布的《中国公共支出面临的挑战——通往更有效和公平之路》认为,中国公共支出结构至少有三个方面与其发展的目

---

[1] 安体富、任强:"中国公共服务均等化水平指标体系的构建——基于地区差别视角的量化分析",《财贸经济》,2008年第6期,第79-82页。
[2] 刘尚希、杨元杰、张洵:"基本公共服务均等化与公共财政制度",《经济研究参考》,2008年第40期,第2-9页。
[3] 卢洪友著:《中国基本公共服务均等化进程报告》,人民出版社2012年版,第10-11页。

标不相匹配,即用于教育、科学研究和医疗卫生的支出比例仍然低于国际标准,建议减少不必要的行政管理支出,提高公共基础设施投资的效率,把用于教育、医疗卫生、科学研究和其他社会发展需要的支出占总支出及国内生产总值的比重提高到与中国发展目标相匹配的水平,以改善公共支出的分配效率[1]。

Chun Li Shen 和 Heng-fu Zou 认为,中国地方政府被赋予公共服务提供和融资的主要责任。过去二十年对快速经济增长的渴望,使公共服务的改革被置于政治议程的边缘。在目前的制度安排下,公共服务被广泛下放,地方政府承担的开支责任中的一大部分不符合国际惯例。支出责任的过度下放导致对核心公共服务的融资和供给不足,特别是在许多农村和贫困地区缺乏提供重要的公共服务[2]。

国内学者对中国基本公共服务供给均等化现状的研究可谓是汗牛充栋,主要集中在以下三个方面。

### (一) 城乡公共服务供给水平差距较大

熊巍认为,我国城市与农村以及农村各地区之间公共产品供给明显存在不公平性[3]。樊继达[4]、王谦[5]指出基本公共服务的城乡差距集中体现在三个方面:一是资源占有不均等;二是服务水平不均等;三是制度体制不均等。陈振明和李德国指出福建省城乡教育、医疗、社会保障供给水平差距较大[6];刘成奎和龚萍通过对 2004—2011 年我国 26 个省份的面板数据实证分析,发现财政分权强化了地方政府的城市偏向,这一行为不利于城乡基本公共服务均等化的实现[7]。

### (二) 基本公共服务的地区差异

张恒龙[8]、安体富等[9]通过人均财政支出来分析区域均等化状况,东部整体优于中西部。刘尚希等重点对财政对东、中、西部医疗卫生、义务教育、社会

---

[1] 世界经济合作与发展组织著:《中国公共支出面临的挑战——通往更有效和公平之路》,清华大学出版社 2006 年版,第 1 页。
[2] Chun Li Shen, Heng-fu Zou: "Fiscal decentralization and public services provision in China", *Annals of Economics and Finance*, 2015, 16(1): 53-78.
[3] 熊巍:"我国农村公共产品供给分析与模式选择",《中国农村经济》,2002 年第 7 期,第 21-24 页。
[4] 樊继达著:《统筹城乡中的基本公共服务均等化》,中国财政经济出版社 2008 年版,第 17-25 页。
[5] 王谦著:《城乡公共服务均等化研究》,山东人民出版社 2009 年版,第 94-101 页。
[6] 陈振明、李德国:"基本公共服务的均等化与有效供给——基于福建省的思考",《中国行政管理》,2011 年第 1 期,第 47-53 页。
[7] 刘成奎、龚萍:"财政分权、地方政府城市偏向与城乡基本公共服务均等化",《广东财经大学学报》,2014 年第 4 期,第 63-72 页。
[8] 张恒龙:"财政分权与公共服务均等化",《地方财政研究》,2007 年第 1 期,第 13-17 页。
[9] 安体富、任强:"公共服务均等化:理论、问题与对策",《财贸经济》,2007 年第 8 期,第 48-53 页。

保障、生态保护等基本公共服务投入的差距进行了分析,总体是东部地区远远高于中西部地区[1];项继权和袁方成从公共财政投入和分配的视角,对我国义务教育、社会保障、医疗卫生、公共文化等基本公共服务的省际差距和省内差距进行了分析[2]。陈颂东分析了小学预算内教育经费的地区差异[3]。郁建兴[4]指出,在地方财力相对丰厚的经济发达地区,往往能够提供相对充足和水平较高的基本公共服务,这也因此造成了比较显著的基本公共服务供给的区域性差距。

**（三）基本公共服务在群体之间配置的不均等**

党国英和许力平认为,广大农民工、留守家庭、失地农民及老年人等弱势群体享有的基本公共服务不能得到有效保障[5]。胡仙芝指出基本公共服务的不均等还体现为国民不同群体之间享受的不均衡,如男女性别间、不同年龄分段间等[6]。郁建兴认为大部分贫困群体、农村居民、灵活就业人员和转移劳动力处于基本公共服务供给的边缘化地位[7]。

## 三、有关县级政府提供基本公共服务的财力基础及其保障能力的研究

### （一）有关县级财力、县级基本财力和财政能力

1. 县级财力和县级基本财力

于国安从政府角度认为,财力是包括在财权之中。广义的财权指的是财力以及与财力相关的权力,如财力的取得权、占有权、支配权和使用权等。县级基本财力是县级政府拥有的财政资金,从财力范围来看,国家财政收入不仅包括预

---

[1] 刘尚希、杨元杰、张洵:"基本公共服务均等化与公共财政制度",《经济研究参考》,2008 年第 40 期,第 2-9 页。

[2] 项继权、袁方成:"我国基本服务均等化的投入与需求研究",《公共行政评论》,2008 年第 1 期,第 89-123 页。

[3] 陈颂东:"促进地区基本公共服务均等化的转移支付制度研究",《地方财政研究》,2011 年第 7 期,第 41-45 页。

[4] 郁建兴:"中国的公共服务体系:发展历程、社会政策与体制机制",《学术月刊》,2011 年第 3 期,第 5-17 页。

[5] 党国英、许力平:"城市农民工与基本公共服务均等化",载于中国(海南)改革发展研究院:《基本公共服务与中国人类发展》,中国经济出版社 2008 年版。

[6] 胡仙芝:"中国基本公共服务均等化现状与改革方向",《北京联合大学学报(人文社科版)》,2010 年第 3 期,第 82-87 页。

[7] 同[4]。

算内收入,还包括预算外收入、债务收入,甚至包括一些制度外的收入,对于县级政府而言,县级基本财力并不仅仅是县级政府的收入,还包括来自上下级政府的转移支付收入[1]。

县级基本财力,是指维护县乡政权机构正常运转、保证县乡政府履行公共职能和提供公共服务的财政支付能力,按照财力与事权相匹配的原则,形成的符合正常支付标准的县级基本财力需求,包括人员经费、公用经费、民生支出以及其他必要支出等[2][3]。还有学者从一个财政年度内对县级基本财力概念和范围进行了界定,一般来说,县乡财政保障资金的来源就是县乡政府可用财力,以保障其基本财政支出以及支持本地区经济、社会事业发展支出所需的能力。它是一种"综合财力",既包括县乡本级财政收入,也包括上级的转移支付和税收返还。本级财政收入既包括税收收入和非税收入,也包括预算外收入,还包括政府性基金和社会保险基金收入[4]。

2. 财政能力

国内外学者对财政能力的理解不尽相同,尚未形成统一的定义,概括起来主要包括三个方面。

(1)第一种观点将财政能力理解为各级政府的税收收入或财政收入能力,即政府筹集财政资金的能力。

1962年美国政府间关系咨询委员(Advisory Commission Intergovernmental Relations,简称ACIR)使用主要地方税标准税基和标准(或平均)税率的乘积来测量地方的财政能力[5]。1985年,将利息所得、使用费等非税收入纳入评价范围,将财政能力从税收能力拓展到了收入能力的范畴[6]。

国内学者王绍光[7]认为,财政能力就是国家(中央政府)汲取各种财力资源的能力,即预算内外资金收入占国民收入的比重,财政汲取能力是对政府财政行为的唯一测评对象。

---

[1] 转引自高鹏:《县级基本财力保障机制研究》,东北财经大学硕士论文,2010年。
[2] 李英利、黄力明、刘青林:"建立广西县级基本财力保障机制研究",《经济研究参考》,2011年第5期,第21-27页。
[3] 财政部课题组:"建立和完善县级基本财力保障机制",《中国财政》,2012年第19期,第26-30页。
[4] 转引自王敏:"县级基本财力保障研究文献综述",《河南财政税务高等专科学校学报》,2012年第26卷第1期,第1-4页。
[5] 转引自刘玲玲、刘黎明、李国锋:"建立我国财政收入能力测算体系的思考",《税务研究》,第3期,第26-29页。
[6] 转引自王秀文:《中国县级政府财政能力研究》,东北财经大学博士论文,2011年。
[7] 王绍光著:《分权的底限》,中国计划出版社1997年版,第1-6页。

马骏将一个地区的财政能力定义为该地区取得财政收入(税收收入)的能力,并且给出了财政能力的测算方法。在许多发达国家使用主要地方税税基和标准(或平均)税率来测量地方的财政能力。如果一个地方政府用标准税率对所有税基征税,以此取得的税收收入即为该地区财政能力[1]。龙竹[2]认为财政能力是政府为实现社会公共利益、发展经济和维持自身存在而必须从社会资源中汲取财力的能力。

尚元君和殷瑞锋[3]提出财政能力是指一级政府为了提供公共产品和服务从辖区内获得财政收入的能力。地方政府财政能力研究课题组、李学军和刘尚希认为,地方政府财政能力是政府在财政资源方面的运筹能力,包括财政资源的汲取、分配、使用及其在整个过程中的组织、管理、协调能力[4]。

刘玲玲、刘黎明和李国锋认为,财政收入能力是指一个国家财政收入的潜力,是衡量一个国家或地区经济实力和经济运行状况的重要指标,也是国家财政分配关系是否合理的具体体现[5]。

(2)第二种观点是从政府履行职能的角度来考察其财政能力,那么,财政能力就是该地区政府在其所管辖的区域内,从自己的各种经济资源中筹集收入,最终满足政府提供各种公共产品与公共服务的能力。为此,财政能力的衡量需要从收入和支出两个方面综合考虑。

钟晓敏认为:财政能力一般是指现有的财政地位,是衡量财政地位的重要指标。财政地位是指一个地方满足本地公共支出需要的能力,用公式表示就是 $P_j = C_j/N_j$,其中,$P_j$ 表示 $j$ 地区的财政地位,$C_j$ 表示 $j$ 地区的财政能力,$N_j$ 表示 $j$ 地区的财政需要。财政能力是指当地按照某个标准税率征税所获得的收入。要准确衡量一个地方的财政地位还需考虑到支出方面的因素。支出方面是指公共产品或服务的需求与成本,因为两个地方虽然在收入能力上相同,但两地的财政地位也会因为支出需要与支出成本方面存在着差别而有所不同[6]。

---

[1] 马骏著:《论转移支付——政府间财政转移支付的国际经验及对中国的借鉴意义》,中国财政经济出版社 1998 年版,第 73 页。

[2] 龙竹:"对乡镇财政能力综合评价指标体系的整体设计研究",《科技进步与对策》,2004 年第 5 期,第 34-36 页。

[3] 商元君、殷瑞锋:"美国财政能力衡量办法述评",《中国财政》,2009 年第 4 期,第 67-69 页。

[4] 地方政府财政能力研究课题组、李学军、刘尚希:"地方政府财政能力研究——以新疆维吾尔自治区为例",《财政研究》,2007 年第 9 期,第 56-63 页。

[5] 刘玲玲、刘黎明、李国锋:"建立我国财政收入能力测算体系的思考",《税务研究》,2007 年第 3 期,第 26-29 页。

[6] 钟晓敏:"财政地位的衡量:财政拨款的重要条件",《财经论丛》,1997 年第 5 期,第 21-25 页。

国内许多学者将财政能力定义为各级政府为本级支出筹措收入的能力,即财政自给能力。各级政府负责征收收入与本级支出的比值,称为财政自给能力系数,即财政自给能力系数=本级负责征收的收入/本级公共支出[1]。

刘溶沧和焦国华认为,财政能力是指各地区提供大致相同的公共物品或公共服务的能力[2]。

朱旭光和魏敏认为,西部地区财政能力是指西部各地区提供公共产品或公共服务的能力,它包括财政收入和财政支出两大部分。其中起到制约性作用的是财政收入[3]。吴湘玲和邓晓婴认为地方政府的财政能力是一个包含多方面能力的系统群集结构。衡量财政能力的指标主要包括财政收入能力和财政支出能力两方面[4]。

安徽省财政厅课题组认为,在公共财政框架下,县乡财政保障能力是指在一个财政年度内,县乡政府所有可用财力保障其基本财政支出以及支持本地区经济、社会事业发展支出所需的能力[5]。

(3)第三种观点认为财政能力是一个多维的概念。

地方政府财政能力研究课题组[6]、刘尚希[7]认为:财政能力是一个多维的概念,它与政府掌握的财政资源(财力)有关,也与政府如何配置资源的财政制度有关。财政能力是指一级政府在财政资源方面的运筹能力,包括财政资源的汲取、使用及整个过程中的组织与协调。换言之,财政能力是指财政资源与财政制度综合作用所表现出来的一种结果。评估地方财政能力有三个层次:应具备的财政能力,或者说标准财政能力,其涵义是从该地区在一定时期的全国相对定位来说,必须达到的财政能力;现实财政能力,是指已经具备的财政能力;潜在财政能力,其含义是指通过地方政府的自身努力可以达到而没有达到的财政能力水平。

纪宣明、张亚阳和梁新潮认为,狭义的财政能力是地方社会经济发展,分配

---

[1] 王雍君著:《中国公共支出实证分析》,经济科学出版社2000年版,第216-217页。
[2] 刘溶沧、焦国华:"地区间财政能力差异与转移支付制度创新",《财贸经济》,2002年第6期,第5-12页。
[3] 朱旭光、魏敏:"西部地区财政能力发展预测",《统计与决策》,2005年第18期,第82-84页。
[4] 吴湘玲、邓晓婴:"我国地方政府财政能力的地区非均衡性分析",《统计与决策》,2006年8月(下),第83-84页。
[5] 转引自王敏:"县级基本财力保障研究文献综述",《河南财政税务高等专科学校学报》,2012年第26卷第1期,第1-4页。
[6] 地方政府财政能力研究课题组、李学军、刘尚希:"地方政府财政能力研究——以新疆维吾尔自治区为例",《财政研究》,2007年第9期,第56-63页。
[7] 刘尚希:"一个地方财政能力的分析评估框架",《国家治理》,2015年第12期,第31-37页。

与管理财力资源的能力。广义的地方政府财政能力是多方面能力的集中概括,具体包括地方财政的综合与核心能力、配置与调控能力、现实能力与潜在能力、抗风险能力与竞争能力[1]。

许煜和常斌认为,政府财政能力是指政府为确保社会稳定、促进经济的可持续发展、调节区域间差异而充分运用各种社会资源所具有的基本的保障能力、可持续发展能力、抵御风险能力和合理利用财政资金、发挥财政大效用的资金运用和合理调配的能力。同时,地方政府财政能力是一个流量,不仅仅说明政府拥有的财政资金的多少,还包括了对当前财政资源的掌控和对未来财政资源的合理预测与调控,主要包括基本保障能力、财政汲取能力、发展能力、调控能力、抗风险能力[2]。

### (二) 县级财政能力对基本公共服务供给影响的研究

Lopez在对发展中国家农村公共产品的供给水平的研究中强调,虽然农村公共产品的社会投资回报率高,但由于地方政府的财力不足,大部分农村公共支出都是偏向于私人产品(大部分是对富人的补贴),政府对于农村公共产品投资的不足,供给数量的严重短缺,致使农村地区发展缓慢、农村减贫低效的问题一直没有解决[3]。

国内众多学者都一致认为,作为基层地位的县乡财政,财政运行环境恶化,财政日趋困难,是导致农村公共产品供给不足的一个原因,致使关乎国计民生的教育、农村基础设施、医疗卫生等基本公共服务水平低下,严重阻碍了财政公共服务功能的发挥,不利于农村基层政权的稳定和社会经济的全面发展[4][5][6][7]。

---

[1] 纪宣明、张亚阳、梁新潮:"地方政府财政能力评估若干问题",《集美大学学报(哲社版)》,2002年第5卷第3期,第37-40页。

[2] 许煜、常斌:"地方政府财政能力评价体系的新构想——基于2009年云南省数据的实证研究",《财会研究》,2011年第2期,第90-91页。

[3] Lopez: "Under-investing in public goods: evidence, causes, and consequences for agricultural development, equity and the environment", *Agricultural Economics*, 2005, 32(Supplement s1): 211-224.

[4] 匡远配、何忠伟、汪三贵:"县乡财政对农村公共产品供给的影响分析",《南方农村》,2005年第4期,第4-7页。

[5] 杨灿明:"创新县乡财政体制增强公共服务功能——以湖北省为例",《理论月刊》,2005年第3期,第5-9页。

[6] 罗丹、陈洁著:《中国县乡财政调查》,上海远东出版社2008年版。

[7] 乔宝云、范剑勇、冯兴元:"中国的财政分权与小学义务教育",《中国社会科学》,2005年第6期,第37-46页。

### (三) 对县级财政困难原因的研究

学术界对县乡财政困难原因的研究大多集中于现行财政体制的缺陷,分税制的财政体制不完善是造成当前县乡财政困难的原因。

**1. 政府职能转变滞后**

郭家虎和崔文娟[1]、毛翠英、田志刚和汪中代[2]、李一花、乔敏和仇鹏[3]等认为,由于政府职能转变滞后,基层政府职能越位和缺位的行为经常发生,导致基层政府承担的职能比较大,直接加重了县乡政府的支出压力、县乡债务的负担和县乡财政的困难。

**2. 财权与事权的严重不对称**

贾康和白景明[4]、黄佩华[5][6]、陈锡文和韩俊[7][8]、周飞舟和赵阳[9]、林江和曹越[10]、李一花、乔敏和仇鹏[11]等的研究认为,1994年分税制的改革重新界定了中央与地方的财权和事权范围,但主要是着重于财政收入的调整,改变了过去中央财政收入占全部财政收入比过低的局面,结果导致财权和财力层层向上集中,这样县乡财政的财权大大缩小,与此同时,事权却不断下移,财权与事权的严重不对称,形成了县乡财政困难的重要原因。这一观点得到了理论界和实践部门广泛的认同。

**3. 省以下转移支付制度不完善**

黄佩华通过对甘肃省河北等地的实地调查,发现县乡财政体制的最大问题是省以下转移支付制度并没有随着分税制推行建立完善起来。分税制和与其配套的

---

[1] 郭家虎、崔文娟:"财政合理分权与县乡财政解困",《中央财经大学学报》,2004年第9期,第14-18页。
[2] 毛翠英、田志刚、汪中代:"关于我国县乡财政困难问题研究",《经济体制改革》,2004年第6期,第62-96页。
[3] 李一花、乔敏、仇鹏:"县乡财政困难深层成因与财政治理对策",《地方财政研究》,2016年第10期,第80-86页。
[4] 贾康、白景明:"县乡财政解困与财政体制创新",《经济研究》,2002年第2期,第3-9页。
[5] 黄佩华等著:《中国:国家发展与地方财政》,中信出版社2003年版,第72-84页。
[6] 黄佩华:《中国地方财政问题研究》,中国检察出版社1999年版,第1-6页。
[7] 陈锡文主编:《中国县乡财政与农民增收问题研究》,山西经济出版社2003年版,第206-217页。
[8] 韩俊:"解决农民增收困难要有新思路",《经济与管理研究》,2002年第5期,第4-5页。
[9] 周飞舟、赵阳:"剖析农村公共财政:乡镇财政的困境和成因——对中西部地区乡镇财政的案例研究",《中国农村观察》,2003年第4期,第35页。
[10] 林江、曹越:"透视我国地方财政的改革与发展",《地方财政研究》,2013年第10期,第31-35页。
[11] 同[3]。

专项转移支付制度没有起到平衡地方政府间财力的作用[1][2]。刘铭达认为,省以下转移支付制度存在着政策目标不够明确、结构不合理、资金分配办法不够恰当、对地区间财力的调节和促进公共服务均等化的功能明显不足等问题[3]。

4. 政府层级过多

贾康和白景明[4]、杨灿明[5]、阎坤[6]、杨之刚[7]、林江和曹越[8]从对我国五级政府的现实分析入手,得出结论:我国政府的管理体制层级划分太多降低了分税制的效率,势必会增加各级政府分税的难度,不得不增加共享税的比重,这就会使各层次财源不到位,导致财力分配紊乱、低效。政府层级过多,也导致了转移支付的层级过多,链条过长,以致财政拨款不够及时和效率较低。

5. 县乡财政困难不仅仅是财政体制缺陷造成的,它还涉及我国政府的治理结构问题

王小龙从政府改革、政府治理结构的角度分析县乡财政解困问题。他研究了县乡财政解困和政府改革的目标兼容性问题,认为通过省级以下各级基层政府辖区范围的调整,尤其是通过对相互毗邻的各县县域的重新划分和合并规模较小的乡镇,来实现县乡财政解困[9]。贾俊雪、郭庆旺和宁静基于我国2000—2005年县级面板数据,将县级财政自给能力作为被解释变量,利用动态面板数据模型考察财政分权和地方政府治理结构改革在促进我国县级财政解困过程中发挥的作用,研究发现,近年来我国推行的政府治理结构改革,包括撤乡并镇改革和省直管县体制创新,在增强县级财政自给能力和改善财政状况方面并没有取得明显成效,其中省直管县体制创新反而不利于县级财政自给能力的增强[10]。

---

[1] 黄佩华:《中国:国家发展与地方财政》,中信出版社2003年版,第42-55页。
[2] 黄佩华:《中国地方财政问题研究》,中国检察出版社1999年版,第258-272页。
[3] 刘铭达:"完善省以下转移支付制度的建议",《中国财政》,2007年第1期,第53-55页。
[4] 贾康、白景明:"县乡财政解困与财政体制创新",《经济研究》,2002年第2期,第5-9页。
[5] 杨灿明:"创新县乡财政体制增强公共服务功能——以湖北省为例",《理论月刊》,2005年第3期,第5-9页。
[6] 阎坤:"中国县乡财政体制的重新构建和设计",《中国金融》,2005年第12期,第23-24页。
[7] 杨之刚著:《财政分权理论与基层公共财政改革》,经济科学出版社2006年版,第152-164页。
[8] 林江、曹越:"透视我国地方财政的改革与发展",《地方财政研究》,2013年第2期,第31-35页。
[9] 王小龙:"县乡财政解困和政府改革目标兼容与路径设计",《财贸经济》,2006年第7期,第68-74页。
[10] 贾俊雪、郭庆旺、宁静:"财政分权、政府治理结构与县级财政解困",《管理世界》,2011年第1期,第30-39页。

### (四) 提升县级政府提供基本公共服务的财力保障机制研究

针对目前中国基本公共服务提供的水平和均等化现状,以及县级财政能力弱化的原因,国内外学者展开了一系列的研究,主流观点认为我国财政体制改革的不完善,是导致我国地方财力缺乏和基本公共服务供给不足的主要原因之一。众多学者从深化财政体制改革,完善政府间事权和财权的划分、调整政府间转移支付制度、完善地方税体系、调整财政支出结构等角度提出了相关对策建议。

#### 1. 提高县乡政府的自身财力

不少学者认为提高县级财政保障能力应通过县乡政府自身的努力来解决。应推动县乡政府政府职能的转变,从发展县域经济和挖掘县级财政潜力入手[1][2][3]。贾俊雪、郭庆旺和宁静认为,县乡基层政府财政解困,应该将增强县乡基层政府自主发展能力和财政自给能力作为首要目的[4]。

#### 2. 减少财政级次

贾康和白景明[5]、杨之刚[6]、阎坤[7]等认为,应该在适当简化政府层级的基础上按照"一级政府、一级事权、一级财权、一级税基、一级预算、一级产权、一级举债权"的思路,从体制创新入手,完善以分税制为基础的分级财政。应该减少政府财政级次,发展多样化的公共产品和服务供应,在现有法律约束下,弱化乡、地级市二级政府职能,减少财政级次。

#### 3. 明确各级政府提供公共服务的事权,完善财政转移支付制度

何成军[8]、郭家虎和崔文娟[9]、阎坤[10]、魏义方[11]也认为,解决县乡财

---

[1] 陈锡文主编:《中国县乡财政与农民增收问题研究》,山西经济出版社2003年版,第217-220页。
[2] 毛翠英、田志刚、汪中代:"关于我国县乡财政困难问题研究",《经济体制改革》,2004年第6期,第62-96页。
[3] 李英利、黄力明、刘青林:"建立广西县级基本财力保障机制研究",《经济研究参考》,2011年第5期,第21-27页。
[4] 贾俊雪、郭庆旺、宁静:"财政分权、政府治理结构与县级财政解困",《管理世界》,2011年第1期,第30-39页。
[5] 贾康、白景明:"县乡财政解困与财政体制创新",《经济研究》,2002年第2期,第3-9页。
[6] 杨之刚:《财政分权理论与基层公共财政改革》,经济科学出版社2006年版,第170-187页。
[7] 阎坤:"中国县乡财政体制的重新构建和设计",《中国金融》,2005年第12期,第23-24页。
[8] 何成军:"县、乡财政困难:现状、成因、出路",《中国农村经济》,2003年第2期,第17-22页。
[9] 郭家虎、崔文娟:"财政合理分权与县乡财政解困",《中央财经大学学报》,2004年第9期,第14-18页。
[10] 同[7]。
[11] 魏义方:"建立基本公共服务财政保障机制",《宏观经济管理》,2015年第5期,第20-22页。

政困难的另一个对策是规范转移支付制度。通过建立规范的转移支付制度,改变财权和事权失衡的局面,缩小地区间公共服务水平的差距,应合并一些具有一般性转移支付性质的补助项目,提高具有均等化作用的一般性转移支付的比重,努力将转移支付的额度测算到县一级。安体富、任强[1]认为应当进一步明确各级政府在提供义务教育、公共卫生、社会保障和生态环境等基本公共服务方面的事权,健全财力与事权相匹配的财政体制。试行纵向转移与横向转移相结合的模式,完善均等化的转移支付制度。丁元竹[2]根据基本公共服务均等化状况,评估需要均等化地区的财力和财政支付能力;调整和改革政府间关系,完善政府间转移支付机制,实现地方政府基本公共服务财政能力均等化;明确政府间基本公共服务供给责任,提高地方政府公共服务供给能力。政府间转移支付的指导思想应当是通过实现财政能力均等化来实现基本公共服务均等化,要逐步建立和完善以实现基本公共服务均等化为目标的财政转移支付体制。

4. 建立民主财政机制

刘云龙[3]、毛翠英、田志刚和汪中代[4]认为,应该建立基层政府民主财政机制,使民众参与到财政决策中来,构建民主机制下的公共财政制度。李一花[5]认为,应该通过逐步实施财政立宪主义的改革,规范政府行为,约束政府的自利问题。阎坤[6]认为,可以通过建立民主理财机制提高基层政府参与支持改革的积极性,提高基层财政资金的使用效率。

5. 调整和完善公共支出结构

项继权在实证调查的基础上,从公共财政投入与分配的角度对我国基本公共服务均等化问题进行研究。他指出,当前我国基本公共服务不仅面临财政投入总量不足问题,还存在分配不均、城乡之间及地区之间公共服务有明显非均衡性问题。文中对2010—2020年我国逐步实现基本公共服务均等化的财政需求

---

[1] 安体富、任强:"公共服务均等化:理论、问题与对策",《财贸经济》,2007年第8期,第48-53页。

[2] 丁元竹:"基本公共服务均等化:战略与对策",《中共宁波市委党校学报》,2008年第4期,第5-12页。

[3] 刘云龙著:《民主机制与民主财政:政府间财政分工及分工方式》,中国城市出版社2001年版,第299-310页。

[4] 毛翠英、田志刚、汪中代:"关于我国县乡财政困难问题研究",《经济体制改革》,2004年第6期,第62-96页。

[5] 李一花:"'财政自利'与'财政立宪'研究",《当代财经》,2005年第9期,第42-47页。

[6] 阎坤:"中国县乡财政体制的重新构建和设计",《中国金融》,2003年第2期,第17-22页。

及其可行性进行了分析,并从进一步加大基本公共服务的财政投入、大力调整公共支出结构、合理分摊中央和地方承担的基本公共服务责任和成本、建立区域间以均衡为导向的财政投入机制等方面提出了若干建议[1]。

刘尚希和邢丽[2]、易国安、胡宗能和李忠[3]认为公共支出进一步向基本公共服务领域倾斜,支持建立城乡统一的公共服务制度。以基本公共服务均等化为导向深化分税制财政管理体制改革,切实缓解基层财政困难;以基本公共服务均等化为导向进一步完善财政转移支付制度,优化转移支付结构。

6. 建立县级基本财力保障水平动态调整机制

孙开[4]建议应对县级基本财力保障水平进行动态调整,保证该运行机制的长效性。财政部科研所课题组[5]提出县级财力保障机制将采取循序渐进、分步实施的办法,根据有关政策和因素的变化,对有关保障项目进行调整,逐步扩大"保民生"的保障范围,稳步提高保障标准,动态调整县级财力保障水平。

## 四、文献述评

综合上述文献,笔者认为还有以下三个问题值得深入研究。

(1) 国内外学者对公共服务和基本公共服务内涵和外延的研究视角不断丰富,但很少有专门针对县级基本公共服务以及县级财政对提供基本公共服务的财政基础进行系统而又全面的研究的文献,因此本书希望能够弥补这一研究领域的不足。

(2) 现有对县级政府提供公共服务的财力不足基本是描述现象,而没有从整个基层财政运行的过程分析县级财政压力的形成机理。对我国基本公共服务供给不足的现状,主要是定性分析为主,定量分析不够,本书希望在这一问题上能作出一定的贡献。

---

[1] 项继权、袁方成:"我国基本服务均等化的投入与需求研究",《公共行政评论》,2008年第1期,第89-123页。
[2] 刘尚希、邢丽:"中国财政改革30年:历史与逻辑的勾画",《中央财经大学学报》,2008年第3期,第1-9页。
[3] 易国安、胡宗能、李忠:"进一步完善县级基本财力保障机制浅析——以A省为例",《财政监督》,2016年第18期,第73-76页。
[4] 孙开:"省以下财政体制改革的深化与政策着力点",《财贸经济》,2011年第9期,第5-10页。
[5] 财政部科研所课题组:"建立和完善县级基本财力保障机制",《中国财政》,2012年第19期,第26-30页。

（3）县级政府提供基本公共服务的财力保障涉及财政体制的改革，特别是省以下财政体制的改革，目前国内外有关基本公共服务均等化与公共财政体制的研究成果丰厚，但大多数研究主要把省以下各级政府视为一个整体"地方政府"，研究主要聚焦于中央与省之间的财政关系，忽略了省以下市、县、乡镇三级政府，而专门针对省（州）以下地方政府间事权和财权的划分的研究并不多见，所以研究的局限性就不言而喻。事实上基层政府才是基本公共服务主要事权的承担者，因此，从省级以下的角度进行考察显得更为必要。为此，要提升县级政府的财政能力，进一步完善国家财政体制，不仅要关注中央与省的关系，还必须打开省以下政府间财政关系的"黑箱"，本书希望能在这一问题上作出一定的贡献。

## 第四节 研究思路和方法

### 一、研究思路

本书的研究对象是除了市辖区的所有的县级单位，特别聚焦和关注于真正的1 483个县。以县级基本公共服务和县级财力动态保障为两个基本抓手，首先从理论上阐述和界定县级政府提供基本公共服务的内涵和外延；通过设立系列指标，以县级义务教育、医疗卫生、社会保障和基础设施四大主要基本公共服务为研究对象，对2000—2016年县级基本公共服务提供的现状进行实证分析，论证了县级基本公共服务在地区之间、城乡之间和县域内部城乡之间配置的现状和趋势；对1993—2015年县级财政基础和财力的状况进行评估和实证研究；研究县级财政能力对县级基本公共服务提供水平、均等化以及政府支出行为的影响；探究县级政府提供基本公共服务财力缺失的体制性原因；最后提出相关政策建议（具体研究思路见图1.1）。

### 二、研究方法

#### （一）比较研究方法

本书运用了比较研究方法对我国县级基本公共服务在城乡之间、地区之间以及县域内部城乡之间的现状与趋势进行了详细对比，通过比较分析，对我国县级基本公共服务的配置形成一个全面、系统和清晰的判断。

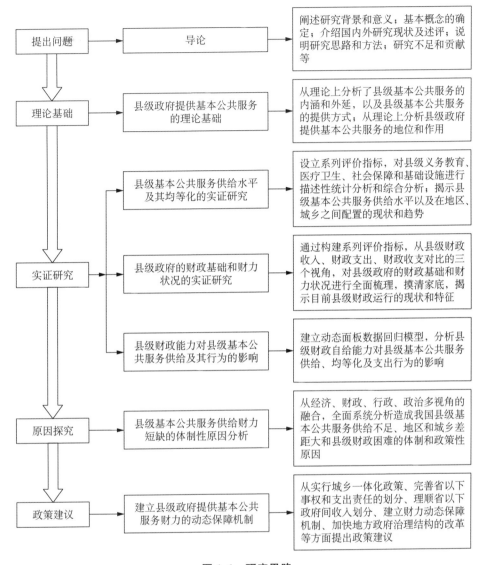

图1.1 研究思路

## （二）多指标的综合评价方法

本书从投入和产出的视角，对县级义务教育、公共卫生、社会保障、基础设施的投入和产出分别设立单项指标，然后在对各单项指标进行无量纲化处理的基础上，再通过算术平均法，分别形成教育、医疗卫生、基础设施和社会保障四个方面指标；将这四项基本公共服务方面指标的信息加以汇集，并赋予权重系数赋值，得到一个综合指标，即县级基本公共服务指数，同时测量县级基本公共服务指数的变异系数,来全面反映县级基本公共服务的均等化水平。

**(三)动态面板数据的回归方法**

基于2006—2014年全国县级财政数据和安徽省的县级财政数据,建立动态面板数据的回归模型,通过使用广义矩估计GMM的方法,来定量分析县级财政能力对基本公共服务供给、均等化及支出行为的影响。GMM方法在一定程度上可以解决模型内生性问题带来的估算偏差,从而验证了定性研究所得出的结论。

## 第五节 研究结论与贡献、研究不足及展望

### 一、研究结论

本书的主要研究结论如下。

(1) 2000—2016年,各级财政对县级义务教育、医疗卫生、社会保障、公共设施的投入不断增加,县级基本公共服务的供给水平有了很大程度的提高,但是东中西地区间、省际、城乡之间、县域内部的城乡之间的差距较大,两极分化严重。令人欣慰的是,在各级政府的高度重视下,差距有缩小的趋势。但是,提高县级基本公共服务的供给水平和均等化的任务依然任重道远。

(2) 从县治的财政基础来看,20世纪90年代以来,随着社会经济的发展,县级政府的财政收入有了很大的提高,但是,财政收入增长缺乏弹性,财政收入具有不稳定性;人均县级财政收入远低于全国平均人均财政收入;县级财政收入缺乏稳定的自主财源,对非税收入、上级政府的转移支付依赖性较大,债务负担和债务风险不断加大;地区间县级财力差距较大;五级政府中,县级政府的支出责任最大,财政收支矛盾日益突出,县级财政自给能力弱化,严重影响到我国基本公共服务的提供水平和均等化的实现。

(3) 县级财政自给率对省际和安徽省内的县级基本公共服务供给的影响为正,且结果高度显著。也就是说,县级财政自给能力越高,基本公共服务供给的水平就越高,均等化水平就越高。要解决县级财政困难问题,提高它们提供基本公共服务的保障水平,必须要改善县级政府自身财力状况,增强县级政府自主发展能力和财政自给能力是县级财政解困的首要目的。

(4) 县级财政自给率对基本建设支出占比有负相关的影响,且非常显著;县级财政自给率与教育支出占比有着显著的正相关关系,在县级政府自有财力有

限的情况下。这意味着县级政府为增加财政收入和官员的政绩需要,存在着偏向于将有限的财政资金用于基本建设的行为倾向,而忽视了教育的投入,在教育的投入上更加依赖上级政府的转移支付。为了保障基本公共服务供给与需求的平衡,需要规范县级政府的支出行为,优化政府支出结构,加大对民生类项目的投入力度。

(5) 一般转移支付对省内县级基本服务的供给具有明显的促进作用,而专项转移支付的作用却相反。我国一般性转移支付的均等化作用必须得以肯定,而且还要继续加大一般性转移支付的比重,改革和完善专项转移支付制度。

(6) 城乡分治的二元公共产品供给体制、地方政府治理结构的缺陷、财政体制尤其是省以下财政体制的不完善和改革的滞后,是导致我国县级政府提供基本公共服务财力短缺的制度性原因。为此,需要坚持城乡一体化的政策导向,加大对县域(农村)基本公共服务投入力度,建立国家级"农业县一般转移支付基金",农业县提供基本公共服务的基本财力应该由中央、省、市县财政共同承担。同时,还需要完善公共服务省以下事权和支出责任的划分、理顺省以下政府间收入的划分,建立县级财力动态保障机制、加快地方政府治理结构的改革等。

## 二、本书的学术贡献

### (一) 本书的研究更加全面和系统

从投入和产出的视角,通过构建系列评价指标,运用统计分析和综合分析方法,对我国主要县级基本公共服务的供给水平进行系统评估,论证了县级基本公共服务在地区之间、城乡之间、县域内部城乡之间配置的现状和趋势;通过构建系列评价指标,从县级财政收入、财政支出、财政收支对比的三个视角,对县级政府的财政基础和财力状况进行全面梳理,摸清家底,揭示目前县级财政运行的现状和特征。与前人的研究不同,本书的研究更加全面和系统。

### (二) 对"千头万绪"和内容繁杂的省以下财政体制进行梳理和总结

本书密切结合中国省以下财政改革的现实,认为省以下财政体制的不完善是导致县级财力和公共服务提供不足的制度性原因之一。对各省"千头万绪"内容繁杂的省以下财政体制进行梳理,了解省以下收入划分、公共服务事权和支出责任划分、转移支付运行的现实情况和基本特征,发现其存在的问题,是建立县级政府提供基本公共服务财力保障机制的基本条件。

### (三)试图弥补2007年以后县级财政研究数据的不足

目前,现有的县级财政的研究主要是个案研究和理论分析,缺少基于大样本数据的全面系统研究,即使有的话,研究样本的时间分布也主要在2007年以前,研究的数据较旧,难以对2007年以后县级财政的运行情况进行深入的评价。本书以中国2006—2014年的县级面板数据(不包括市辖区)为基础,并以安徽省为个案,构建动态面板回归模型,全面系统分析县级财政能力对县级基本公共服务供给以及公共服务支出行为的影响,试图来弥补2007年以后研究数据的不足。

### (四)给出了县级主要基本公共服务事权和支出责任的划分清单

公共服务在省以下事权和支出责任的划分,是省以下财政体制改革的难点和重点。目前,无论是现有的研究,还是政府对省以下政府间事权和支出责任的划分的各种指导性意见,都是原则性、宽泛性的,缺少具体的较为细致的划分。本书根据公共财政经典理论,政治学、行政学等相关理论,国际经验,事权的影响范围和重要程度,结合中国的现实情况,从县级政府提供的一些主要公共服务入手,较为详细地分类解决公共服务项目集权与分权的程度,给出了教育、社会保障、医疗卫生、公路的政府间事权和支出责任划分的清单。

### (五)注重多学科的交叉研究

目前,现有的对县级政府提供基本公共服务财力保障机制的研究,主要侧重于从财政学的视角来进行研究。但是,县级财政解困、县级基本公共服务事权和支出责任的划分,不仅仅是财政学一门学科的问题,还涉及财政学、政治学、社会学、公共管理学、法学等多个学科和多个维度,需要开展不同学科的交叉研究。为此,本书力图采用财政学、经济学、公共管理学、政治学和计量经济学等多学科相结合的方法进行研究,为全面分析造成县级财政困难的体制性原因,以及提出解决办法提供理论支撑。

## 三、研究不足及展望

### (一)数据资料的不足

本著作在研究过程中,最大的困惑和痛苦就是数据资料的不足。众所周知,由于中国财政信息公开的透明度不高,尤其在县乡一级,一般很少公开其完整的数据。再加上中国预算的不完整性,政府的资金分别装在政府不同的口袋里,透明度极低,统计数据残缺不全。同时,涉及县级财政和公共服务的各种统计数据,并不仅仅局限在财政部门,而是分散在政府的十几个职能部门中,获得资料难度很大。另外,中国县乡财政结构和运行非常复杂,收支范围经常变动,特别是2007年中国实行了政府收支分类的改革,预算科目的设置变化很大,前后统计数据的口径差距非常大,为数据的获得和处理带来了很大的难度。虽然,本书为了获得更多的一手资料,利用私人关系对安徽、浙江等地举行了调研,但是调研单位仍然顾虑很多,例如,按照经济性质分类的县级财政支出、土地相关收入等资料很难获得。此外,再加上许多不规范因素的存在,很难摸清实际情况。

(二) 研究范围的不足

县级基本公共服务的内容很丰富,本书主要研究了义务教育、社会保障、公共卫生、基础设施的供给和均等化情况,但还不能全面真实地反映县级基本公共服务供给的全貌,研究内容需要进一步扩展,这也是本书作者今后拟进一步研究的内容。此外,本书设立指标的时候,由于研究数据的限制,某些公共服务的评估指标只能用相关的农村公共服务数据来代替,因此研究结果可能会存在一定的偏差。

(三) 研究内容的不足

本书没有对县级政府提供基本公共服务的财力缺口进行测算。由于县级政府数量大,各地情况千差万别,同时,社会经济的发展又瞬息万变,县级数据残破不全,测算县级基本公共服务最低保障需求,测算县级基本公共服务实际保障水平和财力增长情况难度很大,这是一个非常庞大和艰巨的任务,目前理论界在这一方面的研究都没有很好的突破,因此,这将是本书作者下一步的研究方向。

此外,由于政府事权和支出责任划分的复杂性,世界各国政府间事权和支出责任的划分并没有统一的模式,因此,本书对主要基本公共服务事权和支出责任的划分带有一定的主观性,并不见得完全符合中国现实,而且某些方面还不够详细和具体,可能缺乏一定的操作性,需要进一步的完善,这也是本书作者今后需要深入研究的问题。

# 第二章
# 县级政府提供基本公共服务的理论基础

## 第一节 县级政府提供公共服务的内涵和外延

### 一、公共服务、基本公共服务和基本公共服务均等化

#### (一) 公共服务的概念

国外学者从不同视角和不同学科对公共服务的概念和内涵加以诠释。据李军鹏的考证,最早的"公共服务"概念是由法国公法学派代表莱昂·狄骥于1912年提出的。狄骥认为,任何因与社会团结的实现和促进不可分割而必须由政府来加以规范和控制的活动,就是一项公共服务,只要它具有除非通过政府干预,否则便不能得到保障的特征。狄骥对于"公共服务"的内涵界定偏重于法治的核心作用,其不仅指出政府是传统公共服务提供的唯一合法体,而且将政府控制与公共服务的内涵直接等同起来[1]。随着社会经济的发展,在民主政治的背景下,政府并不是公共服务提供的唯一合法体,因此这一概念的界定有些落伍,但狄骥的研究让我们初步了解了公共服务的渊源。美国学者罗纳德·J.奥克森(Ronald J. Oakerson)认为,(公共服务)供应是指一系列集体选择行为的总称,它就如下事项作出决定:需要提供什么样的产品和服务,产品和服务的数量和质量标准,需要筹措的收入数和如何筹措,如何约束和规范公共产品和服务消费中的个人行为,以及如何安排产品和服务的生产[2]。

---

[1] 转引自陈振明等著:《公共服务导论》,北京大学出版社2011年版,第10页。
[2] 罗纳德·J.奥克森著:《治理地方公共经济》,北京大学出版社2005年版,第34页。

此后,国外学者对公共服务的研究,最为深入和完整的当属公共经济学理论中的公共产品理论。萨缪尔森在1954年发表的《公共支出纯理论》中提出,所谓的公共产品是指在消费过程中具有非竞争性和非排他性的产品或服务。其后,又有了混合产品、俱乐部产品[1][2][3]等理论的讨论。从国外的研究结果来看,绝大多数研究认为公共产品和公共服务没有本质区别。

国内学者在公共服务概念的研究上没有形成统一的认识,主要有以下六种观点。

(1) 认为"公共产品"与"公共服务"概念等价,认为那些具有非竞争性和非排斥性的产品和服务即为公共服务[4][5][6]。

(2) 认为"公共产品"与"公共服务"概念不等同。①从有形和无形角度来定义。服务是无形的,产品是有形的。因此,政府为民众提供的那些无形的消费服务就是公共服务,而有形的被称为公共产品[7]。②公共服务比公共产品范畴更宽泛的,即通过公共服务可以提供公共产品,也可以提供混合产品或私人产品,但公共产品则只能是公共产品,而不能既是公共产品,也是混合产品或私人产品。公共服务与公共产品并不是两个可以等同的概念[8]。

(3) 从广义公共产品角度来定义,陈昌盛和蔡跃洲认为,公共服务不仅包括了通常所说的公共产品,而且也包括市场供应不足的产品和服务,广义的公共服务甚至包括了制度安排、法律、产权保护、宏观经济政策等[9]。

(4) 从政府的活动来理解。此观点认为在市场经济下,政府要为市场服务,政府所干的所有事情都是公共服务[10]。从这个研究视角来看,所有政府的活动和行为均属于公共服务,这种解释过于宽泛。

(5) 从政府的四大职能来解释。从一般意义上来说,政府的职能有经济调控、市场监管、社会管理和公共服务,且除经济调控、市场监管和社会管理之外的

---

[1] Musgrave: *Public Finance in Theory and Practice*, McGraw-Hill, 1984, 71-73.
[2] 转引自刘宇飞著:《当代西方财政学》,北京大学出版社2000年版,第100-101页。
[3] Buchannan, J. M.: "An economic theory of clubs", *Economics*, 1965, 32(125):1-14.
[4] 张馨:"话说公共财政",《江西财税与会计》,1999年第7期,第47-49页。
[5] 丁元竹:"从社会公共服务角度看内需不足",《中国经贸导刊》,2006年第4期,第21-22页。
[6] 江明融:"构建城乡统筹的公共产品供给制度研究",《农村经济》,2006年第8期,第14-16页。
[7] 安体富、任强:"公共服务均等化:理论、问题与对策",《财贸经济》,2007年第8期,第48-53页。
[8] 程谦:"公共服务、公共问题与公共财政建设的关系",《四川财政》,2003年第12期,第18-19页。
[9] 陈昌盛、蔡跃洲:"中国政府公共服务:基本价值取向与综合绩效评估",《财政研究》,2007年第6期,第20-24页。
[10] 姚大金:"公共服务型政府和公共财政体制",《云南财贸学院学报》,2003年第6期,第38-41页。

工作就是公共服务。至于什么是公共服务,并没有明晰界定。

(6) 解决公共问题的手段就是公共服务。公共服务是用以解决公共问题,维护社会经济秩序的主要手段;对社会经济活动的管理与控制,可视为政府提供的一种公共服务;在民间,自发形成的行业公会或行业联盟等民间组织,以协调行业内的生产流通及共同问题,这也可视为一种公共服务[1]。这个定义认为,公共服务是用以解决公共问题,维护社会经济秩序的主要手段,但是解决公共问题的手段有很多,有政策手段,还有市场手段。市场手段是否是公共服务?此外,公共服务的提供不仅包括政府组织也包括民间组织,范围过于宽泛,并未说明公共服务的实质内涵。

国内学者对公共服务概念的纠结,主要是对公共服务的形式、性质、内容和范围产生了一定的分歧。本书比较赞同公共经济学对公共产品或公共服务的经典定义,在消费过程中具有非竞争性和非排他性,是公共产品或公共服务区别于其他产品的本质特征,"公共产品"与"公共服务"概念等价。本书将公共产品和公共服务视为同一个概念,可以相互替代使用。

### (二) 基本公共服务

对于什么是基本公共服务,国内学者的研究有以下三个方面。

(1) 从基本公共服务的范畴和内涵来界定。常修泽认为,范围要适中、标准要适度。现阶段基本公共服务应包括四方面内容,即基本民生性服务、公共事业性服务、公益基础性服务、公共安全性服务[2]。

(2) 从消费需求来理解。刘尚希等从消费需求层次和消费需求的同质性来界定基本公共服务,认为人们低层次的基本消费需求和无差异的消费需求属于基本公共服务[3]。项继权和袁方成根据人们需求的公益性程度及其需求满足中对政府的依赖程度的不同来理解基本公共服务,认为基本公共服务是政府必须承担的公共产品或公共服务[4]。

(3) 从公民的基本权利来界定。基本公共服务是政府从公民最基本的生存权、基本发展权和基本健康权出发,利用公共资源和权力为民众提供的无形和有

---

[1] 程谦:"公共服务、公共问题与公共财政建设的关系",《四川财政》,2003年第12期,第18-19页。
[2] 常修泽:"中国现阶段基本公共服务均等化研究",《中共天津市委党校学报》,2007年第2期,第66-71页。
[3] 刘尚希、杨元杰、张洵:"基本公共服务均等化与公共财政制度",《经济研究参考》,2008年第40期,第2-9页。
[4] 项继权、袁方成:"我国基本公共服务均等化的财政投入与需求研究",《公共行政评论》,2008年第3期,第89-123页。

形服务的总称[1]。

结合众多学者的观点,本书认为,公共服务是人们的共同需求,是人类生存和发展的基本条件。向社会公众提供公共服务,满足公共需要,实现公共利益是政府的基本职责[2]。但是,由于公共产品或公共服务的内容非常广泛、受益范围存在着一定的差异,再加上人们的需求具有多样性和无限性,政府的能力总是有限的。因此,有一些公共服务并不一定需要政府来提供,公共服务提供的范围和水平有个优先次序的安排。那么,如何确定基本公共服务?其范围有多大?本书认为要从以下五个方面来综合考虑。

1. 公共服务受益范围的大小

如果该项公共服务具有很强的外部效益,受益范围很大,涉及绝大多数人的共同利益,那么,政府应承担此项公共服务的责任。

2. 公民的基本权利和基本需求

联合国《世界人权宣言》主张个人有权享受"为维持他本人和家属的健康和福利所需的生活水准,包括食物、衣着、住房、医疗和必要的社会服务"。世界上许多国家将政府承担的卫生保健、基本教育等基本公共服务提供的责任诉诸于人权。因此,满足公民最基本需求的生存权、基本发展权和基本健康权的公共服务,构成了基本公共服务的主要内容。

3. 受经济发展水平和预算的限制

基本公共服务的范围、内容和水平受到一个国家或地区经济发展水平和预算的限制,应该和国家或地区的经济发展水平相适应。因此,现有的经济发展水平决定了我国基本公共服务的内容是满足公民的基本权利和基本需求。当然,基本公共服务的内容不是绝对的,它会因时间、地点的变化而变化(刘尚希,2007)。随着经济的发展、政府保障能力和人民生活水平的提高,一个国家基本公共服务的范围会逐步扩展,提供的水平和标准也会逐步提高。

4. 需得到广大民众的同意

基本公共服务提供的过程应该是"自下而上"和"自上而下"相结合的民主过程,政府提供什么样的公共服务、如何提供,必须要充分考虑广大民众对公共服务的需求状况,需得到老百姓的同意,这样才能保证公共服务的供给与需求的大

---

[1] 中国海南改革发展研究院编:《基本公共服务与中国人类发展》,中国经济出版社2008年版,第11-13页。

[2] 陶勇:"县级政府提供基本公共服务的困境——基于地方政府治理结构的视角",附录于《公共经济与政策研究》,西南财经大学出版社2014年版,第1-10页。

体一致,达到公共服务的最优供应。

5. 政府不是基本公共服务唯一的提供者

提供公共服务是政府基本职责,但是公共提供并不一定就要公共生产,政府不是公共服务唯一的提供者,公共产品理论和国际经验表明,市场和非营利组织等在提供公共服务方面也扮演着主要的角色,政府可以通过制度对其行为加以制衡和约束[1]。

因此,综上所述,本书认为,基本公共服务就是一个国家在一定的社会共识基础上,根据一国的经济发展和财力的总体水平,从公民最基本和发展的权利——生存权、发展权和健康权出发,利用公共权力和资源向广大社会公众提供的各种产品和服务的总称。提供基本公共服务是政府的基本职责。

无论是从世界各国还是我国的实践,基本社会保障、义务教育、基本医疗、公共卫生、公共安全等都被视为最基本的公共服务,也是广大城乡居民最关心、最迫切得到的公共服务。

(三) 基本公共服务均等化

对于什么是基本公共服务均等化,国内学者主要从以下三个方面进行了分析。

(1) 基本公共服务结果均等。强调全体公民享有基本公共服务的结果应该大体相等,每一个公民都大致均等地享受国家在一定时期内所提供的基本公共服务,强调人们的处境、条件或结果相等[2][3]。并且,基本公共服务结果均等要接受某些社会成员的自由选择权[4]。

(2) 基本公共服务机会均等。全体公民享有基本公共服务的机会应该均等,关注赋予公民同等的条件、权利和机会[5]。

(3) 从基本公共服务均等的范畴来理解。基本公共服务均等的范畴不仅包括城乡之间的均等、不同区域之间的均等,也包括不同群体及个体之间的均等[6]。基本公共服务供给水平大体相等、基本公共服务供给范围的平等,以及

---

[1] 陶勇:"县级政府提供基本公共服务的困境——基于地方政府治理结构的视角",附录于《公共经济与政策研究》,西南财经大学出版社 2014 年版,第 1-10 页。
[2] 迟福林:"加快建立社会公共服务体制",《求知》,2007 年第 9 期,第 19-20 页。
[3] 安体富、任强:"公共服务均等化:理论、问题与对策",《财贸经济》,2007 年第 8 期,第 48-53 页。
[4] 常修泽:"中国现阶段基本公共服务均等化研究",《中共天津市委党校学报》,2007 年第 2 期。
[5] 同上。
[6] 贾康:"公共服务的均等化应积极推进,但不能急于求成",《审计与理财》,2007 年第 8 期,第 5-6 页。

在数量、水平大体相等基础上的质量同等[1]。

综合众多学者的观点,本书认为,基本公共服务均等化就是政府为社会公众提供基本的、在不同阶段具有不同标准的、最终大致均等的公共产品或公共服务。公平和正义是考核基本公共服务的均等化的重要准则,包含以下内容:一是全体公民享有公共服务的机会和权利应该均等;二是全体公民享受的公共服务结果应大体相等,但绝非"平均主义";三是在提供大体均等的公共服务的过程中,尊重社会成员的自由选择权[2]。

### (四)官方对相关概念的界定

官方对于基本公共服务以及均等化的概念形成经历了一个过程。十六届六中全会通过《中共中央关于构建社会主义和谐社会若干重大问题的决定》阐述了我国公共服务的主要内容包括教育、卫生、文化、就业和再就业服务、社会保障、生态环境、公共基础设施、社会治安等方面。党的十七大报告把基本公共服务均等化和建设主体功能区作为财政体制改革和建设的目标,为基本公共服务均等化勾画了实现路径。2012年7月,国务院颁布的《国家基本公共服务体系"十二五"规划》(以下简称"十二五"规划)对基本公共服务概念、范围以及基本公共服务均等化概念进行了界定。

基本公共服务,指建立在一定社会共识基础上,由政府主导提供的,与经济社会发展水平和阶段相适应,旨在保障全体公民生存和发展基本需求的公共服务。享有基本公共服务属于公民的权利,提供基本公共服务是政府的职责。

基本公共服务均等化,指全体公民都能公平可及地获得大致均等的基本公共服务,其核心是机会均等,而不是简单的平均化和无差异化。

基本公共服务范围,一般包括保障基本民生需求的教育、就业、社会保障、医疗卫生、计划生育、住房保障、文化体育等领域的公共服务,广义上还包括与人民生活环境紧密关联的交通、通信、公用设施、环境保护等领域的公共服务,以及保障安全需要的公共安全、消费安全和国防安全等领域的公共服务。"十二五"规划为突出体现"学有所教、劳有所得、病有所医、老有所养、住有所居"的要求,将基本公共服务的范围确定为公共教育、劳动就业服务、社会保障、基本社会服务、医疗卫生、人口计生、住房保障、公共文化等领域的基本公共服务。《国家基本公

---

[1] 刘尚希、杨元杰、张洵:"基本公共服务均等化与公共财政制度",《经济研究参考》,2008年第40期,第2-9页。
[2] 陶勇,"县级政府提供基本公共服务的困境——基于地方政府治理结构的视角",附录于《公共经济与政策研究》,西南财经大学出版社2014年版,第1-10页。

共服务体系"十三五"规划》提出,到2020年,基本公共服务体系更加完善,体制机制更加健全,在学有所教、劳有所得、病有所医、老有所养、住有所居等方面持续取得新进展,总体实现基本公共服务均等化。

从以上内容可以看出,官方也是综合了理论界和学术界的众家之长,对基本公共服务的相关概念进行了界定。本书对以上两个概念的界定和官方的界定也是相一致的。

## 二、县级基本公共服务

### (一) 公共服务的受益范围和供给层次

公共服务按其受益范围的大小,又可分为全国性公共服务和地方性公共服务。

1. 全国性公共服务

全国性公共服务的受益范围是全国性的,可供全国各社会成员同等享受和同等消费,它的受益对象往往是全国居民,例如,公共安全、国防安全等。全国性公共服务的主要特征是:(1)公共服务的受益范围覆盖到整个国家的疆域范围;(2)公共服务的受益在整个国家疆域内分布是均匀的,全国各社会成员享受同等的公共服务;(3)全国性公共服务的提供者主要是中央政府。

2. 地方公共服务

实际上,现实中的全国性公共服务是屈指可数的,绝大部分公共服务是以地方公共服务的形式存在的。地方性公共服务是指满足一定区域内广大居民需求的各种服务,其受益对象、受益范围有限,有着一定的地域性,其提供者主要是地方政府。

地方公共服务或公共产品与全国性公共服务或产品两者既有联系又有区别。两者均具有公共服务或公共产品的基本特征:非排斥性和非竞争性。相对于全国性公共服务来说,地方公共服务的特征概括起来主要有以下四个特征。

(1) 受益范围的地域性。

无论是地方纯公共服务还是地方混合产品,在消费上都受地理空间限制,因此其受益对象和受益范围往往被限定在特定的区域内,而超过这一特定的范围,居民就无法获益。这是地方公共服务与全国公共服务最大、最主要的区别。

(2) 具有俱乐部产品的特征。

俱乐部产品(Club Goods)是一种介于公共产品与私人产品之间的不纯粹公

共产品。它有两个特征。一是可以由许多人同时消费,在一定范围内是非竞争性的,再增加一个消费者的边际成本不会增加。但随着人员的不断增加,该类产品将不断趋于容量的约束范围,而一旦超过该约束之后,该产品的消费就会变得拥挤,从而破坏非竞争性的特征,所以俱乐部必须对成员数目进行限定。俱乐部产品的另一个特征是可以轻易做到排他性,即不付费者可以排除在消费之外。比如,公路、桥梁、高尔夫球场、闭路电视等。

许多地方公共服务或公共产品就是一种典型的俱乐部产品,在该产品使用容量的约束范围内,具有一定的非竞争性。但是,由于地方公共产品地域性的特征,一旦人数过度增加,便会出现拥挤问题,是一种拥挤性公共产品,因此个人从地方公共产品消费中所获得的效用,则完全依赖于与他分享利益的其他人的数目[1]。由于地方公共产品受益对象和受益范围的地域限制,因此可以轻易做到排他性。

(3) 具有溢出效应的特征。

溢出效应是指一些地方公共服务的受益并不局限在本行政辖区范围内,往往使得相邻地区的居民也获得一定的利益,受益范围大于行政界限。地方公共产品的溢出效应有时是正的(外部效益),有时则是负的(外部成本)。辖区间的溢出效应是影响地方公共产品成本和收益之间平衡关系的重要因素之一,往往需要中央和地方之间或者地方政府之间相互合作来纠正,以保证地方公共产品提供的有效。

(4) 地方公共服务具有层次性。

地方公共服务或公共产品是一个大概念,同样受益范围在空间上具有一定的层次性。根据公共服务受益范围在空间上分布的不同,地方公共服务又可以划分省级、市级、县级、乡镇级乃至社区公共服务。

**(二) 县级基本公共服务的特征和范围**

1. 县级基本公共服务的特征

县级基本公共服务是指县域范围内的全体公民都能公平可及地获得大致均等的基本公共服务。其主要特征有以下四个方面。

(1) 县级公共服务主要属于农村公共服务范畴。

县级基本公共服务的受益者主要是县域广大民众,特别是广大农村人口。县域是以县城为中心、乡(镇)为纽带、农村为腹地的空间概念,其中县城具有城市的特征,也是我国城市体系的重要组成部分。介于城市和农村之间的乡镇,位

---

[1] 赵俊怀:"论我国地方公共产品供给民营化",《经济体制改革》,2003年第6期,第98-101页。

于我国行政序列的末端[1]。为此,县级政府是面向农村的基层建制,处于国家与社会的交接面上,是连接城市和农村、国家和农民的桥梁,与"三农"关系最密切,直接服务于广大农村人口,最了解当地的基本公共服务需求,具有信息优势和管理优势,承担着向全国70%的人口提供公共产品或公共服务的职责。因此,相对于省、市政府来说,县级政府提供的公共服务除了一小部分具有城市公共服务的特征外,其余主要属于农村公共服务的范畴。

(2) 绝大多数县级公共服务属于准公共产品,具有较强的外溢性。

现实生活中的纯公共产品是屈指可数的,绝大多数农村公共服务或公共产品是以混合产品的形式存在,并且是以具有较强外溢效益的准公共产品形式存在。这是因为完善配套的农村基础设施是农业生产的前提条件。一方面,良好的设施,能进一步扩展农业的收益,促进国民经济的增长;另一方面,公共教育、农业科技成果推广、农业科学研究等公共服务被证明是现代农业的增长源,可见农村公共服务或公共产品在整个国民经济发展中具有基础性地位和较大范围的效益外溢性。

(3) 县级政府是县级基本公共服务的主要提供者。

县级政府是直接面向广大农村地区和农民的基础行政建制,具有管理经济、政治、文化、社会、环境等公共事务的职能。按照我国目前的行政管理体制,作为县域地区独立的社会治理主体,县级政府承担着县域地区主要的公共服务职能,包括民生类基本公共服务,例如,社会保障、公共卫生、基本医疗、基础教育等;基本环境服务,包括公共交通、环境保护等;公共安全服务,包括食品安全、社会治安等。

由于绝大多数县域公共服务以准公共产品的形式存在,具有很强的外部效益,这也就决定了除了县级政府以外,中央、省、市级政府也应参与县级基本公共服务的提供。

(4) 基础性和阶段性的特征。

基本公共服务提供的水平和一个国家的经济发展和国家财力有着紧密的关系,基本公共服务除了公共性的特征外,还具有基础性和阶段性的特征。现有的经济发展水平和国家财力状况,尤其是县域经济发展水平和财力状况,决定了我国县域基本公共服务的内容是满足公民的基本权利和基本需求,但随着国家经济的发展和地方财力的提升,县域基本公共服务包含的范围和提供的水平也会随之提高。

2. 县级基本公共服务的范围

县级基本公共服务范围很广,由于我国农村人口众多,经济基础比较薄弱,

---

[1] 陈文胜:"中国县域发展的基本特征与历史演进",《中国发展观察》,2014年第6期,第30-31页。

城乡居民收入差距较大,绝大多数县域经济不发达,县级政府提供的基本公共服务应该是广大农户最需要和最迫切的基本公共服务,是广大县域民众生存和发展的基本需要,体现了公民权利与政府责任。本书作者认为当前县级基本公共服务的范围主要包括以下三个方面。

（1）有助于农业生产和农村经济发展的基础设施。主要为农民从事农业生产提供基本的条件,如农村水利设施、农业科学研究和技术推广、农村道路和电力、病虫害的防治、农业气象、农业发展战略研究、农业发展综合规划与信息系统等。

（2）有利于提高县域居民福利的民生类基本公共服务,主要解决县域内的居民上学难、看病难和养老难的问题,重点内容主要是基础教育、基本医疗、公共卫生和基本社会保障和就业、城乡饮用水的安全等。这些公共服务主要属于底线生存服务。

（3）有助于县域社会经济可持续发展的公共产品。例如,环境保护、广播电视、公共文化、农村人口计生、县域污水和垃圾无害化处理等[1]。

由于县级公共服务范围太广,本著作重点研究县域义务教育、公共卫生、社会保障、基础设施四大基本公共服务(如图2.1)。

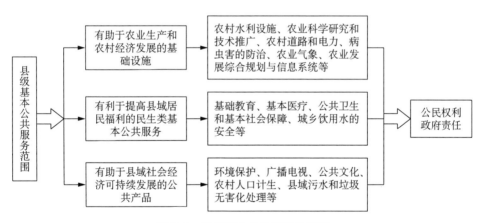

图 2.1　县级基本公共服务的范围

### （三）县级基本公共服务的提供方式

在上述分类的基础上,我们仍有必要做进一步的说明,各种县级公共服务之间划分的界限并不是绝对清晰,它们之间的特征仍有很大的交叉性。此外,县级

---

[1] 陶勇:"县级政府提供基本公共服务的困境——基于地方政府治理结构的视角",附录于《公共经济与政策研究》,西南财经大学出版社2014年版,第1-10页。

公共服务所覆盖的范围非常广泛,这就决定了县域基本公共服务提供方式的复杂性和多样性。

(1)具有非竞争性和非排斥性的纯公共产品,如县域空气和环境治理、公共安全、农业气象、公共文化等,这些是一般公共产品,受益人难以区分,人们的成本和效益难以衡量,财政的直接投资是这类产品的主要供给方式。

(2)以县域道路、电网建设、农村水利设施、电信、排水和供水等为代表的基础设施项目,其单位生产成本随着产出的增加而大幅度下降,具有规模经济的特征。同时基础设施为整个农业生产提供"共同条件",因而也具有明显的公益性。通常这些基础设施项目投资大、周期长,主要依赖政府投资。但仅靠县级政府难以独立承受财政压力,通常的做法是中央财政和地方财政共同出资、发行地方债来筹资,同时,也可以通过引入市场机制来提供,如PPP的融资方式。

(3)以义务教育、医疗卫生、社会保障为代表的县域公共服务,其效益明显外溢到邻近的管辖权区域,甚至辐射到全国范围,因此其公共服务的成本应通过大量的省或中央政府之间的转移支付来加以解决。

(4)县域小规模社区公共产品的市场提供方式。对于一些层次较低、规模较小的县域社区公共产品,例如,社区的道路、社区文化娱乐设施、社区桥梁、社区环境治理等,可以采取市场提供的方式。因为这类公共产品在一定范围内具有非竞争性,但却很容易做到排他性,是一种最典型的俱乐部产品。并且这些小规模的公共产品基本都是一种必需品,其供给容易和居民的需求相一致,它们存在于一定的地域位置,受益面相对固定,公共产品规模的决定符合成本—收益原则。所以,小规模社区公共产品可以采取市场提供的方式,向固定的受益者收取一定的费用,以弥补其提供的成本。但是对于这些受益范围明确且规模较小的县域社区公共服务,如何提供、如何收费,则必须要尊重社区居民的真实需求,可以采用"一事一议"的方式,充分发挥当地社区居民在公共服务供给决策中的作用。

## 第二节 县级政府提供基本公共服务的理论基础

### 一、财政分权理论与县级基本公共服务的提供

财政分权理论也称财政联邦主义理论,它主要是从经济学的角度,来探讨在多级政府下各级政府的职责、财权和财力的最优划分问题,体现了政府间中央财

政集权和地方财政分权的关系问题。财政分权和一个国家的政治制度没有直接联系,也不是政治上实行联邦制国家的特产,而是在任何一个国家都存在着财政分权问题,只不过在单一制国家,财政分权程度低一些,在联邦制国家,财政分权程度高一些。

传统的财政分权理论强调了地方政府在提供地方公共产品中的主体作用。

一是相对于中央政府来说,地方政府和消费者对地方的情况和偏好所掌握的信息要多,因此,地方政府可以作出好的决策。施蒂格勒进一步阐述了地方政府存在的必要性。与中央政府相比,地方政府更接近自己的公众,也更了解本地居民对公共产品的偏好;各地区居民应有权通过对不同种类和数量的公共服务进行投票表决以满足自身需要。换言之,地方政府的存在是为了实现资源配置的有效性[1]。奥茨提出了分散化提供公共产品具有相对优势的"分权定理"。对于某种公共产品而言,如果其消费涉及全部地域的所有人口的子集,且该公共产品的单位供给成本对于中央政府和地方政府来说是相同的,那么由地方政府将一个帕累托有效的产出量提供给选民要比中央政府向全体选民提供的产出量更有效[2]。

图2.2描绘了地方政府提供地方公共产品的有效性。横轴是表示居民人数,纵轴是表示居民对地方公共产品的需求数量。假设$U_a$、$U_b$、$U_c$分别表示这个国家三个地区A、B、C的居民对地方公共产品的需求,三个地区的居民人数相

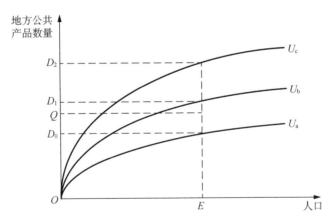

图2.2 地方政府提供地方公共产品的有效性

---

[1] George Stigler:"The tenable range of functions of local government", In: Federal Expenditure Policy for Economic Growth and Stability, Joint Economic Committee, Subcommittee on Fiscal Politics, Washington DC, 1957, 213-219.

[2] Oates, W. E: *Fiscal Federalism*, Harcourt Brace Jovanovich, New York.

同。此时，三个地区居民对地方公共产品的最优需求量分别是 $D_0$、$D_1$ 和 $D_2$，现假设由中央政府来统一提供地方公共产品，提供量为 $Q$，那么中央政府提供的公共产品未能满足 C 和 B 地区居民对地方公共产品的需求，又超过了 A 地区居民对公共产品的需求量，造成了资源的浪费。如果由地方政府来提供地方公共产品的话，它就会考虑到地方居民的实际需求和偏好，因地制宜提供公共产品，最大限度地满足当地居民的需求，因此，地方政府是提供地方公共产品的唯一有效主体。

二是蒂布特（Tiebout）建立了一个地方公共产品模型，说明公共产品分散提供的效率，同时颇有见地地创立了一个偏好揭示机制。他在1956年发表的《地方支出的纯粹理论》[1]一文中指出，如果地方社区或辖区的数目足够多，每个社区提供不同类型的公共产品，作为公共产品和服务的消费者，居民可以自由流动，那么理性的个人选择居住的社区提供的公共产品产出水平能够满足他们偏好。一旦政府不能满足其要求，居民就通过"用足投票"的方式迁移到自己满意的地区，这种流动性导致了地方政府竞争，结果是人们流露出其偏好的同时，反过来会促进公共部门的资源达到有效配置。偏好相同的人会组合在一起，公共服务也会以最小的成本被提供，就可能实现社会福利的最大化。

很显然，"用足投票"模型的理论贡献和现实意义在于，它证明了财政分权比财政集权的效率要高，该模型以"用足投票"的方式创立了地方性公共产品偏好显示机制。同时，蒂布特模型为地方政府之间提供公共产品的充分竞争提供了理论基础，因为拥有财政自主权的地方政府之间展开竞争，而竞争会促进地方公共产品的配置达到帕累托最优状态。但是这一模型是一个公共产品的完全竞争市场模型，是建立在一系列理论假设的前提之上的，例如，居民的充分流动性、地区间不存在外部性和信息的完备性等，而这些在现实世界里是很难具备的。

三是蒂布特和马斯格雷夫[2]还从政府的职能定位角度提出著名的分层蛋糕模型。他们认为政府有着三大经济职能，即参与资源配置、调节收入分配、促进经济稳定。这三大职能有着一定的层次性，中央与地方在履行职能时应有所

---

[1] Tiebout, Charles: "A pure theory of local expenditure", *Journal of Political Economy*, 1956, 64:416-424.

[2] 转引自 C.V.布朗、P.M.杰克逊著：《公共部门经济学》，中国人民大学出版社2000年版，第216-217页。

分工。他们认为低一级财政有着效率较高的资源配置能力,因为他们提供的是最能反映个人偏好的产品组合。如果公共产品的提供完全由中央政府统一提供的话,则会产生巨大的经济福利损失。而地方政府可以根据其辖区内居民的偏好,以不同的价格提供不同数量的公共产品,这样不同地区居民的境况都能得到改善,并能消除效率损失。而收入再分配和经济稳定职能应当集中在中央政府手里,因为,地方政府在收入再分配方面的能力有限,这一政策要求政府以养老金、失业救济金、补贴、住房等形式转移支付给低收入阶层,这些资金是通过累进税筹集的,相对于较富裕地区来讲,贫困人口集中的地方必须征收很高的税,地方税收的差距如果很大,就会导致中高收入阶层从贫困地区迁移到低税的富裕地区,这样的话,地区人均收入和财富发生巨大变化,贫困地区进行收入再分配的规模和效果就会受到很大的限制,为此,需要中央政府在个人之间、地区之间进行收入再分配,从而使得收入再分配的效果达到最大。

同样地,稳定经济的职能也应该主要由中央政府承担。原因很清楚,如果地方政府通过增加支出和降低税收的财政政策来刺激地方经济的需求,那么就会产生一系列问题:一是由此地方政府产生的预算赤字很难通过其自身融资来弥补;二是地方政府采取的刺激性财政政策,可能会由于地方经济的对外开放而导致严重的"贸易漏损",这样一来就会导致把财政政策的乘数效应降低接近于零;三是其他地方政府也可能相继模仿,产生竞争。为此,需要中央政府出面,利用财政政策和货币政策的配合来稳定经济,实现经济增长。

尽管稳定职能和收入再分配职能主要由中央政府承担,但也不能否认地方政府在资源配置职能中也含有宏观经济调控和收入分配的成分。

总之,传统财政分权理论主要从效率角度论证了地方政府在提供地方公共产品中的作用,越是层次低的地方政府,越了解其所管辖区域内居民的偏好,提供公共产品就越具有效率。由此可见,县级政府作为面向广大农村地区的基层政府,在提供公共服务方面有着中央政府不可比拟的优势,具有重要的地位和作用。

## 二、新公共服务理论与县级基本公共服务的提供

新公共服务理论最早发端于20世纪80年代末期,2000年后,在以美国著名公共行政学家罗伯特·登哈特为代表的一批公共行政学者的推动下,新公共服务理论名声大噪,这是基于对20世纪80年代兴起的新公共管理理论反思的

基础上建立的一种新的公共行政理论流派。

所谓"新公共服务",指的是关于公共行政在以公民为中心的治理系统中所扮演的角色的一套理念。在新公共服务理论家看来,公共行政官员的工作重点既不应该是为政府这艘航船掌舵,也不应该是为其划桨,承担为公民服务和向公民放权的职责,而应当是建立具有完善整合力和回应力的公共机构[1]。具体来说,新公共服务理论的主要观点有以下七个方面:(1)服务于公民,而不是服务于顾客;(2)追求公共利益;(3)重视公民权胜过重视企业家精神;(4)思考要具有战略性,行动要具有民主性;(5)承认责任并不简单;(6)服务,而不是掌舵;(7)重视人,而不只是重视生产率[2]。

相对于传统的公共行政理论的"效率"基本价值诉求,新公共管理理论的"市场化"和"管理主义"的价值诉求,新公共服务提倡的是以公民为中心的治理理念,政府角色就是要帮助公民表达并满足他们共同的利益需求,而不是试图通过控制或"掌舵"使社会朝着新的方向发展,把公共利益和为公民服务看成是公共管理的理论基础和基本价值观,对公民的权利倍加重视和呵护,认为通过扩大公民参与来保障公民权利的实现。新公共服务理论认为,政府与其公民的关系不同于企业与其顾客的关系,在公共部门很难确定谁是顾客,政府服务的对象不只是直接的当事人,公正与公平是政府提供服务时必须考虑的一个重要因素,政府不应该首先或者仅仅关注"顾客"自私的短期利益[3]。

总之,新公共服务理论强调的是政府在提供公共服务中应以公民为中心,了解公民的需求,及时回应公民的需求,重视公民参与,保障公民的合法权利,公正与公平提供公共服务,以实现公共利益为最终目的的一系列理论,为实现城乡基本公共服务均等化,构建县级公共服务"自下而上"与"自上而下"的民主决策机制和需求表达机制奠定了理论基础。

此外,新公共服务认为政府不是各种公共问题解决的唯一主体,而是一个多中心的社会治理结构,政府的角色不是管理控制者,而是和私营部门、非营利组织一起,通过平等沟通协商的手段来共同解决面临的公共问题。由于县级公共服务的内容非常广泛,广大县域居民对公共服务的需求很大,县级政府财力有限,因此政府不是公共服务的唯一提供者。新公共服务的多中心社会治理观点

---

[1] 珍妮特·登哈特等著:《新公共服务:服务,而不是掌舵(第3版)》,丁煌译,方兴、丁煌校,中国人民大学出版社2016年版,第9页。

[2] 同上书,第31页。

[3] 同上。

为构建以政府为主体,社会协同治理的多元化县级公共服务提供机制提供了理论支持。

### 三、县级政府提供基本公共服务的特殊地位

**(一) 作为基本治理单位的县是县域公共服务的主要提供者**

在我国历朝历代中,县域都是一个重要的国家治理基层单位。目前中国地方治理体系中,省级政府作为地方政府的最高层次,在中央政府的统一领导下,一直是联系中央与地方政府的联络点,同时也是地方政治、经济、文化和社会发展的全面组织者和具体领导者,承担着全面调节和平衡本省区各项社会经济发展的重任,当然省级政府也有着自己的利益和偏好,这种利益偏好充分体现在对辖区内各市县的领导工作中。

在"市管县"的行政体制下,地级市政府更多的是关注政府所在城区的建设与发展,甚至还存在着盘剥县级政府财政资源的现象,因而很难满足所辖县区的公共服务需求。

乡镇政府虽然服务的对象比县级政府更加集中,与基层民众的关系更加密切,但目前乡镇政府是"责任大、能力弱、权力小",并不具有真正的独立性,实际上已经成为县级政府的派出机关,因而难以独立承担提供县域基本公共服务的责任。

而自古以来,县级政府就扮演着承上启下的角色,处于国家与社会的交接面上,是联系国家行政和乡村社会的桥梁,与微观社会组织和广大农民的关系非常密切。按照现在的行政管理体制,县域拥有县城、乡镇(中心镇)、农村"三位一体",具有国家政治、经济、文化、社会、生态环境的全面管理权力和职能,基本上就是一个全能的政府[1]。为此,县级政府作为县域地区独立的社会治理主体,承担着县域地区主要基本公共服务提供的主要职责。

**(二) 县级政府是县域公共服务的实际执行者和管理者**

"上有千条线,下面一根针",现实中县级政府是贯彻执行中央政府和地方各级政府公共政策的基层行政机关。对于广大的县域地区而言,各级政府的公共服务职能大多是依托县级政府具体实施和管理的,因此可以说县级政府是县域社会各项公共服务职能的实际执行者和管理者。公共服务实际执行者的角色要求县级政府贯彻落实上级政府制定的各项公共服务政策,并对这些公共政策进

---

[1] 陈文胜:"中国县域发展的基本特征与历史演进",《中国发展观察》,2014年第6期,第30-31页。

行管理,履行好各项公共服务资源的下拨与分配任务,做好本地区公共服务政策的规划、执行和管理。

### (三)实现城乡基本公共服务均等化的着力点在县域基本公共服务

县域基本公共服务均等化是城乡乃至全国基本公共服务均等化的落脚点和具体体现。

长期以来,我国公共服务的提供实行的是城乡分离"二元结构"方式,城市公共服务是由政府免费或半免费提供,而农村公共服务则是由农民自己买单。这种城乡二元的公共服务提供模式,导致了国家财政对农村公共服务的提供严重不足,城乡社会经济发展和收入分配差距不断扩大。

而县级政府是"城市的尾,农村的头",在县域内,二元治理体制根深蒂固,城乡二元体制的差别特别明显。在县域与大城市之间,县域代表着农村;在县域内的县城与农村之间,县城代表着城市;县域与大城市之间也具有城乡二元的区别[1]。因此,推进城乡一体化,化解城乡二元公共服务供给体制的矛盾,推进城乡公共服务的均等化,最大难点在县域,重点和着力点也在县域。

### (四)城镇化发展的关键在于县域基本公共服务的提供

新型城镇化是未来中国现代化和经济稳定增长的重要途径,是解决农业、农村、农民问题的重要手段。而县域城镇化又是新型城镇化的重点。随着大量农村人口向城市的转移,要保证他们"有活干、有学上、有房住、有保障",必须优先解决农村转移人口急需的基本公共服务。为此,新型城镇化的重点在县域,难点在县域,推进城镇化离不开县级公共服务能力的提升和基本公共服务的支撑,需要对县域基本公共服务现状进行全面评估,按照县级政府服务能力进行分类,在摸清家底的情况下,有针对性地分类提供,以提升不同类型县域基本公共服务水平。

## 第三节　本　章　小　结

基本公共服务就是一个国家在一定的社会共识基础上,根据一国的经济发展和财力的总体水平,从公民最基本的权利——生存权、发展权和健康权出发,利用公共权力和资源向广大社会公众提供的各种产品和服务的总称。

基本公共服务均等化就是政府为社会公众提供基本的、在不同阶段具有不

---

[1] 陈文胜:"中国县域发展的基本特征与历史演进",《中国发展观察》,2014年第6期,第30—31页。

同标准的、最终大致均等的公共产品和公共服务。公平和正义是考核基本公共服务的均等化的重要准则,包含以下内容:一是全体公民享有公共服务的机会和权利应该均等;二是全体公民享受的公共服务结果大体相等,但绝非"平均主义";三是在提供大体均等的公共服务过程中,尊重社会成员的自由选择权。

县级基本公共服务是指县域范围内的全体公民都能公平可及地获得大致均等的基本公共服务。其主要特征是:(1)县级公共服务主要属于农村公共服务范畴;(2)绝大多数县级公共服务属于准公共产品,具有较强的外溢性;(3)县级政府是县级基本公共服务的主要提供者;(4)基础性和阶段性。

县级基本公共服务范围很广,包括有助于农业生产和农村经济发展的基础设施;有利于提高县域居民福利的民生类基本公共服务;有助于县域社会经济可持续发展的公共产品。财政分权理论、新公共服务理论以及县级政府提供基本公共服务的特殊地位,为县级政府在提供县级基本公共服务中的主体地位提供了理论支持。

# 第三章
# 县级基本公共服务供给水平及均等化的实证研究

## 第一节 县级基本公共服务供给评价指标体系的构建

从目前基本公共服务评价体系的研究范围和研究层次来看,主要集中在国家层面或省级层面的总体性研究,而对于县级基本公共服务的针对性研究相对不足。鉴于县级政府在中国社会经济发展中的基础性地位,以及大多数县级政府经济发展和财力的薄弱,县级基本公共服务供需矛盾尤为突出,这正是基本公共服务均等化的重点和难点地区,也是国家推行基本公共服务均等化的风向标。

县级基本公共服务范围很广,本书在第二章已经对县级基本公共服务的范围做了一定的界定。公共服务是由政府向居民提供的社会共享的各种服务,而基本公共服务除了公共性之外,又带有基础性和阶段性的特点。依据《国家基本公共服务体系"十二五"规划》对基本公共服务范围的分类,同时结合县域公共服务的特点,为突出体现"学有所教、劳有所得、病有所医、老有所养、住有所居"的要求,本书重点研究的县域基本公共服务主要是义务教育、公共卫生、社会保障、基础设施四大领域。通过对县级基本公共服务评估指标体系的确定,客观公正地反映出县级基本公共服务供给和均等化的现实状况,有利于政府采取有效措施,促进县级基本公共服务供给的公平和公正。

### 一、县级基本公共服务供给以及均等化评价指标体系的遴选原则

基本公共服务供给水平是决定着基本公共服务均等化的重要变量,提高

基本公共服务供给水平的最终目标是实现基本公共服务均等化。为此,对县级基本公共服务供给的评价实际上包含着两个方面,一是县级基本公共服务的有效供给水平,另一方面是均等化水平,指标体系的选择要兼顾两个方面的内容。

指标体系是由多个相互联系、相互影响的评价指标,按照一定层次结构组成的有机整体,它是联系评价方法和评价对象的桥梁[1]。指标体系直接影响最终的评价结果,因此,构建客观合理的综合评价体系是非常有必要的。县级基本公共服务供给及其均等化指标体系的建立,需要依照一定的条件准则来开展。

### (一) 目的性和代表性

目的性是评价指标体系设置的出发点。所有指标的设计和评价过程都需要围绕评价的目的展开,指标体系应涵盖为达到评价目的所需的基本内容。本章旨在通过建立较为合理的指标评价体系,系统全面地反映和评价我国县域基本公共服务的城乡差距、地区差距的客观事实,争取能够反映评价对象的全部信息,在此基础上,为缩小我国县级基本公共服务地区和城乡差距的政策制定提供客观依据。此外,指标的选取并非越多越好,指标应具有代表性,能很好地反映研究对象某方面的特性。根据本书的研究目的,选取的指标应该具有"公共"的特征,侧重于评价公共服务的地区和城乡之间的差距,侧重于评价公共服务的产出水平[2]。

### (二) 独立性和层次性

所设计的每个评价指标要相互独立、内涵清晰、互不隶属,在同一层级上避免交叉重叠,相互间不存在因果关系。同时,指标应根据目标的层次依次清晰展开。每个层级上的指标应该具有递进性和层次性,且指标应具有明显的差异性,便于比较,因此,评价指标体系中的指标,在同一层次上应互相可比,在不同层次上应具有因果逻辑关系。

### (三) 可得性和可靠性

在具体开展评价活动的实践中,选取的符合评价目的性的指标,并不是都能具备可得性。即便是具备较高的评价价值,由于搜集此类的指标需要耗费大量的人力和时间,或者根本无法获取,并不具备经济性和可得性。因此,指标的设

---

[1] 杜栋、庞庆华著:《现代综合评价方法与案例精选》,清华大学出版社2005年版,第5页。
[2] 安体富、任强:"中国公共服务均等化水平指标体系的构建——基于地区差别视角的量化分析",《财贸经济》,2008年第6期,第80页。

定要具有可行性,符合客观实际水平,尽量选取可得性高且公开可靠的数据信息,数据要规范,口径要一致,资料收集要简便易行。

## 二、县级基本公共服务供给以及均等化评价指标体系的基本框架

基本公共服务供给水平受到地方政府财力大小、各项公共服务供给成本、在特定制度条件和社会环境下的供给效率、地方政府支出行为的偏好等诸多因素的影响。因此,基本公共服务供给与均等化的评价指标的构成是非常复杂的,从单一的维度分析和评估基本公共服务的供给与均等化,并不能更加全面契合中国的实际情况。

现在国内有不少文献是按照"投入—产出—结果(受益)"的逻辑进行设计的,首先对基本公共服务进行财政投入,然后到公共服务的产出和供给,来满足居民的需要和期望,最后达到政策目标。这样的设计虽然比较全面,但是受益类指标具有一定的"感官"性,带有一定的主观判断,对指标进行衡量难度较大。产出类指标和结果类指标比较容易混淆不清,例如,人均医疗卫生机构数既可以看作产出类指标,也可以视为结果类指标。

借鉴现有的研究成果以及根据县级数据的可得性和真实性,本书从经济学投入和产出的视角对县级基本公共服务的提供过程和结果进行评估。

首先,基本公共服务的供给和均等化离不开公共财政的大力支持,国家财政对基本公共服务的投入决定了基本公共服务提供的水平和质量。

其次,公共财政进行了必要的资金投入后,就由各级政府以及相关职能部门组织基本公共服务建设和产出,产出项目体现了基本公共服务的生产能力、供给水平和分布状况,反映了基本公共服务的结果和均等化的程度,最终会影响广大居民对基本公共服务的需求以及居民的受益程度。

由于目前公开的县级基本公共服务和县级财政数据的可获得性较差,数据获取难度较大,且考虑到县级政府的服务对象绝大多数是农村人口,提供农村基本公共服务是县级政府的主要职责,为此,在设计指标体系的时候,部分公共服务项目只好用相关的农村公共服务指标来替代。

本书设立的评价指标体系里,主要包括了1个一级指标,也就是县级基本公共服务供给指数;4个二级指标即义务教育、社会保障、公共卫生、基础设施指标,并下设投入类和产出类两个三级指标;再按照投入和产出类别,分别设立6个投入单项指标,即农村小学生均公共预算教育经费、农村初中生均公共预算教

育经费、新农合人均筹资、农村人均社会救济费、县城人均固定资产投资、县级（农村）人均卫生费用；16个产出类单项指标，即农村普通小学生师比、农村小学生均图书、农村初中生均图书、农村小学生均校舍建筑面积、农村初中生均校舍建筑面积、农村普通初中生师比、新农合补偿受益次数、每万人参加新农合人数（参合率）、农村最低生活保障人数覆盖率、县城人均道路面积、县城燃气普及率、县城供水普及率、县城人均公共绿地面积、县域（农村）每万人拥有卫生机构数、县域（农村）每万人拥有的医院和卫生院床位数、县域（农村）每千人拥有卫生技术人员数（见表3.1）。

表3.1 县级基本公共服务供给的评价指标体系

| 一级指标 | 二级指标 | 三级指标 | |
|---|---|---|---|
| | | 投入类 | 产出类 |
| | | 单项指标 | 单项指标 |
| 县级基本公共服务供给指数 | 义务教育 | 农村小学生均公共预算教育经费（元） | 农村普通小学生师比（%） |
| | | | 农村小学生均图书（册/人） |
| | | | 农村小学生均校舍建筑面积（平方米/人） |
| | | 农村初中生均公共预算教育经费（元） | 农村初中生均图书（册/人） |
| | | | 农村初中生均校舍建筑面积（平方米/人） |
| | | | 农村普通初中生师比（%） |
| | 社会保障 | 新农合人均筹资（元）农村人均社会救济费（元） | 新农合补偿受益次数（亿人次） |
| | | | 每万人参加新农合人数（参合率）（%） |
| | | | 农村最低生活保障人数覆盖率（%） |
| | 基础设施 | 县城人均固定资产投资（万元） | 县城人均道路面积（平方米） |
| | | | 县城燃气普及率（%） |
| | | | 县城供水普及率（%） |
| | | | 县城人均公共绿地面积（平方米） |
| | 公共卫生 | 县级（农村）人均卫生费用（元） | 县域（农村）每万人拥有卫生机构数（个） |
| | | | 县域（农村）每万人拥有的医院和卫生院床位数（张） |
| | | | 县域（农村）每千人拥有卫生技术人员数（个） |

通过投入类和产出类分项指标的描述性统计分析，以及采用对各指标的综合评价法，可以全面系统地分析县级基本公共服务的供给及其均等化水平。

## 三、县级基本公共服务供给及其均等化的衡量

在指标设定和相关资料搜集的基础上,本书利用统计学的相关知识对各种信息和数据进行归纳和分析。

### (一) 平均值

平均值又称均值,是表示某一变量系列的所有变量值的集中趋势或平均水平的统计量。计算公式是 $\bar{x} = \sum x_i/n$。$x_i$ 为各个变量值,$n$ 为某变量值的个数。

### (二) 极差

极差是指一组变量值内最大值与最小值之差,又称范围误差或全距。极差越大,离散程度越大;反之,离散程度越小。

### (三) 标准差

标准差是表示所有变量的离散趋势的统计量,用来衡量变量值差异程度的最基本的方法,公式为

$$\sigma = \sqrt{\frac{\sum_{i=1}^{n}(x_i - \bar{x})^2}{n}}$$

$x_i$ 为各个变量值,$\bar{x}$ 为变量的平均值,$n$ 为变量个数。标准差越大,说明变量值的变动程度越大;反之,就越小。

### (四) 变异系数

变异系数,又称离散系数,是标准差与其平均数对比的相对数。由于平均数和标准差反映了总体各变量值离散的绝对水平,其数值大小受到变量值本身大小和计量单位的影响,那么,就不便于不同计量单位,不同水平的变量值之间的对比,就必须要建立有一般可比性的相对变异指标。为便于比较,可以将标准差与均值相除得到变异系数(Coefficient of Variation),其公式为

$$CV = \frac{\sigma}{\bar{x}} \times 100\%$$

基于以上的评价指标和评价方法,本书认为在强调机会均等的基础上,不能忽视县级基本公共服务支出结果的均等化,选取义务教育、公共卫生、社会

保障、基础设施四大基本公共服务作为分析对象,侧重于公共服务投入和产出水平的评价,重点分析地区之间、城乡之间县级基本公共服务的提供水平。

## 第二节 县级基本公共教育供给的统计分析

义务教育是外部效益非常大的公共产品,向全体居民提供义务教育,是政府的基本职能。国务院在发布的《国家基本公共服务体系"十二五"规划》中明确提出要建立基本公共教育制度,保障所有适龄儿童、少年享有平等受教育的权利,提高国民基本文化素质。重点巩固提高九年义务教育,基本普及高中阶段教育和学前一年教育,完善以政府为主导、多种方式并举的家庭经济困难学生资助政策,建立健全基本公共教育服务体系[1]。

2001年,国务院颁布了《关于基础教育改革与发展的决定》,提出建立"在国务院领导下,由地方政府负责、分级管理、以县为主"的新的义务教育管理体制。因此,国家基本公共教育的重点在县级,尤其是县域的义务教育发展水平决定了整个国家教育的发展以及均等化水平。由于县级政府在国家治理体系中承上启下,义务教育能否均衡发展,关键就在于县域内城乡教育能否统筹发展。

### 一、县级基本公共教育的投入分析

在"地方政府负责、分级管理、以县为主"的义务教育管理体制中,县级政府承担了提供义务教育的主要责任。由于县级政府服务的对象主要是广大农村人口,县级政府提供的主要是农村义务教育,因此,本章对县级基本公共教育的分析将主要集中在农村义务教育方面。

#### (一)国家财政对教育投入的总量分析

国家财政性教育经费[2]是义务教育经费的主要来源,国家财政性教育经费,特别是其中的公共财政教育支出反映了一个国家对教育的支持力度。从表

---

[1] 国务院:《国家基本公共服务体系"十二五"规划》(国发〔2012〕29号),2012年7月11日。
[2] 国家财政性教育经费主要包括公共财政预算教育经费、各级政府征收用于教育的税费、企业办学中的企业拨款、校办产业和社会服务收入用于教育的经费等。

3.2和图3.1中可以看出,自20世纪90年代初以来,国家日益重视教育事业的发展,教育支出逐年稳步提高,国家财政性教育经费和公共财政教育支出的绝对值不断增长,2016年,国家财政性教育经费增长到31 396.25亿元,是1992年的43.08倍;公共财政教育支出为27 700.63亿元,是1992年49.03倍。但相对于增长较快的国家财政性教育经费和公共财政教育支出的绝对值来看,公共财政教育支出占公共财政支出的比重、国家财政性教育经费占GDP的比重却较低,增长缓慢,甚至有些年份呈下降趋势,直至2012年国家财政性教育经费占GDP的比重才终于达到4.28%。1993年,《中国教育改革和发展纲要》提出的到2000年国家财政性教育经费占GDP比例达到4%的目标,时隔12年才终于实现,但2014年又下降为4.1%。

表3.2　1992—2016年教育经费投入情况

| 年份 | 国家财政性教育经费(亿元) | 公共财政教育支出(亿元) | 公共财政教育支出占公共财政支出比重(%) | 国家财政性教育经费占GDP比重(%) |
|---|---|---|---|---|
| 1992 | 728.75 | 564.94 | 15.10 | 2.71 |
| 1993 | 867.76 | 676.61 | 14.57 | 2.46 |
| 1994 | 1 174.74 | 931.13 | 16.07 | 2.44 |
| 1995 | 1 411.52 | 1 092.94 | 16.02 | 2.32 |
| 1996 | 1 671.70 | 1 288.08 | 16.23 | 2.35 |
| 1997 | 1 862.54 | 1 441.27 | 15.61 | 2.36 |
| 1998 | 2 032.45 | 1 654.02 | 15.32 | 2.41 |
| 1999 | 2 287.18 | 1 911.37 | 14.49 | 2.55 |
| 2000 | 2 562.61 | 2 191.77 | 13.80 | 2.58 |
| 2001 | 3 057.01 | 2 705.66 | 14.31 | 2.79 |
| 2002 | 3 491.40 | 3 254.94 | 14.76 | 2.90 |
| 2003 | 3 850.62 | 3 619.10 | 14.68 | 2.84 |
| 2004 | 4 465.86 | 4 244.42 | 14.90 | 2.79 |
| 2005 | 5 161.08 | 4 946.04 | 14.58 | 2.79 |
| 2006 | 6 348.36 | 6 135.36 | 15.18 | 2.93 |
| 2007 | 8 280.21 | 8 094.34 | 16.26 | 3.12 |
| 2008 | 10 449.63 | 10 212.97 | 16.32 | 3.33 |

(续表)

| 年份 | 国家财政性教育经费(亿元) | 公共财政教育支出(亿元) | 公共财政教育支出占公共财政支出比重(%) | 国家财政性教育经费占GDP比重(%) |
|---|---|---|---|---|
| 2009 | 12 231.09 | 11 974.98 | 15.69 | 3.59 |
| 2010 | 14 670.07 | 14 163.90 | 15.76 | 3.65 |
| 2011 | 18 586.70 | 17 821.74 | 16.31 | 3.93 |
| 2012 | 22 236.23 | 20 314.17 | 16.13 | 4.28 |
| 2013 | 24 488.22 | 21 405.67 | 15.27 | 4.30 |
| 2014 | 26 420.58 | 22 576.01 | 14.87 | 4.10 |
| 2015 | 29 221.45 | 25 861.87 | 14.7 | 4.24 |
| 2016 | 31 396.25 | 27 700.63 | 14.75 | 4.22 |

数据来源:《2018年中国统计年鉴》。

注:2012年对部分教育经费指标进行了修订。公共财政教育支出2012年以前包括教育事业费、科研经费、基建经费、其他经费和教育费附加;2012年起包括教育事业费、基建经费和教育费附加。

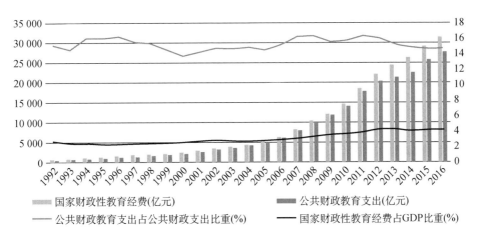

图3.1 1992—2016年教育经费投入情况

如果将中国的教育投入水平与主要OECD国家的教育投入水平相比(见表3.3),可以看出,2005—2013年公共教育支出占公共支出的比重高于OECD国家的平均水平,这在一定程度上说明我国教育投入主要以公共财政投入为主。但从财政性教育经费占GDP的比重来看,长期以来,中国这一比重较低,2013年为4.3%,相比之下,2013年21个OECD国家的平均水平是5.2%,美国这一数据更是高达6.2%。

表 3.3　主要 OECD 国家的教育投入　　　　　　　　　　　　单位:%

| 国家 | 2005 年 | | 2008 年 | | 2010 年 | | 2013 年 | |
|---|---|---|---|---|---|---|---|---|
| | 教育投入占 GDP 比重 | 公共教育支出占公共财政支出比重 | 教育投入占 GDP 比重 | 公共教育支出占公共财政支出比重 | 教育投入占 GDP 比重 | 公共教育支出占公共财政支出比重 | 教育投入占 GDP 比重 | 公共教育支出占公共财政支出比重 |
| 美国 | 6.0 | 13.0 | 6.4 | 12.3 | 6.5 | 11.6 | 6.2 | 11.8 |
| 法国 | 5.2 | 9.2 | 5.2 | 9.1 | 5.4 | 8.9 | 5.3 | 8.4 |
| 澳大利亚 | 5.3 | 14.4 | 5.2 | 13.1 | 5.9 | 14.9 | 5.6 | 13.8 |
| 英国 | 5.9 | 11.8 | — | — | 6.5 | — | 6.7 | 12.1 |
| 德国 | 4.3 | 8.9 | 4.2 | 9.2 | 4.5 | 9.4 | 4.3 | 9.5 |
| 日本 | 4.3 | 8.7 | 4.3 | 8.6 | 4.5 | 8.5 | 4.5 | 8.1 |
| 韩国 | 4.3 | 12.0 | 4.3 | 11.7 | 4.5 | 12.4 | 4.5 | 12.8 |
| OECD 平均 | 5.0 | 11.7 | 4.9 | 11.2 | 5.2 | 11.1 | 5.2 | 11.2 |
| 中国 | 2.79 | 14.58 | 3.33 | 16.32 | 3.65 | 15.76 | 4.3 | 15.27 |

数据来源:根据 OECD 发布的 *Education at a Glance 2016* 整理获得。

从目前中央与地方教育支出的责任分工来看,教育的投入尤其是义务教育的投入主要依靠地方政府。从表 3.4 可以看出,2007—2016 年,中央教育支出占国家财政用于教育支出的比重平均为 5.42%,地方财政占比则高达 94.58% 左右,地方政府承担了主要的支出责任。可以说,国家对教育投入的不足,在很大程度上是由于中央财政对教育投入的不足而导致的,而地方政府由于受到自身财力的制约,也必然影响到其对教育事业的投入力度,这严重地影响教育事业的发展,尤其是县级政府主要提供的义务教育。

表 3.4　中央与地方用于教育支出的比重

| 年份 | 中央教育支出（亿元） | 地方教育支出（亿元） | 国家财政用于教育支出(亿元) | 中央教育支出占国家财政用于教育支出比(%) | 地方教育支出占国家财政用于教育支出比(%) |
|---|---|---|---|---|---|
| 2007 | 395.26 | 6 727.06 | 7 122.32 | 5.55 | 94.45 |
| 2008 | 491.63 | 8 518.58 | 9 010.21 | 5.46 | 94.54 |
| 2009 | 567.62 | 9 869.92 | 10 437.54 | 5.44 | 94.56 |
| 2010 | 720.96 | 11 829.06 | 12 550.02 | 5.74 | 94.26 |
| 2011 | 999.05 | 15 498.28 | 16 497.33 | 6.06 | 93.94 |
| 2012 | 1 101.46 | 20 140.64 | 21 242.1 | 5.19 | 94.81 |

(续表)

| 年份 | 中央教育支出（亿元） | 地方教育支出（亿元） | 国家财政用于教育支出（亿元） | 中央教育支出占国家财政用于教育支出比(%) | 地方教育支出占国家财政用于教育支出比(%) |
| --- | --- | --- | --- | --- | --- |
| 2013 | 1 106.65 | 20 895.11 | 22 001.76 | 5.03 | 94.97 |
| 2014 | 1 253.62 | 21 788.09 | 23 041.71 | 5.44 | 94.56 |
| 2015 | 1 358.17 | 24 913.7 | 26 271.88 | 5.17 | 94.83 |
| 2016 | 1 447.72 | 26 625.06 | 28 072.78 | 5.16 | 94.84 |

数据来源：各期《中国统计年鉴》。

### (二) 国家财政生均教育投入分析

1. 国家财政对县级基本公共教育投入的城乡差距分析

由于县级政府提供的教育主要是农村义务教育，本书就采用地方农村初中、地方小学的教育投入来反映县级义务教育的城乡投入状况。

从1995—2016年的地方农村义务教育生均投入情况来看（见表3.5、表3.6、表3.7和表3.8），无论是生均教育经费，还是生均公共财政预算教育经费的投入，都呈现出不断上升的趋势。地方农村初级中学生均教育经费的投入由1995年的761.09元上升到2016年的14 391.64元，2016年是1995年的18.91倍；地方农村初级中学生均公共财政预算教育经费由1995年的397.80元上升到2016年的12 644.58元，2016年是1995年的31.79倍。地方农村小学生均教育经费的投入由1995年的402.24元上升到2016年的10 766.04元，2016年是1995年的26.77倍；地方农村小学生均公共财政预算教育经费由1995年的221.59元上升到2016年的9 348.05元，2016年是1995年的42.19倍。

从地方农村教育支出的具体内容来看，事业费的支出占了整个农村教育经费支出的大头。以2014年为例，农村初中生均教育事业费为11 277.09元，农村初中生均教育经费为11 499.04元，农村初中生均教育事业费占整个教育经费支出的比重为98.07%；基本建设支出比例很低，只占到整个教育经费支出的1.93%，教育的基础设施严重不足。此外，在教育事业费支出中，公用经费支出比重很低，2014年农村中学生均教育公用经费为3 796.25元，比2013年有所减少，只占到33.67%，66%都是用于对个人的支出，主要是用于对教师人员经费的支出（见表3.5）。这说明，虽然中国农村义务教育的支出总量在不断地增加，但主要都是用于对教师人员经费的开支，基本建设支出比重较低，学生受益并不多，这严重影响农村义务教育的办学条件和教学质量。

表 3.5 农村与全国初级中学生均教育经费情况表　　　　单位：元

| 年份 | 初级中学生均教育经费支出 | | 初级中学生均教育事业费 | | 初级中学生均教育公用经费 | | 初级中学生均教育基本建设支出 | |
|---|---|---|---|---|---|---|---|---|
| | 全国 | 农村 | 全国 | 农村 | 全国 | 农村 | 全国 | 农村 |
| 1995 | 918.92 | 761.09 | 744.91 | 603.88 | 265.37 | 203.63 | 174.01 | 157.20 |
| 1996 | 1 038.32 | 863.02 | 832.79 | 677.71 | 304.27 | 237.73 | 205.53 | 185.31 |
| 1997 | 1 082.69 | 885.63 | 906.49 | 730.74 | 340.46 | 264.80 | 176.20 | 154.90 |
| 1998 | 1 102.50 | 861.64 | 976.84 | 763.81 | 356.67 | 267.92 | 125.66 | 97.83 |
| 1999 | 1 159.47 | 880.31 | 1 061.49 | 815.36 | 374.76 | 264.39 | 97.99 | 64.95 |
| 2000 | 1 211.32 | 884.41 | 1 118.65 | 836.85 | 376.33 | 253.14 | 92.67 | 47.56 |
| 2001 | 1 732.75 | 1 013.65 | 1 281.87 | 968.11 | 403.92 | 268.16 | 90.49 | 45.54 |
| 2002 | 1 534.33 | 1 129.21 | 1 432.43 | 1 084.16 | 425.23 | 276.70 | 102.23 | 45.05 |
| 2003 | 1 667.95 | 1 210.75 | 1 568.38 | 1 173.94 | 477.30 | 306.81 | 103.36 | 36.81 |
| 2004 | 1 926.30 | 1 486.65 | 1 816.03 | 1 429.16 | 547.69 | 380.02 | 110.27 | 57.49 |
| 2005 | 2 278.35 | 1 819.92 | 2 156.30 | 1 744.96 | 668.41 | 495.63 | 122.04 | 74.97 |
| 2006 | 2 668.63 | 2 190.33 | 2 543.62 | 2 110.25 | 783.72 | 600.65 | 125.87 | 80.08 |
| 2007 | 3 485.09 | 2 926.58 | 3 412.65 | 2 882.03 | 1 025.86 | 820.99 | 74.12 | 44.54 |
| 2008 | 4 531.83 | 4 005.78 | 4 415.52 | 3 905.04 | 1 415.11 | 1 216.35 | 118.20 | 100.04 |
| 2009 | 5 566.48 | 5 023.51 | 5 343.70 | 4 813.02 | 1 692.44 | 1 509.80 | 222.78 | 210.49 |
| 2010 | 6 528.36 | 5 874.05 | 6 317.12 | 5 699.52 | 2 002.04 | 1 744.13 | 211.24 | 174.54 |
| 2011 | 8 181.27 | 7 439.43 | 7 967.43 | 7 267.11 | 2 901.36 | 2 551.65 | 213.84 | 172.32 |
| 2012 | — | — | — | — | — | — | — | — |
| 2013 | 11 461.55 | 11 002.97 | 11 172.20 | 10 731.43 | 4 219.70 | 3 912.05 | 289.39 | 271.54 |
| 2014 | 12 810.17 | 11 499.04 | 12 562.05 | 11 277.09 | 4 462.76 | 3 796.25 | 248.11 | 221.95 |
| 2015 | 14 482.84 | 13 082.53 | 14 247.90 | 12 881.96 | 4 475.35 | 3 785.58 | 234.94 | 200.57 |
| 2016 | 16 007.22 | 14 391.64 | 15 769.60 | 14 217.30 | 4 586.37 | 3 886.16 | 237.62 | 174.34 |

数据来源：各期《中国教育经费统计年鉴》，其中 2012 年数据缺失。

表 3.6 农村与全国初级中学生均公共财政预算教育经费支出情况表　　　　单位：元

| 年份 | 初级中学生均公共财政预算教育经费支出 | | 初级中学生均公共财政预算教育事业费 | | 初级中学生均公共财政预算公用经费支出 | | 初级中学生均公共财政预算基本建设支出 | |
|---|---|---|---|---|---|---|---|---|
| | 全国 | 农村 | 全国 | 农村 | 全国 | 农村 | 全国 | 农村 |
| 1995 | 507.95 | 397.80 | 492.04 | 392.59 | 65.96 | 38.85 | 15.91 | 5.21 |
| 1996 | 1 168.03 | 568.81 | 1 088.05 | 549.24 | 208.73 | 81.93 | 79.98 | 19.57 |
| 1997 | 610.69 | 480.12 | 591.38 | 468.08 | 93.05 | 58.50 | 19.31 | 12.06 |

(续表)

| 年份 | 初级中学生均公共财政预算教育经费支出 | | 初级中学生均公共财政预算教育事业费 | | 初级中学生均公共财政预算公用经费支出 | | 初级中学生均公共财政预算基本建设支出 | |
|---|---|---|---|---|---|---|---|---|
| | 全国 | 农村 | 全国 | 农村 | 全国 | 农村 | 全国 | 农村 |
| 1998 | 625.46 | 485.82 | 610.65 | 478.25 | 79.82 | 47.00 | 14.81 | 7.57 |
| 1999 | 655.39 | 515.22 | 639.63 | 508.58 | 76.97 | 44.15 | 15.76 | 6.65 |
| 2000 | 698.28 | 539.87 | 679.81 | 533.54 | 74.08 | 38.67 | 18.47 | 6.33 |
| 2001 | 839.42 | 666.70 | 817.02 | 656.18 | 83.40 | 44.95 | 22.40 | 10.52 |
| 2002 | 998.42 | 815.95 | 960.51 | 795.84 | 104.21 | 66.58 | 37.91 | 20.11 |
| 2003 | 1 097.25 | 889.69 | 1 052.00 | 871.79 | 127.31 | 85.01 | 45.25 | 17.90 |
| 2004 | 1 925.36 | 1 101.32 | 1 246.07 | 1 073.68 | 164.55 | 125.52 | 50.29 | 27.64 |
| 2005 | 1 562.01 | 1 355.40 | 1 498.25 | 1 314.64 | 232.88 | 192.75 | 63.76 | 40.77 |
| 2006 | 1 896.56 | 1 763.75 | 1 896.56 | 1 717.22 | 378.42 | 346.04 | 66.37 | 46.52 |
| 2007 | 2 731.64 | 2 465.46 | 2 679.42 | 2 433.28 | 614.47 | 573.44 | 52.22 | 32.19 |
| 2008 | 3 645.49 | 3 390.10 | 3 543.25 | 3 303.16 | 936.38 | 892.09 | 102.24 | 86.90 |
| 2009 | 4 538.91 | 4 267.70 | 4 331.62 | 4 065.63 | 1 161.98 | 1 121.12 | 207.29 | 202.05 |
| 2010 | 5 415.32 | 5 061.33 | 5 213.91 | 4 896.38 | 1 414.33 | 1 348.43 | 201.41 | 164.93 |
| 2011 | 6 742.62 | 6 376.41 | 6 541.86 | 6 207.10 | 2 044.93 | 1 956.66 | 200.75 | 169.31 |
| 2012 | — | — | 8 137.00 | 7 906.61 | 2 691.76 | 2 602.13 | — | — |
| 2013 | 9 544.89 | 9 464.96 | 9 258.37 | 9 195.77 | 2 983.25 | 2 968.37 | 286.52 | 269.18 |
| 2014 | 10 605.69 | 9 934.05 | 10 357.58 | 9 712.10 | 3 119.45 | 2 915.40 | 248.11 | 221.95 |
| 2015 | 12 341.01 | 11 549.59 | 12 106.07 | 11 349.02 | 3 360.60 | 3 093.89 | 234.94 | 200.57 |
| 2016 | 13 641.95 | 12 644.58 | 13 414.26 | 12 477.47 | 3 560.51 | 3 257.27 | 227.70 | 167.11 |

数据来源：各期《中国教育经费统计年鉴》；教育部、国家统计局、财政部：《关于2012年全国教育经费执行情况统计公告》。

表3.7　农村与全国小学生均公共财政预算教育经费支出情况表　　单位：元

| 年份 | 小学生均公共财政预算教育经费支出 | | 小学生均公共财政预算教育事业费 | | 小学生均公共财政预算公用经费支出 | | 小学生均公共财政预算基本建设支出 | |
|---|---|---|---|---|---|---|---|---|
| | 全国 | 农村 | 全国 | 农村 | 全国 | 农村 | 全国 | 农村 |
| 1995 | 271.47 | 221.59 | 265.78 | 219.31 | 22.79 | 13.67 | 5.69 | 2.28 |
| 1996 | 308.97 | 310.20 | 301.34 | 302.54 | 28.47 | 28.46 | 7.63 | 7.66 |
| 1997 | 342.40 | 281.21 | 333.81 | 275.06 | 33.97 | 22.07 | 8.59 | 6.15 |
| 1998 | 378.32 | 310.58 | 370.79 | 305.62 | 34.35 | 23.02 | 7.52 | 4.96 |
| 1999 | 422.69 | 350.53 | 414.78 | 345.77 | 35.72 | 24.01 | 7.91 | 4.76 |

(续表)

| 年份 | 小学生均公共财政预算教育经费支出 | | 小学生均公共财政预算教育事业费 | | 小学生均公共财政预算公用经费支出 | | 小学生均公共财政预算基本建设支出 | |
|---|---|---|---|---|---|---|---|---|
| | 全国 | 农村 | 全国 | 农村 | 全国 | 农村 | 全国 | 农村 |
| 2000 | 499.76 | 417.44 | 491.58 | 412.97 | 37.18 | 24.11 | 8.20 | 4.47 |
| 2001 | 658.48 | 558.36 | 645.28 | 550.96 | 45.18 | 28.12 | 13.21 | 7.40 |
| 2002 | 834.26 | 723.36 | 813.13 | 708.39 | 60.21 | 42.73 | 21.13 | 14.97 |
| 2003 | 952.56 | 823.22 | 931.54 | 810.07 | 83.49 | 60.91 | 21.02 | 13.15 |
| 2004 | 1 159.33 | 1 035.27 | 1 129.11 | 1 013.80 | 116.51 | 95.13 | 30.22 | 21.48 |
| 2005 | 1 361.16 | 1 230.26 | 1 327.24 | 1 204.88 | 166.52 | 142.25 | 33.92 | 25.38 |
| 2006 | 1 671.51 | 1 531.24 | 1 633.51 | 1 505.51 | 270.94 | 248.53 | 38.01 | 25.72 |
| 2007 | 2 231.11 | 2 099.65 | 2 207.04 | 2 084.28 | 425.00 | 403.76 | 24.07 | 15.37 |
| 2008 | 2 788.55 | 2 640.79 | 2 757.53 | 2 617.59 | 616.28 | 581.88 | 31.02 | 23.20 |
| 2009 | 3 425.21 | 3 236.26 | 3 357.92 | 3 178.08 | 743.70 | 690.56 | 67.28 | 58.18 |
| 2010 | 4 098.33 | 3 876.23 | 4 012.51 | 3 802.91 | 929.89 | 862.08 | 85.82 | 73.32 |
| 2011 | 5 063.62 | 4 847.79 | 4 966.04 | 4 764.65 | 1 366.41 | 1 282.91 | 97.58 | 83.14 |
| 2012 | — | — | 6 128.99 | 6 017.58 | 1 829.14 | 1 743.41 | — | — |
| 2013 | 7 026.40 | 6 973.66 | 6 901.77 | 6 854.96 | 2 068.47 | 1 973.53 | 124.63 | 118.70 |
| 2014 | 7 800.12 | 7 519.26 | 7 680.54 | 7 404.33 | 2 241.52 | 2 671.79 | 119.58 | 114.93 |
| 2015 | 8 928.28 | 8 652.89 | 8 838.31 | 8 577.04 | 2 434.04 | 2 245.37 | 89.97 | 75.85 |
| 2016 | 9 686.16 | 9 348.05 | 9 557.19 | 9 246.26 | 2 610.34 | 2 402.29 | 128.96 | 101.79 |

数据来源:各期《中国教育经费统计年鉴》;教育部、国家统计局、财政部:《关于2012年全国教育经费执行情况统计公告》。

表3.8 农村与全国小学生均教育经费支出情况表　　　　　单位:元

| 年份 | 小学生均教育经费支出 | | 小学生均教育事业费 | | 小学生均教育公用经费支出 | | 小学生均教育基本建设支出 | |
|---|---|---|---|---|---|---|---|---|
| | 全国 | 农村 | 全国 | 农村 | 全国 | 农村 | 全国 | 农村 |
| 1995 | 476.28 | 402.24 | 406.36 | 342.91 | 120.15 | 95.88 | 69.92 | 59.33 |
| 1996 | 550.04 | 466.43 | 465.78 | 392.71 | 142.92 | 115.01 | 84.26 | 73.71 |
| 1997 | 591.44 | 499.26 | 511.84 | 428.97 | 158.53 | 125.70 | 79.60 | 70.30 |
| 1998 | 625.45 | 519.16 | 571.36 | 474.15 | 172.52 | 136.55 | 54.09 | 45.00 |
| 1999 | 695.28 | 569.98 | 651.38 | 536.86 | 184.41 | 141.48 | 43.90 | 33.12 |
| 2000 | 792.63 | 647.01 | 755.16 | 621.07 | 197.20 | 148.30 | 37.47 | 25.95 |
| 2001 | 971.69 | 797.60 | 928.54 | 768.34 | 217.91 | 159.75 | 43.14 | 29.26 |

(续表)

| 年份 | 小学生均教育经费支出 | | 小学生均教育事业费 | | 小学生均教育公用经费支出 | | 小学生均教育基本建设支出 | |
|---|---|---|---|---|---|---|---|---|
| | 全国 | 农村 | 全国 | 农村 | 全国 | 农村 | 全国 | 农村 |
| 2002 | 1 155.36 | 953.65 | 1 107.10 | 919.83 | 238.15 | 172.42 | 48.25 | 33.83 |
| 2003 | 1 295.39 | 1 058.25 | 1 252.52 | 1 032.46 | 280.27 | 200.49 | 43.14 | 25.79 |
| 2004 | 1 561.81 | 1 326.31 | 1 506.63 | 1 287.55 | 342.26 | 259.07 | 55.19 | 38.75 |
| 2005 | 1 822.76 | 1 572.57 | 1 765.11 | 1 529.72 | 423.02 | 331.99 | 58.23 | 42.84 |
| 2006 | 2 121.18 | 1 846.71 | 2 059.32 | 1 803.17 | 498.83 | 400.93 | 62.40 | 43.54 |
| 2007 | 2 751.43 | 2 463.72 | 2 718.10 | 2 441.71 | 654.23 | 542.25 | 34.17 | 22.01 |
| 2008 | 3 410.09 | 3 116.83 | 3 371.71 | 3 088.59 | 877.47 | 757.88 | 39.86 | 28.23 |
| 2009 | 4 172.31 | 3 842.28 | 4 099.52 | 3 781.21 | 1 030.45 | 896.59 | 72.79 | 61.08 |
| 2010 | 4 932.76 | 4 560.33 | 4 841.84 | 4 482.11 | 1 256.11 | 1 084.33 | 90.92 | 78.22 |
| 2011 | 6 120.81 | 5 719.00 | 6 017.80 | 5 632.45 | 1 874.96 | 1 841.67 | 103.00 | 86.55 |
| 2012 | — | — | — | — | — | — | — | — |
| 2013 | 8 407.10 | 8 159.06 | 8 279.18 | 8 037.49 | 2 839.86 | 2 553.42 | 127.99 | 121.57 |
| 2014 | 9 431.65 | 8 845.37 | 9 312.07 | 8 730.44 | 3 099.81 | 2 686.90 | 119.58 | 114.93 |
| 2015 | 10 467.31 | 9 909.21 | 10 377.34 | 9 833.36 | 3 096.65 | 2 665.01 | 89.97 | 75.85 |
| 2016 | 11 397.25 | 10 766.04 | 11 245.57 | 10 657.71 | 3 245.62 | 2 793.78 | 151.66 | 108.33 |

数据来源:各期《中国教育经费统计年鉴》,其中2012年数据缺失。

从城乡的生均义务教育支出情况来看,虽然国家对农村义务教育的投入总量在不断增加,但从全国(地方普通初级中学、地方普通小学)与地方农村初中、地方农村小学生均公共财政预算教育经费和生均教育经费的差距来看,除了少数年份它们之间的差距有了较大的缩小以外,其余年份这种差距总体呈现扩大的趋势。这说明在教育经费的投入中,对农村生均教育经费的投入还是低于城市,城乡始终有着一定的差距(见图3.2)。

从生均教育经费投入的国际比较来看,由于数据来源的限制,本书从现拥有的数据加以分析。以2010年为例,中国对小学、中学生均财政性教育经费投入分别为6 120.81元、7 024.56元,小学到大学的生均教育经费投入为33 098.33元,按照当时人民币对美元的汇率折算分别为900美元、1 033美元和4 867.40美元,不仅低于所有OECD国家,也低于俄罗斯、巴西、阿根廷等其他G20国家(见表3.9)。

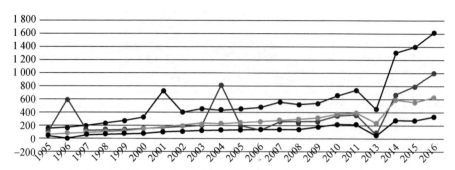

图 3.2　全国(地方普通初级中学、地方普通小学)与农村初中、小学生均教育经费和生均公共财政预算教育经费的差距

表 3.9　主要 OECD 和 G20 国家的生均教育投入情况　　　　单位：美元

| 国家 | 小学教育生均投入 | | 中学教育生均投入 | | 小学到大学的生均投入 | |
|---|---|---|---|---|---|---|
| | 2009 年 | 2010 年 | 2009 年 | 2010 年 | 2009 年 | 2010 年 |
| 美国 | 11 109 | 11 193 | 12 550 | 12 464 | 15 812 | 15 174 |
| 法国 | 6 373 | 6 622 | 10 696 | 10 877 | 9 913 | 10 182 |
| 澳大利亚 | 8 328 | 9 463 | 10 317 | 10 350 | 10 407 | 10 825 |
| 英国 | 9 088 | 9 369 | 10 452 | 10 452 | 10 587 | 10 878 |
| 德国 | 6 619 | — | 9 285 | — | 9 779 | — |
| 日本 | 7 729 | 8 353 | 9 256 | 9 957 | 10 035 | 10 596 |
| 韩国 | 6 658 | 6 601 | 9 499 | 8 060 | 8 542 | 8 198 |
| 墨西哥 | 2 185 | 2 331 | 2 536 | 2 632 | 2 875 | 2 993 |
| 智利 | 2 981 | 3 301 | 2 892 | 3 110 | 3 860 | 4 183 |
| OECD 平均 | 7 719 | 7 974 | 9 312 | 9 014 | 9 252 | 9 313 |
| 其他国家 | | | | | | |
| 巴西 | 2 405 | 2 778 | 2 235 | 2 571 | 2 647 | 3 067 |
| 阿根廷 | 2 757 | 2 929 | 3 932 | 3 930 | 3 512 | 3 028 |
| 俄罗斯 | — | — | 4 325 | 4 100 | 5 354 | 5 058 |
| 中国 | | 900 | | 1 033 | | 4 867 |

数据来源：根据 OECD 发布的 Education at a Glance 2012—2013 整理获得。

## 2. 国家财政对县级基本公共教育投入的地区差距分析

由于县级政府是地方基础教育的主要承担者,同时根据数据的可得性,本书选取了地方生均小学和初中教育经费与生均小学和初中公共财政预算教育经费指标来反映省际县级教育经费差距。从地方小学生均教育经费来看,2000—2016年,各省(自治区、直辖市)对地方小学教育的投入都有了大幅度的提升,但省际生均教育经费的差距较大,两极分化严重,极差由2000年的3 296.99元扩大到2016年的31 627.63元,标准差由2000年的685.43元扩大到2016年的6 797.80元。例如,2000年,上海的小学生均教育经费最高,为3 715.22元,最低的为贵州省,仅为418.23元,极差为3 296.99元。2016年,最高小学生均教育经费为北京市的38 119.95元,最低为河南省的6 492.32元,极差扩大到31 627.63元。2000—2006年,省际的小学生均教育经费的变异系数由2000年的68.69%上升到2004年的81.02%。但令人欣慰的是,2006年后,省际小学生均教育经费的总体差距有所缩小,2016年已经下降为47.74%,但是,省际小学生均教育经费的差距仍然维持在一个很高的水平上(见表3.10)。从地方小学公共财政预算教育经费来看,省际小学生均公共财政预算教育经费的变动趋势与小学生均教育经费的变动趋势基本一致,也是各地区对地方小学教育的投入都有了大幅度的提升的结果,但省际生均公共财政预算教育经费的差距仍较大,两极分化严重,极差由2000年的2 530.24元扩大到2016年的21 759.40元,标准差由2000年的512.38元扩大到2016年的5 019.40元。2000—2006年省际小学生均预算内教育经费的变异系数维持在一个较高水平,平均值达到74%,但2004年后省际小学生均公共财政预算教育经费的差距逐渐缩小,2016年为42.21%(见表3.11)。

表3.10 地方小学生均教育经费投入的地区差距分析　　单位:元

| 年份<br>地区 | 2000 | 2002 | 2004 | 2006 | 2008 | 2010 | 2013 | 2014 | 2016 |
|---|---|---|---|---|---|---|---|---|---|
| 全国 | 792.36 | 1 154.94 | 1 561.42 | 2 121.18 | 3 410.09 | 4 931.58 | 8 400.93 | 9 431.65 | 11 397.25 |
| 北京 | 2 894.93 | 4 553.12 | 6 411.28 | 7 985.58 | 13 652.49 | 19 762.13 | 31 501.72 | 34 876.71 | 38 119.95 |
| 天津 | 1 645.36 | 2 465.57 | 3 621.47 | 4 809.81 | 7 758.47 | 12 688.51 | 19 457.87 | 20 880.98 | 20 252.48 |
| 河北 | 559.8 | 860.22 | 1 299.61 | 2 076.55 | 3 499.65 | 4 627.01 | 5 948.77 | 6 463.25 | 8 163.54 |
| 山西 | 701.09 | 1 025.04 | 1 202.85 | 1 845.54 | 3 136.54 | 4 647.95 | 7 719.25 | 8 690.11 | 10 848.84 |
| 内蒙古 | 945.06 | 1 573.72 | 2 202.34 | 2 933.48 | 4 933.45 | 8 954.37 | 14 234.31 | 14 857.40 | 18 730.47 |

(续表)

| 年份<br>地区 | 2000 | 2002 | 2004 | 2006 | 2008 | 2010 | 2013 | 2014 | 2016 |
|---|---|---|---|---|---|---|---|---|---|
| 辽宁 | 966.51 | 1 382.57 | 1 982.51 | 2 871.62 | 4 750.12 | 6 533.40 | 10 199.63 | 10 380.00 | 12 032.53 |
| 吉林 | 992.51 | 1 547.50 | 2 056.18 | 3 002.33 | 5 050.05 | 6 653.48 | 10 307.29 | 11 583.36 | 15 006.19 |
| 黑龙江 | 1 079.36 | 1 735.18 | 2 080.97 | 3 068.65 | 4 605.43 | 5 882.01 | 9 853.90 | 11 934.32 | 15 954.20 |
| 上海 | 3 715.22 | 5 559.40 | 9 038.51 | 11 632.49 | 15 736.82 | 18 982.88 | 23 239.26 | 24 821.76 | 31 756.07 |
| 江苏 | 1 044.43 | 1 481.39 | 2 300.63 | 3 388.36 | 5 397.11 | 8 610.95 | 13 493.54 | 13 803.34 | 14 330.21 |
| 浙江 | 1 577.21 | 2 372.95 | 3 583.49 | 4 347.87 | 6 080.20 | 8 973.71 | 11 484.62 | 12 825.26 | 15 584.66 |
| 安徽 | 534.70 | 803.12 | 1 081.06 | 1 590.81 | 2 589.08 | 4 047.49 | 7 798.17 | 8 315.24 | 10 445.29 |
| 福建 | 1 008.48 | 1 443.28 | 1 896.36 | 2 660.53 | 4 232.01 | 6 240.02 | 9 298.77 | 10 009.27 | 10 937.69 |
| 江西 | 595.77 | 859.76 | 1 092.00 | 1 496.15 | 2 195.19 | 3 049.18 | 6 527.56 | 7 593.98 | 8 792.96 |
| 山东 | 783.41 | 1 130.93 | 1 482.35 | 2 088.14 | 3 250.27 | 4 382.76 | 7 522.46 | 8 334.48 | 9 664.08 |
| 河南 | 447.15 | 621.41 | 853.06 | 1 170.74 | 1 932.19 | 2 552.97 | 4 773.71 | 5 641.37 | 6 492.32 |
| 湖北 | 561.60 | 774.46 | 1 131.37 | 1 579.77 | 2 767.22 | 3 757.28 | 6 898.54 | 8 441.42 | 10 630.18 |
| 湖南 | 683.63 | 992.03 | 1 387.39 | 1 838.01 | 3 040.95 | 3 941.70 | 6 483.79 | 7 099.37 | 8 925.66 |
| 广东 | 1 331.28 | 1 798.88 | 2 115.06 | 2 406.76 | 3 363.40 | 4 717.12 | 8 483.80 | 9 745.33 | 12 365.37 |
| 广西 | 611.03 | 913.98 | 1 117.31 | 1 555.03 | 2 586.29 | 3 857.57 | 6 123.95 | 6 821.80 | 8 795.50 |
| 海南 | 754.57 | 1 034.56 | 1 300.34 | 1 952.35 | 3 107.38 | 6 392.29 | 10 582.29 | 11 500.53 | 13 954.92 |
| 重庆 | 698.51 | 983.24 | 1 350.09 | 1 916.69 | 3 125.91 | 5 368.57 | 9 699.01 | 10 790.92 | 13 456.79 |
| 四川 | 646.70 | 953.91 | 1 218.38 | 1 582.19 | 3 134.73 | 4 724.93 | 7 766.95 | 9 540.80 | 10 711.35 |
| 贵州 | 418.23 | 643.04 | 819.24 | 1 197.18 | 2 021.90 | 2 962.16 | 6 639.54 | 7 478.86 | 10 556.66 |
| 云南 | 819.00 | 1 137.83 | 1 510.01 | 1 849.99 | 2 654.57 | 4 317.51 | 8 125.38 | 8 251.70 | 10 828.18 |
| 西藏 | 1 254.53 | 2 178.54 | 2 814.21 | 3 343.09 | 6 454.90 | 9 302.80 | 16 612.18 | 23 041.04 | 27 399.33 |
| 陕西 | 466.19 | 749.36 | 1 038.00 | 1 696.71 | 3 469.27 | 5 294.76 | 10 976.41 | 11 384.35 | 12 124.72 |
| 甘肃 | 554.73 | 811.98 | 1 019.03 | 1 498.65 | 2 843.13 | 4 073.92 | 7 575.26 | 9 021.56 | 12 523.78 |
| 青海 | 877.10 | 1 375.27 | 1 662.60 | 2 696.79 | 4 300.15 | 6 821.36 | 11 631.55 | 15 075.85 | 16 197.13 |
| 宁夏 | 755.77 | 1 278.45 | 1 285.53 | 1 707.17 | 3 428.40 | 4 490.04 | 8 461.00 | 9 066.07 | 11 528.69 |
| 新疆 | 1 010.57 | 1 594.33 | 2 071.77 | 2 881.32 | 4 628.54 | 6 570.30 | 11 539.24 | 12 573.48 | 14 300.52 |
| 均值 | 997.88 | 1 504.36 | 2 065.32 | 2 795.83 | 4 507.28 | 6 554.23 | 10 676.12 | 11 962.70 | 14 239.00 |

(续表)

| 年份<br>地区 | 2000 | 2002 | 2004 | 2006 | 2008 | 2010 | 2013 | 2014 | 2016 |
|---|---|---|---|---|---|---|---|---|---|
| 极差 | 3 296.99 | 4 937.99 | 8 219.27 | 10 461.75 | 13 804.63 | 17 209.16 | 26 728.01 | 29 235.34 | 31 627.63 |
| 标准差 | 685.43 | 1 054.15 | 1 673.26 | 2 083.63 | 2 998.52 | 4 004.85 | 5 492.86 | 6 154.68 | 6 797.80 |
| 变异系数(%) | 68.69 | 70.07 | 81.02 | 74.53 | 66.53 | 61.10 | 51.45 | 51.45 | 47.74 |

数据来源：根据各期《中国教育经费统计年鉴》计算获得。

**表 3.11 地方普通小学生均公共财政预算教育经费支出的地区差异** 单位：元

| 年份<br>地区 | 2000 | 2002 | 2004 | 2006 | 2008 | 2010 | 2013 | 2014 | 2016 |
|---|---|---|---|---|---|---|---|---|---|
| 全国 | 499.69 | 834.07 | 1 159.21 | 1 671.41 | 2 787.57 | 4 097.62 | 7 022.84 | 7 800.12 | 9 686.16 |
| 北京 | 1 955.53 | 2 977.89 | 4 291.84 | 5 554.99 | 10 374.87 | 15 361.76 | 21 920.5 | 23 623.16 | 26 879.21 |
| 天津 | 1 259.69 | 1 848.89 | 2 929.53 | 4 219.51 | 6 850.83 | 11 575.94 | 15 658.60 | 17 233.85 | 18 284.41 |
| 河北 | 389.06 | 718.55 | 1 110.22 | 1 747.24 | 2 984.25 | 3 836.26 | 4 969.05 | 5 368.27 | 7 327.54 |
| 山西 | 448.47 | 729.79 | 956.36 | 1 523.18 | 2 706.17 | 4 129.49 | 6 615.83 | 7 375.86 | 9 479.25 |
| 内蒙古 | 606.39 | 1 114.45 | 1 634.29 | 2 342.33 | 3 852.02 | 6 910.07 | 10 011.61 | 10 328.07 | 13 226.73 |
| 辽宁 | 584.63 | 901.77 | 1 455.07 | 2 226.39 | 3 770.76 | 5 202.60 | 8 405.37 | 8 368.78 | 9 765.26 |
| 吉林 | 567.36 | 984.82 | 1 359.34 | 2 125.63 | 3 995.58 | 6 270.17 | 9 211.13 | 10 273.18 | 13 153.10 |
| 黑龙江 | 858.52 | 1 546.45 | 1 882.94 | 2 818.35 | 4 323.55 | 5 562.95 | 9 012.89 | 11 103.12 | 14 232.99 |
| 上海 | 2 791.63 | 4 447.95 | 6 732.55 | 9 483.01 | 13 065.51 | 16 534.61 | 19 884.74 | 19 687.92 | 22 165.96 |
| 江苏 | 622.57 | 1 019.43 | 1 651.09 | 2 528.73 | 4 382.23 | 7 390.71 | 10 586.39 | 11 182.60 | 12 510.38 |
| 浙江 | 793.33 | 1 484.5 | 2 268.10 | 3 010.71 | 4 566.24 | 6 779.13 | 8 879.91 | 9 842.83 | 13 065.83 |
| 安徽 | 381.25 | 636.38 | 851.95 | 1 276.41 | 2 098.64 | 3 244.32 | 6 499.81 | 6 744.76 | 8 640.34 |
| 福建 | 699.94 | 1 009.37 | 1 361.71 | 2 009.87 | 3 274.55 | 4 842.44 | 7 570.96 | 8 225.70 | 9 697.25 |
| 江西 | 403.67 | 681.59 | 872.23 | 1 211.81 | 1 831.05 | 2 509.39 | 5 934.04 | 6 920.41 | 8 119.87 |
| 山东 | 493.47 | 833.67 | 1 163.19 | 1 659.93 | 2 911.18 | 3 950.53 | 6 642.29 | 7 255.63 | 8 804.81 |
| 河南 | 261.39 | 471.87 | 662.52 | 954.91 | 1 650.41 | 2 201.37 | 3 969.64 | 4 496.33 | 5 119.81 |
| 湖北 | 294.12 | 551.95 | 847.11 | 1 241.26 | 2 371.85 | 3 253.81 | 5 681.48 | 7 170.56 | 10 076.72 |
| 湖南 | 353.05 | 722.66 | 1 087.82 | 1 490.93 | 2 339.89 | 3 061.86 | 5 840.61 | 6 402.81 | 7 928.70 |

(续表)

| 年份<br>地区 | 2000 | 2002 | 2004 | 2006 | 2008 | 2010 | 2013 | 2014 | 2016 |
|---|---|---|---|---|---|---|---|---|---|
| 广东 | 685.23 | 1 075.19 | 1 375.13 | 1 734.63 | 2 542.39 | 3 568.76 | 6 877.39 | 7 906.77 | 10 235.53 |
| 广西 | 416.95 | 699.86 | 930.41 | 1 440.08 | 2 340.60 | 3 412.66 | 5 611.23 | 6 079.42 | 7 861.54 |
| 海南 | 509.34 | 778.75 | 1 043.09 | 1 745.82 | 2 700.41 | 5 773.68 | 8 528.85 | 9 068.86 | 11 420.75 |
| 重庆 | 373.76 | 599.96 | 764.15 | 1 287.66 | 2 205.48 | 3 725.08 | 6 602.19 | 7 568.04 | 9 488.79 |
| 四川 | 372.37 | 623.47 | 772.83 | 1 154.17 | 2 255.22 | 3 501.53 | 7 001.47 | 7 672.54 | 9 147.00 |
| 贵州 | 334.85 | 556.87 | 720.99 | 1 074.92 | 1 865.91 | 2 798.54 | 6 153.35 | 6 897.79 | 9 735.69 |
| 云南 | 664.43 | 968.14 | 1 212.51 | 1 504.56 | 2 084.92 | 3 400.28 | 6 255.65 | 6 291.33 | 9 007.94 |
| 西藏 | 1 198.04 | 2 032.09 | 2 728.56 | 2 971.34 | 6 092.82 | 8 581.87 | 15 218.35 | 21 479.72 | 26 148.23 |
| 陕西 | 325.20 | 610.61 | 858.77 | 1 545.55 | 3 088.29 | 4 864.15 | 9 767.26 | 10 385.02 | 11 379.93 |
| 甘肃 | 440.46 | 694.33 | 882.67 | 1 383.34 | 2 486.50 | 3 557.37 | 6 395.94 | 7 462.13 | 10 514.89 |
| 青海 | 754.16 | 1 266.48 | 1 533.21 | 2 289.51 | 3 619.55 | 5 617.92 | 9 815.41 | 12 655.03 | 13 823.28 |
| 宁夏 | 612.43 | 1 048.26 | 963.46 | 1 404.71 | 2 995.46 | 4 004.32 | 6 196.41 | 6 619.05 | 8 872.06 |
| 新疆 | 741.49 | 1 188.44 | 1 540.28 | 2 123.76 | 3 725.43 | 6 084.43 | 10 695.54 | 11 628.15 | 12 561.50 |
| 均值 | 683.64 | 1 123.37 | 1 562.71 | 2 228.57 | 3 721.05 | 5 532.52 | 8 787.54 | 9 784.44 | 11 892.75 |
| 极差 | 2 530.24 | 3 976.08 | 6 070.03 | 8 528.10 | 11 415.10 | 14 333.24 | 17 950.86 | 19 126.82 | 21 759.40 |
| 标准差 | 512.38 | 795.94 | 1 211.33 | 1 629.68 | 2 427.21 | 3 362.26 | 4 106.72 | 4 617.59 | 5 019.40 |
| 变异系数(%) | 74.95 | 70.85 | 77.52 | 73.13 | 65.23 | 61.27 | 46.73 | 47.19 | 42.21 |

数据来源:根据各期《中国教育经费统计年鉴》计算获得。

从地方普通初中生均教育经费情况来看,2000—2016年,我国各省(自治区、直辖市)普通初中的教育经费都有大幅增长,但省际教育经费的差距仍较大,两极分化严重。2000年,上海在地方普通初中生均教育经费支出中拔得头筹,其数额为4 413.52元,而当年生均教育经费最低的贵州省只有648.37元,两者相差3 765.15元,与此同时,省际普通初中生均教育经费的标准差和变异系数分别高达917.22元和62.62%。到了2016年,普通初中生均教育经费最高的为北京市,高达67 769.90元,最低的为河南省的10 472.49元,极差扩大到46 969.87元,标准差为11 172.10元,变异系数为56.53%。从变异系数来看,2000—2006年,地方普通初中生均教育经费的变异系数一直在上升,但2006年后有所下降,省际普通初中生均教育经费的总体差距有缩小的趋势,但是,省际普通初中生均教育经费的差距仍然处于高位(见表3.12)。

表 3.12 地方普通初中生均教育经费的地区差异　　　　　　单位:元

| 年份<br>地区 | 2000 | 2004 | 2006 | 2008 | 2010 | 2013 | 2014 | 2016 |
| --- | --- | --- | --- | --- | --- | --- | --- | --- |
| 全国 | 1 210.42 | 1 925.43 | 2 668.63 | 4 531.83 | 6 526.73 | 11 453.69 | 10 605.69 | 16 007.22 |
| 北京 | 4 308.68 | 7 763.04 | 12 848.64 | 19 694.50 | 30 791.29 | 48 875.13 | 38 300.08 | 67 769.90 |
| 天津 | 2 293.86 | 3 727.84 | 5 612.81 | 9 117.66 | 18 256.36 | 30 694.10 | 27 117.71 | 33 646.29 |
| 河北 | 849.60 | 1 418.97 | 2 216.05 | 4 241.33 | 6 427.58 | 9 141.61 | 7 910.15 | 11 712.87 |
| 山西 | 1 042.67 | 1 463.20 | 2 297.27 | 4 079.56 | 5 624.83 | 9 543.26 | 9 062.99 | 13 929.61 |
| 内蒙古 | 1 132.59 | 2 073.16 | 2 917.21 | 5 819.32 | 10 161.39 | 15 829.83 | 12 461.59 | 21 671.81 |
| 辽宁 | 1 526.40 | 2 450.60 | 3 644.75 | 5 799.03 | 8 842.87 | 14 827.03 | 11 193.88 | 16 739.24 |
| 吉林 | 1 470.25 | 2 198.94 | 3 144.46 | 5 403.55 | 7 460.08 | 13 179.61 | 12 854.39 | 19 432.62 |
| 黑龙江 | 1 004.39 | 1 756.02 | 2 919.41 | 4 778.26 | 6 277.35 | 11 609.79 | 12 629.40 | 17 629.29 |
| 上海 | 4 413.52 | 9 990.49 | 13 623.58 | 18 712.63 | 22 497.03 | 31 677.37 | 25 830.64 | 44 418.16 |
| 江苏 | 1 813.60 | 2 562.52 | 3 622.77 | 6 131.09 | 10 362.15 | 19 674.73 | 16 691.89 | 24 705.01 |
| 浙江 | 2 359.28 | 4 917.79 | 6 097.74 | 8 339.83 | 11 690.04 | 16 589.93 | 14 316.70 | 22 814.31 |
| 安徽 | 757.09 | 1 214.15 | 1 733.16 | 3 200.84 | 5 041.37 | 11 126.02 | 9 467.72 | 15 199.81 |
| 福建 | 1 366.23 | 2 068.34 | 2 658.01 | 4 566.36 | 7 460.21 | 13 530.05 | 11 753.11 | 17 342.18 |
| 江西 | 815.91 | 1 261.98 | 1 851.03 | 3 193.78 | 4 198.09 | 9 060.02 | 9 204.36 | 11 689.14 |
| 山东 | 1 056.07 | 1 910.20 | 3 033.80 | 5 006.84 | 7 026.48 | 11 787.42 | 11 340.83 | 16 159.50 |
| 河南 | 773.76 | 1 067.23 | 1 531.68 | 2 963.44 | 4 047.58 | 8 036.97 | 7 291.54 | 10 472.49 |
| 湖北 | 1 107.91 | 1 496.72 | 1 997.36 | 3 683.28 | 5 398.43 | 10 762.96 | 11 701.57 | 18 252.14 |
| 湖南 | 1 016.93 | 1 536.10 | 2 531.13 | 4 923.68 | 6 518.89 | 10 520.19 | 10 235.09 | 13 570.72 |
| 广东 | 1 889.53 | 3 081.76 | 3 490.06 | 4 327.83 | 5 335.29 | 9 553.70 | 9 596.97 | 16 834.58 |
| 广西 | 857.95 | 1 422.49 | 1 868.76 | 3 491.83 | 5 001.27 | 7 925.30 | 7 615.29 | 10 945.68 |
| 海南 | 1 308.49 | 1 951.67 | 2 840.45 | 4 640.73 | 7 032.55 | 13 078.93 | 10 937.15 | 18 911.49 |
| 重庆 | 1 077.65 | 1 864.23 | 2 448.22 | 4 055.74 | 6 319.44 | 10 808.39 | 9 542.30 | 17 095.93 |
| 四川 | 954.84 | 1 498.85 | 2 039.45 | 3 956.02 | 5 609.68 | 9 718.81 | 9 361.37 | 14 497.04 |
| 贵州 | 648.37 | 1 040.07 | 1 464.22 | 2 655.97 | 3 499.45 | 7 084.55 | 7 055.71 | 11 347.97 |
| 云南 | 1 269.09 | 1 721.51 | 2 171.31 | 3 573.59 | 5 449.07 | 8 949.26 | 7 869.93 | 13 293.60 |
| 西藏 | 2 929.67 | 5 041.01 | 4 424.05 | 6 396.71 | 7 901.57 | 14 499.63 | 18 182.55 | 27 635.55 |
| 陕西 | 769.89 | 1 219.93 | 1 768.43 | 3 994.28 | 6 211.98 | 12 959.37 | 12 636.93 | 15 405.93 |

(续表)

| 年份<br>地区 | 2000 | 2004 | 2006 | 2008 | 2010 | 2013 | 2014 | 2016 |
|---|---|---|---|---|---|---|---|---|
| 甘肃 | 840.90 | 1 278.04 | 1 874.89 | 3 575.55 | 5 187.41 | 9 164.27 | 8 680.94 | 13 198.75 |
| 青海 | 1 295.17 | 1 931.53 | 2 830.80 | 5 549.46 | 9 927.13 | 14 283.63 | 14 661.78 | 20 488.71 |
| 宁夏 | 1 062.75 | 1 965.79 | 2 465.91 | 5 539.62 | 7 434.35 | 11 896.54 | 10 300.41 | 15 073.79 |
| 新疆 | 1 394.20 | 2 189.16 | 3 550.84 | 6 277.49 | 9 224.42 | 16 856.50 | 15 237.07 | 20 800.03 |
| 均值 | 1 464.75 | 2 486.56 | 3 468.33 | 5 731.93 | 8 458.57 | 14 298.22 | 12 936.84 | 19 764.00 |
| 极差 | 3 765.15 | 8 950.42 | 12 159.46 | 17 038.53 | 27 291.84 | 41 790.58 | 31 244.37 | 46 969.87 |
| 标准差 | 917.22 | 1 952.48 | 2 777.19 | 3 817.82 | 5 628.96 | 8 405.39 | 7 055.71 | 11 172.10 |
| 变异系数(%) | 62.62 | 78.52 | 80.07 | 66.61 | 66.55 | 58.79 | 50.63 | 56.53 |

数据来源：根据各期《中国教育经费统计年鉴》计算获得。

从地方普通初中生均公共财政预算教育经费来看，省际普通初中生均预算内教育经费的变动趋势与地方普通初中生均教育经费的变动趋势基本一致，也是由于各地区对地方初中教育的投入都有了大幅度的提升，但省际生均公共财政预算教育经费的差距较大，两极分化严重，极差由2000年的2 436.00元扩大到2016年的39 820.86元，标准差由2000年的645.85元扩大到2016年的7 823.69元。2000—2004年，省际初中生均预算内教育经费的变异系数一直不断上升，但2006年开始差距逐渐缩小，2016年变异系数下降为47.65%（见表3.13），但与生均教育经费一样，普通初中生均公共财政预算教育经费的地区差距也仍然在高位震荡。

表3.13 地方初中生均公共财政预算教育经费的地区差距  单位：元

| 年份<br>地区 | 2000 | 2004 | 2006 | 2008 | 2010 | 2013 | 2014 | 2016 |
|---|---|---|---|---|---|---|---|---|
| 全国 | 698.04 | 1 296.13 | 1 962.67 | 3 644.98 | 5 415.41 | 9 542.68 | 10 605.69 | 13 641.95 |
| 北京 | 2 467.93 | 4 746.75 | 8 049.15 | 14 054.57 | 24 203.46 | 35 082.16 | 38 300.08 | 47 773.73 |
| 天津 | 1 679.98 | 2 726.10 | 4 477.27 | 7 783.19 | 14 914.89 | 24 156.26 | 27 117.71 | 30 598.79 |
| 河北 | 555.75 | 1 081.27 | 1 718.39 | 3 585.90 | 5 343.92 | 7 660.70 | 7 910.15 | 10 634.67 |
| 山西 | 628.85 | 1 080.64 | 1 720.25 | 3 360.35 | 4 889.75 | 8 007.91 | 9 062.99 | 12 361.23 |
| 内蒙古 | 684.85 | 1 532.67 | 2 370.55 | 4 724.30 | 8 160.36 | 11 980.77 | 12 461.59 | 16 547.85 |
| 辽宁 | 934.19 | 1 731.35 | 2 809.90 | 4 645.85 | 7 116.94 | 12 001.51 | 11 193.88 | 13 751.46 |

(续表)

| 年份<br>地区 | 2000 | 2004 | 2006 | 2008 | 2010 | 2013 | 2014 | 2016 |
|---|---|---|---|---|---|---|---|---|
| 吉林 | 784.97 | 1 362.94 | 2 147.23 | 4 233.68 | 6 931.71 | 11 594.07 | 12 854.39 | 16 927.04 |
| 黑龙江 | 740.98 | 1 499.69 | 2 501.42 | 4 355.23 | 5 788.93 | 10 644.79 | 12 629.40 | 15 690.59 |
| 上海 | 2 861.90 | 7 014.04 | 10 459.78 | 15 982.94 | 20 276.10 | 26 596.87 | 25 830.64 | 30 519.12 |
| 江苏 | 940.81 | 1 504.35 | 2 299.87 | 4 584.12 | 8 585.05 | 15 141.58 | 16 691.89 | 21 277.22 |
| 浙江 | 1 030.25 | 2 832.04 | 3 916.27 | 5 819.83 | 8 455.78 | 12 692.01 | 14 316.70 | 19 004.71 |
| 安徽 | 458.63 | 809.56 | 1 229.98 | 2 593.39 | 4 109.50 | 9 058.85 | 9 467.72 | 12 619.54 |
| 福建 | 814.90 | 1 370.61 | 1 965.05 | 3 578.20 | 5 901.76 | 10 649.48 | 11 753.11 | 14 929.32 |
| 江西 | 469.23 | 883.98 | 1 378.95 | 2 683.35 | 3 477.13 | 8 127.51 | 9 204.36 | 10 803.95 |
| 山东 | 642.47 | 1 381.30 | 2 292.39 | 4 391.18 | 6 155.78 | 10 184.25 | 11 340.83 | 14 685.84 |
| 河南 | 425.90 | 773.38 | 1 210.74 | 2 489.90 | 3 470.75 | 6 649.87 | 7 291.54 | 7 952.87 |
| 湖北 | 555.08 | 986.95 | 1 442.97 | 3 127.31 | 4 641.97 | 9 032.59 | 11 701.57 | 17 271.97 |
| 湖南 | 468.77 | 1 022.89 | 1 847.96 | 3 729.29 | 5 067.1 | 9 182.66 | 10 235.09 | 12 007.69 |
| 广东 | 1 012.09 | 1 929.06 | 2 403.45 | 3 308.00 | 4 111.73 | 7 754.81 | 9 596.97 | 14 191.61 |
| 广西 | 496.94 | 967.15 | 1 558.44 | 3 042.14 | 4 419.16 | 7 079.39 | 7 615.29 | 9 833.55 |
| 海南 | 719.76 | 1 252.39 | 1 866.57 | 3 626.28 | 6 022.78 | 10 362.45 | 10 937.15 | 14 705.14 |
| 重庆 | 531.40 | 1 007.63 | 1 553.68 | 2 928.20 | 4 545.68 | 7 880.72 | 9 542.30 | 12 352.60 |
| 四川 | 514.94 | 850.50 | 1 403.36 | 2 769.26 | 4 308.86 | 8 583.22 | 9 361.37 | 12 291.68 |
| 贵州 | 450.20 | 821.72 | 1 251.72 | 2 357.23 | 3 279.70 | 6 388.63 | 7 055.71 | 10 318.11 |
| 云南 | 930.71 | 1 349.63 | 1 805.22 | 3 030.18 | 4 649.15 | 7 347.78 | 7 869.93 | 10 957.44 |
| 西藏 | 2 838.34 | 4 829.82 | 4 152.15 | 6 152.96 | 7 317.37 | 13 558.23 | 18 182.55 | 25 639.67 |
| 陕西 | 515.94 | 937.77 | 1 512.26 | 3 498.21 | 5 522.27 | 11 659.08 | 12 636.93 | 14 329.44 |
| 甘肃 | 616.22 | 993.91 | 1 645.33 | 3 164.69 | 4 575.79 | 7 846.20 | 8 680.94 | 11 898.60 |
| 青海 | 1 132.32 | 1 685.64 | 2 399.39 | 4 697.60 | 8 528.01 | 11 672.32 | 14 661.78 | 16 733.37 |
| 宁夏 | 774.18 | 1 353.99 | 1 945.85 | 4 766.78 | 6 364.35 | 9 119.88 | 10 300.41 | 12 140.27 |
| 新疆 | 938.42 | 1 530.54 | 2 616.28 | 4 878.50 | 8 457.75 | 15 477.12 | 15 237.07 | 18 213.03 |
| 均值 | 923.13 | 1 737.11 | 2 579.09 | 4 643.31 | 7 083.66 | 11 715.28 | 12 936.84 | 16 418.13 |
| 极差 | 2 436.00 | 6 240.66 | 9 249.04 | 13 625.71 | 20 923.76 | 28 693.53 | 31 244.37 | 39 820.86 |
| 标准差 | 645.85 | 1 370.24 | 1 950.81 | 2 972.74 | 4 597.87 | 6 167.94 | 6 549.74 | 7 823.69 |
| 变异系数(%) | 69.96 | 78.88 | 75.64 | 64.02 | 64.91 | 52.65 | 50.62 | 47.65 |

数据来源：根据各期《中国教育经费统计年鉴》计算获得。

## 二、县级基本公共教育的产出分析

### (一) 县级基本公共教育产出的城乡差距分析

#### 1. 小学教育

由于县级教育数据的缺失,本书利用小学和普通初中在校学生生师比、生均校舍建筑面积、危房率、生均图书藏量来反映县级义务教育提供的城乡差距和县乡差距。

从小学教育生师比指标来看,2000—2016 年 17 年里,无论是城市、县镇还是农村,总体来说,这一指标都呈现出不断下降的趋势,这说明随着国家对教育尤其是对农村义务教育投入力度的不断加大,小学教育的资源不断丰富。在 2006 年之前,农村教师负担的小学生数最高,要大于县镇和城市,城市教师负担的小学生数为最少。2006 年后,这一状况发生了变化,由于农村生源的不断减少和许多农村小学撤离合并,农村教师负担的小学生为最低,县镇紧跟其后,城市为最高(见表 3.14)。这一现象的变化,也说明了另一个问题。随着农村人口流动的加快,县乡财政的困境加深,农村教育的质量不断下降,农村条件稍好的家庭的孩子都选择到县镇和城市读书,导致了农村小学生数量的持续下降(如图 3.3),这在一定程度上也反映了中国目前教育的城乡差距和县乡差距。

表 3.14 小学教育的城乡差距和县乡差距分析

| 年份 | 在校小学生生师比 | | | | | |
| --- | --- | --- | --- | --- | --- | --- |
| | 全国 | 城市 | 县镇 | 农村 | 城乡差 | 县乡差 |
| 2000 | 22.20 | 19.59 | 21.43 | 23.12 | −3.53 | −1.69 |
| 2001 | 21.63 | 19.21 | 19.99 | 22.68 | −3.47 | −2.69 |
| 2002 | 21.04 | 19.02 | 19.85 | 21.90 | −2.88 | −2.05 |
| 2003 | 20.50 | 19.30 | 19.57 | 21.09 | −1.79 | −1.52 |
| 2004 | 19.98 | 19.54 | 19.33 | 20.29 | −0.75 | −0.96 |
| 2005 | 19.43 | 19.26 | 19.42 | 19.50 | −0.24 | −0.08 |
| 2006 | 19.17 | 19.36 | 19.63 | 18.96 | 0.4 | 0.67 |
| 2007 | 18.82 | 19.49 | 19.50 | 18.38 | 1.11 | 1.12 |
| 2008 | 18.38 | 19.41 | 19.20 | 17.75 | 1.66 | 1.45 |
| 2009 | 17.88 | 19.14 | 18.74 | 17.15 | 1.99 | 1.59 |
| 2010 | 17.69 | 19.22 | 18.73 | 16.77 | 2.45 | 1.96 |

(续表)

| 年份 | 在校小学生生师比 | | | | | |
|---|---|---|---|---|---|---|
| | 全国 | 城市 | 县镇 | 农村 | 城乡差 | 县乡差 |
| 2011 | 19.22 | 21.43 | 19.79 | 17.65 | 3.78 | 2.14 |
| 2012 | 18.93 | 21.42 | 19.69 | 16.88 | 4.54 | 2.81 |
| 2013 | 18.37 | 21.44 | 19.34 | 15.61 | 5.83 | 3.73 |
| 2014 | 18.51 | 21.57 | 19.57 | 15.45 | 6.12 | 4.12 |
| 2015 | 18.96 | 21.82 | 20.15 | 15.68 | 6.14 | 4.47 |
| 2016 | 19.15 | 21.83 | 20.29 | 15.81 | 6.02 | 4.48 |

| 年份 | 生均校舍建筑面积(平方米/人) | | | | | |
|---|---|---|---|---|---|---|
| | 全国 | 城市 | 县镇 | 农村 | 城乡差 | 县乡差 |
| 2000 | 4.57 | 4.75 | 4.59 | 4.49 | 0.26 | 0.10 |
| 2001 | 4.53 | 4.82 | 4.48 | 4.49 | 0.33 | −0.01 |
| 2002 | 4.72 | 4.99 | 4.60 | 4.69 | 0.30 | −0.09 |
| 2003 | 4.94 | 5.13 | 4.74 | 4.95 | 0.18 | −0.21 |
| 2004 | 5.15 | 5.18 | 4.78 | 5.24 | −0.06 | −0.46 |
| 2005 | 5.34 | 5.22 | 4.83 | 5.54 | −0.32 | −0.71 |
| 2006 | 5.47 | 5.30 | 4.85 | 5.74 | −0.44 | −0.89 |
| 2007 | 5.55 | 5.30 | 4.95 | 5.86 | −0.56 | −0.91 |
| 2008 | 5.60 | 5.23 | 4.93 | 6.00 | −0.77 | −1.07 |
| 2009 | 5.76 | 5.37 | 5.07 | 6.21 | −0.84 | −1.14 |
| 2010 | 5.90 | 5.54 | 5.18 | 6.39 | −0.85 | −1.21 |
| 2011 | 5.73 | 5.22 | 5.12 | 6.56 | −1.34 | −1.44 |
| 2012 | 6.09 | 5.44 | 5.46 | 7.15 | −1.71 | −1.69 |
| 2013 | 6.63 | 5.70 | 5.88 | 8.22 | −2.52 | −2.34 |
| 2014 | 6.85 | 5.81 | 6.09 | 8.71 | −2.90 | −2.62 |
| 2015 | 6.95 | 5.86 | 6.18 | 9.02 | −3.16 | −2.84 |
| 2016 | 7.16 | 5.97 | 6.41 | 9.47 | −3.50 | −3.06 |

| 年份 | 小学危房率(%) | | | | | |
|---|---|---|---|---|---|---|
| | 全国 | 城市 | 县镇 | 农村 | 城乡差 | 县乡差 |
| 2000 | 2.46 | — | — | — | — | — |
| 2001 | 6.69 | 2.32 | 4.92 | 8.07 | 5.75 | −3.15 |
| 2002 | 6.36 | 1.86 | 4.20 | 7.57 | −5.71 | −3.37 |

(续表)

| 年份 | 小学危房率(%) | | | | | |
|---|---|---|---|---|---|---|
| | 全国 | 城市 | 县镇 | 农村 | 城乡差 | 县乡差 |
| 2003 | 6.68 | 1.86 | 4.19 | 8.54 | −6.68 | −4.35 |
| 2004 | 5.59 | 1.25 | 3.34 | 7.23 | −5.98 | −3.89 |
| 2005 | 4.46 | 0.98 | 2.55 | 5.79 | −4.81 | −3.24 |
| 2006 | 4.97 | 0.76 | 3.13 | 6.47 | −5.71 | −3.34 |
| 2007 | 3.57 | 0.57 | 2.10 | 4.83 | −4.26 | −2.73 |
| 2008 | 4.36 | 1.19 | 2.98 | 5.70 | −4.51 | −2.72 |
| 2009 | 16.36 | 5.32 | 12.48 | 20.85 | −15.53 | −8.37 |
| 2010 | 14.14 | 4.04 | 10.31 | 18.73 | −14.69 | −8.42 |
| 2011 | 10.04 | 3.74 | 8.24 | 14.38 | −10.64 | −6.14 |
| 2012 | 6.82 | 2.54 | 5.23 | 10.31 | −7.77 | −5.08 |
| 2013 | 4.75 | 1.52 | 3.63 | 7.53 | −6.01 | −3.90 |
| 2014 | 3.14 | 1.02 | 2.47 | 5.04 | −4.02 | −2.57 |
| 2015 | 1.88 | 0.83 | 1.47 | 2.93 | −2.10 | −1.46 |
| 2016 | 1.18 | 0.62 | 0.93 | 1.79 | −1.17 | −0.86 |

| 年份 | 生均图书藏量(册/人) | | | | | |
|---|---|---|---|---|---|---|
| | 全国 | 城市 | 县镇 | 农村 | 城乡差 | 县乡差 |
| 2000 | — | — | — | — | — | — |
| 2001 | 11.01 | 15.43 | 12.65 | 9.71 | 5.72 | 2.94 |
| 2002 | 11.43 | 15.51 | 12.74 | 10.21 | 5.30 | 2.53 |
| 2003 | 12.07 | 15.59 | 13.25 | 10.90 | 4.69 | 2.35 |
| 2004 | 12.64 | 15.67 | 13.52 | 11.64 | 4.03 | 1.88 |
| 2005 | 13.62 | 16.21 | 14.14 | 12.51 | 3.70 | 1.63 |
| 2006 | 13.84 | 16.82 | 13.80 | 13.13 | 3.69 | 0.67 |
| 2007 | 14.08 | 16.66 | 14.02 | 13.37 | 3.29 | 0.65 |
| 2008 | 14.31 | 16.45 | 14.15 | 13.74 | 2.71 | 0.41 |
| 2009 | 14.59 | 17.20 | 14.53 | 13.81 | 3.39 | 0.72 |
| 2010 | 15.16 | 17.46 | 14.99 | 14.47 | 2.99 | 0.52 |
| 2011 | 15.28 | 17.11 | 14.66 | 14.61 | 2.50 | 0.05 |
| 2012 | 17.12 | 18.65 | 16.33 | 16.71 | 1.94 | −0.38 |
| 2013 | 18.92 | 19.81 | 17.81 | 19.30 | 0.51 | −1.49 |

(续表)

| 年份 | 生均图书藏量(册/人) | | | | | |
|---|---|---|---|---|---|---|
| | 全国 | 城市 | 县镇 | 农村 | 城乡差 | 县乡差 |
| 2014 | 19.71 | 20.44 | 18.45 | 20.43 | 0.01 | −1.98 |
| 2015 | 20.44 | 21.18 | 19.01 | 21.44 | −0.26 | −2.43 |
| 2016 | 21.53 | 21.96 | 20.22 | 22.75 | −0.80 | −2.54 |

数据来源:根据历年《中国教育统计年鉴》经计算获得。

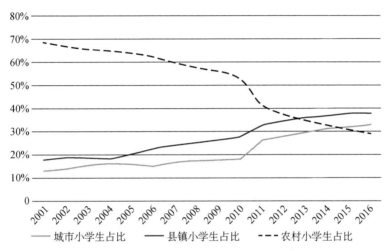

**图 3.3 城市、县镇和农村小学生占比**

数据来源:根据历年《中国教育统计年鉴》经计算获得。

从生均校舍建筑面积来看,2000—2016年,在国家财政的大力支持下,无论是城市、县镇和农村生均校舍面积均有了大幅度的提高,城乡差距和县乡差距不断缩小。在2004年以前,城市小学生均建筑面积最高,农村排名次之,县镇最低。到了2004年以后,2004—2016年13年里,农村小学生均建筑面积的平均值为6.93平方米/人,反超城市,成为最高;城市这一指标的平均值为5.47,排名第二;县镇这一指标的平均值为5.36,低于农村和城市(见表3.14)。这一现象的变化与农村小学生生源减少有关,同时也反映由于小学教育由县级政府承担着主要的支出责任,缘于县级财政的困难,对县镇教育的投入较低。

虽然农村小学人均校舍建筑面积目前高于城市和县镇,但从危房率这一指标来看,城市最低,农村小学的危房率远远大于城市和县镇。以2014年为例,农村小学危房率为5.04%,是城市的4.94倍,是县镇的2.04倍,可见城乡教育质量的差距之大。

从生均图书藏量来看,2000—2016年,城市、县镇和农村都有了大幅度的提升,城乡差距、县乡差距也在逐步缩小。但在2015年以前,这一指标城市最高,县镇次之,农村最低,这一现象在2015年后有了很大的改观,农村小学生均图书藏量最高,城市次之,县镇为最后,县镇教育状况令人担忧。

2. 普通初中教育

同样地,本书运用普通初中在校学生生师比、生均校舍建筑面积、危房率、生均图书藏量来反映县级初中教育提供的城乡差距和县乡差距(见表3.15)。

表3.15 普通初中教育的城乡差距和县乡差距

| 年份 | 普通初中在校学生生师比 | | | | | |
|---|---|---|---|---|---|---|
| | 全国 | 城市 | 县镇 | 农村 | 城乡差 | 县乡差 |
| 2000 | 18.99 | 15.98 | 18.55 | 20.34 | −4.36 | −1.79 |
| 2001 | 19.24 | 16.67 | 19.40 | 20.11 | −3.44 | −0.71 |
| 2002 | 19.25 | 16.78 | 19.45 | 20.17 | −3.39 | −0.72 |
| 2003 | 19.13 | 16.59 | 19.30 | 20.03 | −3.44 | −0.73 |
| 2004 | 18.65 | 16.26 | 18.94 | 19.40 | −3.14 | −0.46 |
| 2005 | 17.78 | 15.74 | 18.37 | 18.16 | −2.42 | 0.21 |
| 2006 | 17.41 | 15.63 | 17.87 | 17.10 | −1.47 | 0.77 |
| 2007 | 16.51 | 15.76 | 17.30 | 16.08 | −0.32 | 1.22 |
| 2008 | 16.07 | 15.64 | 16.93 | 15.36 | 0.28 | 1.57 |
| 2009 | 15.47 | 15.27 | 16.28 | 14.64 | 0.63 | 1.64 |
| 2010 | 14.97 | 15.00 | 15.73 | 14.03 | 0.97 | 1.70 |
| 2011 | 14.38 | 14.48 | 14.76 | 13.27 | 1.21 | 1.49 |
| 2012 | 13.59 | 14.11 | 13.80 | 12.46 | 1.65 | 1.34 |
| 2013 | 12.67 | 13.93 | 12.74 | 10.80 | 3.13 | 1.94 |
| 2014 | 12.60 | 13.76 | 12.68 | 10.63 | 3.13 | 2.05 |
| 2015 | 12.41 | 12.96 | 12.62 | 10.89 | 2.07 | 1.73 |
| 2016 | 12.41 | 12.83 | 12.64 | 10.98 | 1.85 | 1.66 |
| 年份 | 普通初中生均校舍建筑面积(平方米/人) | | | | | |
| | 全国 | 城市 | 县镇 | 农村 | 城乡差 | 县乡差 |
| 2000 | 5.54 | — | — | — | — | — |
| 2001 | 5.41 | — | — | — | — | — |
| 2002 | 5.44 | — | — | — | — | — |
| 2003 | 5.06 | 5.34 | 4.97 | 5.02 | 0.32 | −0.05 |

(续表)

| 年份 | 普通初中生均校舍建筑面积(平方米/人) | | | | | |
|---|---|---|---|---|---|---|
| | 全国 | 城市 | 县镇 | 农村 | 城乡差 | 县乡差 |
| 2004 | 5.41 | 5.70 | 5.25 | 5.41 | 0.29 | −0.16 |
| 2005 | 5.88 | 6.13 | 5.63 | 6.00 | 0.13 | −0.37 |
| 2006 | 6.39 | 6.35 | 6.04 | 6.74 | −0.39 | −0.70 |
| 2007 | 6.82 | 6.59 | 6.44 | 7.35 | −0.76 | −0.91 |
| 2008 | 7.22 | 6.93 | 6.71 | 7.96 | −1.03 | −1.25 |
| 2009 | 7.67 | 7.23 | 7.11 | 8.60 | −1.37 | −1.49 |
| 2010 | 8.21 | 7.62 | 7.66 | 9.31 | −1.69 | −1.65 |
| 2011 | 8.99 | 8.37 | 8.71 | 10.36 | −1.99 | −1.65 |
| 2012 | 9.99 | 9.05 | 9.76 | 11.94 | −2.89 | −2.18 |
| 2013 | 11.28 | 9.86 | 11.14 | 14.15 | −4.29 | −3.01 |
| 2014 | 11.99 | 10.52 | 11.87 | 15.23 | −4.71 | −3.36 |
| 2015 | 12.77 | 11.19 | 12.65 | 16.34 | −5.15 | −3.69 |
| 2016 | 13.36 | 11.74 | 13.23 | 17.37 | −5.63 | −4.14 |

| 年份 | 危房率(%) | | | | | |
|---|---|---|---|---|---|---|
| | 全国 | 城市 | 县镇 | 农村 | 城乡差 | 县乡差 |
| 2000 | 2.01 | — | — | 2.37 | — | — |
| 2001 | 4.58 | — | — | 5.60 | — | — |
| 2002 | 7.10 | — | — | 10.96 | — | — |
| 2003 | 4.67 | 1.69 | 3.95 | 6.33 | −4.64 | −2.38 |
| 2004 | 3.73 | 1.08 | 3.14 | 5.10 | −4.02 | −1.96 |
| 2005 | 2.87 | 0.88 | 2.43 | 3.99 | −3.11 | −1.56 |
| 2006 | 3.24 | 0.75 | 3.03 | 4.30 | −3.55 | −1.27 |
| 2007 | 2.49 | 0.59 | 2.11 | 3.64 | −3.05 | −1.53 |
| 2008 | 4.36 | 1.19 | 2.98 | 5.70 | −4.51 | −2.72 |
| 2009 | 12.24 | 4.78 | 11.82 | 16.12 | −11.34 | −4.30 |
| 2010 | 10.33 | 3.52 | 9.92 | 14.09 | −10.57 | −4.17 |
| 2011 | 7.16 | 2.98 | 7.10 | 11.42 | −8.44 | −4.32 |
| 2012 | 4.80 | 1.89 | 4.76 | 8.15 | −6.26 | −3.39 |
| 2013 | 3.35 | 1.18 | 3.39 | 5.89 | −4.71 | −2.50 |
| 2014 | 3.35 | 1.18 | 3.39 | 5.89 | −4.71 | −2.50 |

(续表)

| 年份 | 危房率(%) | | | | | |
|---|---|---|---|---|---|---|
| | 全国 | 城市 | 县镇 | 农村 | 城乡差 | 县乡差 |
| 2015 | 1.41 | 0.58 | 1.44 | 2.50 | −1.92 | −1.06 |
| 2016 | 0.95 | 0.45 | 1.04 | 1.48 | −1.03 | −0.44 |

| 年份 | 生均图书藏量(册/人) | | | | | |
|---|---|---|---|---|---|---|
| | 全国 | 城市 | 县镇 | 农村 | 城乡差 | 县乡差 |
| 2000 | — | — | — | — | — | — |
| 2001 | 12.15 | 12.50 | 11.84 | 12.26 | 0.24 | −0.42 |
| 2002 | 11.94 | 11.67 | 11.41 | 12.45 | −0.78 | −1.04 |
| 2003 | 12.40 | 12.23 | 11.83 | 12.88 | −0.65 | −1.05 |
| 2004 | 13.14 | 12.96 | 12.51 | 13.64 | −0.68 | −1.13 |
| 2005 | 14.22 | 13.99 | 13.35 | 15.04 | −1.05 | −1.69 |
| 2006 | 15.07 | 14.31 | 13.63 | 16.72 | −2.41 | −3.09 |
| 2007 | 15.93 | 14.56 | 14.54 | 18.07 | −3.51 | −3.53 |
| 2008 | 16.85 | 15.25 | 15.23 | 19.58 | −4.33 | −4.35 |
| 2009 | 17.53 | 15.84 | 15.81 | 20.61 | −4.77 | −4.80 |
| 2010 | 18.71 | 16.60 | 17.05 | 22.22 | −5.62 | −5.17 |
| 2011 | 21.14 | 19.40 | 20.09 | 25.52 | −6.12 | −5.43 |
| 2012 | 24.70 | 22.49 | 23.72 | 30.34 | −7.85 | −6.62 |
| 2013 | 28.23 | 25.61 | 27.05 | 36.02 | −10.41 | −8.97 |
| 2014 | 30.19 | 28.19 | 28.80 | 38.14 | −9.95 | −9.34 |
| 2015 | 32.42 | 30.97 | 30.92 | 40.01 | −9.04 | −9.09 |
| 2016 | 34.37 | 32.87 | 33.07 | 41.95 | −9.08 | −8.87 |

数据来源：根据历年《中国教育统计年鉴》经计算获得。—表示数据未获得。

从生师比指标来看，2000—2016年，无论是城市、县镇还是农村，这一指标都是不断下降的，说明初中教育的师资资源有了很大的提高。2006年以前，农村教师负担初中生数超过县镇和城市，农村教育资源相对短缺；在2006年之后，农村普通初中生师比开始低于县镇，后又低于城市，从而成为负担初中学生数最低的地区。这一现象与农村流动人口加快、农村学生生源大幅度减少有关(见图3.4)，大量的农村学生"以脚投票"选择教学质量更好的城市和县城读书，这也从另一个侧面反映了中国教育的城乡差距和县域内部的县乡差距。

从普通初中生均校舍建筑面积来看，2003—2016年，无论是城市、县镇还是

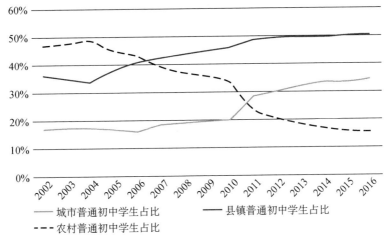

**图 3.4　城市、县镇和农村普通初中学生占比**

数据来源:根据历年《中国教育统计年鉴》并经计算获得。

农村,这一指标都是不断提高的,说明国家财政对义务教育的投入产生了较好的结果。2003—2005 年,城市普通初中的生均校舍建筑面积最高,农村紧跟其后,县镇为最低;而在 2006 年之后,农村普通初中的生均校舍建筑面积最高,2010 年之后,城市则成为生均校舍建筑面积最低的地区,这主要与大量的农村初中生流向了城市和县镇有关(图 3.4)。

从普通初中危房率来看,2000—2016 年,虽然城市、县镇和农村的危房率基本趋势是下降的,但是农村普通初中的危房率始终最高,县镇普通初中的危房率排第二,城市的最低。普通初中在校舍质量方面还存在着很大的城乡差距和县乡差距,这和基层政府财力紧张,投入有限和监管不严有着很大的关联。

从生均图书藏量来看,2000—2016 年,城市、县镇和农村都有了大幅度的提升,城乡差距、县乡差距也在逐步缩小。2002—2009 年,农村普通初中生均图书藏量最高,城市次之,县镇最低。2010 年后,农村普通初中生均图书藏量最高,县镇次之,城市最低。

**(二) 县级基本公共教育产出的地区差距分析**

**1. 小学教育**

本书用小学和普通初中在校学生生师比、生均校舍建筑面积、危房率、生均图书藏量来反映县级义务教育产出的地区差距。

从各地区小学生师比指标来看,2000—2016 年,全国的这一指标总体呈下降趋势,这说明我国小学教师资源在不断增加。但从各省(自治区、直辖市)的情况来看又有所差异,例如,发达地区的北京、天津、上海、江苏、浙江、广东等地,2000—2006年,各地区的小学生师比指标是下降的,但2006年后,这一指标又呈上升趋势,这在一程度上与大量流动人口流入发达地区有关。对各地区小学生师比的指标对比分析发现,省际小学教师数量的差距明显存在。2000年,生师比最高的省份是贵州的28.61,最低为北京市的12.81,最高值与最低值相差15.80,师资数量的两极分化现象严重,当年各地区小学生师比的标准差为3.95,变异系数为18.67%。到了2016年,湖南省的生师比最高,为22.86,最低为吉林的13.18,极差为9.68,标准差为2.57,变异系数为14.07%(见表3.16)。总体上来看,2000—2006年,省际师资数量的差距进一步扩大,两极分化严重,但2006年后,各地区小学生师比的极差、标准差和变异系数都呈现不断下降的趋势,省际小学师资数量的差距有所缩小。

表3.16 地方普通小学生师比的地区差距

| 年份<br>地区 | 生师比 | | | | | | | | |
|---|---|---|---|---|---|---|---|---|---|
| | 2000 | 2002 | 2004 | 2006 | 2008 | 2010 | 2012 | 2014 | 2016 |
| 全国 | 22.21 | 21.04 | 19.98 | 19.17 | 18.38 | 17.70 | 18.93 | 18.51 | 19.15 |
| 北京 | 12.81 | 11.25 | 10.58 | 9.82 | 13.54 | 13.20 | 15.36 | 16.61 | 16.77 |
| 天津 | 15.36 | 13.96 | 13.17 | 12.94 | 13.54 | 13.56 | 14.78 | 15.40 | 16.01 |
| 河北 | 24.69 | 20.31 | 16.84 | 14.92 | 15.02 | 16.04 | 18.58 | 17.84 | 18.78 |
| 山西 | 19.05 | 19.27 | 18.79 | 17.47 | 16.62 | 15.28 | 15.31 | 13.76 | 14.50 |
| 内蒙古 | 15.59 | 14.30 | 13.34 | 13.41 | 13.48 | 12.60 | 13.21 | 13.29 | 14.87 |
| 辽宁 | 18.53 | 17.44 | 16.71 | 16.34 | 15.67 | 14.85 | 18.20 | 16.94 | 17.24 |
| 吉林 | 16.07 | 13.99 | 12.36 | 11.57 | 11.62 | 11.60 | 13.18 | 12.67 | 13.18 |
| 黑龙江 | 14.66 | 13.47 | 13.21 | 13.10 | 12.59 | 12.42 | 14.50 | 12.97 | 14.19 |
| 上海 | 17.74 | 16.47 | 14.25 | 14.23 | 14.42 | 15.51 | 18.90 | 18.90 | 18.19 |
| 江苏 | 24.86 | 22.73 | 19.94 | 17.49 | 16.02 | 15.98 | 18.30 | 19.53 | 20.50 |
| 浙江 | 22.06 | 21.46 | 21.51 | 20.72 | 19.80 | 19.39 | 21.30 | 20.84 | 20.53 |
| 安徽 | 23.53 | 25.27 | 23.76 | 21.78 | 20.73 | 18.74 | 17.99 | 19.17 | 20.25 |
| 福建 | 20.11 | 18.69 | 16.78 | 16.48 | 15.41 | 15.25 | 17.06 | 18.07 | 18.94 |
| 江西 | 18.95 | 19.27 | 19.87 | 20.45 | 21.41 | 21.00 | 22.76 | 21.44 | 21.34 |
| 山东 | 18.98 | 17.26 | 16.57 | 16.32 | 16.32 | 16.24 | 17.41 | 18.09 | 18.67 |
| 河南 | 24.62 | 22.26 | 21.19 | 20.85 | 21.36 | 21.83 | 22.51 | 19.76 | 20.36 |
| 湖北 | 24.28 | 23.60 | 21.42 | 18.69 | 17.92 | 18.64 | 18.20 | 17.39 | 18.73 |

(续表)

| 年份<br>地区 | 生师比 | | | | | | | | |
|---|---|---|---|---|---|---|---|---|---|
| | 2000 | 2002 | 2004 | 2006 | 2008 | 2010 | 2012 | 2014 | 2016 |
| 湖南 | 21.67 | 19.15 | 17.42 | 17.34 | 18.32 | 19.16 | 21.74 | 21.85 | 22.86 |
| 广东 | 25.54 | 25.80 | 26.47 | 25.93 | 22.96 | 19.70 | 21.21 | 21.47 | 22.34 |
| 广西 | 26.98 | 24.82 | 23.46 | 22.24 | 20.40 | 19.53 | 20.18 | 20.50 | 20.13 |
| 海南 | 20.58 | 20.46 | 19.99 | 20.28 | 17.24 | 14.99 | 16.42 | 17.17 | 18.80 |
| 重庆 | 23.20 | 23.80 | 23.85 | 22.19 | 18.83 | 17.23 | 18.11 | 18.41 | 17.94 |
| 四川 | 24.21 | 24.24 | 23.92 | 23.52 | 21.09 | 19.37 | 22.69 | 21.60 | 21.90 |
| 贵州 | 28.61 | 27.22 | 26.52 | 25.13 | 23.49 | 21.90 | 20.34 | 19.09 | 19.07 |
| 云南 | 22.42 | 20.23 | 20.12 | 20.37 | 19.89 | 18.32 | 17.95 | 17.50 | 17.20 |
| 西藏 | 23.81 | 24.98 | 24.02 | 20.65 | 17.24 | 15.84 | 15.62 | 14.70 | 14.56 |
| 陕西 | 26.38 | 23.00 | 19.73 | 17.61 | 15.84 | 14.90 | 14.98 | 15.35 | 16.94 |
| 甘肃 | 25.28 | 26.04 | 24.51 | 22.03 | 19.03 | 16.89 | 15.81 | 13.90 | 14.17 |
| 青海 | 18.22 | 17.96 | 18.42 | 18.56 | 19.70 | 19.52 | 23.17 | 22.42 | 21.57 |
| 宁夏 | 18.95 | 19.39 | 19.99 | 21.05 | 20.98 | 19.68 | 18.91 | 18.65 | 18.20 |
| 新疆 | 18.87 | 17.82 | 16.44 | 15.57 | 15.15 | 14.45 | 17.83 | 16.68 | 18.26 |
| 均值 | 21.18 | 20.19 | 19.20 | 18.36 | 17.60 | 16.89 | 18.15 | 17.81 | 18.29 |
| 极差 | 15.80 | 15.97 | 15.94 | 16.11 | 11.87 | 10.30 | 9.99 | 9.75 | 9.68 |
| 标准差 | 3.95 | 4.13 | 4.20 | 3.91 | 3.12 | 2.79 | 2.81 | 2.75 | 2.57 |
| 变异系数(%) | 18.67 | 20.48 | 21.87 | 21.29 | 17.75 | 16.51 | 15.49 | 15.47 | 14.07 |

数据来源：根据历年《中国教育统计年鉴》经计算获得。

从各地方小学生均校舍建筑面积的情况来看（见表3.17），省际也存在着明显的差距。2000年，最高的是北京市的7.19平方米，最低的是贵州省，为2.88平方米，两者相差4.31平方米，同时，当年省际小学生均校舍建筑面积的变异系数为21.43%；到了2016年，省际小学生均校舍建筑面积的极差为6.89平方米，变异系数为17.48%，总体上地区差距也呈现出缩小趋势。

表3.17 地方小学生均校舍建筑面积的地区差异

| 年份<br>地区 | 普通小学生均校舍建筑面积（平方米/人） | | | | | | | | |
|---|---|---|---|---|---|---|---|---|---|
| | 2000 | 2003 | 2004 | 2006 | 2008 | 2010 | 2012 | 2014 | 2016 |
| 全国 | 4.57 | 4.94 | 5.15 | 5.47 | 5.60 | 5.90 | 6.09 | 6.85 | 7.16 |
| 北京 | 7.19 | 9.24 | 9.79 | 11.03 | 8.25 | 8.67 | 8.20 | 8.31 | 8.07 |

(续表)

| 年份<br>地区 | 普通小学生均校舍建筑面积(平方米/人) | | | | | | | | |
|---|---|---|---|---|---|---|---|---|---|
| | 2000 | 2003 | 2004 | 2006 | 2008 | 2010 | 2012 | 2014 | 2016 |
| 天津 | 4.98 | 5.89 | 6.21 | 6.69 | 6.66 | 7.18 | 7.35 | 7.30 | 7.18 |
| 河北 | 3.75 | 4.62 | 4.99 | 5.78 | 5.67 | 5.61 | 5.46 | 6.27 | 6.36 |
| 山西 | 4.62 | 4.52 | 4.69 | 5.29 | 5.60 | 6.05 | 6.68 | 7.93 | 8.22 |
| 内蒙古 | 4.50 | 5.41 | 5.51 | 5.51 | 5.54 | 6.55 | 7.55 | 8.54 | 9.26 |
| 辽宁 | 4.34 | 4.79 | 4.82 | 4.92 | 5.00 | 5.22 | 5.12 | 5.96 | 6.16 |
| 吉林 | 3.66 | 5.17 | 5.35 | 5.81 | 5.89 | 5.87 | 5.92 | 6.88 | 7.39 |
| 黑龙江 | 3.79 | 5.39 | 5.49 | 5.87 | 5.95 | 5.90 | 5.22 | 6.22 | 6.31 |
| 上海 | 5.78 | 5.83 | 7.07 | 7.40 | 7.19 | 6.82 | 6.37 | 6.56 | 7.14 |
| 江苏 | 4.22 | 4.68 | 5.14 | 5.99 | 6.79 | 7.06 | 7.00 | 7.16 | 7.11 |
| 浙江 | 5.32 | 5.82 | 5.94 | 6.51 | 6.90 | 6.89 | 7.00 | 7.80 | 8.61 |
| 安徽 | 3.75 | 3.62 | 3.90 | 4.38 | 4.67 | 5.14 | 5.86 | 6.18 | 6.62 |
| 福建 | 5.67 | 6.53 | 7.09 | 7.73 | 8.37 | 8.23 | 7.83 | 7.77 | 7.66 |
| 江西 | 4.28 | 4.82 | 4.97 | 5.02 | 5.04 | 5.25 | 5.06 | 5.71 | 6.37 |
| 山东 | 4.65 | 4.58 | 4.68 | 4.86 | 4.85 | 5.01 | 5.00 | 5.92 | 6.39 |
| 河南 | 3.96 | 4.18 | 4.40 | 4.55 | 4.51 | 4.53 | 4.74 | 5.90 | 6.31 |
| 湖北 | 5.55 | 5.93 | 6.36 | 7.38 | 7.46 | 7.23 | 7.99 | 8.57 | 8.34 |
| 湖南 | 6.26 | 7.35 | 7.70 | 7.45 | 6.82 | 6.46 | 6.45 | 6.77 | 6.88 |
| 广东 | 5.37 | 5.68 | 5.87 | 6.22 | 6.21 | 6.92 | 7.32 | 7.74 | 7.46 |
| 广西 | 5.96 | 5.92 | 6.16 | 6.16 | 6.23 | 6.51 | 6.56 | 6.95 | 7.71 |
| 海南 | 4.22 | 4.90 | 4.91 | 4.87 | 5.64 | 6.59 | 6.77 | 6.95 | 7.24 |
| 重庆 | 5.23 | 4.99 | 5.19 | 5.80 | 6.61 | 8.10 | 8.51 | 8.97 | 9.00 |
| 四川 | 4.65 | 4.58 | 4.63 | 4.55 | 4.58 | 5.32 | 5.37 | 5.94 | 6.31 |
| 贵州 | 2.88 | 2.96 | 3.05 | 3.35 | 3.70 | 4.04 | 4.73 | 6.49 | 7.16 |
| 云南 | 4.95 | 5.54 | 5.56 | 5.50 | 5.54 | 5.88 | 6.17 | 7.12 | 8.31 |
| 西藏 | 5.64 | 6.14 | 6.41 | 7.05 | 7.75 | 7.99 | 9.31 | 11.06 | 13.00 |
| 陕西 | 3.85 | 4.81 | 5.17 | 5.80 | 6.28 | 6.61 | 7.26 | 7.77 | 7.73 |
| 甘肃 | 3.35 | 3.52 | 3.67 | 4.13 | 4.56 | 5.57 | 6.34 | 7.48 | 7.82 |
| 青海 | 5.67 | 4.39 | 4.28 | 4.78 | 4.96 | 5.27 | 5.98 | 7.62 | 8.76 |
| 宁夏 | 3.64 | 3.78 | 3.88 | 4.01 | 4.18 | 4.79 | 5.50 | 6.86 | 7.60 |
| 新疆 | 3.01 | 3.67 | 3.76 | 4.15 | 4.50 | 5.05 | 4.53 | 5.53 | 6.11 |

(续表)

| 年份<br>地区 | 普通小学生均校舍建筑面积（平方米/人） | | | | | | | | |
|---|---|---|---|---|---|---|---|---|---|
| | 2000 | 2003 | 2004 | 2006 | 2008 | 2010 | 2012 | 2014 | 2016 |
| 均值 | 4.67 | 5.14 | 5.38 | 5.76 | 5.87 | 6.20 | 6.42 | 7.17 | 7.57 |
| 极差 | 4.31 | 6.28 | 6.74 | 7.68 | 4.67 | 4.63 | 4.78 | 5.53 | 6.89 |
| 标准差 | 1.00 | 1.21 | 1.33 | 1.46 | 1.19 | 1.13 | 1.20 | 1.15 | 1.32 |
| 变异系数(%) | 21.43 | 23.46 | 24.70 | 25.43 | 20.29 | 18.23 | 18.72 | 16.00 | 17.48 |

数据来源：根据历年《中国教育统计年鉴》经计算获得。

从危房率的指标来看（见表3.18），2003—2016年，全国各地小学危房率总体是下降的，2016年，上海、北京、天津、江苏、浙江、内蒙古等地危房率为零。但地区间危房率的差距却不断扩大，2003年，云南省的危房比例高达18.79%，最低的是上海，其危房率为0。小学危房的两极分化现象严重，当年省际小学危房率的变异系数高达74.93%。到了2016年，小学校舍危房率最高的是甘肃，危房率为11.92%，同时，危房率的变异系数上升到272.20%，增长速度令人惊讶，省际小学危房率的差距进一步扩大，地区间基础教育的办学质量差距较大。

表3.18 地方小学危房率的地区

| 年份<br>地区 | 普通小学危房率(%) | | | | | | | | |
|---|---|---|---|---|---|---|---|---|---|
| | 2000 | 2003 | 2004 | 2006 | 2008 | 2010 | 2012 | 2014 | 2016 |
| 全国 | — | 6.68 | 5.59 | 4.97 | 4.36 | 14.14 | 6.82 | 3.14 | 1.18 |
| 北京 | — | 0.25 | 0.20 | 0.12 | 0.10 | 0.08 | 0.00 | 0.01 | 0.00 |
| 天津 | — | 0.34 | 0.17 | 0.11 | 0.07 | 0.14 | 0.29 | 0.00 | 0.00 |
| 河北 | — | 3.23 | 2.80 | 1.44 | 5.78 | 17.00 | 2.53 | 0.13 | 0.02 |
| 山西 | — | 4.03 | 3.79 | 2.98 | 7.80 | 3.35 | 1.21 | 0.75 | 0.38 |
| 内蒙古 | — | 16.19 | 9.79 | 3.59 | 3.45 | 29.45 | 3.47 | 0.00 | 0.00 |
| 辽宁 | — | 2.38 | 2.49 | 1.55 | 1.17 | 5.09 | 3.17 | 1.19 | 0.47 |
| 吉林 | — | 9.57 | 7.04 | 7.73 | 8.49 | 17.22 | 0.00 | 0.96 | 0.00 |
| 黑龙江 | — | 7.29 | 5.94 | 2.68 | 1.69 | 15.22 | 7.37 | 2.78 | 1.31 |
| 上海 | — | 0.00 | 0.00 | 0.00 | 0.00 | 0.00 | 0.00 | 0.00 | 0.00 |
| 江苏 | — | 0.05 | 0.01 | 0.00 | 0.00 | 0.00 | 0.00 | 0.00 | 0.00 |
| 浙江 | — | 0.31 | 0.21 | 0.14 | 0.13 | 0.46 | 0.00 | 0.00 | 0.00 |

(续表)

| 年份<br>地区 | 普通小学危房率(%) | | | | | | | | |
|---|---|---|---|---|---|---|---|---|---|
| | 2000 | 2003 | 2004 | 2006 | 2008 | 2010 | 2012 | 2014 | 2016 |
| 安徽 | — | 16.29 | 12.14 | 6.82 | 5.65 | 11.63 | 2.21 | 0.56 | 0.29 |
| 福建 | — | 3.07 | 1.90 | 1.59 | 0.58 | 4.66 | 1.04 | 0.63 | 0.62 |
| 江西 | — | 5.98 | 3.77 | 3.25 | 2.65 | 29.62 | 17.97 | 9.09 | 2.28 |
| 山东 | — | 4.25 | 2.39 | 2.03 | 1.47 | 3.56 | 1.32 | 0.12 | 0.04 |
| 河南 | — | 7.72 | 5.91 | 5.22 | 3.49 | 13.95 | 5.55 | 2.24 | 0.26 |
| 湖北 | — | 4.72 | 5.47 | 5.53 | 4.21 | 23.34 | 9.32 | 1.89 | 0.82 |
| 湖南 | — | 5.71 | 5.62 | 2.84 | 1.88 | 15.59 | 7.35 | 3.48 | 1.26 |
| 广东 | — | 3.89 | 3.07 | 7.77 | 0.28 | 1.99 | 0.76 | 0.11 | 0.03 |
| 广西 | — | 9.46 | 8.62 | 8.35 | 4.66 | 23.28 | 14.26 | 9.29 | 3.60 |
| 海南 | — | 5.80 | 6.91 | 2.14 | 4.68 | 7.85 | 4.56 | 2.55 | 1.16 |
| 重庆 | — | 9.35 | 6.39 | 1.94 | 2.97 | 13.77 | 6.04 | 2.23 | 0.61 |
| 四川 | — | 6.66 | 7.15 | 4.79 | 12.39 | 16.85 | 6.24 | 2.10 | 0.47 |
| 贵州 | — | 4.10 | 2.63 | 1.93 | 0.06 | 0.69 | 0.51 | 0.05 | 0.00 |
| 云南 | — | 18.79 | 17.64 | 19.29 | 20.79 | 54.91 | 40.62 | 23.44 | 9.56 |
| 西藏 | — | 5.24 | 3.41 | 1.67 | 1.72 | 3.50 | 0.21 | 2.02 | 0.41 |
| 陕西 | — | 11.18 | 7.94 | 7.75 | 4.45 | 5.71 | 2.45 | 0.87 | 0.34 |
| 甘肃 | — | 16.50 | 15.68 | 12.89 | 20.44 | 71.64 | 49.99 | 25.49 | 11.92 |
| 青海 | — | 7.30 | 7.45 | 9.01 | 7.27 | 32.89 | 5.01 | 1.85 | 0.05 |
| 宁夏 | — | 6.76 | 5.81 | 5.88 | 1.38 | 4.19 | 1.85 | 0.31 | 0.04 |
| 新疆 | — | 10.50 | 10.19 | 5.86 | 3.62 | 2.74 | 2.35 | 1.12 | 0.14 |
| 均值 | — | 6.67 | 5.57 | 4.42 | 4.30 | 13.88 | 6.30 | 3.07 | 1.16 |
| 极差 | — | 18.79 | 17.64 | 19.29 | 20.79 | 71.64 | 49.99 | 25.49 | 11.92 |
| 标准差 | — | 5.00 | 4.29 | 4.15 | 5.18 | 16.22 | 11.13 | 6.05 | 2.64 |
| 变异系数(%) | — | 74.93 | 77.15 | 94.05 | 120.37 | 116.84 | 176.75 | 196.73 | 272.20 |

数据来源:根据历年《中国教育统计年鉴》经计算获得。—表示未获得。

从各地区小学生均图书藏量的指标来看(见表3.19),2003—2016年,全国各地小学生均图书藏量不断上升,两极分化现象不断好转,省际小学生均图书藏量的变异系数不断下降,由2003年的52.33%下降为2016年的24.50%,地区间的差距有所缩小,但差距仍然显著。

表 3.19 地方小学生均图书藏量的地区比较

| 年份<br>地区 | 普通小学生均图书藏量(册/人) | | | | | | | | |
|---|---|---|---|---|---|---|---|---|---|
| | 2000 | 2003 | 2004 | 2006 | 2008 | 2010 | 2012 | 2014 | 2016 |
| 全国 | — | 12.07 | 12.64 | 13.84 | 14.31 | 15.16 | 17.12 | 19.71 | 21.53 |
| 北京 | — | 42.02 | 42.77 | 43.62 | 33.05 | 36.73 | 35.62 | 32.56 | 31.80 |
| 天津 | — | 15.08 | 15.54 | 16.53 | 17.56 | 21.02 | 28.53 | 31.30 | 31.19 |
| 河北 | — | 17.92 | 19.85 | 22.94 | 22.39 | 21.12 | 21.41 | 23.39 | 25.08 |
| 山西 | — | 11.04 | 11.26 | 13.33 | 13.96 | 14.87 | 16.05 | 19.37 | 20.22 |
| 内蒙古 | — | 12.18 | 12.70 | 13.68 | 14.23 | 15.34 | 17.18 | 18.06 | 19.01 |
| 辽宁 | — | 14.83 | 14.73 | 15.35 | 17.05 | 17.88 | 19.17 | 23.66 | 27.22 |
| 吉林 | — | 16.84 | 17.40 | 19.38 | 18.45 | 16.80 | 16.33 | 21.84 | 27.90 |
| 黑龙江 | — | 12.24 | 12.31 | 13.65 | 13.24 | 11.96 | 11.10 | 13.19 | 15.52 |
| 上海 | — | 24.03 | 28.02 | 27.72 | 26.37 | 24.89 | 28.14 | 29.35 | 32.76 |
| 江苏 | — | 15.45 | 16.69 | 18.78 | 20.31 | 21.49 | 21.98 | 22.02 | 23.26 |
| 浙江 | — | 16.61 | 17.09 | 19.03 | 20.84 | 22.58 | 24.73 | 25.89 | 27.84 |
| 安徽 | — | 9.18 | 9.73 | 10.99 | 11.10 | 11.85 | 16.64 | 18.02 | 17.51 |
| 福建 | — | 15.80 | 16.98 | 17.94 | 19.19 | 20.83 | 23.00 | 23.64 | 24.62 |
| 江西 | — | 8.43 | 8.80 | 9.61 | 10.50 | 10.96 | 10.69 | 12.01 | 14.82 |
| 山东 | — | 11.27 | 11.81 | 12.95 | 13.32 | 14.45 | 18.02 | 24.14 | 26.57 |
| 河南 | — | 13.25 | 13.82 | 14.20 | 13.08 | 12.79 | 13.39 | 15.78 | 17.31 |
| 湖北 | — | 12.06 | 12.87 | 15.07 | 14.50 | 13.17 | 20.55 | 26.25 | 26.51 |
| 湖南 | — | 16.28 | 17.36 | 18.10 | 16.33 | 15.70 | 16.19 | 17.67 | 19.09 |
| 广东 | — | 14.43 | 15.05 | 16.52 | 17.23 | 19.11 | 21.11 | 21.55 | 21.70 |
| 广西 | — | 9.34 | 9.80 | 10.88 | 11.30 | 11.50 | 12.25 | 13.85 | 21.11 |
| 海南 | — | 9.51 | 9.80 | 9.59 | 11.20 | 12.71 | 14.85 | 15.83 | 16.06 |
| 重庆 | — | 7.94 | 8.31 | 10.36 | 11.58 | 12.41 | 12.84 | 12.79 | 15.14 |
| 四川 | — | 7.33 | 7.58 | 7.93 | 8.61 | 11.04 | 13.86 | 15.83 | 15.59 |
| 贵州 | — | 4.60 | 5.12 | 6.50 | 8.64 | 10.11 | 12.99 | 18.93 | 22.05 |
| 云南 | — | 8.79 | 8.95 | 8.91 | 9.42 | 11.30 | 13.18 | 17.57 | 21.66 |
| 西藏 | — | 5.70 | 7.50 | 10.81 | 13.15 | 13.95 | 15.87 | 15.80 | 16.31 |
| 陕西 | — | 12.81 | 14.13 | 16.88 | 19.64 | 20.93 | 23.88 | 28.62 | 31.24 |
| 甘肃 | — | 7.37 | 7.72 | 9.58 | 10.86 | 12.46 | 16.61 | 19.49 | 20.12 |
| 青海 | — | 8.13 | 8.42 | 9.45 | 10.10 | 12.36 | 15.65 | 20.09 | 23.37 |

*(续表)*

| 年份<br>地区 | 普通小学生均图书藏量(册/人) | | | | | | | | |
|---|---|---|---|---|---|---|---|---|---|
| | 2000 | 2003 | 2004 | 2006 | 2008 | 2010 | 2012 | 2014 | 2016 |
| 宁夏 | — | 10.45 | 10.26 | 11.22 | 12.71 | 14.36 | 16.11 | 17.95 | 20.18 |
| 新疆 | — | 8.01 | 8.06 | 9.45 | 9.86 | 12.47 | 11.92 | 13.92 | 14.46 |
| 均值 | — | 12.87 | 13.56 | 14.87 | 15.18 | 16.10 | 18.06 | 20.33 | 22.17 |
| 极差 | — | 37.42 | 37.65 | 37.12 | 24.44 | 26.62 | 24.93 | 20.55 | 18.30 |
| 标准差 | — | 6.73 | 7.06 | 7.02 | 5.45 | 5.53 | 5.67 | 5.43 | 5.43 |
| 变异系数(%) | — | 52.33 | 52.04 | 47.18 | 35.92 | 34.32 | 31.39 | 26.72 | 24.50 |

数据来源:根据历年《中国教育统计年鉴》经计算获得。—表示未获得。

### 2. 普通初中教育

从各地方普通初中的生师比指标来看,2000—2016 年,全国初中生师比呈现不断下滑的趋势,由 2000 年的 18.99 下降到 2016 年的 12.41,这说明我国普通初中教师数量在不断增加,教学资源在不断丰富。极差也从 2000 年的 10.98 下降到 2016 年的 8.08,师资数量的两极分化现象有所缓解。地方普通初中生师比的变异系数虽然有所起伏,但总体上来说是呈不断上升的态势,由 2000 年的 14.16% 上升到 2016 年的 15.91%(见表 3.20),地区间初中教育资源的差距进一步扩大。

**表 3.20 地方普通初中生师比的地区差距**

| 年份<br>地区 | 生师比 | | | | | | | | |
|---|---|---|---|---|---|---|---|---|---|
| | 2000 | 2002 | 2004 | 2006 | 2008 | 2010 | 2012 | 2014 | 2016 |
| 全国 | 18.99 | 19.25 | 18.62 | 17.14 | 16.07 | 14.97 | 13.59 | 12.57 | 12.41 |
| 北京 | 14.22 | 14.21 | 11.91 | 9.62 | 10.83 | 10.24 | 9.83 | 9.44 | 8.02 |
| 天津 | 14.79 | 15.01 | 14.16 | 12.66 | 11.54 | 10.56 | 9.85 | 10.21 | 9.63 |
| 河北 | 19.61 | 19.36 | 18.13 | 16.12 | 14.16 | 12.45 | 12.95 | 13.45 | 13.59 |
| 山西 | 15.79 | 16.41 | 16.55 | 15.77 | 14.81 | 14.37 | 12.71 | 10.52 | 9.92 |
| 内蒙古 | 16.61 | 16.94 | 16.16 | 14.95 | 13.44 | 12.73 | 12.01 | 11.02 | 10.73 |
| 辽宁 | 15.39 | 16.80 | 15.37 | 14.50 | 14.18 | 12.64 | 11.22 | 10.68 | 9.89 |
| 吉林 | 16.14 | 17.04 | 16.23 | 14.24 | 13.57 | 12.19 | 10.41 | 9.30 | 9.34 |
| 黑龙江 | 17.95 | 17.55 | 15.95 | 14.61 | 13.45 | 12.73 | 12.04 | 9.60 | 9.99 |
| 上海 | 15.46 | 14.82 | 15.34 | 13.20 | 12.84 | 12.51 | 12.29 | 11.49 | 10.85 |

(续表)

| 年份<br>地区 | 生师比 | | | | | | | | |
|---|---|---|---|---|---|---|---|---|---|
| | 2000 | 2002 | 2004 | 2006 | 2008 | 2010 | 2012 | 2014 | 2016 |
| 江苏 | 18.19 | 19.84 | 19.41 | 16.75 | 14.83 | 12.50 | 10.81 | 10.60 | 11.04 |
| 浙江 | 18.46 | 18.34 | 16.43 | 15.51 | 15.73 | 13.87 | 12.56 | 12.59 | 12.34 |
| 安徽 | 23.58 | 23.77 | 24.52 | 22.35 | 19.81 | 17.10 | 13.23 | 12.40 | 12.79 |
| 福建 | 20.13 | 19.05 | 18.72 | 16.76 | 15.32 | 12.84 | 11.59 | 11.49 | 11.69 |
| 江西 | 19.32 | 19.52 | 18.70 | 15.82 | 15.41 | 16.61 | 15.85 | 14.42 | 15.08 |
| 山东 | 19.90 | 18.74 | 15.87 | 13.85 | 13.07 | 13.37 | 12.54 | 11.87 | 11.79 |
| 河南 | 21.42 | 20.94 | 20.40 | 19.00 | 17.53 | 16.97 | 16.07 | 14.09 | 14.52 |
| 湖北 | 18.19 | 19.66 | 19.61 | 17.97 | 15.96 | 13.91 | 11.16 | 10.30 | 10.95 |
| 湖南 | 17.88 | 18.88 | 17.77 | 13.54 | 12.35 | 12.45 | 12.33 | 12.97 | 13.29 |
| 广东 | 21.02 | 21.03 | 21.04 | 20.78 | 20.13 | 18.77 | 16.18 | 13.53 | 12.61 |
| 广西 | 23.08 | 21.51 | 20.79 | 19.69 | 18.04 | 16.88 | 16.74 | 16.56 | 16.10 |
| 海南 | 19.53 | 20.07 | 21.08 | 21.56 | 19.24 | 16.82 | 14.54 | 13.33 | 12.51 |
| 重庆 | 18.57 | 17.88 | 18.46 | 18.78 | 18.22 | 16.63 | 14.29 | 12.94 | 12.82 |
| 四川 | 18.65 | 19.43 | 19.34 | 18.97 | 18.58 | 16.80 | 14.92 | 12.86 | 12.34 |
| 贵州 | 19.87 | 22.28 | 22.01 | 20.29 | 19.56 | 19.52 | 18.31 | 17.29 | 14.88 |
| 云南 | 18.00 | 19.03 | 19.38 | 18.21 | 18.13 | 17.31 | 16.18 | 15.49 | 14.81 |
| 西藏 | 12.60 | 16.67 | 19.23 | 19.45 | 17.15 | 15.66 | 14.50 | 13.08 | 11.96 |
| 陕西 | 19.40 | 19.82 | 19.32 | 18.32 | 16.61 | 14.10 | 11.68 | 10.40 | 10.31 |
| 甘肃 | 18.43 | 19.65 | 19.90 | 19.51 | 17.88 | 16.64 | 13.99 | 11.44 | 10.64 |
| 青海 | 14.27 | 15.50 | 16.54 | 16.30 | 15.15 | 15.32 | 14.06 | 13.81 | 12.86 |
| 宁夏 | 15.72 | 17.01 | 17.56 | 18.38 | 17.68 | 16.47 | 15.11 | 14.59 | 13.92 |
| 新疆 | 15.62 | 16.24 | 16.19 | 14.60 | 13.31 | 11.98 | 10.98 | 10.47 | 10.54 |
| 均值 | 17.99 | 18.48 | 18.13 | 16.84 | 15.76 | 14.61 | 13.26 | 12.33 | 11.99 |
| 极差 | 10.98 | 9.56 | 12.61 | 12.73 | 9.30 | 9.28 | 8.48 | 7.99 | 8.08 |
| 标准差 | 2.55 | 2.22 | 2.53 | 2.87 | 2.54 | 2.38 | 2.15 | 2.02 | 1.91 |
| 变异系数(%) | 14.16 | 12.00 | 13.94 | 17.07 | 16.09 | 16.31 | 16.24 | 16.39 | 15.91 |

数据来源：根据历年《中国教育统计年鉴》经计算获得。

从各地方生均校舍建筑面积的指标情况来看，2003—2016年，全国初中生均校舍建筑面积不断增长，办学条件逐步改善，但省际也存在着明显的差距，极差由2003年的6.24平方米上升到2016的9.04平方米,同时,变异系数2003年为27.20%。到了2016年下降为17.55%(见表3.21),因此,可以基本判断,省际普通初中生均校舍建筑面积的差距依然维持在一个较高的水平,但总体来说是差距逐步缩小的态势。

表3.21 地方普通初中生均校舍建筑面积

| 年份<br>地区 | 普通初中生均校舍建筑面积(平方米/人) | | | | | | | | |
|---|---|---|---|---|---|---|---|---|---|
| | 2000 | 2003 | 2004 | 2006 | 2008 | 2010 | 2012 | 2014 | 2016 |
| 全国 | — | 5.06 | 5.41 | 6.39 | 7.22 | 8.21 | 9.99 | 11.99 | 13.36 |
| 北京 | — | 5.83 | 7.00 | 9.64 | 9.05 | 10.45 | 11.03 | 12.22 | 15.12 |
| 天津 | — | 4.33 | 4.85 | 5.74 | 6.68 | 7.48 | 8.96 | 9.54 | 10.56 |
| 河北 | — | 4.37 | 4.81 | 5.85 | 7.26 | 8.79 | 9.61 | 10.31 | 10.77 |
| 山西 | — | 4.72 | 4.99 | 5.99 | 6.93 | 7.55 | 9.32 | 11.93 | 14.10 |
| 内蒙古 | — | 4.57 | 5.02 | 5.96 | 7.09 | 8.60 | 10.87 | 13.27 | 15.72 |
| 辽宁 | — | 4.90 | 5.33 | 6.78 | 7.72 | 9.61 | 11.22 | 12.63 | 14.52 |
| 吉林 | — | 4.28 | 4.65 | 5.67 | 6.53 | 7.56 | 10.04 | 12.11 | 13.38 |
| 黑龙江 | — | 4.25 | 4.66 | 5.56 | 6.54 | 7.26 | 8.26 | 11.12 | 11.71 |
| 上海 | — | 9.41 | 8.72 | 10.72 | 12.36 | 13.36 | 14.47 | 15.51 | 17.56 |
| 江苏 | — | 5.10 | 5.54 | 7.11 | 9.20 | 11.95 | 15.26 | 17.53 | 17.80 |
| 浙江 | — | 8.14 | 9.33 | 10.65 | 10.92 | 12.93 | 15.55 | 16.92 | 19.11 |
| 安徽 | — | 3.64 | 3.75 | 4.41 | 5.32 | 6.32 | 9.38 | 11.66 | 13.32 |
| 福建 | — | 4.71 | 4.95 | 5.81 | 6.67 | 7.96 | 9.69 | 10.37 | 10.75 |
| 江西 | — | 4.97 | 5.43 | 7.10 | 7.70 | 7.58 | 8.48 | 10.19 | 11.06 |
| 山东 | — | 5.64 | 6.39 | 8.16 | 9.39 | 9.44 | 10.43 | 12.77 | 14.00 |
| 河南 | — | 4.90 | 5.16 | 5.90 | 6.72 | 7.09 | 8.21 | 10.64 | 11.30 |
| 湖北 | — | 6.36 | 6.56 | 7.50 | 8.63 | 10.37 | 14.68 | 16.95 | 17.22 |
| 湖南 | — | 5.65 | 6.22 | 9.19 | 10.79 | 11.43 | 12.96 | 13.24 | 14.03 |
| 广东 | — | 6.00 | 6.27 | 6.85 | 7.04 | 7.49 | 9.36 | 12.77 | 15.11 |
| 广西 | — | 6.18 | 6.44 | 7.18 | 7.84 | 8.68 | 9.19 | 9.97 | 11.47 |
| 海南 | — | 4.54 | 4.68 | 5.21 | 5.64 | 7.08 | 9.34 | 11.24 | 12.69 |
| 重庆 | — | 5.40 | 5.61 | 5.80 | 5.83 | 7.07 | 9.51 | 10.97 | 11.41 |
| 四川 | — | 4.67 | 4.92 | 5.54 | 5.61 | 7.31 | 9.52 | 11.96 | 13.57 |
| 贵州 | — | 3.20 | 3.48 | 4.51 | 5.13 | 5.25 | 6.26 | 8.42 | 11.21 |
| 云南 | — | 5.46 | 5.56 | 6.09 | 6.14 | 6.78 | 7.74 | 8.86 | 10.07 |

(续表)

| 年份<br>地区 | 普通初中生均校舍建筑面积(平方米/人) | | | | | | | | |
|---|---|---|---|---|---|---|---|---|---|
| | 2000 | 2003 | 2004 | 2006 | 2008 | 2010 | 2012 | 2014 | 2016 |
| 西藏 | — | 7.70 | 9.23 | 6.97 | 11.22 | 12.59 | 13.97 | 16.03 | 17.39 |
| 陕西 | — | 4.00 | 4.21 | 4.82 | 5.67 | 7.49 | 10.16 | 12.43 | 13.90 |
| 甘肃 | — | 3.17 | 3.26 | 3.57 | 4.08 | 5.32 | 7.41 | 10.10 | 12.72 |
| 青海 | — | 3.58 | 3.79 | 4.44 | 5.12 | 6.86 | 10.77 | 13.05 | 15.51 |
| 宁夏 | — | 4.14 | 4.40 | 5.25 | 6.14 | 7.43 | 9.17 | 10.88 | 12.11 |
| 新疆 | — | 3.66 | 3.83 | 4.40 | 5.46 | 6.77 | 9.84 | 12.01 | 14.71 |
| 均值 | — | 5.08 | 5.45 | 6.40 | 7.30 | 8.44 | 10.33 | 12.17 | 13.67 |
| 极差 | — | 6.24 | 6.07 | 7.15 | 8.28 | 8.11 | 9.29 | 9.11 | 9.04 |
| 标准差 | — | 1.38 | 1.50 | 1.74 | 1.99 | 2.13 | 2.30 | 2.30 | 2.40 |
| 变异系数 | — | 27.20 | 27.58 | 27.26 | 27.23 | 25.19 | 22.30 | 18.88 | 17.55 |

数据来源:根据历年《中国教育统计年鉴》经计算获得。—表示未获得。

学校的办学水平不仅要看其拥有的校舍数量,更要看它的质量,从危房率来看,省际普通初中危房率的差距非常大,且呈现出扩大的趋势,情况令人担忧。2003年,省际间普通初中危房率的变异系数高达72.16%,2016年的变异系数则进一步扩大到228.50%(见表3.22),省际普通初中危房率的差距进一步扩大。

表3.22 地方普通初中危房率的地区差距

| 年份<br>地区 | 危房率(%) | | | | | | | | |
|---|---|---|---|---|---|---|---|---|---|
| | 2000 | 2003 | 2004 | 2006 | 2008 | 2010 | 2012 | 2014 | 2016 |
| 全国 | — | 4.67 | 3.73 | 3.24 | 3.27 | 10.33 | 4.80 | 2.20 | 0.95 |
| 北京 | — | 0.24 | 0.18 | 0.12 | 0.21 | 0.30 | 0.09 | 0.00 | 0.00 |
| 天津 | — | 0.11 | 0.23 | 0.03 | 0.07 | 0.97 | 0.57 | 0.00 | 0.00 |
| 河北 | — | 2.25 | 1.83 | 1.04 | 4.59 | 12.18 | 2.10 | 0.06 | 0.02 |
| 山西 | — | 4.22 | 3.76 | 2.87 | 8.19 | 2.81 | 0.69 | 0.53 | 0.30 |
| 内蒙古 | — | 14.46 | 8.12 | 3.19 | 3.17 | 24.62 | 2.15 | 0.00 | 0.00 |
| 辽宁 | — | 2.15 | 2.51 | 1.82 | 1.02 | 2.60 | 1.36 | 0.62 | 0.26 |
| 吉林 | — | 9.08 | 6.26 | 6.16 | 6.10 | 13.94 | 0.00 | 0.22 | 0.00 |
| 黑龙江 | — | 5.24 | 4.64 | 2.05 | 1.46 | 12.13 | 5.75 | 2.07 | 1.11 |

(续表)

| 年份<br>地区 | 危房率(%) | | | | | | | | |
|---|---|---|---|---|---|---|---|---|---|
| | 2000 | 2003 | 2004 | 2006 | 2008 | 2010 | 2012 | 2014 | 2016 |
| 上海 | — | 0.00 | 0.00 | 0.00 | 0.00 | 0.00 | 0.00 | 0.00 | 0.00 |
| 江苏 | — | 0.04 | 0.02 | 0.02 | 0.00 | 0.00 | 0.00 | 0.00 | 0.00 |
| 浙江 | — | 0.14 | 0.13 | 0.08 | 0.13 | 0.32 | 0.00 | 0.00 | 0.00 |
| 安徽 | — | 11.61 | 9.32 | 5.62 | 4.99 | 10.37 | 2.31 | 0.62 | 0.20 |
| 福建 | — | 2.34 | 1.74 | 1.37 | 0.51 | 4.13 | 1.10 | 0.40 | 0.54 |
| 江西 | — | 5.90 | 4.22 | 3.42 | 2.94 | 23.58 | 13.65 | 6.95 | 2.39 |
| 山东 | — | 3.38 | 1.63 | 1.23 | 1.34 | 2.99 | 1.32 | 0.14 | 0.06 |
| 河南 | — | 4.98 | 3.73 | 3.47 | 2.53 | 10.74 | 4.30 | 1.41 | 0.28 |
| 湖北 | — | 3.95 | 3.90 | 3.88 | 2.82 | 16.75 | 6.57 | 1.29 | 0.66 |
| 湖南 | — | 5.43 | 5.13 | 2.55 | 1.48 | 12.51 | 5.76 | 2.85 | 0.84 |
| 广东 | — | 2.51 | 2.01 | 5.40 | 0.30 | 1.70 | 0.54 | 0.11 | 0.06 |
| 广西 | — | 5.95 | 5.59 | 6.45 | 3.50 | 19.13 | 14.16 | 8.81 | 2.87 |
| 海南 | — | 4.83 | 4.98 | 1.58 | 2.92 | 6.68 | 2.88 | 1.67 | 2.38 |
| 重庆 | — | 5.95 | 3.88 | 1.19 | 2.88 | 13.01 | 6.38 | 2.84 | 0.79 |
| 四川 | — | 5.25 | 4.88 | 3.19 | 12.81 | 12.97 | 5.16 | 1.98 | 0.43 |
| 贵州 | — | 2.87 | 1.58 | 0.94 | 0.04 | 0.40 | 0.22 | 0.08 | 0.00 |
| 云南 | — | 10.76 | 9.34 | 10.69 | 12.55 | 45.94 | 31.65 | 19.19 | 10.10 |
| 西藏 | — | 6.10 | 2.29 | 0.39 | 0.25 | 0.48 | 0.02 | 0.26 | 0.16 |
| 陕西 | — | 8.50 | 5.11 | 6.40 | 4.27 | 4.78 | 1.74 | 0.71 | 0.14 |
| 甘肃 | — | 13.44 | 12.83 | 10.30 | 17.17 | 60.57 | 36.56 | 18.53 | 10.27 |
| 青海 | — | 10.09 | 10.33 | 7.99 | 6.73 | 19.74 | 1.46 | 0.33 | 0.03 |
| 宁夏 | — | 10.04 | 6.26 | 4.42 | 1.18 | 1.75 | 0.78 | 0.05 | 0.00 |
| 新疆 | — | 10.11 | 9.12 | 5.38 | 3.39 | 1.74 | 0.57 | 0.34 | 0.03 |
| 均值 | — | 5.55 | 4.37 | 3.33 | 3.53 | 10.96 | 4.83 | 2.32 | 1.09 |
| 极差 | — | 14.46 | 12.83 | 10.69 | 17.17 | 60.57 | 36.56 | 19.19 | 10.27 |
| 标准差 | — | 4.00 | 3.30 | 2.90 | 4.12 | 13.41 | 8.48 | 4.76 | 2.50 |
| 变异系数(%) | — | 72.16 | 75.44 | 87.12 | 116.55 | 122.36 | 175.50 | 204.86 | 228.50 |

数据来源:根据历年《中国教育统计年鉴》经计算获得。—表示未获得。

从普通初中生均图书藏量的指标来看(见表3.23),2003—2016年,全国以及各省市普通初中生均图书藏量都呈不断增加的态势,但是极差值有所扩大,由

2003年的21.76册扩大到2016年的42.11册,两极分化情况有所加重。2003年,省际普通初中生均图书藏量的变异系数为41.23%,2016年,则下降至25.77%,地区间的总体差距出现不断缩小的趋势。

表3.23 各地方普通初中生均图书藏量

| 年份<br>地区 | 生均图书藏量(册/人) | | | | | | | | |
|---|---|---|---|---|---|---|---|---|---|
| | 2000 | 2003 | 2004 | 2006 | 2008 | 2010 | 2012 | 2014 | 2016 |
| 全国 | — | 12.40 | 13.14 | 15.07 | 16.85 | 18.71 | 24.70 | 30.19 | 34.37 |
| 北京 | — | 21.84 | 24.63 | 30.18 | 25.97 | 30.13 | 30.47 | 30.95 | 36.80 |
| 天津 | — | 13.05 | 13.04 | 15.27 | 17.83 | 21.68 | 32.14 | 35.27 | 39.33 |
| 河北 | — | 19.55 | 21.38 | 25.21 | 28.22 | 29.57 | 32.00 | 34.44 | 37.85 |
| 山西 | — | 12.22 | 12.46 | 14.26 | 16.00 | 15.82 | 19.86 | 26.90 | 30.62 |
| 内蒙古 | — | 11.50 | 12.51 | 14.66 | 18.51 | 18.98 | 22.32 | 25.58 | 31.08 |
| 辽宁 | — | 11.73 | 13.15 | 17.29 | 21.99 | 27.54 | 33.89 | 39.55 | 50.75 |
| 吉林 | — | 13.27 | 13.73 | 15.85 | 16.47 | 18.06 | 22.26 | 33.44 | 43.69 |
| 黑龙江 | — | 9.74 | 10.46 | 12.19 | 12.96 | 13.25 | 15.85 | 21.44 | 27.73 |
| 上海 | — | 27.79 | 25.28 | 30.75 | 35.16 | 37.01 | 49.85 | 55.24 | 60.76 |
| 江苏 | — | 13.28 | 13.81 | 16.78 | 21.08 | 27.57 | 37.11 | 41.59 | 43.37 |
| 浙江 | — | 19.68 | 22.16 | 24.06 | 25.29 | 30.61 | 38.73 | 42.20 | 47.40 |
| 安徽 | — | 9.89 | 9.81 | 11.40 | 12.27 | 13.29 | 24.00 | 27.90 | 29.15 |
| 福建 | — | 9.45 | 9.99 | 12.31 | 14.53 | 19.30 | 23.60 | 24.14 | 25.53 |
| 江西 | — | 9.12 | 10.15 | 12.50 | 14.41 | 15.24 | 17.66 | 20.79 | 24.64 |
| 山东 | — | 13.39 | 15.00 | 18.57 | 20.34 | 21.12 | 28.40 | 39.22 | 43.13 |
| 河南 | — | 15.40 | 15.76 | 16.56 | 18.26 | 18.57 | 21.20 | 24.06 | 26.47 |
| 湖北 | — | 12.22 | 12.58 | 13.56 | 14.91 | 17.05 | 31.34 | 41.70 | 42.95 |
| 湖南 | — | 13.76 | 15.41 | 22.54 | 26.13 | 26.96 | 30.48 | 29.98 | 30.90 |
| 广东 | — | 14.96 | 15.57 | 16.78 | 16.98 | 17.56 | 23.57 | 31.97 | 37.40 |
| 广西 | — | 9.51 | 10.34 | 12.03 | 13.95 | 15.49 | 16.63 | 20.46 | 30.06 |
| 海南 | — | 8.17 | 8.68 | 9.46 | 10.55 | 13.53 | 18.17 | 23.57 | 26.03 |
| 重庆 | — | 6.91 | 6.95 | 7.22 | 7.72 | 8.99 | 12.70 | 14.38 | 18.65 |
| 四川 | — | 7.33 | 7.66 | 8.29 | 8.78 | 12.55 | 23.34 | 30.44 | 32.28 |
| 贵州 | — | 6.77 | 8.27 | 11.21 | 15.38 | 15.66 | 20.04 | 26.88 | 34.47 |
| 云南 | — | 8.50 | 8.67 | 9.24 | 9.82 | 12.37 | 15.20 | 20.28 | 25.76 |
| 西藏 | — | 6.03 | 8.52 | 8.00 | 14.86 | 16.78 | 19.79 | 21.69 | 24.52 |

(续表)

| 年份<br>地区 | 生均图书藏量(册/人) | | | | | | | | |
|---|---|---|---|---|---|---|---|---|---|
| | 2000 | 2003 | 2004 | 2006 | 2008 | 2010 | 2012 | 2014 | 2016 |
| 陕西 | — | 11.29 | 12.44 | 14.26 | 17.96 | 22.43 | 31.26 | 39.46 | 44.28 |
| 甘肃 | — | 7.55 | 7.70 | 8.32 | 9.30 | 10.83 | 20.64 | 28.06 | 32.73 |
| 青海 | — | 6.63 | 7.18 | 7.98 | 10.04 | 15.79 | 24.90 | 34.69 | 42.08 |
| 宁夏 | — | 8.91 | 9.80 | 11.23 | 14.89 | 15.80 | 20.42 | 25.34 | 30.76 |
| 新疆 | — | 7.52 | 7.64 | 9.13 | 12.27 | 16.66 | 24.13 | 28.67 | 33.62 |
| 均值 | — | 11.84 | 12.60 | 14.74 | 16.87 | 19.23 | 25.22 | 30.33 | 33.99 |
| 极差 | — | 21.76 | 18.33 | 23.53 | 27.44 | 28.02 | 37.15 | 40.86 | 42.11 |
| 标准差 | — | 4.88 | 4.91 | 6.14 | 6.22 | 6.62 | 7.91 | 8.51 | 9.01 |
| 变异系数(%) | — | 41.23 | 38.98 | 41.65 | 36.90 | 34.44 | 31.35 | 28.05 | 25.77 |

数据来源:根据历年《中国教育统计年鉴》经计算获得。—表示未获得。

## 第三节 县级基本公共卫生服务供给的统计分析

保障公民健康是任何一个国家政府的基本职责,健康权也是人类的基本权利,实现公民健康权的基本条件就是政府提供一个公平、均等化的公共卫生服务体系,每个公民无论是何种身份都能够享受政府提供的数量相当、质量相近、可及性大体相同的基本公共服务。世界银行《1993年世界发展报告》中首次提出,政府应该实施公共卫生一揽子措施,包括传染病、艾滋病、环境污染、车祸等。

在中国,2009年,中共中央、国务院发布《关于深化医药卫生体制改革的意见》,提出促进基本公共卫生服务均等化是2009—2011年政府要重点抓好的五项改革之一。随后又颁布了《国务院关于印发医药卫生体制改革近期重点实施方案(2009—2011年)的通知》《关于促进基本公共卫生服务逐步均等化的意见》等一系列文件,明确了基本公共卫生的工作目标、主要任务以及保障措施,并制定了国家基本公共卫生服务项目,同时《十二五规划纲要》提出并要求逐步提高人均基本公共卫生经费补助标准,扩大公共卫生服务的项目范围。

基本公共卫生服务是指由疾病预防控制机构、妇幼保健机构、城市社区卫生服务中心、乡镇卫生院等城乡基本医疗卫生机构以儿童、孕产妇、老年人、慢性疾病患者为重点人群,面向全体居民免费提供的最基本的医疗卫生服务。目前,国家基本公共卫生服务项目有 12 项内容。即城乡居民健康档案管理、健康教育、预防接种、0—6 岁儿童健康管理、孕产妇健康管理、老年人健康管理、慢性病患者健康管理(高血压、糖尿病)、重性精神疾病患者管理、结核病患者健康管理、传染病及突发公共卫生事件报告和处理服务、中医药健康管理、卫生监督协管服务。

从中国目前基本公共卫生服务的提供主体来看,主要是基层疾病预防控制机构、妇幼保健机构、城市社区卫生服务中心、乡镇卫生院等城乡基本医疗卫生机构,其中县级政府发挥了主体作用,60%—70%的基本医疗卫生都是县级政府提供的,且主要是提供农村公共卫生服务。本书要考察和评估县级基本公共卫生服务供给状况,但由于县级数据的缺失,本书以相关农村公共卫生数据来替代,这是因为现有农村的卫生数据将包括县及县级市,乡镇卫生院及村卫生室计入农村范畴,这也正是属于县级政府提供的县域公共卫生服务范畴。数据主要来自《中国卫生和计划生育统计年鉴》《中国农村统计年鉴》《中国县域统计年鉴》《中国统计年鉴》。

## 一、县级基本公共卫生服务的投入分析

### (一) 总量分析

为广大居民提供均等化的基本公共卫生服务离不开国家财政的支持,本书主要从国家对公共卫生财政投入的总量以及城乡差距和地区差距来分析。

1. 国家财政投入的总量分析

从表 3.24 可以看出,1990—2016 年我国政府对医疗卫生投入以及卫生总费用的绝对值在不断增加,但政府卫生支出占财政支出比重、卫生总费用占 GDP 比重,以及卫生总费用占 GDP 比重却较低,且在很多年份都是呈现出下滑态势。从公共卫生支出占 GDP 的比重来看,这一指标是衡量一国医疗卫生支出水平的重要指标,它反映了一国政府对人民健康的重视程度以及在发展医疗卫生事业中的作用。1990—2016 年,中国卫生总费用占 GDP 的一直在 4%—6% 徘徊,平均值为 4.66%;政府卫生支出占 GDP 的比重则更低,一直在 1% 左右徘徊。与其他发达国家相比,我国卫生总费用占 GDP 的比重、政府卫生支出占财政支出比重、人均医疗卫生支出较低(见表 3.25),比印度稍高,低于巴西。

表 3.24 卫生支出及其比重

| 年份 | 政府卫生支出(亿元) | 卫生总费用(亿元) | 政府卫生支出占财政支出比重(%) | 政府卫生支出占卫生总费用比重(%) | 政府卫生支出占GDP比重(%) | 卫生总费用占GDP比重(%) |
|---|---|---|---|---|---|---|
| 1990 | 187.28 | 747.39 | 6.07 | 25.06 | 1.00 | 4.00 |
| 1991 | 204.05 | 893.49 | 6.03 | 22.84 | 0.94 | 4.10 |
| 1992 | 228.61 | 1 096.86 | 6.11 | 20.84 | 0.85 | 4.07 |
| 1993 | 272.06 | 1 377.78 | 5.86 | 19.75 | 0.77 | 3.90 |
| 1994 | 342.28 | 1 761.24 | 5.91 | 19.43 | 0.71 | 3.65 |
| 1995 | 387.34 | 2 155.13 | 5.68 | 17.97 | 0.64 | 3.54 |
| 1996 | 461.61 | 2 709.42 | 5.82 | 17.04 | 0.65 | 3.81 |
| 1997 | 523.56 | 3 196.71 | 5.67 | 16.38 | 0.66 | 4.05 |
| 1998 | 590.06 | 3 678.72 | 5.46 | 16.04 | 0.70 | 4.36 |
| 1999 | 640.96 | 4 047.50 | 4.86 | 15.84 | 0.71 | 4.51 |
| 2000 | 709.52 | 4 586.63 | 4.47 | 15.47 | 0.72 | 4.62 |
| 2001 | 800.61 | 5 025.93 | 4.24 | 15.93 | 0.73 | 4.58 |
| 2002 | 908.51 | 5 790.03 | 4.12 | 15.69 | 0.75 | 4.81 |
| 2003 | 1 116.94 | 6 584.10 | 4.53 | 16.96 | 0.82 | 4.85 |
| 2004 | 1 293.58 | 7 590.29 | 4.54 | 17.04 | 0.81 | 4.75 |
| 2005 | 1 552.53 | 8 659.91 | 4.58 | 17.93 | 0.84 | 4.68 |
| 2006 | 1 778.86 | 9 843.34 | 4.40 | 18.07 | 0.82 | 4.55 |
| 2007 | 2 581.58 | 11 573.97 | 5.19 | 22.31 | 0.97 | 4.35 |
| 2008 | 3 593.94 | 14 535.40 | 5.74 | 24.73 | 1.14 | 4.63 |
| 2009 | 4 816.26 | 17 541.92 | 6.31 | 27.46 | 1.41 | 5.15 |
| 2010 | 5 732.49 | 19 980.39 | 6.38 | 28.69 | 1.43 | 4.98 |
| 2011 | 7 464.18 | 24 345.91 | 6.83 | 30.66 | 1.58 | 5.15 |
| 2012 | 8 431.98 | 28 119.00 | 6.69 | 29.99 | 1.62 | 5.41 |
| 2013 | 9 545.81 | 31 868.95 | 6.83 | 30.14 | 1.68 | 5.57 |
| 2014 | 10 579.23 | 35 312.40 | 6.70 | 29.96 | 1.64 | 5.55 |
| 2015 | 12 475.28 | 40 974.64 | 6.64 | 30.45 | 1.81 | 6.05 |
| 2016 | 13 910.31 | 46 344.88 | 6.85 | 30.01 | 1.87 | 6.22 |

数据来源:根据《2017中国卫生和计划生育统计年鉴》计算获得。

表 3.25　2012 年全世界医疗卫生支出

| 国家 | 卫生总费用占GDP比重(%) | 政府卫生支出占财政支出比重(%) | 人均卫生费用(美元) | 人均政府卫生支出(美元) |
|---|---|---|---|---|
| 澳大利亚 | 9.1 | 17.8 | 6 140 | 4 108 |
| 日本 | 10.1 | 19.4 | 4 752 | 3 920 |
| 美国 | 17.9 | 19.9 | 8 895 | 4 126 |
| 加拿大 | 10.9 | 17.4 | 5 741 | 4 022 |
| 韩国 | 7.5 | 13.8 | 1 703 | 927 |
| 印度 | 4.1 | 9.4 | 61 | 20 |
| 巴西 | 9.3 | 7.6 | 1 057 | 490 |
| 中国 | 5.4 | 12.5 | 322 | 108 |

数据来源:根据《2017 中国卫生和计划生育统计年鉴》改编获得。

与其他国家相比,导致我国医疗卫生总费用过低的主要原因是政府对医疗卫生投入不足。1990—2006 年,政府卫生支出占国家财政支出的比重是逐年下滑,到了 2007 年情况开始有所好转,2007—2016 年,这一比重有所上升,但 2016 年这一比重仅为 6.85%。

2. 地方财政投入的总量分析

从表 3.26 可以看出,1991—2016 年,中央政府和地方政府对医疗卫生投入的绝对值都是不断增长的,尤其是地方政府对医疗卫生的投入从 1991 的141.76 亿元,增加到 2016 年的 13 067.61 亿元,是 1991 年的 92.18 倍,年均增速 20.34%。虽然中央政府对医疗卫生投入的绝对值也在不断增加,但增速波动较大,1999 年、2005 年、2011 年和 2015 年还表现为负增长,1991—2016 年,年均增长率为 14.9%,低于地方政府对医疗卫生投入的增速。

表 3.26　中央与地方政府医疗卫生支出占比

| 年份 | 中央政府医疗卫生支出(亿元) | 增速(%) | 地方政府卫生医疗支出(亿元) | 增速(%) | 中央政府医疗卫生支出占比(%) | 地方政府卫生支出占比(%) |
|---|---|---|---|---|---|---|
| 1991 | 3.77 | — | 141.76 | — | 2.66 | 97.41 |
| 1992 | 4.05 | 7.43 | 163.18 | 15.11 | 2.48 | 97.58 |
| 1993 | 4.34 | 7.16 | 197.43 | 20.99 | 2.20 | 97.85 |
| 1994 | 5.56 | 28.11 | 251.73 | 27.50 | 2.21 | 97.84 |
| 1995 | 5.99 | 7.73 | 291.32 | 15.73 | 2.06 | 97.99 |
| 1996 | 7.00 | 16.86 | 341.86 | 17.35 | 2.05 | 97.99 |

(续表)

| 年份 | 中央政府医疗卫生支出(亿元) | 增速(%) | 地方政府卫生医疗支出(亿元) | 增速(%) | 中央政府医疗卫生支出占比(%) | 地方政府卫生支出占比(%) |
| --- | --- | --- | --- | --- | --- | --- |
| 1997 | 7.83 | 11.86 | 382.88 | 12.00 | 2.05 | 98.00 |
| 1998 | 8.62 | 10.09 | 406.23 | 6.10 | 2.12 | 97.92 |
| 1999 | 7.19 | −16.59 | 438.49 | 7.94 | 1.64 | 98.39 |
| 2000 | 7.32 | 1.81 | 482.39 | 10.01 | 1.52 | 98.51 |
| 2001 | 11.76 | 60.66 | 557.54 | 15.58 | 2.11 | 97.93 |
| 2002 | 17.25 | 46.68 | 617.79 | 10.81 | 2.79 | 97.28 |
| 2003 | 22.07 | 27.94 | 755.54 | 22.30 | 2.92 | 97.16 |
| 2004 | 22.39 | 1.45 | 832.25 | 10.15 | 2.69 | 97.38 |
| 2005 | 21.26 | −5.05 | 1 015.55 | 22.02 | 2.09 | 97.95 |
| 2006 | 24.23 | 13.97 | 1 296.00 | 27.62 | 1.87 | 98.16 |
| 2007 | 34.21 | 41.19 | 1 955.75 | 50.91 | 1.75 | 98.28 |
| 2008 | 46.78 | 36.74 | 2 710.26 | 38.58 | 1.73 | 98.30 |
| 2009 | 63.50 | 35.74 | 3 930.69 | 45.03 | 1.62 | 98.41 |
| 2010 | 73.56 | 15.84 | 4 730.62 | 20.35 | 1.55 | 98.47 |
| 2011 | 71.32 | −3.05 | 6 358.19 | 34.41 | 1.12 | 98.89 |
| 2012 | 74.29 | 4.16 | 7 170.82 | 12.78 | 1.03 | 98.97 |
| 2013 | 76.70 | 3.24 | 8 203.20 | 14.40 | 0.96 | 99.04 |
| 2014 | 90.25 | 17.67 | 10 086.56 | 22.96 | 0.89 | 99.11 |
| 2015 | 84.51 | −6.34 | 11 868.67 | 17.67 | 0.71 | 99.29 |
| 2016 | 91.16 | 7.87 | 13 067.61 | 10.10 | 0.69 | 99.31 |

数据来源:根据各期《中国统计年鉴》整理获得。—表示未获得。

从中央与地方政府医疗卫生支出占比来看,中国医疗卫生支出的98%都是由地方政府提供的,中央财政供给不足。医疗卫生具有外部效益较大的公共产品性质,理应由中央政府承担更多的支出责任,而地方政府承担主要支出责任,一方面,加重了地方政府的财政支出压力;另一方面,直接导致了中央财政在医疗卫生事业、在落后地区的基本医疗保障等方面投入力度不够,同时中央、省级政府在对地方政府的财政转移支付不到位的情况下,会导致医疗卫生供给的地区差距和城乡差距。

(二)县级基本公共卫生投入的城乡差距分析

由于县级政府面对的是广大农村地区的人口,提供的主要是农村基本公共服务,农村的数据是将包括县及县级市,乡镇卫生院及村卫生室计入农村范畴,因此,从公共卫生投入的城乡差距中可以窥见县级基本公共卫生提供的现状。

从表 3.27 可见,1990—2014 年,城乡卫生总费用和人均卫生费用的绝对值都大幅度提高,特别是农村人均卫生费用由 1990 年的 38.80 元上升到 2014 年的 3 558.30 元,2014 年是 1990 年的 91.71 倍。从城乡卫生费用的总量,城市与农村卫生费用的差距不断扩大,1990 年,城市卫生费用是农村的 1.13 倍,2014 年,扩大到了 3.04 倍。从人均卫生费用来看,1992 年后,城乡人均卫生费用的比率有所下滑,但 1998—2008 年又呈现总体上升趋势,2008 年后,城市与农村人均卫生费用的差距有所缩小,城乡比率于 2014 年下降到 0.73。

表 3.27 城乡卫生费用投入的差距

| 年份 | 城乡卫生费用 | | | 人均卫生费用 | | |
| --- | --- | --- | --- | --- | --- | --- |
| | 城市(亿元) | 农村(亿元) | 城乡比 | 城市(元) | 农村(元) | 城乡比 |
| 1990 | 396.00 | 351.39 | 1.13 | 158.8 | 38.8 | 4.09 |
| 1991 | 482.60 | 410.89 | 1.17 | 187.6 | 45.1 | 4.16 |
| 1992 | 597.30 | 499.56 | 1.20 | 222.0 | 54.7 | 4.06 |
| 1993 | 760.30 | 617.48 | 1.23 | 268.6 | 67.6 | 3.97 |
| 1994 | 991.50 | 769.74 | 1.29 | 332.6 | 86.3 | 3.85 |
| 1995 | 1 239.50 | 915.63 | 1.35 | 401.3 | 112.9 | 3.55 |
| 1996 | 1 494.90 | 1 214.52 | 1.23 | 467.4 | 150.7 | 3.10 |
| 1997 | 1 771.40 | 1 425.31 | 1.24 | 537.8 | 177.9 | 3.02 |
| 1998 | 1 906.92 | 1 771.80 | 1.08 | 625.9 | 194.6 | 3.22 |
| 1999 | 2 193.12 | 1 854.38 | 1.18 | 702.0 | 203.2 | 3.45 |
| 2000 | 2 624.24 | 1 962.39 | 1.34 | 813.7 | 214.7 | 3.79 |
| 2001 | 2 792.95 | 2 232.98 | 1.25 | 841.2 | 244.8 | 3.44 |
| 2002 | 3 448.24 | 2 341.79 | 1.47 | 987.1 | 259.3 | 3.81 |
| 2003 | 4 150.32 | 2 433.78 | 1.71 | 1 108.9 | 274.7 | 4.04 |
| 2004 | 4 939.21 | 2 651.08 | 1.86 | 1 261.9 | 301.6 | 4.18 |
| 2005 | 6 305.57 | 2 354.34 | 2.68 | 1 126.4 | 315.8 | 3.57 |
| 2006 | 7 174.73 | 2 668.61 | 2.69 | 1 248.3 | 361.9 | 3.45 |
| 2007 | 8 968.70 | 2 605.27 | 3.44 | 1 516.3 | 358.1 | 4.23 |
| 2008 | 11 251.90 | 3 283.50 | 3.43 | 1 861.8 | 455.2 | 4.09 |
| 2009 | 13 535.61 | 4 006.31 | 3.38 | 2 176.6 | 562.0 | 3.87 |

(续表)

| 年份 | 城乡卫生费用 | | | 人均卫生费用 | | |
|---|---|---|---|---|---|---|
| | 城市(亿元) | 农村(亿元) | 城乡比 | 城市(元) | 农村(元) | 城乡比 |
| 2010 | 15 508.62 | 4 471.77 | 3.47 | 2 315.5 | 666.3 | 3.48 |
| 2011 | 18 571.87 | 5 774.04 | 3.22 | 2 697.5 | 879.4 | 3.07 |
| 2012 | 21 280.46 | 6 838.54 | 3.11 | 2 999.3 | 1 064.8 | 2.82 |
| 2013 | 23 644.95 | 8 024.00 | 2.95 | 3 234.1 | 1 274.4 | 2.54 |
| 2014 | 26 575.60 | 8 736.80 | 3.04 | 2 581.7 | 3 558.3 | 0.73 |

数据来源:《2017年中国卫生和计划生育统计年鉴》。城市包括直辖市区和地级市辖区,农村包括县及县级市,乡镇卫生院及村卫生室计入农村。

### (三) 县级基本公共卫生投入的地区差距分析

根据数据的可得性,本书运用2011—2015年各地区的卫生总费用、政府卫生支出、人均卫生费用来分析公共卫生投入的地区差距。

根据表3.28,2011—2015年,各地区的卫生总费用、政府卫生支出、人均卫生费用总额和均值的绝对值都有了较大的增幅,但地区间两极分化严重。从卫生总费用的指标来看,2011年,最高为广东省的1 851.75亿元,最低为青海省的109.27亿元,极差1 742.48亿元,与此同时,当年的标准差为432.03亿元,变异系数为54.53%;到了2015年,卫生总费用最高的仍然为广东省,数值为3 301.67亿元,最低依然为青海省的215.82亿元,两者相差扩大到3 085.85亿元,与此同时,当年的标准差扩大到777.86亿元,变异系数扩大到56.90%,可见各地区间卫生总费用的差距呈现不断扩大的趋势。

表3.28 公共卫生投入的地区差距

| 指标<br>地区 | 卫生总费用(亿元) | | | 政府卫生支出(亿元) | | | 人均卫生费用(元) | | |
|---|---|---|---|---|---|---|---|---|---|
| | 2011年 | 2013年 | 2015年 | 2011年 | 2013年 | 2015年 | 2011年 | 2013年 | 2015年 |
| 全国 | 24 345.91 | 31 668.95 | 40 974.64 | 7 464.18 | 9 545.81 | 12 475.28 | 1 806.95 | 2 327.37 | 2 980.80 |
| 北京 | 977.26 | 1 340.23 | 1 834.75 | 275.48 | 356.42 | 445.81 | 4 841.29 | 6 337.38 | 8 453.14 |
| 天津 | 411.10 | 552.09 | 752.79 | 104.40 | 145.31 | 202.24 | 3 034.87 | 3 750.10 | 4 866.32 |
| 河北 | 1 058.22 | 1 486.26 | 1 861.50 | 338.67 | 429.83 | 552.58 | 1 461.53 | 2 026.92 | 2 507.10 |
| 山西 | 559.01 | 732.80 | 922.93 | 183.00 | 229.62 | 298.09 | 1 555.78 | 2 018.84 | 2 518.82 |
| 内蒙古 | 550.40 | 698.86 | 829.33 | 187.39 | 223.00 | 271.46 | 2 217.84 | 2 798.11 | 3 302.78 |
| 辽宁 | 885.62 | 1 176.78 | 1 411.95 | 210.16 | 263.26 | 292.79 | 2 020.59 | 2 680.59 | 3 221.86 |
| 吉林 | 515.33 | 764.79 | 833.05 | 156.72 | 197.68 | 252.11 | 1 874.33 | 2 779.78 | 3 025.98 |

(续表)

| 指标\地区 | 卫生总费用(亿元) | | | 政府卫生支出(亿元) | | | 人均卫生费用(元) | | |
|---|---|---|---|---|---|---|---|---|---|
| | 2011年 | 2013年 | 2015年 | 2011年 | 2013年 | 2015年 | 2011年 | 2013年 | 2015年 |
| 黑龙江 | 730.54 | 968.63 | 1 043.18 | 186.84 | 206.55 | 284.34 | 1 905.43 | 2 525.77 | 2 736.56 |
| 上海 | 930.24 | 1 248.68 | 1 536.60 | 215.70 | 250.82 | 319.94 | 3 962.76 | 5 170.21 | 6 362.02 |
| 江苏 | 1 543.26 | 2 213.19 | 2 974.42 | 407.46 | 549.23 | 674.73 | 1 953.79 | 2 787.57 | 3 729.07 |
| 浙江 | 1 419.41 | 1 712.33 | 2 250.21 | 328.43 | 393.16 | 500.08 | 2 598.22 | 3 114.45 | 4 062.49 |
| 安徽 | 891.65 | 1 221.50 | 1 460.42 | 302.18 | 415.45 | 497.29 | 1 494.04 | 2 025.71 | 2 376.98 |
| 福建 | 617.68 | 835.32 | 1 130.61 | 189.71 | 268.01 | 357.42 | 1 660.43 | 2 213.36 | 2 945.07 |
| 江西 | 587.48 | 738.09 | 978.66 | 234.16 | 325.75 | 421.78 | 1 308.88 | 1 632.17 | 2 143.54 |
| 山东 | 1 648.65 | 2 245.97 | 2 843.96 | 425.10 | 571.45 | 722.22 | 1 710.70 | 2 307.49 | 2 888.09 |
| 河南 | 1 259.40 | 1 686.51 | 2 258.50 | 418.75 | 561.33 | 729.70 | 1 341.50 | 1 791.68 | 2 382.38 |
| 湖北 | 926.27 | 1 231.19 | 1 649.24 | 278.04 | 368.37 | 530.67 | 1 608.66 | 2 123.10 | 2 818.49 |
| 湖南 | 881.64 | 1 306.73 | 1 629.32 | 282.55 | 392.91 | 506.82 | 1 336.71 | 1 953.09 | 2 402.06 |
| 广东 | 1 851.75 | 2 518.82 | 3 301.67 | 501.73 | 667.69 | 956.00 | 1 762.74 | 2 366.42 | 3 043.29 |
| 广西 | 665.67 | 847.36 | 1 008.94 | 260.46 | 322.49 | 386.97 | 1 433.08 | 1 795.64 | 2 103.71 |
| 海南 | 163.30 | 185.12 | 262.61 | 55.71 | 77.40 | 102.70 | 1 862.06 | 2 067.69 | 2 883.25 |
| 重庆 | 512.03 | 737.34 | 1 000.23 | 165.95 | 226.79 | 323.69 | 1 754.14 | 2 482.61 | 3 315.82 |
| 四川 | 1 221.03 | 1 675.24 | 2 164.33 | 414.61 | 546.11 | 696.24 | 1 516.80 | 2 066.41 | 2 638.14 |
| 贵州 | 423.53 | 552.54 | 754.18 | 205.66 | 278.00 | 371.70 | 1 220.91 | 1 577.70 | 2 136.78 |
| 云南 | 679.67 | 847.66 | 1 095.19 | 255.78 | 322.14 | 425.76 | 1 467.66 | 1 808.68 | 2 309.65 |
| 陕西 | 730.98 | 1 016.70 | 1 254.37 | 225.15 | 293.96 | 377.76 | 1 952.93 | 2 701.11 | 3 307.08 |
| 甘肃 | 393.60 | 518.21 | 654.07 | 161.59 | 188.17 | 259.10 | 1 535.00 | 2 006.89 | 2 516.10 |
| 青海 | 109.27 | 162.54 | 215.82 | 47.69 | 78.10 | 107.08 | 1 923.12 | 2 813.15 | 3 667.80 |
| 宁夏 | 116.31 | 168.06 | 227.86 | 45.53 | 60.44 | 77.14 | 1 818.94 | 2 568.91 | 3 411.75 |
| 新疆 | 510.00 | 667.06 | 870.98 | 181.22 | 208.68 | 262.92 | 2 309.05 | 2 945.97 | 3 691.00 |
| 均值 | 792.34 | 1 068.55 | 1 367.06 | 241.53 | 313.94 | 406.90 | 1 948.12 | 2 574.58 | 3 258.90 |
| 极差 | 1 742.48 | 2 356.28 | 3 085.85 | 456.20 | 607.25 | 878.86 | 3 620.38 | 4 759.68 | 6 349.43 |
| 标准差 | 432.03 | 591.55 | 777.86 | 113.03 | 151.96 | 200.27 | 768.73 | 986.76 | 1 296.92 |
| 变异系数(%) | 54.53 | 55.36 | 56.90 | 46.80 | 48.40 | 49.22 | 39.46 | 38.33 | 39.80 |

数据来源:根据《2012—2017年中国卫生和计划生育统计年鉴》并经计算获得。由于西藏数据部分年份缺失,故进行了剔除。

政府卫生支出反映了各地方财政对公共卫生服务的支持力度,从这一指标来看,总额和均值的绝对值都有了不同程度的提高。2011年,最高为广东省的501.73亿元,最低为宁夏自治区的45.53亿元,极差为456.20亿元,与此同时,当年的标准差为113.03亿元,变异系数为46.80%;到了2015年,政府医疗卫生支出最高的仍然为广东省,数值为956.00亿元,最低依然为宁夏自治区的77.14亿元,两者相差扩大到878.86亿元,与此同时,当年的标准差扩大到为200.27亿元,变异系数扩大到49.22%,可见各地区政府对卫生公共服务的投入两极分化严重,各地区间政府卫生支出的差距呈现不断扩大的趋势。

人均卫生费用反映了广大民众所获得的卫生福利状况。从各地区的人均卫生费用指标来看,各地区的增幅都相当的快,但同样是两极分化严重。2011年,最高为北京市的4 841.29元,最低为贵州省的1 220.91元,极差为3 620.38元,当年的标准差为768.73元;到了2015年,人均卫生费用最高的地区依然为北京市的8 453.14元,广西最低,为2 103.71元,极差为6 349.43元,与此同时,当年的标准差扩到1 296.92元,变异系数扩到39.80%。可以基本判断,人均卫生费用的两极分化扩大,各地区间人均卫生费用的差距呈不断扩大的态势。

## 二、县级基本公共卫生服务的产出分析

### (一) 县级基本公共卫生服务产出的城乡差距分析

公共卫生的产出是卫生经费投入后转化为供给的结果。本书用每千人拥有的卫生技术人员数、每千人拥有的执业(助理)医师数、每千人拥有的注册护士数、每万人拥有的医疗卫生机构数和床位数来反映县级公共卫生的供给结果。

表 3.29 显示,1999—2016 年,县镇(农村)的每千人拥有的卫生技术人员数、每千人拥有的执业(助理)医师数、每千人拥有的注册护士数都有了很大的增长。表 3.30 所示的每万县域人口拥有的医疗卫生机构数、床位数也有了一定程度的提高,可以说,县镇公共卫生的资源在不断丰富。但城乡差距却是一直不断扩大的,从每千人拥有的卫生技术人员数来看,1999 年城乡差为 2.86 个,到了 2016 年扩大为 6.35 个,1999 年的城乡比为 2.20,随后增加到 2016 年的 2.56。每千人拥有的执业(助理)医师数的城乡差由 1999 年的 1.19 个扩大到 2016 年的 2.18 个,城乡比从 1999 年的 2.04,逐年扩大到 2016 年的 2.35。同样,每千人拥有的注册护士数的城乡差从 1999 年的 1.12 个扩大到 2016 年的 3.25 个,城乡比也从 1999 年的 3.15 扩大到 2016 年的 3.17。

表 3.29 基本公共卫生产出的城乡差距

| 年份 | 每千人拥有的卫生技术人员数(个) | | | | |
|---|---|---|---|---|---|
| | 全国 | 市 | 县(农村) | 城乡差 | 城乡比 |
| 1999 | 3.64 | 5.24 | 2.38 | 2.86 | 2.20 |
| 2000 | 3.63 | 5.17 | 2.41 | 2.76 | 2.15 |
| 2001 | 3.62 | 5.15 | 2.38 | 2.77 | 2.16 |
| 2002 | 3.41 | — | — | — | — |
| 2003 | 3.48 | 4.88 | 2.26 | 2.62 | 2.16 |
| 2004 | 3.53 | 4.99 | 2.24 | 2.75 | 2.23 |
| 2005 | 3.57 | 5.82 | 2.69 | 3.13 | 2.16 |
| 2006 | 3.66 | 6.09 | 2.70 | 3.39 | 2.26 |
| 2007 | 3.76 | 6.44 | 2.69 | 3.75 | 2.39 |
| 2008 | 3.92 | 6.68 | 2.80 | 3.88 | 2.39 |
| 2009 | 4.15 | 7.15 | 2.94 | 4.21 | 2.43 |
| 2010 | 4.37 | 7.62 | 3.04 | 4.58 | 2.51 |
| 2011 | 4.58 | 7.90 | 3.19 | 4.71 | 2.48 |
| 2012 | 4.94 | 8.54 | 3.41 | 5.13 | 2.50 |
| 2013 | 5.27 | 9.18 | 3.64 | 5.54 | 2.52 |
| 2014 | 5.56 | 9.70 | 3.77 | 5.93 | 2.57 |
| 2015 | 5.84 | 10.21 | 3.90 | 6.31 | 2.62 |
| 2016 | 6.12 | 10.43 | 4.08 | 6.35 | 2.56 |

| 年份 | 每千人拥有的执业(助理)医师数(个) | | | | |
|---|---|---|---|---|---|
| | 全国 | 市 | 县(农村) | 城乡差 | 城乡比 |
| 1999 | 1.67 | 2.33 | 1.14 | 1.19 | 2.04 |
| 2000 | 1.68 | 2.31 | 1.17 | 1.14 | 1.97 |
| 2001 | 1.69 | 2.32 | 1.17 | 1.15 | 1.98 |
| 2002 | 1.47 | — | — | — | — |
| 2003 | 1.54 | 2.13 | 1.04 | 1.09 | 2.05 |
| 2004 | 1.57 | 2.18 | 1.04 | 1.14 | 2.10 |
| 2005 | 1.56 | 2.46 | 1.26 | 1.20 | 1.95 |
| 2006 | 1.60 | 2.56 | 1.26 | 1.30 | 2.03 |
| 2007 | 1.61 | 2.61 | 1.23 | 1.38 | 2.12 |
| 2008 | 1.66 | 2.68 | 1.26 | 1.42 | 2.13 |

(续表)

| 年份 | 每千人拥有的执业(助理)医师数(个) ||||| 
|---|---|---|---|---|---|
| | 全国 | 市 | 县(农村) | 城乡差 | 城乡比 |
| 2009 | 1.75 | 2.83 | 1.31 | 1.52 | 2.16 |
| 2010 | 1.80 | 2.97 | 1.32 | 1.65 | 2.25 |
| 2011 | 1.83 | 2.62 | 1.10 | 1.52 | 2.38 |
| 2012 | 1.94 | 3.19 | 1.40 | 1.79 | 2.28 |
| 2013 | 2.04 | 3.39 | 1.48 | 1.91 | 2.29 |
| 2014 | 2.12 | 3.54 | 1.51 | 2.03 | 2.34 |
| 2015 | 2.22 | 3.72 | 1.55 | 2.17 | 2.40 |
| 2016 | 2.31 | 3.79 | 1.61 | 2.18 | 2.35 |

| 年份 | 每千人拥有的注册护士数(个) |||||
|---|---|---|---|---|---|
| | 全国 | 市 | 县(农村) | 城乡差 | 城乡比 |
| 1999 | 1.02 | 1.64 | 0.52 | 1.12 | 3.15 |
| 2000 | 1.02 | 1.64 | 0.54 | 1.10 | 3.04 |
| 2001 | 1.03 | 1.65 | 0.54 | 1.11 | 3.06 |
| 2002 | 1.00 | — | — | — | — |
| 2003 | 1.00 | 1.59 | 0.50 | 1.09 | 3.18 |
| 2004 | 1.03 | 1.63 | 0.50 | 1.13 | 3.26 |
| 2005 | 1.03 | 2.10 | 0.65 | 1.45 | 3.23 |
| 2006 | 1.09 | 2.22 | 0.66 | 1.56 | 3.36 |
| 2007 | 1.18 | 2.42 | 0.70 | 1.72 | 3.46 |
| 2008 | 1.27 | 2.54 | 0.76 | 1.78 | 3.34 |
| 2009 | 1.39 | 2.82 | 0.81 | 2.01 | 3.48 |
| 2010 | 1.53 | 3.09 | 0.89 | 2.20 | 3.47 |
| 2011 | 1.67 | 2.62 | 0.79 | 1.83 | 3.32 |
| 2012 | 1.85 | 3.65 | 1.09 | 2.56 | 3.35 |
| 2013 | 2.04 | 4.00 | 1.22 | 2.78 | 3.28 |
| 2014 | 2.20 | 4.30 | 1.31 | 2.99 | 3.28 |
| 2015 | 2.37 | 4.58 | 1.39 | 3.19 | 3.29 |
| 2016 | 2.54 | 4.75 | 1.50 | 3.25 | 3.17 |

数据来源:根据《2017年中国卫生和计划生育统计年鉴》整理计算获得。市包括直辖市区和地级市辖区,县(农村)包括县及县级市,乡镇卫生院及村卫生室计入农村。—表示未获得。

从县域每万人拥有的医疗卫生机构数和床位数来看,县和乡镇之间的卫生条件也存在着一定的差距(见表3.30)。

表3.30 县域每万人拥有的医疗卫生机构数、床位数[1]

| 年份 | 每万人拥有的医疗机构数(个) | | | 每万人拥有床位数(张) | | |
|---|---|---|---|---|---|---|
| | 县级专院(所、站) | 县级医院 | 乡镇卫生机构 | 县级专院(所、站) | 县级医院 | 乡镇卫生机构 |
| 2005 | 0.014 | 0.13 | 0.06 | 0.20 | 13.98 | 10.04 |
| 2010 | 0.011 | 0.14 | 0.53 | 0.18 | 18.77 | 14.05 |
| 2011 | 0.011 | 0.14 | 0.52 | 0.18 | 20.82 | 14.39 |
| 2012 | 0.011 | 0.15 | 0.52 | 0.20 | 24.04 | 15.47 |
| 2013 | 0.011 | 0.16 | 0.52 | 0.21 | 26.82 | 15.99 |
| 2014 | 0.011 | 0.17 | 0.52 | 0.21 | 28.98 | 16.35 |
| 2015 | 0.011 | 0.18 | 0.52 | 0.23 | 30.92 | 16.78 |
| 2016 | 0.010 | 0.19 | 0.52 | 0.23 | 32.80 | 17.20 |

数据来源:根据各期《中国卫生和计划生育统计年鉴》《中国县域统计年鉴》计算获得。

因此,从以上分析可以看出,虽然国家财政对农村公共卫生投入力度不断加大,县域卫生资源近18年来有了很大的提升,但仍低于全国平均水平,卫生资源主要集中在城市,城乡差距不断扩大。

**(二)县级基本公共卫生服务产出的地区差距分析**

从2007—2016年东部、中部、西部每千人拥有的卫生技术人员数来看,无论是市还是县,总体来说,东部地区最高,中部地区次之,西部地区最低。卫生资源主要集中在经济发达的东部地区(表3.31)。

表3.31 每千人拥有的卫生技术人员数[2] 单位:个/千人

| 年份 | 东部 | | 中部 | | 西部 | |
|---|---|---|---|---|---|---|
| | 市 | 县 | 市 | 县 | 市 | 县 |
| 2007 | 5.65 | 2.30 | 4.90 | 2.15 | 5.33 | 2.00 |
| 2008 | 5.92 | 2.37 | 5.09 | 2.25 | 5.49 | 2.06 |

---

[1] 县级专院(所、站)包括县(县级市)专科疾病防治院(所、站)。县级医院包括县和县级市医院,乡镇卫生院包括中心卫生院和乡镇卫生院。

[2] 东、中、西部地区:东部地区包括北京、天津、河北、辽宁、上海、江苏、浙江、福建、山东、广东、海南11个省、直辖市;中部地区包括山西、吉林、黑龙江、安徽、江西、河南、湖北、湖南8个省;西部地区包括内蒙古、重庆、广西、四川、贵州、云南、西藏、陕西、甘肃、青海、宁夏、新疆12个省、自治区、直辖市。

(续表)

| 年份 | 东部 | | 中部 | | 西部 | |
|---|---|---|---|---|---|---|
| | 市 | 县 | 市 | 县 | 市 | 县 |
| 2009 | 6.37 | 2.61 | 5.53 | 2.49 | 5.98 | 2.33 |
| 2010 | 8.48 | 3.42 | 7.23 | 2.85 | 6.50 | 2.84 |
| 2011 | 8.82 | 3.60 | 7.41 | 2.93 | 6.78 | 3.05 |
| 2012 | 9.56 | 3.86 | 7.92 | 3.10 | 7.41 | 3.28 |
| 2013 | 10.20 | 4.06 | 8.68 | 3.27 | 7.91 | 3.63 |
| 2014 | 10.63 | 4.11 | 9.01 | 3.44 | 8.73 | 3.80 |
| 2015 | 11.0 | 4.2 | 9.6 | 3.6 | 9.4 | 4.0 |
| 2016 | 11.1 | 4.4 | 8.2 | 4.2 | 12.3 | 3.7 |

数据来源:根据各期《中国卫生和计划生育统计年鉴》整理获得。市包括直辖市区和地级市辖区,县(农村)包括县及县级市,乡镇卫生院及村卫生室计入农村。

从各省(自治区、直辖市)每千人卫生技术人员数的情况来看(见表3.32),2003—2016年,无论是市还是县,总体上来看,这一指标都处于上升通道,但各地区之间的两极分化日趋严重。2003年,从城市层面来看,每千人拥有卫生技术人员数最多的是北京市的10.65个,最低为重庆市的3.29个,两者相差7.36个,与此同时,标准差为1.99个,当年变异系数为35.55%;到了2016年,当年标准差为2.71个,变异系数缩小到24.41%。因此,从城市层面来看,虽然省际间两极分化不断加大,但从变异系数来看,变异系数呈缩小趋势,总体上看,省际的差距有所缩小。

表3.32 每千人拥有卫生技术人员数的省际差距　　　单位:个/千人

| 年份 | 2003 | | 2007 | | 2011 | | 2016 | |
|---|---|---|---|---|---|---|---|---|
| | 市 | 县 | 市 | 县 | 市 | 县 | 市 | 县 |
| 全国 | 4.84 | 2.19 | 5.35 | 2.14 | 7.90 | 3.19 | 10.4 | 4.1 |
| 北京 | 10.65 | 2.71 | 11.83 | 6.00 | 14.58 | 7.72 | 17.2 | — |
| 天津 | 6.57 | 6.29 | 7.18 | 3.91 | 7.78 | 5.28 | 9.1 | 8.4 |
| 河北 | 4.95 | 2.21 | 5.62 | 2.21 | 9.37 | 2.97 | 9.8 | 3.6 |
| 山西 | 6.94 | 2.80 | 6.70 | 2.69 | 10.01 | 3.71 | 12.6 | 4.0 |
| 内蒙古 | 7.13 | 2.78 | 7.43 | 2.70 | 9.30 | 3.87 | 12.7 | 4.8 |
| 辽宁 | 6.07 | 2.64 | 6.15 | 2.53 | 8.35 | 3.28 | 10.3 | 3.5 |
| 吉林 | 5.51 | 3.49 | 5.29 | 3.27 | 7.06 | 4.18 | 9.8 | 4.7 |

(续表)

| 年份 | 2003 | | 2007 | | 2011 | | 2016 | |
|---|---|---|---|---|---|---|---|---|
| | 市 | 县 | 市 | 县 | 市 | 县 | 市 | 县 |
| 黑龙江 | 4.90 | 2.82 | 5.18 | 2.63 | 8.17 | 3.41 | 9.6 | 4.1 |
| 上海 | 7.76 | 4.77 | 9.00 | 4.40 | 10.03 | 7.71 | 12.5 | 7.6 |
| 江苏 | 4.23 | 1.89 | 4.78 | 2.06 | 6.48 | 3.61 | 9.8 | 4.7 |
| 浙江 | 4.19 | 3.01 | 5.70 | 3.27 | 9.58 | 4.96 | 12.2 | 6.7 |
| 安徽 | 4.08 | 1.61 | 4.37 | 1.76 | 5.55 | 2.25 | 6.9 | 3.0 |
| 福建 | 3.50 | 2.27 | 3.76 | 1.70 | 8.69 | 2.99 | 9.9 | 4.0 |
| 江西 | 3.93 | 2.06 | 4.48 | 1.95 | 7.00 | 2.66 | 9.7 | 3.2 |
| 山东 | 4.22 | 2.28 | 4.61 | 2.37 | 6.95 | 4.23 | 10.2 | 4.7 |
| 河南 | 4.67 | 1.97 | 4.79 | 1.89 | 7.75 | 2.67 | 11.0 | 3.4 |
| 湖北 | 3.95 | 2.57 | 4.35 | 2.60 | 6.93 | 3.16 | 9.9 | 4.6 |
| 湖南 | 4.81 | 2.40 | 5.13 | 2.22 | 8.08 | 3.00 | 11.5 | 3.9 |
| 广东 | 4.28 | 2.05 | 5.58 | 1.98 | 9.75 | 2.96 | 11.5 | 3.6 |
| 广西 | 4.05 | 1.65 | 4.61 | 1.93 | 6.39 | 2.91 | 8.6 | 3.9 |
| 海南 | 4.17 | 2.90 | 4.56 | 2.67 | 8.78 | 3.48 | 13.0 | 4.0 |
| 重庆 | 3.29 | 1.75 | 3.61 | 1.67 | 4.27 | 3.02 | 7.1 | 3.6 |
| 四川 | 4.09 | 2.09 | 4.51 | 1.94 | 6.25 | 3.03 | 8.2 | 4.2 |
| 贵州 | 4.23 | 1.33 | 4.66 | 1.28 | 7.29 | 1.99 | 13.1 | 3.4 |
| 云南 | 5.61 | 1.87 | 6.11 | 1.85 | 8.06 | 2.58 | 13.3 | 4.0 |
| 西藏 | 10.49 | 2.43 | 10.25 | 2.10 | 13.02 | 2.94 | 11.8 | 2.9 |
| 陕西 | 5.62 | 2.69 | 6.07 | 2.50 | 7.72 | 3.70 | 10.7 | 5.3 |
| 甘肃 | 5.58 | 2.17 | 5.57 | 2.10 | 6.09 | 2.97 | 7.8 | 3.6 |
| 青海 | 9.55 | 2.70 | 9.82 | 2.39 | 13.78 | 3.21 | 19.8 | 3.7 |
| 宁夏 | 6.60 | 2.14 | 6.50 | 1.88 | 7.52 | 2.88 | 10.0 | 3.9 |
| 新疆 | 8.29 | 3.08 | 8.34 | 2.96 | 10.58 | 4.96 | 15.1 | 6.3 |
| 均值 | 5.61 | 2.56 | 6.02 | 2.50 | 8.42 | 3.62 | 11.12 | 4.24 |
| 极差 | 7.36 | 4.96 | 8.22 | 4.72 | 10.31 | 5.73 | 12.9 | 8.4 |
| 标准差 | 1.99 | 0.95 | 1.99 | 0.93 | 2.30 | 1.33 | 2.71 | 1.48 |
| 变异系数(%) | 35.55 | 37.09 | 33.12 | 37.16 | 27.26 | 36.69 | 24.41 | 34.96 |

数据来源：根据《2017年中国卫生和计划生育统计年鉴》整理计算获得。市包括直辖市区和地级市辖区，县(农村)包括县及县级市，乡镇卫生院及村卫生室计入农村。

从每千人卫生技术人员数的农村(县)层面来看,2003—2016年,这一指标都处于上升通道,农村(县域)卫生资源不断丰富,但县和市之间的差距在不断扩大,极差值也不断上升,从2003年的4.96个上升到2016年的8.4个。变异系数从2003—2007年是不断扩大的,由2003年的37.09%扩大到2007的37.16%,但2011年后呈现下降趋势,2016年下降为34.96%(见表3.32),因此,可以基本判断县域每千人拥有卫生技术人员数的省际差距在向不断缩小的方向转变。

再从县域每万人拥有的医院和卫生院床位数来看(见表3.33),各省(自治区、直辖市)的绝对值都在逐年递增,县域卫生资源在不断增强,但两极分化较为严重,极差由2000年的15.05床扩大到2015年的27.23床,标准差由2000年的4.31床扩大到2015年的5.82床,但令人感到鼓舞的是,变异系数却在逐年递减,由2003年的24.41%下降到2015年15.88%,总体趋势是省际的差距在不断缩小。

表3.33 县域每万人拥有的医院和卫生院床位数　　　　单位:张/万人

| 地区 | 2000年 | 2002年 | 2004年 | 2006年 | 2008年 | 2010年 | 2012年 | 2014年 | 2015年 |
|---|---|---|---|---|---|---|---|---|---|
| 河北 | 15.53 | 16.28 | 14.98 | 16.44 | 20.41 | 23.81 | 27.38 | 30.44 | 32.81 |
| 山西 | 24.59 | 23.58 | 23.48 | 23.97 | 25.61 | 30.13 | 31.27 | 35.13 | 36.82 |
| 内蒙古 | 23.16 | 21.94 | 22.49 | 23.33 | 26.42 | 27.03 | 34.95 | 40.33 | 40.01 |
| 辽宁 | 24.39 | 24.14 | 23.87 | 25.46 | 25.49 | 26.88 | 31.20 | 36.14 | 37.95 |
| 吉林 | 23.16 | 23.85 | 22.85 | 23.88 | 25.73 | 29.00 | 33.24 | 37.15 | 37.92 |
| 黑龙江 | 18.58 | 19.00 | 18.71 | 19.37 | 19.65 | 20.45 | 24.48 | 29.36 | 32.54 |
| 江苏 | 16.98 | 17.35 | 18.14 | 20.79 | 23.08 | 24.88 | 31.20 | 39.06 | 40.88 |
| 浙江 | 18.18 | 19.52 | 20.96 | 22.01 | 23.51 | 25.21 | 29.47 | 36.13 | 40.80 |
| 安徽 | 12.39 | 12.32 | 12.11 | 13.47 | 16.04 | 17.33 | 20.37 | 24.53 | 26.05 |
| 福建 | 19.36 | 17.96 | 18.82 | 19.19 | 20.76 | 22.02 | 27.41 | 30.49 | 31.35 |
| 江西 | 14.55 | 14.72 | 13.61 | 14.69 | 15.77 | 18.09 | 22.52 | 28.02 | 31.46 |
| 山东 | 16.56 | 16.99 | 19.26 | 22.84 | 26.55 | 31.67 | 37.40 | 39.54 | 40.15 |
| 河南 | 13.39 | 13.87 | 14.38 | 15.45 | 17.68 | 20.40 | 24.35 | 30.81 | 33.56 |
| 湖北 | 17.88 | 16.00 | 15.65 | 16.08 | 18.01 | 20.88 | 28.34 | 38.14 | 42.03 |
| 湖南 | 14.93 | 15.56 | 15.64 | 15.51 | 18.71 | 21.49 | 26.51 | 36.31 | 41.24 |
| 广东 | 12.64 | 13.30 | 14.07 | 15.75 | 16.79 | 20.28 | 23.67 | 24.04 | 27.61 |
| 广西 | 12.35 | 11.40 | 12.30 | 13.19 | 15.95 | 19.17 | 22.41 | 28.98 | 30.02 |

(续表)

| 地区 | 2000年 | 2002年 | 2004年 | 2006年 | 2008年 | 2010年 | 2012年 | 2014年 | 2015年 |
|---|---|---|---|---|---|---|---|---|---|
| 海南 | 25.08 | 20.53 | 18.86 | 16.68 | 20.87 | 22.95 | 22.90 | 27.11 | 28.35 |
| 重庆 | 13.43 | 13.43 | 13.73 | 14.38 | 18.06 | 23.42 | 29.09 | 36.93 | 39.59 |
| 四川 | 16.39 | 16.40 | 16.25 | 17.10 | 20.05 | 24.72 | 31.58 | 39.20 | 42.08 |
| 贵州 | 10.54 | 10.95 | 10.81 | 12.57 | 14.27 | 17.70 | 23.71 | 32.72 | 38.24 |
| 云南 | 18.55 | 19.52 | 19.55 | 20.43 | 23.10 | 27.73 | 33.43 | 39.42 | 41.87 |
| 陕西 | 17.36 | 18.27 | 18.32 | 20.26 | 23.15 | 25.38 | 29.79 | 32.48 | 38.73 |
| 甘肃 | 14.88 | 17.39 | 17.99 | 19.12 | 22.17 | 23.87 | 29.97 | 36.23 | 37.39 |
| 青海 | 21.75 | 22.55 | 21.96 | 17.92 | 18.72 | 22.44 | 30.50 | 36.19 | 36.95 |
| 宁夏 | 14.86 | 12.56 | 16.04 | 15.90 | 17.76 | 21.11 | 22.60 | 24.63 | 29.59 |
| 新疆 | 25.60 | 27.39 | 27.68 | 33.49 | 34.38 | 41.80 | 50.08 | 51.20 | 53.28 |
| 均值 | 17.67 | 17.66 | 17.87 | 18.86 | 21.06 | 24.07 | 28.86 | 34.17 | 36.64 |
| 极差 | 15.05 | 16.44 | 16.87 | 20.92 | 20.11 | 24.47 | 29.71 | 26.67 | 27.23 |
| 标准差 | 4.31 | 4.22 | 4.06 | 4.57 | 4.38 | 5.05 | 5.97 | 5.72 | 5.82 |
| 变异系数(%) | 24.41 | 23.87 | 22.69 | 24.25 | 20.78 | 20.97 | 20.67 | 16.73 | 15.88 |

数据来源：根据各期《中国县(市)社会经济统计年鉴》整理计算获得。

注：该表的统计对象主要是县(县级市)县域的医院和卫生院床位数，市辖区没有计入。不包括北京、天津、上海、西藏。

## 第四节 县级基本社会保障服务供给的统计分析

社会保障是国家向丧失劳动能力、失去就业机会以及遇到其他事故面临经济困难的公民提供的基本生活保障。社会保障是当代社会不可缺少的福利机制，是社会发展的"安全网"和"稳定器"，向广大民众提供公平、完善的社会保障是政府的基本职责。我国社会保障体系主要由社会保险、社会救济、社会福利和社会优抚四个部分组成。其中，社会保险处于核心地位，社会救济属于最低层次的社会保障，社会福利被视为社会保障的最高纲领，社会优抚起着安定特定阶层生活的功能[1]。由于生产力发展水平和财力的限制，社会保险项目在不同国

---

[1] 蒋洪主编：《公共经济学》，上海财经大学出版社2006年版，第196-204页。

家内容也不尽相同。在大多数西方国家,养老保险与医疗保险是两个最大的社会保险项目。在我国社会保险的项目主要包括养老保险、医疗保险、失业保险、生育保险、伤残保险等,最主要的也是养老保险、医疗保险两大类。其中,养老保险又可划分为城镇职工基本养老保险、城镇居民养老保险、农村基本养老保险。2009年新型农村社会养老保险、2011年城镇居民社会养老保险分别开始试点,2014年,两种制度进行整合形成统一的城乡居民基本养老保险制度;医疗保险划分为城镇基本医疗保险和农村基本医疗保险(新农合)。

社会保障之所以需要政府的干预,主要是基于私人保险面临的"相反选择"问题、私人保险公司降低社会风险的能力较弱、政府介入社会保障可以降低决策成本、家长主义,以及出于收入再分配的考虑。

## 一、县级基本社会保障的投入分析

鉴于县级数据的缺失,本书考虑到县级政府主要提供的是农村基本社会保障,根据数据的可获得性、可行性、可比性,故用新型农村合作医疗保险的人均筹资水平、农村人均社会救济费、农村最低生活保障平均支出水平、社会救济费占民政事业费比重、农村社会救济费占国家财政支出比重来反映县域基本社会保障的投入状况。

### (一) 总量分析

新型农村合作医疗(简称"新农合")是指由政府组织、引导、支持,农民自愿参加,个人、集体和政府多方筹资,以大病统筹为主的农民医疗互助共济制度。采取个人缴费、集体扶持和政府资助的方式筹集资金[1]。2002年10月,中国明确提出各级政府要积极引导农民建立以大病统筹为主的新型农村合作医疗制度。2003年,新型农村合作医疗的试点地区不断增加,新型农村合作医疗到2010年的覆盖面达到农村的80%以上,并且国家财政对新农合的财政补助不断提高。

从表3.34可以看出,2005—2016年,新农合人均筹资由2005年的42.10元,增加到2016年的559.00元,2016年是2005年的13.28倍,新农合当年的基金支出由2005的61.75亿元增加到2016年的1 363.64亿元,2016年是2005年的22.08倍,这意味着国家各级财政对新农合的投入不断增加,筹资水平不断

---

[1] 农村合作医疗报销范围介绍,http://www.yjbys.com/news/187308.html。

提高,受益人群不断增加。2016年,国家卫生计生委会同财政部联合印发了《关于做好2016年新型农村合作医疗工作的通知》(国卫基层发〔2016〕16号),文件中指出2016年,各级财政对新农合的人均补助标准在2015年的基础上提高40元,达到420元,农民个人缴费标准在2015年的基础上提高30元,全国平均达到150元左右。

表3.34 新农合概况

| 年份 | 参加新农合人数(亿人) | 参合率(%) | 人均筹资(元) | 当年基金支出(亿元) | 补偿受益人次(亿人次) |
| --- | --- | --- | --- | --- | --- |
| 2005 | 1.79 | 75.66 | 42.1 | 61.75 | 1.22 |
| 2006 | 4.1 | 80.66 | 52.1 | 155.81 | 2.72 |
| 2007 | 7.26 | 86.2 | 58.9 | 346.63 | 4.53 |
| 2008 | 8.15 | 91.53 | 96.3 | 662.31 | 5.85 |
| 2009 | 8.33 | 94.19 | 113.36 | 922.92 | 7.59 |
| 2010 | 8.36 | 96 | 156.57 | 1 187.84 | 10.87 |
| 2011 | 8.32 | 97.48 | 246.21 | 1 710.19 | 13.15 |
| 2012 | 8.05 | 98.26 | 308.5 | 2 408 | 17.45 |
| 2013 | 8.02 | 98.7 | 370.59 | 2 909.2 | 19.42 |
| 2014 | 7.36 | 98.9 | 410.89 | 2 890.4 | 16.52 |
| 2015 | 6.7 | 98.8 | 490.30 | 2 933.41 | 16.53 |
| 2016 | 2.75 | 99.36 | 559.00 | 1 363.64 | 6.57 |

数据来源:各年《中国卫生和计划生育统计年鉴》。

从农村社会救济费的支出情况来看(表3.35),1999—2014年,国家财政的投入也是不断增加的,无论是总量还是人均救济费都有了很大的提升,总量由1999年的79 082万元,增加到2014年的10 923 800万元,2014年是1999年的138.13倍,年均增速42.38%,人均农村社会救济费也从1999年的0.96元增加到2014年的176.57元,2014年是1999年的183.93倍。但是,从投入的总量来看,各年份的增速却不稳定,波动比较大,2000—2005年增长飞速,但2005年后增长速度不断下滑,到了2014年增长速度仅为2.16%。从农村社会救济费占民政事业费的比重来看,比重呈现出不断增长的趋势。农村社会救济费占国家财政支出的比重虽然逐年增加,但比重却较低,连1%的水平都没有达到。

表 3.35　农村社会救济投入

| 年份 | 农村社会救济费（万元） | 增速(%) | 农村人均社会救济费(元/人) | 农村最低生活保障平均支出水平(元/人、月) | 社会救济费占民政事业费比重(%) | 农村社会救济费占国家财政支出比重(%) |
| --- | --- | --- | --- | --- | --- | --- |
| 1999 | 79 082 | — | 0.96 | — | 4 | 0.06 |
| 2000 | 87 321 | 10.42 | 1.08 | — | 4 | 0.05 |
| 2001 | 109 063 | 24.90 | 1.37 | — | 3.8 | 0.06 |
| 2002 | 141 819 | 30.03 | 1.81 | — | 3.6 | 0.06 |
| 2003 | 238 222 | 67.98 | 3.10 | — | 4.1 | 0.10 |
| 2004 | 378 803 | 59.01 | 5.00 | — | 6.6 | 0.13 |
| 2005 | 798 604 | 110.82 | 10.71 | — | 11.1 | 0.24 |
| 2006 | 1 477 733 | 85.04 | 20.04 | 34.5 | 16.1 | 0.37 |
| 2007 | 1 897 915 | 28.43 | 26.09 | 38.8 | 15.6 | 0.38 |
| 2008 | 3 267 531 | 72.16 | 45.30 | 50.4 | 15.2 | 0.52 |
| 2009 | 4 878 911 | 49.31 | 68.44 | 68 | 22.4 | 0.64 |
| 2010 | 5 796 459 | 18.81 | 86.37 | 74 | 21.5 | 0.64 |
| 2011 | 9 589 200 | 65.43 | 146.05 | 106.1 | 29.7 | 0.88 |
| 2012 | 9 958 300 | 3.85 | 155.06 | 104.0 | 27 | 0.79 |
| 2013 | 10 692 700 | 7.37 | 169.83 | 116.1 | 25 | 0.76 |
| 2014 | 10 923 800 | 2.16 | 176.57 | 129.36 | 24.8 | 0.72 |

数据来源：根据各年《中国民政统计年鉴》《中国农村统计年鉴》《中国卫生和计划生育统计年鉴》《中国统计年鉴》计算获得。—表示数据无。2014年后的数据缺失。

因此，可以说国家财政对农村社会救济投入的绝对值增加非常快，但增速不稳定，增速下滑，且相对值不高。

**（二）县级基本社会保障投入的差距分析**

1. 城乡差距分析

从表3.36可见，2006—2016年，无论是城市还是农村，最低生活保障平均标准、最低生活保障平均支出水平都有了大幅度地提高，这说明在国家财政的大力支持下，城乡居民的最低生活保障水平在不断提高，但是城乡差距却有不断扩大的趋势。从城乡居民最低生活保障平均支出水平来看，城乡差由2006年的49.10元扩大到2015年169.39元，城乡比由2006年的2.42倍扩大到2008年的2.85倍，但2008年后有着不断缩小的趋势。

表 3.36 城乡居民最低生活保障平均支出水平、最低生活保障平均标准的比较

| 年份 | 城乡居民最低生活保障平均支出水平(元/人、月) | | | |
|---|---|---|---|---|
| | 城市 | 农村 | 城乡差 | 城乡比 |
| 2006 | 83.6 | 34.5 | 49.1 | 2.42 |
| 2007 | 102.7 | 38.8 | 63.9 | 2.65 |
| 2008 | 143.7 | 50.4 | 93.3 | 2.85 |
| 2009 | 172 | 68.0 | 104 | 2.53 |
| 2010 | 189 | 74.0 | 115 | 2.55 |
| 2011 | 240.3 | 106.1 | 134.2 | 2.26 |
| 2012 | 239.1 | 104.0 | 135.1 | 2.30 |
| 2013 | 264.2 | 116.1 | 148.1 | 2.28 |
| 2014 | 285.6 | 129.4 | 156.2 | 2.21 |
| 2015 | 316.6 | 147.21 | 169.39 | 2.15 |
| 2016 | — | — | — | — |

| 年份 | 城乡居民最低生活保障平均标准(元/人、月) | | | |
|---|---|---|---|---|
| | 城市 | 农村 | 城乡差 | 城乡比 |
| 2006 | 169.6 | 70.9 | 98.7 | 2.39 |
| 2007 | 182.4 | 70 | 112.4 | 2.61 |
| 2008 | 205.3 | 82.3 | 123 | 2.49 |
| 2009 | 227.8 | 100.8 | 127 | 2.26 |
| 2010 | 251.2 | 117 | 134.2 | 2.15 |
| 2011 | 287.6 | 143.2 | 144.4 | 2.01 |
| 2012 | 330.1 | 172.3 | 157.8 | 1.92 |
| 2013 | 373.3 | 202.8 | 170.5 | 1.84 |
| 2014 | 410.5 | 231.4 | 179.1 | 1.77 |
| 2015 | 450.1 | 264.85 | 185.25 | 1.70 |
| 2016 | 494.6 | 312 | 182.6 | 1.59 |

数据来源:根据各年《中国民政统计年鉴》整理计算获得。

同样,从城乡居民最低生活保障平均标准来看,标准在不断提高,这说明国家财政的投入在逐年加大,城乡居民的保障水平在不断提高,但城乡差距也在不断扩大之中,城乡差由 2006 年的 98.70 元扩大到 2016 年的 182.60 元,但城乡比率有所下降,从 2006 年的 2.39 下降到 2016 年 1.59。

## 2. 地区差距分析

新农合的筹资主要来自各级财政的补助、集体扶持和个人缴费,其中各级财政的补助占主导地位。从东部、中部、西部区域来看(表3.37),三个地区的新农合人均筹资水平都逐年提升,新农合保障水平不断提高,其中东部地区人均筹资水平最高,其次是西部地区,中部地区最低,成为中部"塌陷区"。这与地方经济发展水平以及各级财政对不同地区的补助水平有关。例如,2016年,各级财政对新农合的人均补助标准在2015年的基础上提高40元,达到420元,其中,中央财政对新增40元部分按照西部地区80%、中部地区60%的比例进行补助,对东部地区各省份分别按一定比例补助[1]。

从省际差距来看。2007—2014年,各省(自治区、直辖市)的新农合人均筹资水平都有了很大幅度的提高,但省际间的差距较大,两极分化较为严重,2007年,筹资水平最高的为上海市的389.92元,最低的为黑龙江省的36.95元,极差为352.97元;到了2014年,筹资水平最高的依然为上海市的1 710.0元,最低为青海省的378元,极差扩大到1 332元,标准差也从2007年的72.79元扩大到2014年的264.92元,两极分化不断扩大。但令人欣慰的是,变异系数从2007年的94.94%下降到2014年的54.47%,虽然2009年和2013年有所反弹,但总体是缩小的态势。

表3.37 新农合人均筹资的地区差距  单位:元/人

| 地区 | 2007年 | 2008年 | 2009年 | 2010年 | 2011年 | 2012年 | 2013年 | 2014年 |
| --- | --- | --- | --- | --- | --- | --- | --- | --- |
| 全国 | 58.04 | 108.77 | 113.36 | 156.6 | 246.2 | 308.5 | 370.6 | 410.9 |
| 东部 | 81.50 | 139.76 | 136.58 | 179.0 | 3722.6 | 4516.0 | 402.5 | 469.8 |
| 中部 | 48.82 | 102.01 | 103.18 | 147.8 | 1877.3 | 2352.0 | 355.6 | 393.6 |
| 西部 | 50.20 | 97.90 | 105.14 | 148.9 | 2904.6 | 3817.7 | 360.0 | 411.8 |
| 北京 | 257.17 | 357.82 | 433.37 | 555.4 | 637.2 | 707.3 | 893.9 | 1090.9 |
| 河北 | 50.09 | 103.14 | 103.69 | 140.0 | 232.1 | 294.7 | 346.2 | 396.7 |
| 山西 | 50.69 | 103.53 | 102.15 | 150.6 | 231.9 | 294.1 | 346.6 | 395.1 |
| 内蒙古 | 50.12 | 93.02 | 107.36 | 157.6 | 246.4 | 308.3 | 374.3 | 420.6 |
| 辽宁 | 59.36 | 110.02 | 108.35 | 158.4 | 234.9 | 295.5 | 354.0 | 407.9 |
| 吉林 | 41.90 | 76.76 | 101.79 | 150.4 | 231.1 | 290.5 | 362.8 | 414.6 |

---

[1] 2016年国家卫生计生委员会同财政部联合印发《关于做好2016年新型农村合作医疗工作的通知》(国卫基层发〔2016〕16号)。

(续表)

| 地区 | 2007年 | 2008年 | 2009年 | 2010年 | 2011年 | 2012年 | 2013年 | 2014年 |
|---|---|---|---|---|---|---|---|---|
| 黑龙江 | 36.95 | 65.72 | 102.11 | 151.2 | 230.6 | 295.3 | 354.3 | 392.9 |
| 上海 | 389.92 | 442.47 | 563.82 | 757.7 | 987.0 | 1 232.5 | 1 593.7 | 1 710.0 |
| 江苏 | 92.75 | 157.86 | 148.12 | 192.0 | 273.0 | 327.8 | 394.6 | 457.5 |
| 浙江 | 127.07 | 201.51 | 190.23 | 251.8 | 408.2 | 480.4 | 665.9 | 523.9 |
| 安徽 | 48.11 | 117.84 | 101.42 | 151.8 | 229.8 | 294.9 | 368.1 | 410.3 |
| 福建 | 67.82 | 113.59 | 103.35 | 152.8 | 235.0 | 298.8 | 350.2 | 400.5 |
| 江西 | 48.85 | 104.67 | 102.95 | 150.8 | 256.2 | 294.2 | 342.3 | 390.4 |
| 山东 | 63.32 | 112.95 | 103.16 | 135.2 | 232.6 | 307.2 | 361.5 | 378.9 |
| 河南 | 48.22 | 107.64 | 101.64 | 150.6 | 231.4 | 293.4 | 352.9 | 380.9 |
| 湖北 | 56.19 | 105.59 | 106.19 | 150.3 | 235.2 | 298.0 | 365.1 | 401.1 |
| 湖南 | 51.21 | 97.04 | 103.66 | 141.2 | 231.1 | 291.6 | 350.6 | 384.6 |
| 广西 | 41.42 | 92.32 | 104.73 | 150.4 | 230.6 | 292.8 | 344.2 | 392.8 |
| 海南 | 47.55 | 101.75 | 124.15 | 144.2 | 239.1 | 300.1 | 348.3 | 386.3 |
| 重庆 | 60.38 | 125.30 | 104.42 | 141.5 | 232.0 | 296.4 | 437.8 | 499.7 |
| 四川 | 48.58 | 99.84 | 104.76 | 149.0 | 234.3 | 295.9 | 347.3 | 397.9 |
| 贵州 | 46.34 | 93.56 | 103.44 | 146.4 | 225.4 | 291.5 | 334.0 | 393.6 |
| 云南 | 52.95 | 94.82 | 102.18 | 140.9 | 234.0 | 295.8 | 346.0 | 387.1 |
| 西藏 | 133.40 | 154.78 | 163.34 | 192.6 | 282.8 | 324.0 | 366.7 | 418.2 |
| 陕西 | 53.41 | 104.33 | 104.67 | 154.4 | 241.7 | 311.9 | 374.7 | 439.0 |
| 甘肃 | 50.98 | 94.46 | 102.80 | 146.3 | 232.9 | 292.6 | 343.7 | 514.6 |
| 青海 | 51.86 | 106.01 | 105.36 | 165.5 | 269.1 | 408.3 | 471.4 | 378.0 |
| 宁夏 | 49.07 | 97.29 | 104.29 | 145.7 | 237.0 | 385.1 | 434.8 | 499.3 |
| 新疆 | 47.85 | 75.88 | 115.46 | 158.3 | 238.2 | 315.1 | 371.7 | 440.7 |
| 均值 | 76.67 | 127.98 | 138.72 | 190.77 | 284.86 | 359.10 | 437.85 | 486.33 |
| 极差 | 352.97 | 376.75 | 462.4 | 622.5 | 761.6 | 942 | 1 259.7 | 1 332 |
| 标准差 | 72.79 | 79.18 | 101.45 | 131.37 | 154.36 | 184.59 | 245.90 | 264.92 |
| 变异系数(%) | 94.94 | 61.87 | 73.13 | 68.87 | 54.19 | 51.40 | 56.16 | 54.47 |

数据来源：根据各年《中国卫生和计划生育统计年鉴》整理计算获得。因天津、广东缺失数据较多，故予以剔除。

## 二、县级基本社会保障的产出分析

本书采用新农合补偿受益人次、城乡居民最低生活保障人数覆盖率、新农合参合率来表示县级基本公共服务的产出水平。

### (一) 县级基本社会保障产出的城乡差距分析

当城乡居民家庭人均收入低于当地政府公告的最低生活标准的时候,政府对贫困人口给予一定现金资助,以保证该家庭成员基本生活。

从表3.38可以看出,从城市层面来看,2000—2009年,城市居民最低生活保障人数的绝对值不断增加,但2009年后呈下滑趋势。从农村来看,2000—2013年保障人数的绝对值不断增加,2013年后有所下降,2000—2006年农村最低生活保障的人数远低于城市,但2006年后农村保障人数的绝对值超过了城市。

表3.38 城乡居民最低生活保障对比分析

| 年份 | 城市居民最低生活保障人数(万人) | 农村最低生活保障人数(万人) | 城市居民最低生活保障人数覆盖率(%) | 农村居民最低生活保障人数覆盖率(%) | 城乡差(%) | 城乡比 |
|---|---|---|---|---|---|---|
| 2000 | 402.6 | 300.21 | 0.88 | 0.37 | 0.51 | 2.38 |
| 2001 | 1 170.7 | 304.60 | 2.44 | 0.38 | 2.06 | 6.42 |
| 2002 | 2 064 | 407.83 | 4.11 | 0.52 | 3.59 | 7.90 |
| 2003 | 2 246.8 | 367.06 | 4.29 | 0.48 | 3.81 | 8.94 |
| 2004 | 2 205 | 488.01 | 4.06 | 0.64 | 3.42 | 6.34 |
| 2005 | 2 234.2 | 825.0 | 3.97 | 1.11 | 2.86 | 3.58 |
| 2006 | 2 240.1 | 1 593.1 | 3.84 | 2.18 | 1.66 | 1.76 |
| 2007 | 2 272.1 | 3 566.3 | 3.75 | 4.99 | −1.24 | 0.75 |
| 2008 | 2 334.8 | 4 305.5 | 3.74 | 6.12 | −2.38 | 0.61 |
| 2009 | 2 345.6 | 4 760.0 | 3.64 | 6.90 | −3.26 | 0.53 |
| 2010 | 2 310.5 | 5 214.0 | 3.45 | 7.77 | −4.32 | 0.44 |
| 2011 | 2 276.8 | 5 305.7 | 3.30 | 8.08 | −4.78 | 0.41 |
| 2012 | 2 143.5 | 5 344.5 | 3.01 | 8.32 | −5.31 | 0.36 |
| 2013 | 2 064.2 | 5 388.0 | 2.82 | 8.56 | −5.74 | 0.33 |
| 2014 | 1 877 | 5 207.2 | 2.51 | 8.42 | −5.91 | 0.30 |
| 2015 | 1 701.1 | 4 903.554 | 2.21 | 8.13 | −5.92 | 0.27 |
| 2016 | 1 480.34 | 4 586.46 | 1.87 | 7.78 | −5.91 | 0.24 |

数据来源:根据各年《中国民政统计年鉴》《中国统计年鉴》整理。

从城乡居民最低生活保障覆盖率来看,2000—2016 年,农村居民最低生活保障人数覆盖率不断攀升,由 2000 年的 0.37%上升到 2016 年的 7.78%,城市居民最低生活保障人数覆盖率在 2000—2003 年不断增长,但 2004 年后逐年下滑,城乡差在 2000—2003 年是上升态势,但 2004 年开始逐年下降,2016 年变成了-5.91%,农村居民最低生活保障覆盖率大幅度提高,超过了城市,与此同时,城乡比在 2000—2003 年是不断上升的,但 2004 年开始逐年下降,2016 年城乡比为 0.24。

总而言之,从城市和农村居民最低生活保障的对比情况来看,国家对农村居民最低生活保障的投入不断增加,覆盖率不断增加,城乡差距不仅大大缩小,而且覆盖率大大超过了城市。但这也从另一个侧面反映了农村与城市的收入水平差距,农村的贫困人口远远大于城市。

### (二)县级基本社会保障产出的地区差距分析

从新农合补偿受益人次的情况来看(见表 3.39),2007—2014 年,全国新农合补偿受益人次的总量不断增加,从 2007 年的 45 371.21 万人次增加到 2014 年的 165 220.6 万人次,增加了 3.64 倍,同时东、中、西部新农合补偿受益人次也均有了很大的提升。2007—2009 年,东部地区补偿受益人次最多,西部地区次之,中部地区最低;2009 年后,中部地区的补偿受益人次有了大幅度的增加,2010 年,中部地区最高,东部地区次之,西部地区最低;2011—2013 年,东部地区的新农合补偿受益人次最高,中部地区次之,西部地区最低;但到了 2014 年,东部地区新农合补偿受益人次下降幅度较大,为最低,中部地区最高,西部地区次之。

表 3.39 新农合补偿受益人次的地区比较　　　　单位:万人次

| 年份 | 2007 年 | 2008 年 | 2009 年 | 2010 年 | 2011 年 | 2012 年 | 2013 年 | 2014 年 |
| --- | --- | --- | --- | --- | --- | --- | --- | --- |
| 全国 | 45 371.21 | 58 521.08 | 75 896.15 | 108 666 | 131 504.3 | 174 507.3 | 194 218.8 | 165 220.6 |
| 东部 | 21 799 | 27 102.6 | 33 034.53 | 38 637.7 | 54 063.3 | 65 379.5 | 72 406.1 | 27 788.2 |
| 中部 | 9 566.51 | 12 534.34 | 19 524.48 | 40 724.9 | 38 839.2 | 59 927.3 | 70 332.3 | 83 647.9 |
| 西部 | 14 005.7 | 18 884.15 | 23 337.14 | 29 303.3 | 38 601.8 | 49 200.6 | 51 480.4 | 53 784.5 |
| 北京 | 200.52 | 277.51 | 456.23 | 694.5 | 672.9 | 565.6 | 562.9 | 582.3 |
| 河北 | 1 346.18 | 1 797.38 | 2 259.9 | 6 592.9 | 10 061.9 | 12 406.7 | 13 350.1 | 13 606.8 |
| 山西 | 796.01 | 1 006.74 | 1 130.03 | 2 570.6 | 3 172.8 | 3 598.4 | 4 105.6 | 4 062.0 |
| 内蒙古 | 472.95 | 489.14 | 576.3 | 894.3 | 835 | 823.1 | 958.7 | 849.0 |

（续表）

| 年份 | 2007年 | 2008年 | 2009年 | 2010年 | 2011年 | 2012年 | 2013年 | 2014年 |
|---|---|---|---|---|---|---|---|---|
| 辽宁 | 1 074.85 | 1 308.77 | 1 251.6 | 1 399.9 | 1 639.6 | 2 151.2 | 2 453.3 | 2 734.9 |
| 吉林 | 377.76 | 525.68 | 691.72 | 627.9 | 709.4 | 977.8 | 665 | 674.2 |
| 黑龙江 | 670.94 | 720.09 | 758.76 | 1 181.6 | 1 573.1 | 1 960.7 | 2 457.2 | 2 720.9 |
| 上海 | 1 066.93 | 1 561.13 | 1 594.3 | 2 035.2 | 1 926.8 | 1 570.8 | 1 683.4 | 1 707.3 |
| 江苏 | 5 853.51 | 7 076.08 | 8 323.16 | 8 956.7 | 9 698 | 12 271.6 | 14 449.2 | 15 747.6 |
| 浙江 | 3 257.09 | 3 976.79 | 5 905.08 | 7 758.4 | 9 451 | 11 231.6 | 12 714.2 | 5 263.5 |
| 安徽 | 1 087.87 | 1 798.43 | 2 489.16 | 4 260.2 | 6 379.8 | 10 071.6 | 10 382.2 | 10 226.7 |
| 福建 | 116.68 | 213.53 | 213.94 | 278.5 | 396.2 | 831.7 | 1 441.8 | 1 752.6 |
| 江西 | 511.04 | 798.96 | 1 288.43 | 1 968.4 | 2 567.5 | 4 079.9 | 5 114.6 | 5 621.0 |
| 山东 | 7 302.98 | 8 888.91 | 12 624.98 | 14 605.7 | 16 711.9 | 23 243.4 | 24 655.5 | 25 098.9 |
| 河南 | 3 130.55 | 3 649.83 | 4 950.68 | 11 544.6 | 9 829.6 | 19 766.6 | 27 128.6 | 26 640.0 |
| 湖北 | 2 078.45 | 2 698.94 | 3 364.38 | 8 659.9 | 10 915.5 | 13 854.6 | 14 256.3 | 13 619.3 |
| 湖南 | 913.9 | 1 335.67 | 2 159.11 | 2 685.5 | 3 691.5 | 5 617.7 | 6 222.9 | 5 318.9 |
| 广西 | 1 013.03 | 1 575.1 | 1 772.25 | 2 448.3 | 3 194.3 | 5 209.5 | 5 564.9 | 1 158.0 |
| 海南 | 68.47 | 114.95 | 432.31 | 633.3 | 698.8 | 827.2 | 1 095.7 | 2 787.3 |
| 重庆 | 1 737.29 | 2 687.25 | 2 919.41 | 2 461 | 3 193.8 | 3 127.3 | 2 243.1 | 15 722.8 |
| 四川 | 2 664.97 | 2 714.54 | 2 387.57 | 4 905.8 | 9 886.1 | 14 476.1 | 14 698.6 | 5 755.3 |
| 贵州 | 1 314.9 | 1 874.61 | 3 573.96 | 3 949.9 | 4 408.9 | 4 887.9 | 5 520.5 | 10 040.2 |
| 云南 | 4 057 | 5 934.66 | 7 582.62 | 8 043.5 | 7 861.9 | 9 190.4 | 10 041.2 | 551.0 |
| 西藏 | 488.34 | 385.24 | 339.89 | 393.4 | 422.7 | 477.6 | 698.8 | 5 229.5 |
| 陕西 | 357.94 | 814.59 | 1 395.44 | 2 433 | 3 641.9 | 4 544.3 | 4 942.6 | 261.0 |
| 甘肃 | 846.83 | 1 050.45 | 1 296.7 | 2 132.4 | 3 068 | 3 901.5 | 3 884.3 | 3 634.2 |
| 青海 | 207.64 | 247.56 | 256.62 | 275.1 | 208.7 | 335.2 | 300.9 | 830.3 |
| 宁夏 | 113.37 | 264.53 | 376.98 | 535.8 | 740.4 | 837.7 | 831.9 | 2 064.3 |
| 极差 | 7 234.51 | 8 773.96 | 12 411.04 | 14 330.6 | 16 503.2 | 22 908.6 | 26 877.7 | 26 379 |
| 标准差 | 1 766.62 | 2 172.44 | 2 910.57 | 3 777.03 | 4 318.60 | 6 251.84 | 7 218.48 | 7 233.88 |
| 变异系数(%) | 114.69 | 109.04 | 112.61 | 100.79 | 94.80 | 101.28 | 105.04 | 109.93 |

数据来源：根据各年《中国卫生和计划生育统计年鉴》整理计算获得。因天津、广东、新疆的缺失数据较多，故予以剔除。2015年后各省数据缺失严重。

从各省(自治区、直辖市)的情况来看,2007—2013年,几乎所有省(自治区、直辖市)的新农合补偿受益人次都有了不同程度的提高,但2014年有升有降,省际两极分化非常严重。2007年,山东省的补偿受益人次最高,为7 302.98万人次,最低为海南的68.47万人次,极差为7 234.51万人次,随后极差逐步扩大,2014年补偿受益人次最高的为河南省的26 640.0万人次,最低为陕西省的261万人次,最高与最低相差26 379万人次。标准差也从2007年的1 766.62万人次扩大到2014年的7 233.88万人次。变异系数2007年为114.69%,虽然在以后年份中有所降低,但都是在较高位运行;2014年,变异系数下降到109.93%,省际间的差距依然较大。

诚然,新农合补偿受益人次两极分化严重、地区间和省际差距较大,除了各地经济发展水平的差距外,与各地区农业人口所占的比重也有很大的关系。

从新农合参合率的指标来看(表3.40),从全国的情况来看,2007—2011年是处于增长态势,但2011后有所下滑。从东部、中部、西部地区情况来看,东部地区参合率在2008年后逐年下降,西部地区在2007—2014年一直处于增长趋势,中部地区在2007—2010年处于上升趋势,但在2011—2012年短暂下滑,随后又处于增长态势;2007—2008年,东部地区的参合率最高,西部地区次之,最低为中部地区;2009—2014年,中部地区的参合率最高,西部地区次之,东部地区最低。

表3.40 新农合参合率的地区比较 单位:%

| 地区 | 2007年 | 2008年 | 2009年 | 2010年 | 2011年 | 2012年 | 2013年 | 2014年 |
|---|---|---|---|---|---|---|---|---|
| 全国 | 82.76 | 92.47 | 94.35 | 94.35 | 93.95 | 91.66 | 91.56 | 84.38 |
| 东部 | 96.98 | 104.11 | 86.30 | 82.09 | 86.45 | 88.34 | 85.94 | 38.44 |
| 中部 | 73.64 | 86.48 | 105.36 | 106.87 | 100.56 | 91.35 | 92.79 | 110.59 |
| 西部 | 78.95 | 87.82 | 89.92 | 91.97 | 93.55 | 95.22 | 95.53 | 97.74 |
| 北京 | 94.23 | 97.47 | 100.28 | 103.69 | 104.71 | 103.53 | 101.16 | 99.55 |
| 河北 | 86.08 | 94.72 | 96.65 | 100.41 | 100.38 | 99.93 | 101.42 | 102.54 |
| 山西 | 77.91 | 89.88 | 90.89 | 92.93 | 93.49 | 94.22 | 93.92 | 94.06 |
| 内蒙古 | 78.28 | 81.41 | 82.56 | 83.72 | 84.96 | 85.25 | 87.09 | 89.43 |
| 辽宁 | 87.54 | 91.87 | 93.09 | 93.54 | 95.10 | 95.04 | 96.52 | 95.98 |
| 吉林 | 70.72 | 81.88 | 83.84 | 84.05 | 91.26 | 92.57 | 94.66 | 92.82 |
| 黑龙江 | 62.92 | 68.16 | 68.89 | 70.63 | 71.83 | 74.14 | 78.80 | 80.33 |
| 上海 | 102.69 | 101.67 | 101.22 | 94.68 | 97.10 | 77.47 | 73.34 | 70.91 |

（续表）

| 地区 | 2007年 | 2008年 | 2009年 | 2010年 | 2011年 | 2012年 | 2013年 | 2014年 |
|---|---|---|---|---|---|---|---|---|
| 江苏 | 108.88 | 113.13 | 118.37 | 118.90 | 123.65 | 123.01 | 125.07 | 133.08 |
| 浙江 | 90.69 | 93.63 | 92.61 | 90.64 | 87.92 | 87.75 | 67.91 | 41.92 |
| 安徽 | 68.13 | 86.29 | 88.15 | 90.05 | 92.60 | 94.59 | 96.42 | 96.81 |
| 福建 | 94.32 | 100.01 | 101.72 | 103.12 | 104.53 | 103.64 | 104.23 | 104.18 |
| 江西 | 75.11 | 87.90 | 90.96 | 91.85 | 190.50 | 93.51 | 94.92 | 93.5 |
| 山东 | 101.58 | 108.49 | 109.11 | 114.94 | 57.39 | 116.31 | 116.36 | 117.39 |
| 河南 | 73.11 | 88.52 | 89.79 | 90.78 | 91.70 | 93.74 | 95.02 | 95.95 |
| 湖北 | 85.56 | 94.75 | 103.41 | 97.24 | 96.37 | 96.10 | 97.33 | 98.12 |
| 湖南 | 73.54 | 83.47 | 84.87 | 89.51 | 84.01 | 84.29 | 85.12 | 85.60 |
| 广西 | 68.05 | 84.82 | 88.49 | 88.62 | 91.18 | 91.44 | 93.37 | 102.86 |
| 海南 | 87.67 | 88.12 | 86.97 | 85.93 | 86.44 | 86.03 | 86.78 | 87.80 |
| 重庆 | 76.63 | 85.46 | 93.65 | 100.18 | 108.39 | 106.75 | 106.54 | 106.01 |
| 四川 | 77.01 | 91.60 | 92.08 | 94.57 | 94.96 | 94.51 | 96.05 | 96.32 |
| 贵州 | 77.97 | 83.64 | 84.93 | 86.23 | 86.59 | 90.24 | 89.67 | 89.80 |
| 云南 | 85.07 | 87.58 | 88.46 | 90.31 | 90.82 | 98.12 | 97.03 | 100.46 |
| 西藏 | 104.78 | 94.94 | 95.41 | 95.90 | 94.34 | 92.42 | 92.58 | 94.99 |
| 陕西 | 88.86 | 92.01 | 95.39 | 101.17 | 104.51 | 107.27 | 103.89 | 106.15 |
| 甘肃 | 87.14 | 93.19 | 94.60 | 95.00 | 95.23 | 97.53 | 97.68 | 97.83 |
| 青海 | 87.01 | 89.15 | 88.10 | 88.64 | 93.73 | 97.42 | 109.62 | 63.68 |
| 宁夏 | 82.30 | 91.20 | 91.61 | 92.92 | 92.75 | 90.55 | 88.70 | 89.40 |
| 新疆 | 71.65 | 80.45 | 82.22 | 82.11 | 83.47 | 84.65 | 84.75 | 83.26 |
| 极差 | 45.96 | 53.68 | 52.42 | 48.27 | 133.11 | 74.59 | 57.16 | 91.16 |
| 标准差 | 11.71 | 8.73 | 9.24 | 9.50 | 21.51 | 10.33 | 11.72 | 16.23 |
| 变异系数(%) | 14.10 | 9.64 | 10.01 | 10.16 | 22.36 | 10.88 | 12.34 | 17.36 |

数据来源：根据各年《中国卫生和计划生育统计年鉴》整理计算获得。天津、广东的缺失数据较多，故予以剔除。

从省际的情况来看，2007年，参合率最高的是江苏省的108.88%，最低为黑龙江的62.92%，最高与最低相差为45.96%，2014年，参合率最高的依然是江苏省的133.08%，最低为浙江省的41.92%，两者极差为91.16%，两极分化呈扩大态势。与此同时,标准差也从 2007 年的 11.71 扩大到 2014 年的 16.23,变异系数在 2007—2014 年虽然在某些年份有些回落,但总体趋势呈上升态势,上升幅度却不大。

从各地区农村最低生活保障人数覆盖率指标来看(见表 3.41),全国和绝大多数地区都处于上升趋势,但北京、上海等经济发达地区近年来有所回落,这与这些地区农村人口减少、人民生活水平提高有着一定的关联性。2005 年,农村最低生活保障人数覆盖率最高的是上海市的 5.62%,最低是宁夏的 0.02%,两者极差为 5.6%。2014 年,这一指标最高的是甘肃的 22.43%,最低为上海市的 1.18%,两者相差 21.25%,极差不断扩大。虽然两极分化有增加的现象,但是近年来,国家将西部地区作为扶贫的重点,支持的力度加大,西部地区的覆盖率增长非常快,但另一方面也说明西部地区经济发展较为落后,总体来说,贫困人口较多。与此同时,2005—2014 年变异系数从 2005 年的 109.56% 下降到 2013 年的 57.59%,虽然 2014 年又上升到了 88.93%,但总体上来看,变异系数是不断下降的,省际的差距在不断缩小。

表 3.41 各地区农村最低生活保障人数覆盖率　　　　　　　单位:%

| 地区 | 2005 年 | 2006 年 | 2007 年 | 2008 年 | 2009 年 | 2010 年 | 2011 年 | 2012 年 | 2013 年 | 2014 年 |
| --- | --- | --- | --- | --- | --- | --- | --- | --- | --- | --- |
| 全国 | 1.11 | 2.16 | 4.90 | 5.97 | 6.68 | 7.06 | 8.08 | 8.32 | 8.39 | 8.42 |
| 北京 | 3.10 | 3.06 | 3.07 | 3.08 | 3.03 | 2.92 | 2.51 | 2.20 | 2.08 | 1.75 |
| 天津 | 1.23 | 1.43 | 1.66 | 1.95 | 2.69 | 3.19 | 3.70 | 3.89 | 4.12 | 3.77 |
| 河北 | 0.81 | 1.57 | 3.75 | 4.22 | 4.39 | 4.77 | 5.29 | 5.36 | 5.72 | 5.61 |
| 山西 | 1.05 | 3.72 | 4.45 | 5.47 | 6.54 | 7.14 | 7.57 | 8.55 | 8.51 | 8.35 |
| 内蒙古 | 0.48 | 3.47 | 7.56 | 9.77 | 10.73 | 10.24 | 10.81 | 11.74 | 11.91 | 12.05 |
| 辽宁 | 2.49 | 2.96 | 5.10 | 5.21 | 5.39 | 5.45 | 5.94 | 6.09 | 5.86 | 5.58 |
| 吉林 | 2.26 | 5.35 | 6.07 | 5.92 | 7.70 | 7.63 | 7.64 | 6.05 | 6.36 | 6.35 |
| 黑龙江 | — | 4.11 | 5.02 | 5.48 | 6.10 | 6.62 | 7.28 | 7.23 | 7.36 | 7.29 |
| 上海 | 5.62 | 6.11 | 5.63 | 5.43 | 4.64 | 3.71 | 2.68 | 1.32 | 1.29 | 1.18 |
| 江苏 | 2.34 | 2.89 | 3.20 | 3.68 | 4.05 | 4.07 | 4.71 | 4.71 | 4.44 | 4.30 |
| 浙江 | 2.44 | 2.29 | 2.44 | 2.58 | 2.59 | 2.63 | 2.82 | 2.81 | 2.73 | 2.62 |
| 安徽 | 0.64 | 0.71 | 3.79 | 5.10 | 6.00 | 6.05 | 6.58 | 6.70 | 6.74 | 6.75 |
| 福建 | 3.93 | 3.64 | 3.67 | 3.79 | 3.99 | 4.14 | 4.66 | 4.86 | 4.86 | 5.08 |
| 江西 | — | 3.93 | 5.70 | 5.81 | 6.07 | 5.95 | 6.16 | 6.36 | 6.80 | 7.52 |

(续表)

| 地区 | 2005年 | 2006年 | 2007年 | 2008年 | 2009年 | 2010年 | 2011年 | 2012年 | 2013年 | 2014年 |
|---|---|---|---|---|---|---|---|---|---|---|
| 山东 | 0.70 | 0.96 | 3.45 | 3.80 | 4.09 | 4.96 | 5.06 | 5.44 | 5.64 | 5.86 |
| 河南 | 0.82 | 3.14 | 4.18 | 4.45 | 6.16 | 6.25 | 6.55 | 6.89 | 7.22 | 7.70 |
| 湖北 | 0.27 | 0.47 | 4.43 | 4.77 | 5.78 | 6.89 | 8.29 | 8.59 | 8.77 | 8.60 |
| 湖南 | 0.80 | 1.27 | 3.78 | 6.90 | 7.22 | 7.18 | 7.20 | 7.83 | 8.17 | 9.25 |
| 广东 | 3.47 | 3.89 | 3.97 | 4.59 | 4.85 | 5.22 | 5.23 | 5.15 | 4.73 | 4.63 |
| 广西 | 0.14 | 1.20 | 5.97 | 6.07 | 9.20 | 10.69 | 12.03 | 12.59 | 13.08 | 12.82 |
| 海南 | 1.95 | 3.40 | 3.96 | 4.48 | 4.97 | 5.25 | 5.63 | 5.77 | 5.72 | 5.14 |
| 重庆 | 0.08 | 0.29 | 4.94 | 5.49 | 8.43 | 8.45 | 7.72 | 5.87 | 4.95 | 4.16 |
| 四川 | 1.18 | 2.94 | 4.26 | 6.83 | 7.90 | 7.86 | 9.08 | 9.53 | 9.64 | 9.73 |
| 贵州 | 0.28 | 0.28 | 9.50 | 12.03 | 12.13 | 20.08 | 23.53 | 23.15 | 21.53 | 19.81 |
| 云南 | 0.08 | 0.47 | 8.10 | 10.12 | 11.23 | 12.53 | 13.78 | 15.47 | 16.50 | 16.71 |
| 西藏 | 0.08 | 0.11 | 11.30 | 10.36 | 10.41 | 10.41 | 9.83 | 13.82 | 13.82 | 13.71 |
| 陕西 | 3.44 | 4.14 | 8.77 | 10.45 | 10.82 | 10.68 | 11.18 | 10.95 | 10.66 | 10.14 |
| 甘肃 | 0.13 | 3.24 | 9.63 | 18.14 | 16.52 | 18.41 | 19.98 | 21.79 | 21.74 | 22.43 |
| 青海 | — | — | 10.43 | 10.54 | 11.74 | 11.74 | 13.14 | 13.28 | 13.38 | 12.70 |
| 宁夏 | 0.02 | 1.10 | 6.94 | 8.08 | 9.05 | 9.85 | 11.84 | 11.41 | 11.97 | 12.76 |
| 新疆 | 0.33 | 0.21 | 10.19 | 10.10 | 10.02 | 10.27 | 10.82 | 10.86 | 10.78 | 10.70 |
| 极差 | 5.60 | 6.00 | 9.64 | 16.19 | 13.93 | 17.45 | 21.02 | 21.83 | 20.45 | 21.25 |
| 标准差 | 1.42 | 1.65 | 2.54 | 3.37 | 3.24 | 4.04 | 4.65 | 5.02 | 4.96 | 6.00 |
| 变异系数(%) | 109.56 | 70.52 | 44.96 | 50.99 | 44.79 | 51.93 | 55.61 | 58.43 | 57.59 | 88.93 |

数据来源：根据各年《中国民政统计年鉴》《中国统计年鉴》计算获得。—表示未获得数据。

## 第五节 县级基础设施供给的统计分析

基础设施是为了整个社会生产、消费提供的"共同生产条件"和"共同流通条件"[1]，是国民经济的基础，大部分的基础设施都具有外部性和自然垄断的特点，而且投资规模大，建设周期长，为此需要政府进行干预和提供财力支持。

---

[1] 卡尔·马克思：《马克思恩格斯全集》，人民出版社1980年版，第46卷(下)，第241页。

基础设施内容较多,主要可以分为公共设施——电力、电信、自来水、卫生设施与排污、固定废弃物的收集与处理及管道煤气;公共工程——公路、大坝和灌溉及排水用的渠道工程、公共绿化等;其他交通部门——城市铁路、城市交通、港口、内河航道及机场等[1]。由于基础设施内容的庞杂,不可能面面俱到,由于数据的可获得性和可靠性以及研究篇幅的限制,本书主要对县城、建制镇和乡的公用设施投资情况进行分析,没有包括村级;从产出的角度,主要是对县城的道路、供水、燃气、公共绿地主要基础设施的产出进行统计分析。数据来源主要来自《中国城乡建设统计年鉴》。

## 一、县级基础设施的投入分析

### (一) 总量投入

投资性支出是基础设施的主要资金来源,固定资产投资的资金来源主要包括中央财政、地方财政的拨款、银行贷款、债券、利用外资、自筹资金等,其中财政性资金的投入占主导地位。

从县域公用设施固定资产投资的情况来看,2001—2016年,县城的固定资产投资总额从2001年的306.40亿元增加到2016年的3190.90亿元,翻了10.58倍,年均增速19.35%,但增速波动较大,不稳定,时而增长,时而下降,特别是2012年后,下降幅度较大,2013年和2015年为负增长,2016年的增速只有5.97%。同样,2006—2016年,建制镇和乡的公用设施固定资产投资总量均有了一定程度的增长,镇的固定资产投资总额从2006年的579.99亿元,增加到2016年的1697.09亿元,增长了2.93倍;乡级固定资产投资总额从2006年的65.52亿元,增长到2016年136.01亿元,2016年是2006年的2.08倍,但同样两者的增速波动较大,特别是乡级,在2011年和2014年还出现了负增长(见表3.42)。

表3.42 县域市政公用设施固定资产投资概况　　　　单位:亿元

| 年份 | 县城 | 增速(%) | 镇 | 增速(%) | 乡 | 增速(%) | 县镇差 | 县乡差 | 镇乡差 |
|---|---|---|---|---|---|---|---|---|---|
| 2001 | 306.4 | — | — | — | — | — | — | — | — |
| 2002 | 377.1 | 23.07 | — | — | — | — | — | — | — |
| 2003 | 518.1 | 37.39 | — | — | — | — | — | — | — |

---

[1] 蒋洪主编:《公共经济学》,上海财经大学出版社2006年版,第211页。

(续表)

| 年份 | 县城 | 增速(%) | 镇 | 增速(%) | 乡 | 增速(%) | 县镇差 | 县乡差 | 镇乡差 |
|---|---|---|---|---|---|---|---|---|---|
| 2004 | 619.2 | 19.51 | — | — | — | — | — | — | — |
| 2005 | 682.8 | 10.27 | — | — | — | — | — | — | — |
| 2006 | 755.2 | 10.60 | 579.99 | — | 65.52 | — | 175.21 | 689.68 | 514.47 |
| 2007 | 833.0 | 10.30 | 613.85 | 5.84 | 75.19 | 14.76 | 219.15 | 757.81 | 538.66 |
| 2008 | 1 126.7 | 35.26 | 725.75 | 18.23 | 99.49 | 32.32 | 400.95 | 1 027.21 | 626.26 |
| 2009 | 1 682.9 | 49.37 | 797.96 | 9.95 | 100.93 | 1.45 | 884.94 | 1 581.97 | 697.03 |
| 2010 | 2 559.8 | 52.11 | 1 028.10 | 28.84 | 129.38 | 28.19 | 1 531.7 | 2 430.42 | 898.72 |
| 2011 | 2 872.6 | 12.22 | 1 168.14 | 13.62 | 122.32 | −5.46 | 1 704.46 | 2 750.28 | 1 045.82 |
| 2012 | 3 887.7 | 35.34 | 1 347.57 | 15.36 | 152.33 | 24.53 | 2 540.13 | 3 735.37 | 1 195.24 |
| 2013 | 3 683.0 | −5.27 | 1 602.85 | 18.94 | 153.49 | 0.76 | 2 080.15 | 3 529.51 | 1 449.36 |
| 2014 | 3 690.4 | 0.20 | 1 662.89 | 3.75 | 132.03 | −13.98 | 2 027.51 | 3 558.37 | 1 530.86 |
| 2015 | 3 011.2 | −18.40 | 1 645.87 | −1.02 | 134.15 | 1.61 | 1 365.33 | 2 877.05 | 1 511.72 |
| 2016 | 3 190.9 | 5.97 | 1 697.09 | 3.11 | 136.01 | 1.39 | 1 493.81 | 3 054.89 | 1 561.08 |

数据来源：根据各年《中国城乡建设统计年鉴》整理计算获得。—表示未获得数据。

**（二）县域基础设施投入的城乡差距**

从表 3.42 可以看出，2006—2012 年，县城、镇、乡的公用设施的固定资产投资都有了不同程度的增长，但镇、乡的增速低于县城，2012 年后，固定资产投资明显下滑。县镇差、县乡差和镇乡差比较大，这也恰恰反映了县域公用设施内部之间的差距和城乡之间的差距。2006—2016 年，县城和镇之间的投资差距从 2006 年的 175.21 亿元提高到 2016 年 1 493.81 亿元；县城和乡之间的投资差距由 2006 年的 689.68 亿元增加到 2016 年的 3 054.89 亿元；建制镇和乡之间的投资差距从 2006 年的 514.47 亿元提高到 2016 年的 1 561.08 亿元，差距呈不断扩大的态势，其中，属于农村的建制镇和乡之间的投资差距最小，县和建制镇之间的投资差距次之，县和乡之间的投资差距最大。

在县域与大城市之间，县域代表着农村，但在县域内部，县城代表着城市，从以上数据分析可以基本判断，县域与大城市之间具有城乡二元的区别，但在县域内部，城乡二元体制的差别也特别明显，这一点在县域内部的公用设施固定资产投资方面表现得淋漓尽致，随着向县域腹地的深入，基础设施的差距越大。因此，推进城乡一体化，化解城乡二元公共服务供给体制的矛盾，推进城乡公共服务的均等化，最大难点在县域，重点和着力点也在县域。

### (三) 县域基础设施投入的地区差距

根据目前所取得的资料情况,本书以 2006 年、2013 年和 2016 年各省(自治区、直辖市)县域公用设施财政性资金的投入来加以分析(见表 3.43)。从县城层面来看,2006 年,县城财政性资金投入量最大的是山东省,为 341 257 万元,最低为青海省的 15 149 万元,两者相差 326 108 万元,两极分化相当严重;2013 年,财政性资金投入量最大的是安徽省,为 1 733 077 万元,最低为吉林省的 13 455 万元,两者相差 1 719 622 万元,极差进一步扩大;2016 年,县城财政性资金投入量最大的依然是安徽省的 2 234 240 万元,最低为海南省的 14 538 万元,最高与最低相差 2 219 702 万元,极差进一步扩大,两极分化愈加严重。与此同时,变异系数却一直上升,2006 年,县城公用设施财政性投资的变异系数为 70.96%,2013 年为 96.02%,2016 年又上升到 115.63%,省际间差距呈不断扩大的趋势。

从建制镇层面来看,2006 年,镇公用设施财政性资金投入量最高的是江苏省,为 615 979 万元,最低的省份是青海省的 11 441 万元,最高与最低相差 604 538 万元;2013 年,最高为江苏省的 2 000 507 万元,最低是甘肃省的 27 528 万元,两者相差 1 972 979 万元;2016 年,投资最高的依然是江苏省的 2 279 657 万元,最低是黑龙江省的 13 237 万元,两者相差 2 266 420 万元,极差逐年扩大,两极分化日益严重。与此同时,变异系数从 2006 年的 105.94%,扩大到 2013 年的 157.93%,2016 年为 134.8%,2013 年后省际差距有所缩小。

从乡级层面来看,绝大多数省份乡级公用设施财政性资金的投入都低于县城、建制镇。2006 年,投资最高的省份是新疆的 66 394 万元,最低是广东省的 252 万元,两者相差 66 142 万元;2013 年,财政性资金投入最高的依然是新疆的 77 261 万元,最低是广东省的 234 万元,两者相差 77 027 万元;到了 2016 年,财政性资金投入最高的还是新疆的 121 287 万元,最低仍然是广东的 350 万元,两者相差 120 937 万元,极差进一步扩大。之所以相差较大,可能是国家加大了对西部地区农村基础设施的投入,而作为发达地区的广东省的乡级公用设施投资方面,社会资本的投入可能会更多。与此同时,变异系数也从 2006 年的 69.77%,扩大到 2013 年的 79.64%,2016 年的 91.20%,省际的差距进一步扩大。

总而言之,从以上分析可以得出这样的结论:(1)绝大多数省份县城的公用设施基础设施投资大于乡镇;(2)属于农村范畴的建制镇和乡之间的财政性投资差距最小,县和建制镇之间的投资差距次之,县和乡之间的投资差距最大,城乡公用设施财政性投资的差距较大,随着向县域腹地的深入,基础设施的投资差距越大;(3)从省际情况来看,无论是县城、建制镇和乡级,省际公用设施财政性投资的差距都呈现不断扩大的趋势。

表 3.43 县域地区间公用设施财政性资金的投入概况

单位：万元

| 地区 | 2006 年 | | | 2013 年 | | | 2016 年 | | |
|---|---|---|---|---|---|---|---|---|---|
| | 县城 | 镇 | 乡 | 县城 | 镇 | 乡 | 县城 | 镇 | 乡 |
| 河北 | 248 356 | 101 165 | 3 609 | 546 420 | 38 964 | 9 659 | 416 898 | 122 415 | 20 597 |
| 山西 | 107 672 | 43 361 | 32 298 | 536 189 | 38 025 | 4 006 | 409 267 | 15 007 | 3 348 |
| 内蒙古 | 141 922 | 118 324 | 30 078 | 214 335 | 91 538 | 8 735 | 171 473 | 130 313 | 36 632 |
| 辽宁 | 35 988 | 89 498 | 9 866 | 118 397 | 107 371 | 10 143 | 54 637 | 118 923 | 7 295 |
| 吉林 | 39 960 | 125 905 | 36 227 | 13 455 | 70 391 | 7 203 | 60 603 | 60 165 | 4 283 |
| 黑龙江 | 42 995 | 84 921 | 14 953 | 212 393 | 43 599 | 11 129 | 77 858 | 13 237 | 3 034 |
| 江苏 | 163 775 | 615 979 | 12 759 | 306 829 | 2 000 507 | 25 646 | 127 621 | 2 279 657 | 14 577 |
| 浙江 | 198 301 | 591 112 | 55 447 | 339 685 | 881 273 | 36 158 | 352 005 | 954 183 | 31 999 |
| 安徽 | 145 778 | 234 541 | 50 284 | 1 733 077 | 493 350 | 25 632 | 2 234 240 | 427 913 | 28 531 |
| 福建 | 41 765 | 147 092 | 31 035 | 1 243 319 | 348 714 | 20 905 | 577 894 | 165 831 | 33 349 |
| 江西 | 132 825 | 82 177 | 37 029 | 677 035 | 95 823 | 17 922 | 1 131 431 | 292 806 | 44 916 |
| 山东 | 341 257 | 488 145 | 54 884 | 1 256 402 | 1 575 440 | 48 732 | 577 674 | 1 522 006 | 15 373 |
| 河南 | 146 629 | 130 288 | 30 016 | 818 613 | 67 698 | 20 644 | 1 450 524 | 99 439 | 26 677 |
| 湖北 | 85 729 | 111 930 | 11 506 | 207 620 | 162 353 | 14 414 | 367 954 | 420 378 | 27 886 |
| 湖南 | 264 472 | 228 697 | 64 141 | 320 473 | 137 019 | 41 298 | 104 971 | 327 840 | 46 287 |
| 广东 | 56 116 | 329 624 | 252 | 31 937 | 597 969 | 234 | 59 633 | 782 512 | 350 |

（续表）

| 地区 | 2006年 | | | 2013年 | | | 2016年 | | |
|---|---|---|---|---|---|---|---|---|---|
| | 县城 | 镇 | 乡 | 县城 | 镇 | 乡 | 县城 | 镇 | 乡 |
| 广西 | 62 322 | 34 099 | 12 305 | 314 966 | 69 465 | 15 341 | 363 517 | 210 649 | 24 516 |
| 海南 | 26 475 | 26 448 | 774 | 19 895 | 58 002 | 1 900 | 14 538 | 44 884 | 3 427 |
| 重庆 | 104 925 | 67 957 | 29 077 | 533 051 | 130 720 | 13 125 | 209 174 | 172 462 | 16 906 |
| 四川 | 174 209 | 189 611 | 52 331 | 720 684 | 229 608 | 42 856 | 721 034 | 390 035 | 53 217 |
| 贵州 | 36 521 | 63 936 | 29 532 | 99 526 | 272 464 | 47 840 | 182 506 | 512 672 | 55 670 |
| 云南 | 204 256 | 85 192 | 5 945 | 156 889 | 85 017 | 30 792 | 380 015 | 188 403 | 73 775 |
| 陕西 | 86 489 | 63 512 | 28 191 | 830 303 | 181 092 | 6 769 | 192 214 | 363 703 | 13 109 |
| 甘肃 | 49 974 | 46 807 | 26 315 | 114 863 | 27 528 | 16 457 | 1 144 710 | 68 146 | 22 344 |
| 青海 | 15 149 | 11 441 | 6 125 | 258 578 | 79 832 | 37 829 | 143 997 | 26 533 | 14 333 |
| 宁夏 | 57 319 | 16 129 | 14 595 | 77 605 | 45 926 | 68 577 | 172 059 | 208 405 | 14 153 |
| 新疆 | 80 716 | 30 884 | 66 394 | 179 134 | 68 133 | 77 261 | 73 240 | 59 427 | 121 287 |
| 极差 | 326 108 | 604 538 | 66 142 | 1 719 622 | 1 972 979 | 77 027 | 2 219 702 | 2 266 420 | 120 937 |
| 标准差 | 81 258.2 | 163 180.3 | 19 277.1 | 422 544.1 | 467 813.2 | 19 503.99 | 504 118.2 | 498 162.6 | 25 599.05 |
| 变异系数（%） | 70.96 | 105.94 | 69.77 | 96.02 | 157.93 | 79.64 | 115.63 | 134.80 | 91.20 |

数据来源：根据各年《中国城乡建设统计年鉴》整理计算获得。
注：不包括北京、天津、上海、西藏。

## 二、县级基础设施的产出分析

### (一)县级基础设施产出的城乡差距分析

由于研究数据的限制,本书用县城的人均道路面积、供水普及率、燃气普及率、人均公共绿地面积来反映县级基础设施的产出情况。

表3.44显示,2000—2016年,全国县城的人均道路面积、供水普及率、燃气普及率和人均公共绿地面积,总体来说,都呈现不断提高的趋势,这说明这些年来,国家财政以及社会对县城公用设施的投资不断增加,县城公用设施的水平不断提高。广大农村人口拥有的公用设施不断得到改善。但是,乡级公用设施的供给水平与县城的差距却相当大,尤其是在供水普及率、燃气普及率、人均公共绿地面积方面,远远落后于县城,县域内的城乡差距非常大。

**表3.44　县城公用设施提供概况**

| 年份 | 人均道路面积(平方米/人) | | 供水普及率(%) | | 燃气普及率(%) | | 人均公共绿地面积(平方米) | |
|---|---|---|---|---|---|---|---|---|
| | 县城 | 乡 | 县城 | 乡 | 县城 | 乡 | 县城 | 乡 |
| 2000 | 11.2 | — | 84.83 | — | 54.41 | — | 5.71 | — |
| 2001 | 8.51 | — | 76.45 | — | 44.55 | — | 3.88 | — |
| 2002 | 9.37 | — | 80.53 | — | 49.69 | — | 4.32 | — |
| 2003 | 9.82 | — | 81.57 | — | 53.28 | — | 4.83 | — |
| 2004 | 10.3 | — | 82.26 | — | 56.87 | — | 5.29 | — |
| 2005 | 10.8 | — | 83.18 | — | 57.80 | — | 5.67 | — |
| 2006 | 10.3 | 14.7 | 76.43 | 63.4 | 52.45 | 17.0 | 4.98 | 0.8 |
| 2007 | 10.7 | 10.6 | 81.15 | 59.1 | 57.33 | 16.9 | 5.63 | 0.66 |
| 2008 | 11.21 | 10.8 | 81.59 | 62.6 | 59.11 | 17.6 | 6.12 | 0.72 |
| 2009 | 11.95 | 10.9 | 83.72 | 63.5 | 61.66 | 18.3 | 6.89 | 0.84 |
| 2010 | 12.68 | 11.2 | 85.14 | 65.6 | 64.89 | 19.0 | 7.70 | 0.88 |
| 2011 | 13.42 | 11.5 | 86.09 | 65.7 | 66.52 | 19.1 | 8.46 | 0.90 |
| 2012 | 14.09 | 11.8 | 86.94 | 66.7 | 68.50 | 19.4 | 8.99 | 0.95 |
| 2013 | 14.86 | 12.11 | 88.14 | 68.24 | 70.91 | 19.50 | 9.47 | 1.08 |
| 2014 | 15.39 | 12.63 | 88.89 | 69.26 | 73.24 | 20.32 | 9.91 | 1.07 |

(续表)

| 年份 | 人均道路面积（平方米/人） | | 供水普及率(%) | | 燃气普及率(%) | | 人均公共绿地面积（平方米） | |
|---|---|---|---|---|---|---|---|---|
| | 县城 | 乡 | 县城 | 乡 | 县城 | 乡 | 县城 | 乡 |
| 2015 | 15.98 | 13.11 | 89.96 | 70.37 | 75.90 | 21.38 | 10.47 | 1.10 |
| 2016 | 16.41 | 13.56 | 90.50 | 71.96 | 78.19 | 22 | 11.06 | 1.11 |

数据来源：根据各年《中国城乡建设统计年鉴》整理获得。—表示未获得数据。

### （二）县级基础设施产出的地区差距分析

表3.45显示，2006—2016年，全国各省（自治区、直辖市）县城的人均道路面积总体都处于不断增长的趋势，从各省（自治区、直辖市）的情况来看，2006年，县城道路面积最高的是新疆，为17.13平方米，最低为贵州省的5.88平方米，两者相差11.25平方米。2008年后极差一路攀升。2016年，县城道路面积最高是宁夏的27.95平方米，最低为重庆的8.7平方米，最高与最低相差19.25平方米，比2015年有所下降，西部地区县城的道路面积增长较快。与此同时，变异系数系数由2006年的27.18%上升到2016年的31.22%，虽然有些年份有所下降，但整体趋势是在上升的，这也就意味着省际的差距有所扩大。

**表3.45 县城人均道路面积**　　　　　　　　单位：平方米

| 地区 | 2006年 | 2008年 | 2010年 | 2011年 | 2012年 | 2013年 | 2014年 | 2015年 | 2016年 |
|---|---|---|---|---|---|---|---|---|---|
| 全国 | 10.30 | 11.21 | 12.68 | 13.42 | 14.09 | 14.86 | 15.39 | 15.98 | 16.41 |
| 河北 | 13.44 | 14.70 | 17.74 | 18.99 | 20.09 | 20.65 | 21.32 | 21.67 | 22.38 |
| 山西 | 8.59 | 10.94 | 11.46 | 12.27 | 12.93 | 13.73 | 13.97 | 14.81 | 15.74 |
| 内蒙古 | 8.53 | 10.87 | 13.87 | 15.12 | 18.38 | 21.18 | 24.14 | 25.04 | 26.43 |
| 辽宁 | 7.42 | 8.18 | 10.32 | 11.20 | 10.34 | 10.67 | 10.92 | 11.28 | 10.98 |
| 吉林 | 5.95 | 7.33 | 8.27 | 8.66 | 8.50 | 8.62 | 9.07 | 9.74 | 9.45 |
| 黑龙江 | 10.32 | 9.94 | 10.84 | 11.20 | 11.44 | 11.69 | 11.95 | 12.23 | 12.50 |
| 江苏 | 12.58 | 15.75 | 16.39 | 17.16 | 17.77 | 18.35 | 18.92 | 19.23 | 20.11 |
| 浙江 | 12.82 | 13.39 | 16.99 | 17.66 | 18.40 | 19.36 | 20.09 | 20.60 | 21.00 |
| 安徽 | 10.61 | 10.78 | 12.61 | 13.88 | 15.84 | 17.32 | 18.90 | 19.86 | 20.91 |
| 福建 | 7.59 | 9.49 | 10.74 | 11.41 | 11.74 | 12.72 | 13.11 | 14.07 | 14.74 |
| 江西 | 9.70 | 11.13 | 13.28 | 14.26 | 15.22 | 16.32 | 16.80 | 17.61 | 18.66 |

(续表)

| 地区 | 2006年 | 2008年 | 2010年 | 2011年 | 2012年 | 2013年 | 2014年 | 2015年 | 2016年 |
|---|---|---|---|---|---|---|---|---|---|
| 山东 | 13.76 | 15.65 | 17.81 | 19.48 | 21.17 | 22.73 | 23.14 | 22.69 | 22.56 |
| 河南 | 11.64 | 11.29 | 11.32 | 11.91 | 12.54 | 13.00 | 13.34 | 14.01 | 14.63 |
| 湖北 | 11.06 | 12.76 | 12.21 | 12.73 | 13.09 | 14.10 | 14.46 | 16.33 | 16.60 |
| 湖南 | 9.76 | 11.15 | 11.91 | 12.15 | 12.07 | 12.72 | 12.77 | 12.77 | 12.49 |
| 广东 | 12.75 | 11.36 | 11.82 | 12.03 | 10.41 | 10.13 | 9.83 | 10.48 | 11.08 |
| 广西 | 8.74 | 9.30 | 10.50 | 11.98 | 12.42 | 12.90 | 13.04 | 13.49 | 14.49 |
| 海南 | 9.15 | 12.33 | 15.77 | 17.61 | 19.37 | 21.06 | 20.03 | 20.59 | 23.58 |
| 重庆 | 6.63 | 7.33 | 8.21 | 8.64 | 9.47 | 9.76 | 9.43 | 8.62 | 8.70 |
| 四川 | 6.67 | 7.63 | 10.21 | 9.47 | 9.83 | 10.26 | 10.26 | 10.63 | 10.44 |
| 贵州 | 5.88 | 5.70 | 5.75 | 6.70 | 7.09 | 8.19 | 9.01 | 10.46 | 12.47 |
| 云南 | 9.96 | 10.64 | 11.51 | 10.78 | 11.10 | 11.52 | 12.22 | 12.69 | 13.21 |
| 陕西 | 7.43 | 8.82 | 10.59 | 10.79 | 11.47 | 12.07 | 12.45 | 12.98 | 14.35 |
| 甘肃 | 9.83 | 9.84 | 10.58 | 11.39 | 11.80 | 12.31 | 12.67 | 13.04 | 13.21 |
| 青海 | 9.55 | 10.61 | 10.19 | 11.32 | 11.72 | 13.56 | 15.29 | 16.19 | 16.67 |
| 宁夏 | 14.12 | 16.35 | 25.13 | 25.12 | 29.31 | 32.33 | 30.41 | 30.21 | 27.95 |
| 新疆 | 17.13 | 15.17 | 15.59 | 15.54 | 16.01 | 17.21 | 19.10 | 19.98 | 20.55 |
| 极差 | 11.25 | 10.65 | 19.38 | 18.42 | 22.22 | 24.14 | 21.40 | 21.59 | 19.25 |
| 标准差 | 2.73 | 2.73 | 3.81 | 3.92 | 4.72 | 5.27 | 5.23 | 5.17 | 5.16 |
| 变异系数(%) | 27.18 | 24.73 | 30.09 | 29.43 | 21.26 | 21.84 | 24.42 | 32.16 | 31.22 |

数据来源：根据各年《中国城乡建设统计年鉴》整理计算获得。
注：不包括北京、上海、天津、西藏。

从县城供水普及率的指标来看（见表3.46），2006—2016年，全国以及各省（自治区、直辖市）县城的供水普及率都在逐年提高，且维持在较高的水平，2006年，供水普及率最高的是宁夏的94.12%，最低为河南省的65.51%，两者相差28.61%；2016年，供水普及率最高的是浙江省的99.96%，最低为吉林省的73.18%，两者相差26.78%；两极分化有所缓解，与此同时，变异系数2006年为9.72%，2010年为9.93%，2016年降至7.49%，趋于不断下降的趋势，这说明从县城层面来看，各省（自治区、直辖市）的供水普及率的差距正在逐步缩小。

表 3.46 地区间县城公用设施的比较

| 地区 | 供水普及率(%) | | | 燃气普及率(%) | | | 人均公共绿地面积(平方米) | | |
|---|---|---|---|---|---|---|---|---|---|
| | 2006年 | 2010年 | 2016年 | 2006年 | 2010年 | 2016年 | 2006年 | 2010年 | 2016年 |
| 全国 | 76.43 | 85.14 | 90.50 | 52.45 | 64.89 | 78.19 | 4.98 | 7.70 | 11.05 |
| 河北 | 83.73 | 95.08 | 97.05 | 47.98 | 69.11 | 90.29 | 3.92 | 8.28 | 11.90 |
| 山西 | 76.24 | 93.99 | 98.18 | 22.28 | 58.18 | 79.23 | 3.80 | 8.05 | 11.22 |
| 内蒙古 | 67.03 | 75.35 | 96.20 | 34.21 | 48.44 | 83.31 | 4.50 | 8.57 | 19.82 |
| 辽宁 | 69.24 | 77.86 | 86.47 | 50.98 | 61.83 | 72.90 | 4.82 | 7.11 | 9.15 |
| 吉林 | 66.42 | 67.71 | 73.18 | 55.13 | 56.44 | 72.79 | 7.15 | 7.81 | 8.52 |
| 黑龙江 | 68.38 | 73.97 | 82.22 | 53.02 | 53.39 | 52.48 | 5.55 | 8.63 | 11.14 |
| 江苏 | 85.42 | 96.46 | 99.50 | 81.56 | 93.81 | 99.34 | 7.42 | 9.55 | 12.22 |
| 浙江 | 72.29 | 99.06 | 99.96 | 70.48 | 97.01 | 98.80 | 6.82 | 10.90 | 13.76 |
| 安徽 | 78.74 | 81.50 | 92.94 | 58.44 | 69.26 | 86.04 | 3.91 | 6.53 | 11.78 |
| 福建 | 91.62 | 95.93 | 98.12 | 79.93 | 92.89 | 96.73 | 6.32 | 10.11 | 14.15 |
| 江西 | 79.38 | 92.09 | 94.97 | 59.69 | 78.20 | 88.62 | 6.82 | 12.71 | 14.46 |
| 山东 | 75.59 | 93.75 | 98.54 | 56.29 | 85.50 | 95.43 | 7.09 | 11.85 | 15.01 |
| 河南 | 65.51 | 64.96 | 74.32 | 26.61 | 30.17 | 53.66 | 3.11 | 4.60 | 7.27 |
| 湖北 | 88.30 | 88.75 | 92.91 | 68.71 | 74.49 | 85.85 | 5.41 | 6.22 | 9.94 |
| 湖南 | 80.42 | 86.20 | 86.08 | 55.78 | 66.71 | 76.12 | 5.42 | 6.34 | 9.80 |
| 广东 | 71.81 | 87.18 | 90.49 | 68.91 | 84.52 | 85.82 | 6.10 | 8.86 | 11.68 |
| 广西 | 74.75 | 82.90 | 93.73 | 64.88 | 70.90 | 84.09 | 4.92 | 6.20 | 9.49 |
| 海南 | 78.25 | 80.91 | 93.17 | 69.01 | 75.26 | 90.60 | 10.65 | 8.75 | 9.78 |
| 重庆 | 75.71 | 83.36 | 96.25 | 67.75 | 83.74 | 92.92 | 4.42 | 11.09 | 11.14 |
| 四川 | 70.18 | 80.65 | 82.20 | 50.69 | 63.26 | 77.54 | 4.51 | 5.57 | 9.82 |
| 贵州 | 76.50 | 77.90 | 89.01 | 36.23 | 37.10 | 55.99 | 2.52 | 3.05 | 7.69 |
| 云南 | 79.17 | 88.45 | 90.43 | 37.75 | 44.74 | 52.32 | 4.31 | 7.76 | 8.71 |
| 陕西 | 78.23 | 87.89 | 91.56 | 47.55 | 60.68 | 77.34 | 2.44 | 4.56 | 9.89 |
| 甘肃 | 78.44 | 83.21 | 92.04 | 33.55 | 39.54 | 57.28 | 3.92 | 4.80 | 7.73 |
| 青海 | 89.29 | 85.10 | 95.92 | 25.24 | 19.56 | 53.41 | 3.29 | 3.99 | 3.85 |
| 宁夏 | 94.12 | 91.46 | 94.46 | 49.30 | 65.19 | 69.77 | 6.77 | 13.14 | 16.16 |
| 新疆 | 83.32 | 89.47 | 93.81 | 65.01 | 69.66 | 86.17 | 7.17 | 9.52 | 11.36 |
| 极差 | 28.61 | 34.10 | 26.78 | 59.28 | 77.45 | 47.02 | 8.21 | 10.09 | 15.97 |

(续表)

| 地区 | 供水普及率(%) | | | 燃气普及率(%) | | | 人均公共绿地面积(平方米) | | |
|---|---|---|---|---|---|---|---|---|---|
| | 2006年 | 2010年 | 2016年 | 2006年 | 2010年 | 2016年 | 2006年 | 2010年 | 2016年 |
| 标准差 | 7.56 | 8.46 | 6.87 | 16.03 | 19.17 | 14.97 | 1.80 | 2.62 | 3.13 |
| 变异系数% | 9.72 | 9.93 | 7.49 | 30.11 | 29.59 | 19.12 | 34.05 | 32.93 | 28.39 |

数据来源:根据各年《中国城乡建设统计年鉴》整理计算获得。

注:不包括北京、天津、上海、西藏。

从县城的燃气普及率来看(见表3.46),总体上,全国和各省(自治区、直辖市)的燃气普及率都有了很大的提高。2006年,燃气普及率最高为江苏省的81.56%,最低为山西的22.28%,两者相差59.28%,两极分化非常明显,2010年极差扩大到77.45%,两极分化进一步加剧;到了2016年,江苏省的县城燃气普及率依然拔得全国头筹,为99.34%,最低为云南省的52.32%,两者相差47.02%,极差有所下降,但两极分化依然严重。与此同时,令人欣慰的是,变异系数处于不断下降的趋势,2006年为30.11%,2010年下降为29.59%,2016年又进一步下降为19.12%,这说明各省(自治区、直辖市)县城之间的燃气普及率的差距在逐步缩小。

从县城人均公共绿地面积来看,总体上,全国和各省(自治区、直辖市)的县城公共绿地面积都是不断提高的,环境不断得以改善,两极分化虽然不是很严重,但有不断扩大的趋势。2006年,这一指标最高的是海南省的10.65平方米,最低为陕西省的2.44平方米,最高与最低相差8.21平方米;2010年,最高为宁夏的13.14平方米,最低为贵州省的3.05平方米,两者相差10.09平方米;到了2016年,最高为内蒙古的19.82平方米,最低为青海的3.85平方米,最高与最低相差15.97平方米。与此同时,2006年的变异系数为34.05%,2010年为32.93%,2016年下降到28.39%,总体处于不断下降的趋势,这说明各省(自治区、直辖市)县城之间的人均公共绿地面积的差距处于不断下降态势。

## 第六节 县级基本公共服务均等化的多指标综合评价

以上分析都是基于一定的指标对县级基本教育、社会保障、公共卫生、基础设施供给的单项分析。但是,由于影响评价的因素往往是众多而复杂的,如果仅从单一指标上进行评价不尽合理,因此往往需要将多项指标的信息加以汇集,得到一个综合指标,以此来从整体上反映被评价事物的整体情况。这就是多指标综合评价方法。多指标综合评价方法是对多指标进行综合的一系列有效方法的总称。它具备以下特点:它的评价包含了若干个指标,这些指标分别说明被评价事物的不同方面;评价方法最终要对被评价事物作出一个整体性的评判,用一个总指标来说明被评价事物的一般水平[1]。为了能够较全面地反映中国主要县级基本公共服务均等化水平,本书首先根据单项指标评估县级义务教育、医疗卫生、社会保障、基础设施的均等化水平,然后再将这四项基本公共服务多项指标的信息加以汇集,得到一个综合指标,即县级基本公共服务指数,来全面反映县级基本公共服务的均等化水平。

## 一、利用综合评价法测度基本公共服务均等化程度的具体步骤

借鉴陈昌盛和蔡跃洲[2]、安体富和任强[3]的指标评价方法,结合指标体系选取准则和条件,本书第三章系统构建了县级基本公共服务评价指标体系,重点选取基本教育、公共卫生、社会保障、基础设施四项基本公共服务(具体指标见表3.1),试图构建一个总体指标来对整体情况进行描述。

### (一) 各单项指标的无量纲化

为了解决指标体系中各项指标各不相同的计量单位所带来的影响,需要对各级指标进行无量纲化,统一各项指标的量纲。通过这样处理后,一是各项指标转化后数值都在 0—1,便于进一步计量处理;二是同一计量单位转化后数据相对数的性质更加明显[4]。无量纲化方法主要包括三类:直线型、曲线型和折线型。本章主要采取直线型无量纲化方法,因单项指标有正指标和逆指标之分,如果指标数据均为正指标,选取的具体公式为

$$y_{it} = \frac{x_{it} - \min x_{it}}{\max x_{it} - \min x_{it}}, \ y_{it} \in [0, 1]$$

---

[1] 杜栋、庞庆华著:《现代综合评价方法与案例精选》,清华大学出版社2015年版,第1-5页。
[2] 陈昌盛、蔡跃洲:"中国政府公共服务:基本价值取向和综合绩效考核评估",《财政研究》,2007年第6期,第20页。
[3] 安体富、任强:"中国公共服务均等化指标体系的构建——基于地区差别视角的量化分析",《财贸经济》,2008年第6期,第79-82页。
[4] 同上。

如果是逆指标,无量纲化的公式为

$$y_{it} = \frac{\max x_{it} - x_{it}}{\max x_{it} - \min x_{it}}, \ y_{it} \in [0, 1]$$

其中,$i$ 表示第 $i$ 个省份,$t$ 表示年份,$x_{it}$ 表示第 $i$ 个省份在 $t$ 年的 $x$ 单项指标的实际值,$\max x_{it}$ 表示 $x$ 单项指标的最大值,$\min x_{it}$ 表示 $x$ 单项指标的最小值,$y_{it}$ 表示第 $i$ 个省份在 $t$ 年的单项指标的无量纲化值,其取值范围为 0—1。

（二）二级指标的综合评价

在对各单项指标进行无量纲化处理的基础上,再通过算术平均法,分别形成教育、公共卫生、基础设施和社会保障四个方面指标,选取权重系数赋值方面,认为每个单项指标对合成一级指标都具有同等的重要性,本节对各单项指标赋以相同的权重系数[1]。

（三）县级基本公共服务指数

采取同样的加权算术平均法,赋予相同的权重,通过对义务教育、公共卫生、社会保障、基础设施四个方面指标进行合成,得到一级指标即地区基本公共服务指数。

（四）县级基本公共服务均等化的评价

由于本部分的重点旨在衡量在不同年份下的不同地区基本公共服务的差异特征和变化情况,故需要利用一定的统计指标来进行反映。在现有的研究资料中,衡量基本公共服务不均等水平的指标主要有:基尼系数（Gini Coefficient）、泰尔指数（Theil Index）和变异系数（Coefficient of Variation）等。我们拟选用变异系数来对地区基本公共服务均等化变化程度进行反映,具体公式为[2]

$$e_t = \frac{s_t}{\bar{y}_t}$$

其中,$e_t$ 代表第 $t$ 年的基本公共服务均等化指数,$s_t$ 代表第 $t$ 年各地区基本公共服务指数的样本标准差,$\bar{y}_t$ 代表第 $t$ 年的各地区基本公共服务指数的平均值。基本公共服务均等化指数 $e_t$ 越大,则代表地区之间基本公共服务越不均衡;反之,则越均衡。

---

[1] 安体富、任强:"中国公共服务均等化指标体系的构建——基于地区差别视角的量化分析",《财贸经济》,2008 年第 6 期,第 79-82 页。

[2] 同上。

## 二、县级基本公共服务均等化水平测度的结果

本部分数据来源于《中国民政统计年鉴》《中国统计年鉴》《中国教育经费统计年鉴》《中国城乡建设统计年鉴》《中国卫生和计划生育统计年鉴》《中国县（市）社会经济统计年鉴(中国县域统计年鉴)》《中国教育统计年鉴》以及各省市统计年鉴。由于各统计年鉴统计口径、统计时间等有一定的差异，部分省份数据缺失，再加上北京、上海、天津县级单位较少，且部分资料缺失，西藏数据不全也比较特殊，考虑到数据的可获得性、可行性和前后统计口径的一致性，本部分考察的时间段为2006—2014年，并将以上四个地区加以剔除。分析的对象主要是县以及县级市，不包括市辖区。评价的指标体系参见表3.1。

表3.47反映了2006—2014年各省（自治区、直辖市）县级基本公共服务指数的情况，可以看出，几乎所有省（自治区、直辖市）的县级基本公共服务指数都保持着不断增长的趋势，这说明各地区基本公共服务的供给水平有了很大的提高，但是地区之间公共服务的差距还在逐步扩大，从东部、西部、中部地区的均值来看，东部地区最高；2006—2007年，中部的县级基本公共服务指数略大于西部地区，但是2007年后，西部地区超过了中部地区，中部地区最低。这说明，随着国家对西部地区转移支付力度的加大，西部地区县级基本公共服务提供能力有了很大的提升，中部地区反而成为了"塌陷地带"。从全国县级基本公共服务指数的变异系数来看，2006—2014年，这一数值是逐步递减的，从2006年的26.55%下降到2014年的15.72%，这说明各省（自治区、直辖市）之间的县级基本公共服务提供水平的差距在逐步缩小，县级基本公共服务均等化水平逐步提高。

表3.47 2006—2014年各地区县级基本公共服务指数汇总

| 地区 | 2006年 | 2007年 | 2008年 | 2009年 | 2010年 | 2011年 | 2012年 | 2013年 | 2014年 |
|---|---|---|---|---|---|---|---|---|---|
| 东部地区 | | | | | | | | | |
| 河北 | 0.20 | 0.23 | 0.24 | 0.33 | 0.39 | 0.38 | 0.41 | 0.44 | 0.46 |
| 辽宁 | 0.20 | 0.22 | 0.24 | 0.32 | 0.32 | 0.34 | 0.37 | 0.44 | 0.45 |
| 江苏 | 0.23 | 0.26 | 0.30 | 0.35 | 0.39 | 0.42 | 0.46 | 0.51 | 0.54 |
| 浙江 | 0.29 | 0.34 | 0.35 | 0.43 | 0.46 | 0.48 | 0.52 | 0.54 | 0.56 |
| 福建 | 0.23 | 0.22 | 0.24 | 0.34 | 0.37 | 0.39 | 0.42 | 0.46 | 0.49 |
| 山东 | 0.20 | 0.24 | 0.26 | 0.33 | 0.37 | 0.39 | 0.45 | 0.49 | 0.52 |

(续表)

| 地区 | 2006年 | 2007年 | 2008年 | 2009年 | 2010年 | 2011年 | 2012年 | 2013年 | 2014年 |
|---|---|---|---|---|---|---|---|---|---|
| 广东 | 0.18 | 0.17 | 0.20 | 0.25 | 0.27 | 0.29 | 0.32 | 0.39 | 0.44 |
| 海南 | 0.21 | 0.20 | 0.23 | 0.30 | 0.32 | 0.35 | 0.39 | 0.44 | 0.46 |
| 均值 | 0.22 | 0.24 | 0.26 | 0.33 | 0.36 | 0.38 | 0.42 | 0.46 | 0.49 |
| 中部地区 | | | | | | | | | |
| 山西 | 0.17 | 0.17 | 0.22 | 0.31 | 0.36 | 0.38 | 0.41 | 0.48 | 0.50 |
| 吉林 | 0.23 | 0.23 | 0.25 | 0.30 | 0.32 | 0.36 | 0.39 | 0.42 | 0.49 |
| 黑龙江 | 0.20 | 0.20 | 0.20 | 0.26 | 0.29 | 0.29 | 0.32 | 0.41 | 0.44 |
| 安徽 | 0.14 | 0.15 | 0.17 | 0.20 | 0.25 | 0.27 | 0.33 | 0.38 | 0.41 |
| 江西 | 0.18 | 0.19 | 0.20 | 0.28 | 0.30 | 0.31 | 0.34 | 0.38 | 0.40 |
| 河南 | 0.11 | 0.11 | 0.12 | 0.17 | 0.19 | 0.21 | 0.24 | 0.29 | 0.32 |
| 湖北 | 0.23 | 0.22 | 0.23 | 0.29 | 0.28 | 0.32 | 0.36 | 0.43 | 0.48 |
| 湖南 | 0.21 | 0.22 | 0.24 | 0.29 | 0.31 | 0.33 | 0.37 | 0.40 | 0.43 |
| 均值 | 0.18 | 0.19 | 0.20 | 0.26 | 0.29 | 0.31 | 0.35 | 0.40 | 0.43 |
| 西部地区 | | | | | | | | | |
| 广西 | 0.14 | 0.16 | 0.18 | 0.23 | 0.27 | 0.28 | 0.31 | 0.34 | 0.36 |
| 内蒙古 | 0.20 | 0.24 | 0.28 | 0.36 | 0.40 | 0.43 | 0.49 | 0.57 | 0.63 |
| 重庆 | 0.23 | 0.16 | 0.20 | 0.26 | 0.34 | 0.34 | 0.39 | 0.43 | 0.43 |
| 四川 | 0.13 | 0.14 | 0.17 | 0.23 | 0.28 | 0.30 | 0.34 | 0.40 | 0.43 |
| 贵州 | 0.12 | 0.09 | 0.10 | 0.14 | 0.18 | 0.22 | 0.25 | 0.30 | 0.33 |
| 云南 | 0.15 | 0.16 | 0.18 | 0.22 | 0.26 | 0.26 | 0.28 | 0.33 | 0.35 |
| 陕西 | 0.17 | 0.19 | 0.23 | 0.31 | 0.36 | 0.39 | 0.45 | 0.51 | 0.57 |
| 甘肃 | 0.14 | 0.15 | 0.19 | 0.23 | 0.28 | 0.30 | 0.34 | 0.39 | 0.44 |
| 青海 | 0.18 | 0.18 | 0.20 | 0.27 | 0.28 | 0.32 | 0.35 | 0.42 | 0.45 |
| 宁夏 | 0.22 | 0.18 | 0.26 | 0.30 | 0.34 | 0.35 | 0.39 | 0.43 | 0.47 |
| 新疆 | 0.33 | 0.25 | 0.28 | 0.31 | 0.36 | 0.39 | 0.41 | 0.46 | 0.51 |
| 均值 | 0.18 | 0.17 | 0.21 | 0.26 | 0.30 | 0.33 | 0.36 | 0.42 | 0.45 |
| 变异系数(%) | 26.55 | 25.94 | 24.00 | 21.66 | 20.07 | 18.75 | 17.94 | 16.06 | 15.72 |

从全国县级基本公共服务二级指标变异系数情况来看(见表3.48),2006—2007年,公共卫生的变异系数最大,义务教育指标位列第二,基础设施指标位列

第三,社会保障指数最小,这说明地区间公共卫生的差距最大,其次是义务教育,最后是基础设施,地区间社会保障的差距最小;2009年以后,地区之间基础设施的差距是最大的,其次是地区义务教育的差距,公共卫生的差距位列第三,地区社会保障的差距是最小的。虽然,2006—2014年,义务教育指标、社会保障指标、公共卫生指标、基础设施指标的变异系数某些年份有起有落,但总体趋势都是逐年下降的,这说明县级基本公共服务均等化水平逐渐提高,地区间的差距逐渐减小。

表3.48 2006—2014年全国县级基本公共服务二级指标变异系数　　　　单位:%

| 年份 | 义务教育指标 | 社会保障指标 | 公共卫生指标 | 基础设施指标 | 县级基本公共服务指数 |
|---|---|---|---|---|---|
| 2006 | 37.84 | 30.55 | 48.03 | 34.14 | 26.55 |
| 2007 | 35.61 | 21.75 | 46.34 | 33.82 | 25.94 |
| 2008 | 33.10 | 27.72 | 42.37 | 35.62 | 24.00 |
| 2009 | 32.42 | 19.17 | 30.05 | 32.10 | 21.66 |
| 2010 | 32.07 | 21.02 | 26.98 | 33.23 | 20.07 |
| 2011 | 30.01 | 19.54 | 25.37 | 30.64 | 18.75 |
| 2012 | 29.17 | 19.02 | 22.09 | 30.76 | 17.94 |
| 2013 | 27.66 | 15.80 | 20.60 | 29.41 | 16.06 |
| 2014 | 26.05 | 14.11 | 20.68 | 27.72 | 15.72 |

## 第七节　本章小结

### 一、县级基本公共教育

(1)虽然中国农村义务教育的支出总量在不断地增加,但长期以来,中国财政性教育经费占GDP的比重较低,低于OECD国家和发达国家的平均水平,且主要都是用于对教师人员经费的开支,基本建设支出比重较低,学生受益并不多,这严重影响到农村义务教育的办学条件和教学质量。(2)全国与农村初中生、小学生生均公共财政预算教育经费支出和生均教育经费支出的差距总体呈扩大的趋势,这说明在教育经费的投入中,对农村生均教育经费的投入还是低于城市,城乡始终有着一定的差距。(3)省际小学和初中生均公共财政预算教育经费、生均教育经费差距较大,两极分化严重,但总体呈缩小的态势。(4)从小学和初中教育生师比指标来看,无论是城市、县镇还是农村,这一指标都呈现为不断下降的趋势,这说明随着国家对教育尤其是对农村义务教育投入力度的不断加大,中小学教育的资源不断丰富。但近年来,农村小学和初中教师负担的学生为最低,县镇次之,城市为最高,主要原因是随着农村人口流动的加快,县乡财政的困境,农村教育的质量不断下降,导致了农村小学生数量的持续下降,这在一定程度上也反映了中国目前基础教育的城乡差距和县域内部的县乡差距。(5)从生均校舍建筑面积来看,由于农村生源的大量减少,近年来,农村小学和普通初中生均校舍建筑面积高于城市和县镇,但从危房率这一指标来看,农村最高,县镇次之,城市最低,并且农村小学和初中的危房率远远大于城市和县镇,在校舍质量方面还存在着巨大的城乡差距和县域内部的城乡差距。(6)从小学和初中生均图书藏量来看,2000—2016年,城市、县镇和农村都有了大幅度的提升,城乡差距、县乡差距也在逐步缩小。2010年后,由于农村生源的大幅度减少,农村小学、普通初中生均图书藏量最高,县镇次之,城市最低。(7)通过省际的比较分析发现,地方小学、普通初中生均教育经费、预算内教育经费,省际的差距较大,两极分化严重,但地区差距总体处于不断缩小的趋势,不过仍然处于较高的水平。(8)2006年后,各地区小学生师比的极差、标准差和变异系数都呈现不断下降的趋势,省际小学师资数量的差距有所缩小,但省际初中教育资源的差距却进一步扩大。(9)各地方小学和普通初中的生均校舍建筑面积,省际也存在着明显的差距,维持在高位的水平,但总体来说,差距有所缩小。从危房率来看,省际小学和普通初中危房率的差距非常大且有扩大的趋势,情况不容乐观。(10)2000—2016年,省际小学生均图书藏量两极分化情况有所好转,但省际普通初中生均图书藏量的极差值有所扩大,两极分化情况有所加重。总体来看,小学和初中生均藏书量地区间的差距均出现了不断缩小的趋势。

## 二、县级基本公共卫生

(1)与其他发达国家相比,我国卫生总费用占GDP的比重、政府卫生支出占财政支出比重、人均医疗卫生支出较低,比印度稍高,低于巴西。与其他国家相比,导致我国医疗卫生总费用过低的主要原因是政府对医疗卫生投入不足。从中央与地方政府医疗卫生支出占比来看,中国医疗卫生支出的98%都是由地方政府提供的,中央财政供给不足。(2)1990—2014年,城乡卫生总费用和人均卫生费用的绝对值都大幅度提高,但城市与农村卫生总费用的差距不断扩大,

2008年后,城市与农村人均卫生费用的差距有所缩小。无论城乡卫生费用的总量,还是人均卫生费用,城市与农村卫生费用的差距不断扩大。(3)2011—2015年,各省的卫生总费用、政府卫生支出、人均卫生费用总额和均值的绝对值都有了较大的增幅,但地区间两极分化严重,且各地区间卫生费用的差距呈现不断扩大的趋势。(4)1999—2016年,县镇(农村)的每千人拥有的卫生技术人员数、每千人拥有的执业(助理)医师数、每千人拥有的注册护士数都有了很大的增长,县镇公共卫生的资源不断丰富,但低于全国平均水平,卫生资源主要集中在城市,城乡差距不断扩大。(5)从东部、中部、西部每千人拥有的卫生技术人员数来看,无论是市还是县,东部地区最高,中部地区次之,西部地区最低。卫生资源主要集中在经济发达的东部地区。从每千人卫生技术人员数的省际差距来看,2003—2016年,无论是市还是县,总体来看,这一指标都处于上升通道,但各省之间的两极分化日趋严重。然而值得欣慰的是,省际差距在向不断缩小的方向转变。(6)从县域每万人拥有的医院和卫生院床位数来看,2000—2015年,各省的绝对值都在逐年递增,县域卫生资源不断增强,但两极分化较为严重,然而令人感到鼓舞的是,变异系数却在逐年递减,总体趋势是省际的差距在不断缩小。

### 三、县级基本社会保障

(1)2005—2016年,国家各级财政对新农合的投入不断增加,筹资水平不断提高,受益人群不断增加。国家财政对农村社会救济投入的绝对值增加得非常之快,但增速不稳定,增速下滑,且相对值不高。(2)2006—2016年,在国家财政的大力支持下,无论是城市还是农村,最低生活保障平均标准和最低生活保障平均支出水平都有了大幅度的提高;虽城乡居民的最低生活保障水平在不断提高,但是城乡差距却有不断扩大的趋势。2008年后有所缩小。(3)从东部、中部、西部区域来看,三个地区的新农合人均筹资水平都逐年提升,新农合保障水平不断提高,其中,东部地区人均筹资水平最高,其次是西部地区,中部地区最低,成为中部"塌陷区"。从省际差距来看,2007—2014年,各省的新农合人均筹资水平的省际的差距较大,两极分化较为严重,但令人欣慰的是,总体趋势呈缩小的态势。(4)2000—2016年,国家对农村居民最低生活保障的投入不断增加,农村覆盖率不断增加,城乡差距不仅大大缩小,而且农村大大超过了城市。(5)新农合补偿受益人次两极分化严重,地区间和省际差距较大,虽然2007年以后年份差距有所缩小,但依然在较高位运行,这除了各地经济发展水平的差距外,与各地区农业人口所占的比重也有很大的关系。(6)2009—2014年,中部和西部地区新农合参合率增长非常之快,中部地区的参合率最高,西部地区次之,东部地区最低。但省际新农合参合率的差距不断扩大。(7)从各地区农村最低生活保障人数覆盖率指标来看,北京、上海等经济发达地区近年来有所回落,这与这些地区农村人口减少、人民生活水平提高有着一定的关联性;西部地区的覆盖率增长非常快,省际的差距在不断缩小,这一方面说明国家将西部地区作为扶贫的重点,支持的力度加大;另一方面也说明西部地区经济发展较为落后,总体来说,贫困人口较多。

### 四、县级基础设施

(1)2001—2016年,县城的固定资产投资总额不断增长,但增速波动较大,不稳定,时而增长,时而下降,特别是2012年后,下降幅度较大。同样,同一时期建制镇和乡的公用设施固定资产投资总量均有了一定程度的增长,但两者的增速波动较大,特别是乡级,在2011年和2014年还出现了负增长。(2)虽然县城、镇、乡的公用设施的固定资产投资都有了不同程度的增长,但镇、乡的增速低于县城,属于农村的建制镇和乡之间的投资差距最小,县和建制镇之间的投资差距次之,县和乡之间的投资差距最大。这也恰恰反映了县域公用设施内部之间的差距和城乡的差距。(3)从省际情况来看,无论是县城、建制镇和乡级,省际公用设施财政性投资的差距都呈现不断扩大的趋势。绝大多数省份县城的公用设施基础设施投资大于乡镇。(4)2006—2016年,在国家财政和社会资本的支持下,广大农村人口拥有的公用设施不断得到改善。但是,乡级公用设施的供给水平与县城的差距却相当大,尤其是在供水普及率、燃气普及率、人均公共绿地面积方面,远远落后于县城,县域内的城乡差距非常大。(5)2006—2016年,县城的人均道路面积变异系数总体趋势是上升的,这也就意味着省际的差距有所扩大。全国以及各省(自治区、直辖市)县城的供水普及率都在逐年提高,且维持在较高的水平,各省(自治区、直辖市)的供水普及率的差距正在逐步缩小。总体来看,全国和各省(自治区、直辖市)的燃气普及率都有了很大的提高,但两极分化进一步加剧;令人欣慰的是,变异系数处于不断下降的趋势,这说明各省(自治区、直辖市)县城之间的燃气普及率的差距在逐步缩小。从省际县城人均公共绿地面积来看,两极分化虽然不是很严重,但有不断扩大的趋势。与此同时,变异系数总体处于不断下降的趋势,这说明各省(自治区、直辖市)县城之间的人均公共绿地面积的差距处于不断下降的态势。

**五、多指标的综合分析**

选取县级义务教育、医疗卫生、社会保障、公共设施四大基本公共服务作为分析对象,通过综合评价法的评估,2006—2014年,地区间县级义务教育、社会保障、公共卫生、基础设施的供给存在着一定的差异,但四个方面指标的变异系数都是逐年下降的,这说明县级基本公共服务均等化水平逐渐提高,地区间的差距逐渐减小。从全国县级基本公共服务指数来看,几乎所有省(自治区、直辖市)的县级基本服务指数都保持着不断增长的趋势,这说明各地区基本公共服务的供给水平有了很大的提高,基本公共服务指数的变异系数在逐年下降,各省(自治区、直辖市)之间的县级基本公共服务提供水平的差距在逐步缩小,均等化水平逐步提高。这一结论和本章分别对县级义务教育、社会保障、公共卫生、基础设施的描述性统计分析的总体结论基本一致。

# 第四章
# 县级政府的财政基础和财力状况的实证研究

## 第一节 县级政府的财政基础

财政是国家治理的基础,是县治的基础,也是提供县级基本公共服务的物质保障,因此有必要对县级政府的财政基础和财力状况进行全面梳理,摸清家底,目的在于更好地把握财政收入中各项收入来源的合理比例关系,有利于加强政府对财政收入进行调节,优化财政收入结构,有助于财政资源的更好配置,从而向广大县域人口提供更多更好的基本公共服务,满足公共需求。

县级政府的财政基础是指构筑县级政府治理的财力,是县级政府可支配的财政收入,是县级政府履行职能的物质保障。

### 一、与县级政府财力相关的几个概念

#### (一) 县级政府财力

县级政府的财力是指县级政府凭借政治和财产等权力,为实现其职能的需要,利用各种手段筹集、支配和使用的各种财政性资金的总和,这一概念也被称为政府的财政收入。财政收入是反映一个国家或地区财力大小的重要指标。

县级政府财力的大小,涉及四个基本要素。首先,县级政府财力大小与地方经济发展状况、产业结构和财源结构密切相关。其次,县级政府的财力大小与县级政府职能密切相关,是履行政府职能的财力保障,同时,政府职能的大小也决定了政府财力的多少。再次,县级政府财力的大小与政府获得财力的权力相关,

包括财力的取得权、占有权、支配权和使用权等[1];最后,在多级政府体制下,县级政府对财力的汲取一般都由与其政治体制相结合的财政体制所决定,财政体制决定了中央与地方政府有着不同的财政基础和财源结构。

(二) 县级政府基本财力

1. 概念

自2010年开始,财政部研究制定了《关于建立和完善县级基本财力保障机制的意见》(财预〔2010〕443号),在既有转移支付和"三奖一补"政策的基础上,建立和完善县级基本财力保障机制。2013年12月,财政部又发布《关于调整和完善县级基本财力保障机制的意见》(国办发〔2013〕112号),以县乡政府实现"保工资、保运转、保民生"为目标,明确责任,以奖代补,保障基层政府实施公共管理、提供基本公共服务以及落实党中央、国务院各项民生政策的基本财力需要。

因此,根据财政部文件精神,县级基本财力是指维护县乡政权机构正常运转,保证县乡政府履行公共职能和提供基本公共服务的财政支付能力,按照财力与事权相匹配的原则,形成符合正常支付标准的县级基本财力需求[2]。县级政府基本财力实际上是满足县级政府基本支出的基本可支配财力。

2. 县级基本财力的保障范围

根据财政部文件精神,县级基本财力的保障范围主要包括人员经费、公用经费、民生支出以及其他必要支出等。人员经费包括国家统一出台的基本工资、奖金和津贴补贴、离退休人员离退休费、工资性附加支出、地方津补贴等项目;公用经费包括办公费等商品和服务支出、办公设备购置等其他资本性支出等;民生支出主要包括中央统一制定政策,涉及农业、教育、文化、社会保障、医疗卫生、科学技术、计划生育、环境保护、保障性住房和村级组织运转经费等项目的支出;其他必要支出包括必要的基本建设支出以及其他社会事业发展支出[3]。

国务院办公厅在2013年12月转发了财政部颁布的《关于调整和完善县级基本财力保障机制的意见》中指出,财政部根据经济社会发展水平和国家相关政策执行情况,制定县级基本财力保障机制的国家保障范围和标准,并根据相关政策和因素变化情况,建立动态调整机制,适时予以调整。省级财政部门可以在国家保障范围和标准的基础上,结合地方实际,适当扩大保障范围和提高

---

[1] 于国安编著:《山东省县乡财政体制研究》,经济科学出版社2009年版,第94-99页。
[2] 财政部课题组:"建立和完善县级基本财力保障机制",《中国财政》,2012年第19期,第26-30页。
[3] 财政部:《关于建立和完善县级基本财力保障机制的意见》(财预〔2010〕443号),http://www.mof.gov.cn/zhengwuxinxi/caizhengwengao/2010nianwengao/wengao8/201011/t20101117_349222.html。

保障标准[1]。

**(三) 县级政府财力与县级政府基本财力的关系**

县级政府财力即县级财政收入,是县级政府为了履行政府各项职能在一定的时期内利用各种手段筹集的各种资金总和。县级政府基本财力是根据县级政府履行各种职能和提供基本公共服务正常支付标准的需要,所测算的必须拥有的基本财力,也就是说,县级基本财力与县级政府的各项事权是相匹配的。

县级政府财力与县级政府基本财力的关系有三种状况:一是县级政府财力等于县级政府的基本财力,县级政府财力能够满足县级政府履行各项职能和提供公共服务正常支付标准的财力需求;二是县级政府财力小于县级政府的基本财力,不能满足县级政府履行各项职能和提供公共服务正常支付标准的财力需求;三是县级政府财力大于县级政府的基本财力,也就是说,县级政府拥有的财力,除了能够支付各项国家制定的保障范围和标准外,还可以根据地方自身财力状况,适当扩大保障范围和保障标准。

本书将县级政府财力等同于县级政府基本财力。

**(四) 县级政府的财源**

县级政府财力的大小也与地方财源和财源结构有着很大的关系,地方财源是一定时期内县级政府财力的经济来源和经济基础。所谓财源,就是财政资金的源泉,即能形成财政收入的活动或资源。从广义的角度来看,物质生产部门的劳动者创造的社会产品和国民收入是财政收入的根本源泉。财源的大小、兴衰取决于经济发展的规模、速度和效益,也取决于财源结构是否合理,这部分财源也可以称为"内在财源",对县级政府的财力大小起着决定性的作用。从狭义的角度来看,财源是指在一定时期内和既定的财政体制下,政府凭借政治和财产等权力,为实现其职能的需要,利用各种手段筹集、支配和使用的各种财政性资金的总和,也可称为财政收入或政府财力。

财源结构是指财源的构成及其相互联系、相互制约的关系。地方财源的构成一般有以下划分:按产业划分,有来自第一产业、第二产业、第三产业提供的财源;按部门划分,有农业、工业、交通、建筑业等提供的财源;按所有制划分,有国有经济、民营经济、个体经济、外资企业、中外合资等提供的财源;按地域划分,有城市(包括特大城市、大城市、中等城市、小城市)、农村提供的财源;按财政资金

---

[1] 国务院办公厅《转发财政部关于调整和完善县级基本财力保障机制意见的通知》(国办发〔2013〕112号),http://www.gov.cn/zhengce/content/2014-01/10/content_8093.htm。

是否纳入预算划分,地方财源构成包括预算内、预算外和制度外收入三个部分;按全预算管理口径以及财政收入的形式和内容划分,财源构成包括一般公共预算收入、政府性基金收入、国有资本经营收入、社会保障基金收入、债务收入等。

因此,加强地方财源建设,优化地方财源结构是提升县级政府基本财力的主要途径之一。

### (五) 县级政府现实财力、潜在财力和应具备的财力

县级政府现实财力是县级政府财政运行状况的真实体现,指的是县级政府目前已经拥有和具备的财力。作为县级政府基本财力的保障机制来看,抓好现有财力建设是第一位的,只有抓好现有财力,才能保证县级政府提供基本公共服务的财力需求。

县级政府潜在财力是指在短期内不会增加地方政府的财政收入,需要通过地方政府的自身努力可以实现而目前没有实现的财政能力水平。要想保持县级政府财力的持续、稳定增长,在财源和财力建设上还必须具有战略眼光,做到居安思危,不仅要抓住现有财力和财源建设,保证既定的财力规模,还要注意开发和挖掘潜在的财源和财力,增强财力保障后劲。

县级政府应具备的财力,或者说标准财政能力。其涵义是从该地区在一定时期的全国相对定位来说,必须达到的财力水平[1]。可以说,县级政府应具备的财力,是从理想状态的视角,来考察县级政府履行各项职能的最优值。

本书研究重点是对县级政府现实财力进行分析。同时,从保障基本公共服务提供的视角,就如何挖掘潜在财力、巩固主体财源和财力、规范补偿财力等方面,提出相关对策建议(参见第七章)。

## 二、政府间财力配置的现状

在多级政府体制下,县级政府的财力配置一般都由与其政治体制相结合的财政体制所决定,不仅取决于中央与省级政府之间的财力划分,也取决于省以下财政体制的安排,政府间财力的分配主要是税收收入的划分。

### (一) 中央与省级政府的税收划分

根据1994年分税制体制的安排,目前属于地方政府固定收入的税收收入包

---

[1] 地方政府财政能力研究课题组:"地方政府的财政能力研究——以新疆维吾尔自治区为例",《财政研究》,2007第9期,第57-63页。

括营业税、资源税、城市维护建设税、房产税、印花税、城镇土地使用税、土地增值税、车船税、耕地占用税、契税等；也包括与中央政府分享的增值税、企业所得税和个人所得税。具体税收划分如表4.1所示。

表4.1 现行中央政府与地方政府的税收划分

| 收入来源 | | | 分享比例(%) | 备注 |
| --- | --- | --- | --- | --- |
| 中央固定收入 | | | | 关税,消费税,车辆购置税、船舶税、海关代征的消费税和增值税,铁道部门、各银行总行、各保险总公司集中缴纳的收入等(包括营业税、所得税、利润和城市维护建设税),中央企业上交利润,中央企业所得税 |
| 中央与地方共享收入 | 增值税 | 中央 | 75 | 2009年,开始实施增值税转型改革,允许企业抵扣其购进设备所含的增值税。2016年5月,全面推行"营改增"后,改为中央与地方50∶50分成 |
| | | 地方 | 25 | |
| | 所得税 | 企业所得税 中央 | 60 | 除铁路运输、国家邮政、四大国有商业银行、三家政策性银行、中石化及中海油等企业外,2003年前中央与地方各分享所得税50%,2003年调整为中央60%,地方40% |
| | | 企业所得税 地方 | 40 | |
| | | 个人所得税 中央 | 60 | |
| | | 个人所得税 地方 | 40 | |
| | 资源税 | 海洋石油资源税 中央 | 100 | 海洋石油开采企业没有向中央上缴这一税收,而是以矿区使用费的形式上缴,从而使资源税成为单纯的地方税种 |
| | | 海洋石油资源税 地方 | 0 | |
| | | 其他资源税 中央 | 0 | |
| | | 其他资源税 地方 | 100 | |
| | 证券交易印花税 | 中央 | 97 | 1997年,中央与地方分享比例由50∶50调整为80∶20。2000年后,调整为97∶3,只有上海和深圳分享。2016年1月1日起,将证券交易印花税全部调整为中央收入 |
| | | 地方 | 3 | |
| 地方固定收入 | 营业税 | 地方 | 100 | 不含铁道部门、各银行总行、各保险公司总公司集中交纳的营业税 |
| | 城市维护建设税 | 地方 | 100 | 不含铁道部门、各银行总行、各保险公司总公司集中交纳的部分 |
| | 契税、房产税、车船使用税、印花税、耕地占用税、烟叶税、土地增值税、城镇土地使用税、环境保护税(2018年1月1日起,环境保护税全部作为地方收入) | | | |

数据来源:根据现行的税收政策整理获得。

### (二)省以下政府间的税收划分

需要指出的是,1994年分税制确定的中央与地方的税收划分主要是在中央与省级政府之间,省以下的税收如何划分由各省自行决定,绝大部分省份也继续贯彻分税制改革的思想,继续采用了按照税种分税的模式,由此形成了各具特色的省对下财政体制,同时,省以下财政体制也在不断完善之中。

目前省以下财政收入的划分有三种模式:分税+共享型;分税+分成型(增量或总额);"分税+共享"("分税+分成")与行业或企业隶属关系相结合。虽然各省税收划分模式错综复杂,差异较大,并且一直在不断调整,但也不难发现其共性。

本书通过对各省相关文件和公开资料的整理,特别是2016年《国务院关于印发全面推开营改增试点后调整中央与地方增值税收入划分过渡方案的通知》(国发〔2016〕26号)规定,2016年5月1日全面实施"营改增"后地方按税收缴纳地分享增值税的50%,各省纷纷出台相应通知规范省以下政府分税方式,本书通过对各地方政府最新文件和政策进行梳理,获得以下结论。

1. 收入规模较大,收入稳定的税种划为省与地市或省与县(市)共享收入[1]

中央与地方共享的税收,在省与市县之间也基本按比例共享,这些税种收入规模大,税源稳定,涉及的税种包括增值税(25%部分)[2]、营业税、企业所得税和个人所得税(40%部分)、资源税、城镇土地使用税、房产税、城建税等。省与市县的分享比例主要有"五五""三七""四六""二八""三五六五""六四"等。可以看出,近年来,随着省管县财政体制的实施,各地不同程度对省以下财政体制进行了调整,赋予市县更大的发展权,扩大了市县政府的分享比例(参见表4.2)。

表4.2 主要地区省以下收入划分概况

| 地区 | 实行的时间 | 共享的税种及其省与市县(区)分享比例 | | | | | | | | |
|---|---|---|---|---|---|---|---|---|---|---|
| | | 增值税(25%)增值税的50%(2016) | 营业税 | 企业所得税(40%) | 个人所得税(40%) | 资源税 | 耕地占用税 | 城镇土地使用税 | 房产税 | 城建税 |
| 北京 | 2005 | 50:50 | 50:50 | 50:50 | 50:50 | 50:50 | 0:100 | 50:50 | 0:100 | 0:100 |
| 天津 | 2005 | 25:75 | 50:50 | 25:75 | 50:50 | 0:100 | 0:100 | 0:100 | 0:100 | 0:100 |
| 河北 | 2002<br>2016 | 40:60<br>30:70 | 10:90<br>10:90 | 50:50<br>50:50 | 25:75<br>50:50 | 0:100 | 0:100 | 0:100 | 0:100 | 0:100 |

[1] 本部分的内容借鉴了李萍等著:《财政体制简明图解》,中国财政经济出版社2010年版,第127页的部分观点。

[2] 2016年5月1日全面实施"营改增"后地方按税收缴纳地分享增值税的50%。

(续表)

| 地区 | 实行的时间 | 增值税(25%)增值税的50%(2016) | 营业税 | 企业所得税(40%) | 个人所得税(40%) | 资源税 | 耕地占用税 | 城镇土地使用税 | 房产税 | 城建税 |
|---|---|---|---|---|---|---|---|---|---|---|
| 共享的税种及其省与市县(区)分享比例 | | | | | | | | | | |
| 山西 | 2002<br>2016 | 35∶65<br>30∶70 | 35∶65<br>30∶70 | 35∶65<br>30∶70 | 35∶65<br>30∶70 | 35∶65<br>30∶70 | 0∶100 | 35∶65 | 0∶100 | 0∶100 |
| 内蒙古 | 2006<br>2016 | 20∶80<br>30∶70 | 20∶80 | 20∶80 | 20∶80 | 20∶80 | 0∶100 | 0∶100 | 0∶100 | 0∶100 |
| 辽宁 | 2003<br>2010 | 40∶60<br>0∶100 | 30∶70<br>属地 | 50∶50<br>0∶100 | 50∶50<br>0∶100 | 0∶100 | | | | |
| 黑龙江 | 2003<br>2016 | 50∶50<br>30∶70 | 50∶50<br>50∶50 | 0∶100<br>12.5∶87.5 | 0∶100<br>12.5∶87.5 | 0∶100<br>5∶95 | | | | |
| 吉林 | 2004<br>2016 | 50∶50<br>50∶50 | 50∶50 | 50∶50 | 50∶50 | 0∶100 | | 50∶50 | 0∶100 | |
| 湖北 | 2002<br>2011 | 32∶68<br>0∶100 | 30∶70<br>0∶100 | 60∶40<br>0∶100 | 37.5∶62.5<br>0∶100 | 0∶100 | | | | |
| 安徽 | 2004 | 0∶100 | 0∶100 | 0∶100<br>37.5∶62.5 | 37.5∶62.5 | 0∶100 | | | | |
| 山东 | 2005<br>2013 | 0∶100<br>0∶100<br>15∶85 增量 | 20∶80<br>0∶100<br>15∶85 增量 | 20∶80<br>0∶100<br>15∶85 增量 | 15∶25<br>0∶100<br>15∶85 增量 | 0∶100<br>15∶85 增量 | 15∶85 增量 | 15∶85 增量 | 15∶85 增量 | 15∶85 增量 |
| 上海 | 2004<br>2016 | 40∶60<br>35∶65 | 40∶60 | 40∶60 | 30∶70 | 0∶100 | 0∶100 | 0∶100 | 40∶60 | |
| 江苏 | 2008<br>2014 | 50∶50 | 0∶100 | 50∶50 | 0∶100 | 0∶100 | 50∶50 | 30∶70<br>20∶80 增量 | 30∶70<br>20∶80 增量 | 0∶100 |
| 浙江 | 2003<br><br><br>2013 | 100∶0 电力企业。除中央和省级以外,其余归县市。 | 全省部分金融和非金融企业缴纳的营业税归省级;其余归县市<br>金融企业营业税60∶40 | 100∶0 电力企业和全省部分金融和非金融企业所得税等地方分享部分;其余归县市 | 0∶100 | 0∶100 | 0∶100 | 0∶100 | 0∶100 | 0∶100 |

(续表)

| 地区 | 实行的时间 | 共享的税种及其省与市县(区)分享比例 ||||||||| 
| | | 增值税(25%)增值税的50%(2016) | 营业税 | 企业所得税(40%) | 个人所得税(40%) | 资源税 | 耕地占用税 | 城镇土地使用税 | 房产税 | 城建税 |
|---|---|---|---|---|---|---|---|---|---|---|
| 河南 | 2004<br><br>2016 | 0：100<br>省级<br><br>50：50 | 0：100<br>省级<br>20：80<br>增量 | 0：100<br>省级<br>20：80<br>增量 | 0：100<br>省级<br>20：80<br>增量 | 0：100 | 0：100 | 0：100 | 0：100 | 0：100 |
| 广东 | 2004<br>2011<br>2016 | 0：100<br>0：100<br>0：100 | 40：60<br>50：50<br>50：50 | 40：60<br>50：50<br>50：50 | 40：60<br>50：50<br>50：50 | 0：100 | | | | 0：100 |
| 海南 | 2004<br>2013 | 25：75<br>25：75[1] | 25：75<br>25：75[2] | 25：75<br>25：75[3] | 25：75<br>25：75 | 0：100 | | | | |
| 重庆 | 2004 | 60：40<br>主城区；<br>0：100<br>郊区 | 60：40<br>主城区；<br>40：60<br>郊区 | 60：40<br>主城区；<br>40：60<br>郊区 | 60：40<br>主城区；<br>40：60<br>郊区 | | | 0：100 | 60：40<br>主城区；<br>40：60<br>郊区 | 60：40<br>主城区；<br>40：60<br>郊区 |
| 四川 | 2003<br>2016 | 35：65<br>35：65 | 35：65<br>35：65 | 35：65<br>35：65 | 35：65<br>35：65 | 35：65<br>35：65 | 0：100 | 35：65 | 35：65 | 0：100 |
| 贵州 | 2013<br><br>2016 | 2(省)：<br>2(市)：<br>6(县)<br>23(省)：<br>19(市)：<br>58(县) | 2：2：<br>6(县)<br><br>20：80 | 2(省)：<br>2(市)：<br>6(县)<br>20：80 | 2(省)：<br>2(市)：<br>6(县)<br>20：80 | 2(省)：<br>2(市)：<br>6(县)<br>20：80 | 0：100 | 2(省)：<br>2(市)：<br>6(县) | 0：100 | 0：100 |
| 陕西 | 2004<br>2016 | 30：70<br>30：70 | 30：70 | 50：50<br>50：50 | 50：50<br>50：50 | 30：70<br>30：70 | | 30：70 | 30：70 | |
| 青海 | 2004 | 50：50 | | | | 40：60 | | | | |

数据来源：根据《中国省以下财政体制 2006》和其他政府文件整理获得。

### 2. 收入规模较少的税种一般由市县独享

几乎所有的省份都将收入较少、税源分散的地方税种划归为市县独享，这些税收收入规模较小，易由地方征管。主要包括城建税、房产税、车船使用和牌照税、印花税、土地增值税、契税、耕地占用税等。

---

[1] 增值税分成：省与海口 45：55 分成，与三亚、洋浦 35：65 分成，省与其他市县 25：75 分成。
[2] 营业税分成：省与海口 45：55 分成，与三亚、洋浦 35：65 分成，省与其他市县 25：75 分成。
[3] 所得税分成：省与海口 45：55 分成，与三亚、洋浦 35：65 分成，省与其他市县 25：75 分成。

3. 按照税种和行业(或隶属关系)相结合的方式划分

浙江、黑龙江、江苏、安徽、福建、山东、江西、湖北、湖南、广东、广西、云南、贵州、甘肃、宁夏、新疆等省(自治区、直辖市)在按照税种划分收入的同时,规定主要行业、支柱产业或重点企业的营业税、企业所得税、增值税等税收由省级独享。涉及的行业包括高速公路、铁路、邮政通信、石油石化、金融保险信托、机场、港口、航空、卷烟、汽车、电力、有色金属、管线、跨省经营和集中缴纳的中央企业等。

4. 按照隶属关系划分非税收入

对国有资产经营收益、亏损补贴、行政性收费收入、罚没收入、专项收入等非税收入,各地均按照隶属关系划分为省级规定收入和市县规定收入。例如,安徽省规定,省属企业的所得税、利润、计划亏损补贴以及其他收入等,列入省级财政收入范畴。

## 三、县级政府的财力构成

什么是县级政府财政收入或县级政府财力?在目前既定的财政体制下,其包括的范围有哪些?其财力构成又包括哪些?对于县级政府的财力构成可以从不同的视角加以分析。

### (一)按照财政收入是否纳入预算来划分,可以划分为预算内财政收入、预算外财政收入和制度外财政收入

1. 预算内财政收入

预算内收入是由政府机构直接或间接掌握,这部分资金严格纳入预算,实行统一平衡和管理。主要包括一般公共预算收入和政府性基金(2007年政府性基金纳入预算统一管理)。

2. 预算外财政收入

预算外资金是指根据国家财政制度和财务制度的规定,不纳入国家预算,由地方各部门,各企事业单位自收自支的资金。从公共支出管理的观点来看,预算内资金与预算外资金最重要的区别在于财力通过正常预算审议和监督的程度不同。

预算外资金具体内容包括行政事业性收入、乡镇自筹资金、国有企业和主管部门收入、其他收入等。社会保险缴费(社会保险基金)收入目前也是政府预算外资金,但纳入财政专户管理、预算外列支。可以说,预算外资金属于非税收入。从2004年起,财政部加强了对这些资金的监管力度,原则上讲,所有的预算外资

金都是经中央或省级政府批准的,存于规定的财政专户的资金,被称为"预算外财政专户"资金。并且随着中国财政预算改革和透明度的提高,预算外资金概念逐渐被取消,2011年,预算外资金全部被纳入政府预算统一管理。

3. "制度外收入"

亦被称为"非预算收入"[1]"自筹资金收入"[2]"非规范收入"[3]"预算外收入"[4]"非正规收入"[5]等,主要指地方政府的各种集资、自筹资金、毫无依据的乱收费、乱摊派和乱罚款,其中很大一部分属于违规收入。这部分资金不纳入预算内、外资金管理体系,由政府部门、事业单位及社会团体直接支配。因此,制度外资金最为混乱,透明度降低,在账面上是不会反映出来的,因此其确切的规模很难真实地反映出来。最初,制度外资金主要以"三乱"为主,随着时间的变迁,资金来源也经历了变化,从"三乱"转向高速公路收费、土地出让金与出售政府资产。根据黄佩华[6]的观点,预算外资金往往发生在层次较高的地方政府,制度外资金往往发生在层次较低的地方政府。

长期以来,中国地方政府的财政资金分别装在三个不同的口袋里,可见财政资金管理的混乱和预算的不完整。但随着我国财政预算改革的不断深入,凡是政府取得的各种收入均须纳入预算全口径管理,预算外和制度外收支成为历史。

**(二) 按照全预算管理口径,县级政府财力可以划分为一般公共预算收入、政府性基金收入、国有资本经营收入、社会保障基金收入**

根据《中华人民共和国预算法》(2014年修订)第五条,按照全预算管理口径,县级财政收入包括一般公共预算收入、政府性基金收入、国有资本经营收入、社会保障基金收入,目前债务收入还没有纳入预算管理,但随着国家预算管理的不断完善,地方债务收入也是政府财政收入的一种,也将逐步纳入政府预算统一管理。

从狭义的角度来看,县级政府财政收入主要是指一般公共预算收入[7]。

---

[1] 黄佩华:"财政改革和省级以下的财政",《经济社会体制比较》,1994年第5期,第38-40页。
[2] 孙潭镇、朱钢:"我国乡镇制度外财政分析",《经济研究》,1993年第9期,第38-44页。
[3] 樊纲:"论公共收支的新规范——我国乡镇'非规范收入'若干个案的研究与思考",《经济研究》,1995年第6期,第34-43页。
[4] 贾康、刘军民:"非税收入规范化管理研究",《税务研究》,2005年第4期,第24-31页。
[5] 李扬、杨之刚、张敬:"中国城市财政的回顾和展望",《经济研究参考》,1992年第25期,第16-36页。
[6] 同[1]。
[7] 从2012年起,各级政府一般预算收入改称公共财政预算收入,新《预算法》又将其改称"一般公共预算收入",在统计口径上相同。

1. 一般公共预算收入

根据《中华人民共和国预算法(2014年修正)》的规定,一般公共预算收入主要是对以税收为主体的财政收入,安排用于保障和改善民生、推动经济社会发展、维护国家安全、维持国家机构正常运转等方面。根据国家《预算法》的规定,地方一般公共预算收入包括地方本级收入、上级政府对本级政府的税收返还和转移支付、下级政府的上解收入。一般公共预算收入反映了地方政府可支配财力状况(见表4.3)。

(1) 本级收入包括税收收入与非税收入,反映了由地方经济基础决定的,并同地方各级政府征管努力程度相联系的实际收入组织规模。在税收努力程度相同的情况下,收入组织规模取决于GDP总量。本级财政收入反映了地方的自有财力。

① 税收收入。目前属于县级政府固定收入的税收收入包括营业税、城市维护建设税、资源税、房产税、城镇土地使用税、土地增值税、印花税、车船税、耕地占用税、契税等,也包括与上级政府分享的增值税、企业所得税和个人所得税。

② 非税收入。包括专项收入、行政事业性收费收入、罚没收入、其他收入。

专项收入包括排污费收入、水资源费收入、教育费附加收入、矿产资源补偿费收入、探矿权及采矿权使用费收入等。

行政事业性收费收入,即地方政府和部门依照中央和地方政府的行政法规、政府规章或者规定收取的各项收费收入,包括公安、法院、司法、工商、商贸等行政事业性收入。

罚没收入包括公安、检察、法院、工商、税务、海关、卫生、食品药品监督、交通、银行、民航、证监会、保监会等部门的罚没收入。

其他收入包括捐赠收入。

(2) 上级财政的税收返还和转移支付收入。

① 税收返还。

第一,"两税返还"按各地区"两税"(消费税和增值税的75%)增长率的1∶0.3系数确定税收返还,即各地"两税每增长1%",税收返还增长0.3%。

第二,所得税基数返还。从2002年起,企业所得税、个人所得税中央地方共享。除铁路、国家邮政、国有四大银行、三大政策性银行以及海洋石油天然气企业缴纳的企业所得税外,其他企业缴纳的企业所得税和个人所得税以2001年为基期,按60%中央、40%地方划分。地方分享所得税收入如果小于地方实际所得税收入,差额部分由中央作为基数返还地方。

② 转移支付收入。

县级政府获得来自上级政府的转移支付收入包括一般性转移支付和专项转移支付两部分。

一般性转移支付[1]包括均衡性转移支付[2]、老少边穷地区转移支付、成品油税费改革转移支付、体制结算补助、基层公检法司转移支付、基本养老金转移支付、城乡居民医疗保险转移支付等。一般性转移支付中最具均等化效果多是均衡性转移支付,包括重点生态功能区转移支付、产粮大县奖励资金、县级基本财力保障机制奖补资金、城乡义务教育补助经费、农村综合改革转移支付等。

专项转移支付包括上级政府对县级政府的教育、卫生、扶贫、社保、基础设施等各项转移支付。

表4.3 县级政府一般公共预算收入的构成

| 本级收入 | | 上级财政税收返还和转移支付 | |
|---|---|---|---|
| 税收收入 | 非税收入 | 税收返还 | 转移支付 |
| 增值税、企业所得税和个人所得税市县分享部分;营业税(2016年改为增值税)、资源税、城市维护建设税、房产税、印花税、契税、城镇土地使用税、土地增值税、车辆使用牌照税、环境保护税 | 专项收入、行政事业性收费收入、罚没收入、其他收入等 | "两税返还" 所得税基数返还 | 一般性转移支付 专项转移支付 |

2. 政府性基金收入

根据《中华人民共和国预算法》(2014年修订)的规定,政府性基金预算是对依照法律、行政法规的规定在一定期限内向特定对象征收、收取或者以其他方式筹集的资金,专项用于特定公共事业发展的收支预算。包括地方农网还贷资金收入、地方教育附加收入、地方水利建设基金收入、残疾人就业保障基金收入、文化事业建设费收入、国有土地使用权出让金收入、国有土地收益基金收入、养路费收入、其他各项政府性基金收入等项目。2007年起,政府基金收入被纳入预算内。在地方政府性基金收入中,其中国有土地使用权出让金收入所占的比重最大。

3. 国有资本经营收入

即各级政府及其部门、机构履行出资人职责的企业上交的国有资本收益。

---

[1] 2009年后,财力性转移支付改为一般转移支付。
[2] 2009年后,一般性转移支付改为均衡性转移支付。

其中包括利润收入、股息收入、产权转让收入、清算收入、其他国有资本经营收入等。长期以来国有资本经营收入只是作为一般预算收入中非税收入的一项科目,与一般预算收入混列,2007年,国务院决定单独编制国有资本经营预算,2016年,地方国有资本经营预算本级收入1 172亿元,同比增长24.9%[1]。

国有资源(资产)有偿使用收入包括海域使用金收入、场地和矿区使用费收入、专项储备物资销售收入、利息收入、出租车经营权有偿出让和转让收入、非经营性国有资产收入。

4. 社会保险基金收入

根据《中华人民共和国预算法》(2014年修订)的定义,社会保险基金预算是对社会保险缴款、一般公共预算安排和其他方式筹集的资金,专项用于社会保险的收支预算。目前,我国的社会保险基金收入按项目划分可分为基本养老保险基金收入、失业保险基金收入、基本医疗保险基金收入、工伤保险基金收入和生育保险基金收入。其中,每个保险基金收入项目中又分为保险费收入、财政补贴收入和基金的其他收入(主要是基金的利息收入)。

进行全口径预算管理,将所有政府收支纳入其中,并进行统一和规范管理,由各级人大等机构对政府行为进行预算控制,这不仅仅规范了财政资金,而且有利于地方事权、财权和财力的匹配。

但是,长期以来由于我国预算的不完整,随意性较大,大量的政府性基金等非税收入并没有纳入四本账里。例如,各级财政部门通过财政专户存储收支所形成的资金;未纳入政府性基金预算的各种政府管理的基金;住房公积金、全国社保基金等一些具有较大体量的基金;国有资本经营预算自2007年才开始编制,纳入预算的只是国资委管理下的部分国企,大量的国有资本经营游离于预算管理之外,还有预算外资金和制度外资金隐蔽、零星、分散,数据难以获得。并且由于社会保障基金收入是政府代管的社会公众资金,且收入中有一部分包含了来自一般公共预算收入的支出安排,从严格意义上讲,不宜将其作为通常意义上的财政收入[2]。因此,鉴于上述原因,很难从全口径预算的视角对县级政府的财力进行评估。

本书将根据县级政府财政收入的形式和内容,分析县级政府一般公共预算收入、非税收入和债务收入三大部分财力状况,其中县级政府的一般公共预算收

---

[1] http://finance.sina.com.cn/stock/t/2017-01-23/doc-ifxzutkf2417535.shtml。
[2] 刘尚希:"正确认识'土地财政'",中国经济网,2015年5月6日。

入是本研究的重点,一般公共预算反映了县级政府的可支配财力,是县级政府真正的财政基础。

## 第二节 县级政府财力状况与特征的实证分析

### 一、县级政府财力状况的评价指标

如何来评价县级政府财政基础的薄弱情况以及政府财力状况,必须要建立一套完整的指标体系加以评估。县级政府的财力最终要满足基本支出的需求,支撑基本公共服务的提供,但是,财力要多少,才能满足公共服务支出要求,在不同的地区有不同的标准,因为至少由于地理面积、气候、市场发育程度、经济发展状况等原因而导致的公共服务成本是不同的。为此,在设计评价指标的时候,必须要考虑指标的科学性、合理性和适用性。本书认为对县级政府财力状况的评价必须要用结果指标而不是用过程指标来解释,并从财政收入类指标、财政支出类、财政收支对比指标、影响县级财政收支的经济类指标全面系统地进行分析和评价。

#### (一) 财政收入类指标

1. 一般公共预算收入总量及其增速

一般公共预算收入是县级政府财政收入的主体,地方一般公共预算收入包括地方本级收入、上级政府对本级政府的税收返还和转移支付、下级政府的上解收入。一般公共预算收入的总量及其增速反映了一个财政年度内县级政府可用财力及其变动状况。

2. 人均公共财政收入(人均一般公共预算收入)

人均公共财政收入是某一财政年度财政收入与某地常住人口的比例,与公共财政收入总量相比,这一指标能够更加客观地反映一个国家或地区的财政实力。在中央统一制定税收政策下,该指标与人均GDP的对比,可以反映出地方的收入组织能力。这是既包含经济发展水平因素,又包含税收努力程度因素,但不包含财政体制因素决定的财政收入分配。

3. 各级财政收入占全部财政收入的比重

各级财政收入占全部财政收入的比重,是从政府级次构成的角度,来分析各级地方政府的财政收入状况。从这一指标中可以判断县级政府在五级政府的财力分配中所处的状况。

4. 可支配财力

可支配财力是地方各级政府在收入上解和接受补助后,实际可直接用于安排支出的规模,它反映了地方各级政府的真实财力。地方可支配财力＝地方本级收入＋上级政府对本级政府的税收返还和转移支付＋下级政府的上解收入－各项对上级政府的上解。

5. 转移支付力度

转移支付力度＝转移支付总额/一般公共预算收入(支出)。该指标的大小不能绝对确定财政困难与否,但是有一点,该指标的数值越大,则意味着基层财政对上级财政的依赖性就越大,自身财政状况就越差,财政压力可能性就越大。

(二) 财政支出类指标

财政支出是指各级财政将归其所支配的财力,有计划地分配使用到各种用途上去的分配活动,反映着一个政府的支出需求。在公共财政体系中,财政支出是与政府的职能最为密切的概念。因此,县级财政支出规模、结构的确定与调整,对于县级政府职能的履行和地方经济、文化、教育以及公共设施和卫生保健事业的发展都有着至关重要的作用和影响。

1. 一般公共预算支出总量和增速

从一级政府的财政支出总量和增速中,我们可以看出一个政府活动的轨迹,一个政府真实的财力状况,判断一个政府提供公共产品和公共服务能力的强弱。

2. 人均公共财政支出(人均一般公共预算支出)

此项指标是某一财政年度县级公共财政支出总量与常住人口的比重,反映了政府提供公共产品的水平高低,该指标数值越小,说明政府提供公共产品的能力越低,财政越困难。

3. 基本行政支出占一般公共预算支出的比重

基本行政支出比重＝基本行政支出/一般公共预算支出。其用以反映政府运转成本的高低。当基层财政支出构成中,基本行政支出中特别是用于工资发放的比率在财政支出中的比重越大,财政养人压力越大,则我国基层财政就越困难。

4. 各级财政支出占全部财政支出的比重

各级财政支出占全部财政支出的比重,是从政府级次构成的角度来分析各级地方政府的财政支出需求和承担的支出责任。

(三) 财政收支的对比——财政自给率

本书将中央与地方财政收入划分为两个过程,来分别分析在不同过程中的地方财政自给能力。

第一个过程是"初次分配",反映在收入上解、接受补助之前的财政收支对比状况,反映着由财政体制规定的各级政府间财政资源的初次分配关系,这里财政自给率1=本级组织收入/本级支出。

第二个过程是"再分配"的过程,即中央对地方实行税收返还和转移支付补助,而地方对中央实行上解。经过再分配之后实际形成的本级可支配财力对本级支出的满足程度,反映了地方各级财政实际的收支平衡状况。财政自给率2=本级可支配收入/本级支出。

**(四)影响县级财政收支状况的经济类指标**

1. 财政收支占GDP的比重

这是指当年一般公共财政预算收入和支出总额占当年GDP的比重。一方面,它反映了财政在GDP分配中的集中度,以及对经济和社会发展的调配能力有多大;另一方面,也反映了单位GDP对财政收入和财政支出的贡献额。同时,这一指标不仅可以粗略地反映政府在经济中的作用,也从另一方面反映了一个国家或政府在经济发展中所承担的宏观财政负担。

2. 财政收支的弹性分析

包括公共财政收入增长速度、财政支出增长速度与GDP增长速度的比例,被称为财政收入和财政支出的弹性系数,其经济含义是分析两者之间的协调关系。

## 二、县级政府财力状况的实证分析

本研究将运用上述设定的指标,从总量和结构两方面对县级政府的财力基础和财源结构进行实证分析。

**(一)县级财政收入状况分析**

1. 县级财政收入的总量迅速增长,人均县级财政收入远低于全国平均人均财政收入

一般公共预算收入是县级政府财力的主体,从表4.4中可以看出,随着经济的发展,县级一般公共预算收入的总量迅速提高,从1993年的804.56亿元增加到2015年的31 466.3亿元,2015年是1993年的39.11倍,年均增长20.79%。考虑到人口因素,从人均值的角度来看,县域人均一般公共预算收入也在不断增长,从1993年的108.86元上升到2015年的4 391.4元。23年里平均人均县级财政收入为1 223.23元,远低于全国平均人均财政收入3 663.27元的水平。这说明,广大县域人口真正获得的财政收入并不高(如图4.1)。

表 4.4 全国县级一般公共预算收入及其变动情况

| 年份 | 全国财政收入(亿元) | 增幅(%) | 县级一般公共预算收入(亿元) | 增幅(%) | 占全国财政收入的比重(%) | 占地方公共预算收入的比例(%) | 占GDP的比重(%) | 县财政收入弹性系数 | 人均县财政收入(元) |
|---|---|---|---|---|---|---|---|---|---|
| 1993 | 4 348.95 | 24.8 | 804.56 | — | 18.50 | 23.72 | 2.28 | | 108.86 |
| 1994 | 5 218.10 | 20.0 | 529.00 | −34.25 | 10.14 | 22.88 | 1.10 | −0.94 | 75.66 |
| 1995 | 6 242.20 | 19.6 | 692.88 | 30.98 | 11.10 | 23.21 | 1.14 | 1.19 | 100.70 |
| 1996 | 7 407.99 | 18.7 | 859.72 | 24.08 | 11.61 | 22.94 | 1.21 | 1.41 | 126.11 |
| 1997 | 8 651.14 | 16.8 | 962.98 | 12.01 | 11.13 | 21.77 | 1.22 | 1.10 | 141.47 |
| 1998 | 9 875.95 | 14.2 | 1 130.49 | 17.39 | 11.45 | 22.68 | 1.34 | 2.53 | 165.45 |
| 1999 | 11 444.08 | 15.9 | 1 456.17 | 28.81 | 12.72 | 26.03 | 1.62 | 4.61 | 212.48 |
| 2000 | 13 395.23 | 17.0 | 1 609.78 | 10.55 | 12.02 | 25.13 | 1.62 | 0.99 | 452.49 |
| 2001 | 16 386.04 | 22.3 | 1 979.48 | 22.97 | 12.08 | 25.37 | 1.81 | 2.18 | 288.18 |
| 2002 | 18 903.64 | 15.4 | 2 077.25 | 4.94 | 10.99 | 24.40 | 1.73 | 0.51 | 305.82 |
| 2003 | 21 715.25 | 14.87 | 2 501.50 | 20.42 | 11.52 | 25.40 | 1.84 | 1.59 | 370.37 |
| 2004 | 26 396.47 | 21.56 | 3 120.70 | 24.75 | 11.82 | 26.24 | 1.95 | 1.40 | 462.30 |
| 2005 | 31 649.29 | 19.90 | 4 212.06 | 34.97 | 13.31 | 27.89 | 2.30 | 2.23 | 623.65 |
| 2006 | 38 760.20 | 22.5 | 5 359.08 | 27.23 | 13.83 | 29.28 | 2.48 | 1.60 | 786.68 |
| 2007 | 51 321.78 | 32.4 | 7 291.00 | 36.05 | 14.21 | 30.93 | 2.74 | 1.58 | 1 058.10 |
| 2008 | 61 330.35 | 19.5 | 9 020.00 | 23.71 | 14.71 | 31.48 | 2.87 | 1.31 | 1 324.10 |
| 2009 | 68 518.30 | 11.7 | 10 781.00 | 19.52 | 15.73 | 33.07 | 3.16 | 2.28 | 1 535.23 |
| 2010 | 83 101.51 | 21.3 | 13 939.37 | 29.30 | 16.77 | 34.32 | 3.47 | 1.66 | 1 968.97 |
| 2011 | 103 874.43 | 25.0 | 18 426.00 | 32.19 | 17.74 | 35.07 | 3.89 | 1.80 | 2 583.41 |
| 2012 | 117 253.52 | 12.9 | 22 265.48 | 20.84 | 18.99 | 36.45 | 4.29 | 2.13 | 3 133.88 |
| 2013 | 129 209.64 | 10.2 | 26 743.60 | 54.02 | 26.54 | 40.69 | 5.83 | 1.38 | 3 763.59 |
| 2014 | 140 370.03 | 8.6 | 29 668.60 | 10.94 | 21.14 | 39.10 | 4.61 | 1.35 | 4 155.52 |
| 2015 | 152 269.23 | 5.8 | 31 466.3 | 6.06 | 20.66 | 37.091 | 4.57 | 0.87 | 4 391.40 |

数据来源：根据各年《中国统计年鉴》《中国财政年鉴》《全国地市县财政统计资料》《中国县市社会经济统计年鉴》整理计算而得。

从县级财政收入占GDP的比重来看，1993—2015年，这一比重总体呈现上升趋势，但比重较低，基本维持在2.57%左右。从县级财政收入占全国财政收

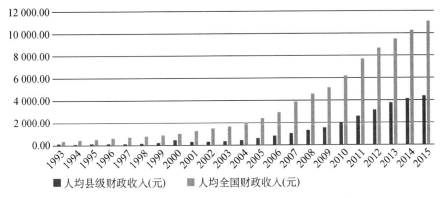

**图 4.1　县域人均县级财政收入与人均全国财政收入的对比**

数据来源：同表 4.4。

入的比重、占地方一般公共预算收入的比重来看，增幅较小，甚至有些年份呈现下降态势，但到了 2003 年后呈现出稳步上升趋势，2013 年，县级一般公共预算收入占地方公共预算收入的比重已经逐步达到了 40.69%，这说明在全国财政收入和地方财政收入中，县级财政的贡献度在逐步提升。但由于受经济下行的影响，2013 年后这一指标有所下降（见表 4.4）。

从县级财政收入对 GDP 的弹性系数来看，财政收入增长缺乏弹性，财政收入具有不稳定性。从图 4.2 可以看出，这一比重呈震荡态势。最大系数为 4.61，即 GDP 每增长 1%，财政收入增长 4.61%。1994 年、2000 年、2002 年和 2015 年的财政收入弹性系数小于 1，说明财政收入的增长低于 GDP 的增长。同时，从图 4.2 可以看出，全国财政收入弹性系数基本呈稳定增长态势，1994—2015 年，县级财政收入的弹性系数平均水平为 1.58，略大于全国财政收入的弹

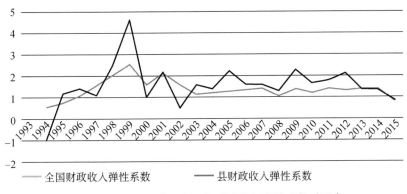

**图 4.2　全国财政收入和县级财政收入弹性系数对照表**

性系数平均水平1.4,这说明这些年来全国县级财力有了一定的提高。

以上分析的是全国县级财政的运行状况,但我国目前大约有2 850个县级单位(包括县、县级市、市辖区),由于我国地域辽阔,各地经济发展水平各不相同,因此,每个县的财政状况千差万别,非常复杂。对于全国县级财政状况的一般分析只能分析出县级财政的一般共性,而不能看出县级财政的个性,为此,本书以安徽省61个县(包括县级市,不包括市辖区。安徽省县级市具有农业县的特征)为例[1],结合全国的情况,试图由点到面,来分析县级财政的运行状况。

从表4.5可以看出,1993—2016年24年,安徽61个县级一般预算收入总体上有了很大的提高,从1993年的243 903万元提高到2016年的8 784 578万元,2016年是1993年30倍,年均增长速度为18.2%。

表4.5 安徽省县级财力及其变动情况

| 年份 | 全省财政总收入(万元) | 增速(%) | 地方一般公共预算收入(万元) | 全省财政收入占本省GDP的比重(%) | 县级一般公共预算收入(万元) | 增速(%) | 县财政收入占本省GDP的比重(%) | 占全省财政收入比重(%) | 占地方公共预算收入的比重(%) | 县级财政收入弹性系数 |
|---|---|---|---|---|---|---|---|---|---|---|
| 1993 | 732 092 | | 732 100 | 6.8 | 243 903 | | 2.4 | 33.3 | 33.3 | |
| 1994 | 1 087 602 | 48.6 | 546 800 | 7.3 | 243 678 | −0.1 | 1.8 | 22.4 | 44.6 | 0.003 |
| 1995 | 1 469 994 | 35.2 | 838 254 | 7.3 | 412 690 | 69.4 | 2.3 | 28.1 | 49.2 | 1.9 |
| 1996 | 1 931 403 | 31.4 | 1 145 900 | 8.3 | 593 195 | 43.7 | 2.8 | 30.7 | 51.8 | 2.8 |
| 1997 | 2 308 100 | 19.5 | 1 405 216 | 8.6 | 716 240 | 20.7 | 3.1 | 31 | 51 | 1.7 |
| 1998 | 2 620 687 | 13.5 | 1 591 862 | 9.3 | 774 661 | 8.2 | 3 | 29.6 | 48.7 | 1 |
| 1999 | 2 808 495 | 7.2 | 1 742 917 | 9.7 | 803 323 | 3.7 | 3 | 28.6 | 46.1 | 0.6 |
| 2000 | 2 904 229 | 3.4 | 1 787 200 | 9.6 | 739 439 | −8 | 2.5 | 25.5 | 41.4 | −1.1 |
| 2001 | 3 095 500 | 6.6 | 1 921 800 | 9.4 | 715 055 | −3.3 | 2.2 | 23.1 | 37.2 | −0.2 |
| 2002 | 3 466 520 | 12 | 2 002 200 | 9.8 | 684 827 | −4.2 | 1.9 | 19.8 | 34.2 | −0.5 |
| 2003 | 4 122 917 | 18.9 | 2 207 500 | 10.4 | 719 180 | 5 | 1.8 | 17.4 | 32.6 | 0.4 |
| 2004 | 5 207 114 | 26.3 | 2 746 300 | 10.8 | 776 273 | 7.9 | 1.6 | 14.9 | 28.3 | 0.4 |

[1] 安徽省是位于中国中部地区的农业大省,农村户籍人口占全省人口的77.1%。安徽省是中国农村改革的发祥地,安徽省许多经验已被提炼成全国性的政策措施。截至2014年年末,共有106个县级单位(其中真正的县为56个),县域常住人口6 082.9万人,占全省总人口的87.1%,其中县级常住人口(县级市,不包括市辖区)为3 980万人,占全省总人口的57.44%,安徽省的县级财政状况是中国县级财政问题的一个缩影,在中部地区的几个省份中具有一定代表性和特殊性。

(续表)

| 年份 | 全省财政总收入(万元) | 增速(%) | 地方一般公共预算收入(万元) | 全省财政收入占本省GDP的比重(%) | 县级一般公共预算收入(万元) | 增速(%) | 县财政收入占本省GDP的比重(%) | 占全省财政收入比重(%) | 占地方公共预算收入的比重(%) | 县级财政收入弹性系数 |
|---|---|---|---|---|---|---|---|---|---|---|
| 2005 | 6 565 525 | 26.1 | 3 340 200 | 12.2 | 819 663 | 5.6 | 1.5 | 12.5 | 24.5 | 0.5 |
| 2006 | 8 165 120 | 24.4 | 4 280 300 | 13.4 | 1 068 034 | 30.3 | 1.7 | 13.1 | 25 | 2.1 |
| 2007 | 10 347 253 | 26.7 | 5 440 000 | 14.1 | 1 435 948 | 34.4 | 2 | 13.9 | 26.4 | 1.7 |
| 2008 | 13 260 466 | 28.2 | 7 246 200 | 15 | 1 872 456 | 30.4 | 2.1 | 14.1 | 25.8 | 1.5 |
| 2009 | 15 512 563 | 17 | 8 639 200 | 15.4 | 2 391 071 | 27.7 | 2.4 | 15.4 | 27.7 | 2 |
| 2010 | 20 638 197 | 33 | 11 494 000 | 16.7 | 3 161 765 | 32.2 | 2.6 | 15.3 | 27.5 | 1.4 |
| 2011 | 26 330 221 | 27.6 | 14 635 600 | 17.2 | 4 512 230 | 42.7 | 2.9 | 17.1 | 30.8 | 1.8 |
| 2012 | 30 259 871 | 15 | 17 927 192 | 17.6 | 5 961 370 | 32.1 | 3.5 | 19.7 | 33.3 | 2.6 |
| 2013 | 33 650 750 | 11.2 | 20 750 750 | 17.7 | 6 946 825 | 16.53 | 3.6 | 20.6 | 33.5 | 1.6 |
| 2014 | 36 629 985 | 8.9 | 22 184 418 | 17.6 | 7 515 841 | 8.19 | 3.6 | 20.5 | 33.9 | 0.9 |
| 2015 | 40 122 286 | 9.5 | 24 543 029 | 18.23 | 8 285 797 | 10.24 | 3.8 | 20.7 | 33.8 | 1.9 |
| 2016 | 43 731 518 | 9.0 | 26 727 920 | 18.13 | 8 784 578 | 6.02 | 3.6 | 20.1 | 32.9 | 0.6 |

数据来源：根据各期《安徽统计年鉴》整理计算获得。

但是，安徽省县级一般公共预算收入波动比较大，1994年实行分税制后，县级财政收入出现了负增长，在1995年有了大幅度的提高后，财政收入的增幅却急剧下滑，2000—2002年出现了连续三年的负增长，直到2006年才有了较大幅度的增长，但也是处于不断波动的状态。从安徽省县级财政收入的弹性系数来看，24年里平均值为1.11，最大值为2.6，最小值为−1.1，在很多年份弹性系数都低于1，可以基本判断安徽省县级财政收入总体上不稳定，波动较大，在很多年份是呈下降态势。

从全省财政收入与县级财政收入增速的对比情况来看（见图4.3），1994年分税制实施后的头三年县级财政收入的增速超过了全省财政收入的增幅，但随后县级财政收入的增长速度不断下滑，远低于全省财政收入的增幅。到了2006年后，县级财政收入的增速才开始超过省级财政收入的增速。1994—2016年，全省财政收入的年均增速为19.97%，县级公共预算收入年均增速为18.2%。低于全省财政收入的增速。但是，2011年后由于地方经济发展遇到巨大的挑战，进入了经济增长放缓的"新常态"，全省财政总收入和县级财政收入的增速都明显下降,2016年,省级财政收入增速下降为9%,县级财政收入的增速下滑到6.02%,安徽省地方财政收入面临着巨大的压力。

图4.3 安徽省全省财政收入与县一般公共预算收入增速对比

从县级财政收入占全省GDP的比重来看,平均值为2.6%,远低于全省财政收入占GDP 12.5%的均值,主要是安徽省的这61个县基本都是农业县,第一产业比重较大,经济基础薄弱,再加上农业税取消后,从GDP汲取税收的能力大幅下降。

从安徽省县级一般公共预算财政收入占全省财政总收入以及地方一般公共预算收入的比重来看,这两个比重也明显偏低。1993—2016年,这两项比重在20世纪90年代初有了一定程度的提升,随后基本处于下降趋势,一直到2006年才逐步扭转这一不断下降的趋势,但上升幅度有限,也是呈现波动的态势。2016年,县级一般公共预算收入占全省财政收入的比重仅为20.1%。占地方一般公共预算收入的比重为32.9%,这说明在地方财政总收入中,真正留在县级政府并纳入到一般预算财政收入的只有20.1%,这严重影响了县级政府可支配财政收入。

因此,无论是从全国县级一般预算收入还是从安徽省一般预算收入的总量和人均变动情况来看,自1994年分税制后都有了很大的提升。但是,从总体情况来看,县级财政收入的增长相对于全国财政收入和省级财政收入的增长缺乏稳定性,波动幅度较大;县级一般预算收入占财政收入总量和地方一般预算收入的比重不高,这说明在全国财政收入和地方财政收入中,真正属于县级政府支配的财政收入比重较低,县级政府的财力受到了很大程度的制约。

2. 县级财政收入结构分析

（1）县级财政收入形式结构分析。

① 税收收入是县级财政收入主体，但非税收入增长很快。

非税收入是在我国使用多年的预算外资金概念上逐步演变发展过来的。长期以来，我国一直使用"预算外"资金的概念和口径。

2004年7月，财政部发布的《财政部关于加强政府非税收入管理的通知》（财综〔2004〕53号）中，更进一步明确规定了政府非税收入管理范围：政府非税收入是指除税收以外，由各级政府、国家机关、事业单位、代行政府职能的社会团体以及其他组织，依法利用政府权力、政府信誉、国家资源、国有资产或提供特定公共服务、准公共服务取得并用于满足社会公共需要或准公共需要的财政资金，是政府财政收入的重要组成部分，是政府参与国民收入分配和再分配的一种形式。政府非税收入管理范围包括行政事业性收费、政府性基金、国有资源有偿使用收入、国有资产有偿使用收入、国有资本经营收益、彩票公益金、罚没收入、以政府名义接受的捐赠收入、主管部门集中收入以及政府财政资金产生的利息收入等。社会保障基金、住房公积金不纳入政府非税收入管理范围。换言之，可以将除税收和政府债务收入以外的财政收入统称非税收入。

合理的财政收入结构是确保地方财力持续健康快速增长的关键。首先，从1996—2016年全国地方一般公共预算收入的形式构成来看，税收收入是地方财政收入的主体，但占比却总体呈下降趋势，地方非税收入占比却呈不断上升态势。毕竟非税收入相对于税收收入来说，不具有稳定性和固定性，会影响到县级财政收入的稳定和持续，满足不了财政支出的正常增长（见图4.4）。

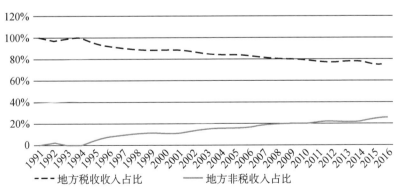

图4.4 地方税收收入与非税收入占地方一般公共预算收入的比重

数据来源：根据各期《中国统计年鉴》计算获得。

其次，从局部地区来看，以安徽省61个县（县级市）1993—2016年的县级财政收入为例，税收收入和非税收入占一般公共预算收入的比重呈现一定的波动，1993—1999年，税收收入所占的比重不断下降，非税收入所占比重不断上升。到了2000年，税收收入占比有了很短暂的回升，但2003年之后又不断下降。税收收入在2006年以后又呈现出缓慢递增的趋势，但2010年之后又呈现不断下降的趋势。2016年，非税收入占比为31.69%，税收收入占比为68.31%（见图4.5）。

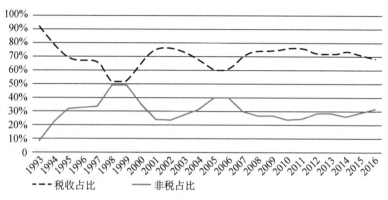

图4.5　安徽省税收收入与非税收入占比

数据来源：各期《安徽省统计年鉴》。

从2016年安徽61个县市[1]的非税收入占一般公共预算收入比重情况来看（见图4.6），平均占比水平为32.90%，其中有7个县的非税收入占比在40%以上，其中萧县的这一比重最高，占比61.51%；有34个县的非税收入占比在30%—40%；只有1个县的非税收入占比在20%以下的水平。可以看出，安徽的县级政府对非税收入的依赖较高，我们知道非税收入具有不稳定性、非普遍性、不规范等特征，这表明安徽省县级政府财政收入能力具有较大的不稳定性。

以上分析的数据仅仅是一般公共预算收入中的非税收入，还没有包括政府性基金、财政专户里非税收入以及没有纳入地方预算的非税收入，如果要把这些非税收入包括进去的话，县级政府对非税收入的依赖性更大。

---

[1] 2011年，安徽省撤销巢湖地级市，将其变为县级市，并由合肥市代管，原先巢湖市下辖的庐江县、和县、含山县、无为县分别划归为合肥市、马鞍山市、芜湖三市管辖。这样安徽省原先由61个县（县级市）变为62个。为了保证统计口径的前后一致，由于巢湖市的行政级别产生了变化，故统计中予以剔除。

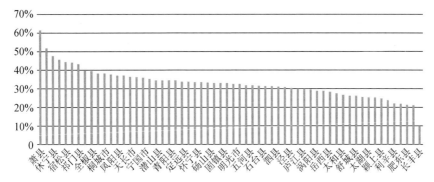

**图 4.6 2016 年安徽省各县市非税收入占一般公共预算收入的比重**

数据来源:根据 2017 年《安徽财政年鉴》整理计算获得。

② 县级政府对土地相关的税费收入依赖较大。

在地方财政收入来源中,目前来自与土地相关的税费规模较大。与土地相关的税费收入包括以下四种。

一是与土地直接和间接有关的税收,包括城镇土地使用税、土地增值税、耕地占用税、契税,营业税、房地产税、建筑业部门的上缴税收等。

从与土地直接相关的"五税"情况来看,地方政府"五税"从 2001 年的 500.32 亿元增长到 2016 年的 15017.73 亿元,占地方一般公共预算收入的比重由 2001 年的 6.41% 上升到 2016 年的 17.21%,2016 年是 2001 年的 2.68 倍(见表 4.6)。

**表 4.6 土地相关税收(2001—2016 年)**

| 年份 | 城镇土地使用税(亿元) | 土地增值税(亿元) | 耕地占用税(亿元) | 契税(亿元) | 房产税(亿元) | 小计(亿元) | 占地方一般公共预算收入比重(%) |
|---|---|---|---|---|---|---|---|
| 2001 | 66.15 | 10.33 | 38.33 | 157.08 | 228.42 | 500.32 | 6.41 |
| 2002 | 76.83 | 20.51 | 57.34 | 239.07 | 282.38 | 676.14 | 7.94 |
| 2003 | 91.57 | 37.28 | 89.90 | 358.05 | 323.86 | 900.65 | 9.14 |
| 2004 | 106.23 | 75.04 | 120.09 | 540.10 | 366.32 | 1 207.77 | 10.15 |
| 2005 | 137.34 | 140.31 | 141.85 | 735.14 | 435.96 | 1 590.61 | 10.53 |
| 2006 | 176.81 | 231.47 | 171.12 | 867.67 | 514.85 | 1 961.92 | 10.72 |
| 2007 | 385.49 | 403.10 | 185.04 | 1 206.25 | 575.46 | 2 755.33 | 11.69 |
| 2008 | 816.90 | 537.43 | 314.41 | 1 307.54 | 680.34 | 3 656.61 | 12.76 |

(续表)

| 年份 | 城镇土地使用税(亿元) | 土地增值税(亿元) | 耕地占用税(亿元) | 契税(亿元) | 房产税(亿元) | 小计(亿元) | 占地方一般公共预算收入比重(%) |
|---|---|---|---|---|---|---|---|
| 2009 | 920.98 | 719.56 | 633.07 | 1 735.05 | 803.66 | 4 812.32 | 14.76 |
| 2010 | 1 004.01 | 1 278.29 | 888.64 | 2 464.85 | 894.07 | 6 529.86 | 16.08 |
| 2011 | 1 222.26 | 2 062.61 | 1 075.46 | 2 765.73 | 1 102.39 | 8 228.45 | 15.67 |
| 2012 | 1 541.72 | 2 719.00 | 1 621.00 | 2 873.92 | 1 372.49 | 10 128.13 | 16.58 |
| 2013 | 1 718.77 | 3 293.91 | 1 808.23 | 3 844.02 | 1 581.50 | 12 246.43 | 10.46 |
| 2014 | 1 992.62 | 3 914.68 | 2 059.05 | 4 000.70 | 1 851.64 | 13 818.69 | 18.21 |
| 2015 | 2 142.04 | 3 832.18 | 2 097.21 | 3 898.55 | 2 050.90 | 14 020.88 | 16.89 |
| 2016 | 2 255.74 | 4 212.19 | 2 028.89 | 4 300.00 | 2 220.91 | 15 017.73 | 17.21 |

数据来源:本表数据为决算数字,根据中经网统计数据库、财政部网站公布的数据整理获得。

二是各政府部门与土地相关的各种收费,从土地征用到土地出让的过程中与之搭的上边的相关费用;涉及土地、财政、农业、房产、水利、交通、邮电、林业等十几个部门,这些收费十分庞杂、透明度较低、难以查清,但数额十分庞大。

三是土地出让金,指各级政府土地管理部门将土地使用权转让给土地使用者,按规定向受让人收取的土地出让的全部价款。土地出让金包括两部分,一部分是成本补偿费用,包括征地、动迁及为地块直接配套的基础设施费,是对开发投资的一次性补偿,目前这部分要占到土地出让收入的80%左右,这一部分不能完全算作地方政府的财力,但是必须要纳入政府预算管理,只有扣除成本补充费用的剩余部分的20%土地出让收益,才是地方政府可支配的收入;另一部分是土地资源使用费用,即"地租",是土地使用权在经济的体现。

四是土地隐性收入。地方政府为了获得短期内财政收入最大化,还利用土地使用权和收益权作为抵押向银行贷款、发行债券、土地资产证券化产品等进行融资,并以地方财政的未来增收和土地收益作为抵押贷款的还款来源,事实上,这成为地方政府变相举债的方式。

在地方来自相关土地税费的收入中,来自土地出让的收入规模最大。以地方国有土地出让金收入、新增建设用地土地有偿使用费收入、国有土地收益基金收入和农业土地开发资金四项与土地直接相关的非税收入为例,2010年,这四项收入之和占地方政府性基金本级收入的比重达到89.59%,占地方本级公共财政收入74.14%;2011年,由于国家采取了最为严格的房地产调控政策,这四项收入占地方政府性基金本级收入和地方本级公共财政收入均有所下降,但2013年又大幅度地回升(如图4.7)。

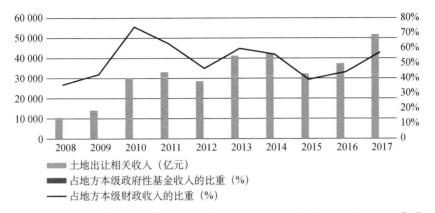

图 4.7 相关土地收入占本级地方政府性基金收入和地方本级公共收入比重[1]

③ 各地区对土地转让收入依赖的差异。

2009—2016年,全国和各省(自治区、直辖市)国有建设用地出让成交价款都有了很大程度的增长,2009年,成交价款排在前十名的分别是江苏省、浙江省、山东省、广东省、上海市、辽宁省、四川省、北京市、福建省、安徽省;2016年,成交价款排在前十名的分别是江苏省、广东省、北京市、山东省、浙江省、上海市、安徽省、湖北省、重庆市、四川省。可以看出,2009—2016年,东部发达地区土地成交价款高于经济欠发达地区,一方面东部发达地区为了控制房价增长过快,减少了对土地的供应,这反而是东部发达地区房价快速上涨的原因之一;另一方面,由于中西部地区的经济发展较为薄弱,税收收入规模不大,地方政府对土地出让收入的依赖性已经大大超过了东部经济发达地区(见表4.7)。

表 4.7 2009—2016 年各地区国有建设用地出让成交价款　　单位:亿元

| 地区 | 2009 年 | 2010 年 | 2011 年 | 2013 年 | 2015 年 | 2016 年 |
|---|---|---|---|---|---|---|
| 全国 | 17 179.53 | 27 464.48 | 32 126.08 | 43 745.30 | 31 220.65 | 36 461.68 |
| 北京 | 692.94 | 1 318.87 | 1 555.45 | 1 782.91 | 2 059.78 | 909.87 |
| 天津 | 571.96 | 852.96 | 767.35 | 819.66 | 580.89 | 1 117.95 |
| 河北 | 566.42 | 1 076.32 | 1 089.66 | 1 682.19 | 1 140.07 | 1 313.97 |

---

[1] 2010 年开始,许多地方政府采用对房地产限购的行政手段,以达到控制房价增速过快的目的。

(续表)

| 地区 | 2009年 | 2010年 | 2011年 | 2013年 | 2015年 | 2016年 |
|---|---|---|---|---|---|---|
| 山西 | 169.76 | 265.95 | 364.34 | 635.68 | 273.36 | 421.67 |
| 内蒙古 | 207.92 | 487.98 | 610.67 | 542.223 | 220.25 | 230.40 |
| 辽宁 | 895.48 | 1 916.70 | 3 129.90 | 1 971.04 | 665.29 | 550.00 |
| 吉林 | 148.51 | 406.22 | 538.53 | 486.06 | 227.18 | 289.59 |
| 黑龙江 | 188.42 | 356.43 | 570.18 | 472.88 | 220.21 | 208.56 |
| 上海 | 975.66 | 880.09 | 948.13 | 1 090.52 | 1 608.81 | 1 541.50 |
| 江苏 | 2 621.95 | 3 821.81 | 4 582.41 | 6 114.96 | 4 652.37 | 6 343.60 |
| 浙江 | 2 546.26 | 3 640.02 | 3 034.26 | 4 125.14 | 1 951.03 | 3 619.01 |
| 安徽 | 614.88 | 1 092.93 | 1 226.59 | 2 265.29 | 1 516.02 | 2 406.32 |
| 福建 | 659.89 | 1 138.42 | 1 122.28 | 1 579.61 | 1 186.87 | 1 389.33 |
| 江西 | 293.22 | 602.72 | 763.89 | 1 338.45 | 1 013.49 | 966.58 |
| 山东 | 1 588.58 | 2 544.35 | 2 571.11 | 3 490.18 | 1 977.98 | 2 459.83 |
| 河南 | 370.59 | 651.35 | 950.30 | 1 503.37 | 1 141.80 | 1 558.12 |
| 湖北 | 354.66 | 765.88 | 1 118.85 | 1 619.31 | 1 483.84 | 1 425.42 |
| 湖南 | 206.44 | 499.59 | 859.29 | 1 190.78 | 971.18 | 1 065.03 |
| 广东 | 1 332.37 | 1 350.02 | 1 369.30 | 3 254.50 | 2 970.13 | 3 391.58 |
| 广西 | 218.29 | 424.68 | 494.32 | 634.28 | 607.76 | 686.01 |
| 海南 | 132.03 | 202.50 | 176.36 | 245.86 | 214.32 | 258.63 |
| 重庆 | 388.67 | 732.88 | 960.47 | 1 722.75 | 1 436.22 | 1 055.01 |
| 四川 | 703.95 | 1 116.80 | 1 138.59 | 1 995.32 | 1 316.07 | 1 353.03 |
| 贵州 | 81.77 | 197.34 | 322.95 | 766.71 | 534.23 | 497.34 |
| 云南 | 238.90 | 438.16 | 970.55 | 899.09 | 282.32 | 385.70 |
| 西藏 | 1.19 | 6.67 | 6.67 | 7.95 | 10.08 | 30.62 |
| 陕西 | 176.59 | 265.33 | 273.16 | 701.78 | 407.60 | 459.51 |
| 甘肃 | 61.65 | 135.47 | 284.45 | 237.77 | 238.33 | 221.19 |
| 青海 | 46.94 | 47.54 | 59.35 | 69.90 | 34.32 | 35.51 |
| 宁夏 | 64.86 | 89.92 | 128.18 | 175.26 | 90.23 | 87.29 |
| 新疆 | 58.77 | 138.55 | 138.55 | 324.68 | 188.62 | 183.51 |

数据来源：各年《中国国土资源统计年鉴》。

以上都是全国较为宏观的数据,由于缺乏全面的县级政府土地出让收入数据,我们以审计署开展的对2008—2013年抽查地区土地出让金收入的审计结果来加以说明,国家审计署通过对抽查地区的审计发现,土地出让收入在地方财政收入中占比较高,以北方A省为例,2008—2013年,土地出让收入3 832.88亿元,分别占其同期本级公共收入、财政总收入的62.58%和21.18%,其中,2个市本级、16个县的土地出让收入,超过本级公共财政收入。2008—2013年,从地方土地出让收入与本级公共财政本级收入比例来看,县级累计占比106.60%,市级累计占比为82.43%[1],县级已经超过了市级。

上述数据和分析表明了地方政府对土地财政的依赖,来自土地的相关税费收入是地方政府重要财力之一,它弥补了基层政府的财力不足。随着土地出让金和土地净收入逐步纳入政府性基金预算和一般公共预算后,土地出让收入为地方公共服务的提供和城乡经济建设提供了一定的财力支持,但是地方政府过度对土地财政的依赖也会产生一系列社会和经济问题。

④ 国有资本经营收入对县级政府财力的贡献不大。

在县级政府财力的构成中,对非税收入尤其是土地相关的非税收入倚重较大,但是属于非税收入范畴的国有资本经营收入对县级财力的贡献却没有被充分挖掘。图4.8显示,2016年安徽省61个县各项非税收入占县级一般公共预算收入的比重,其中国有资本经营收入所占比重最低,仅为0.83%。

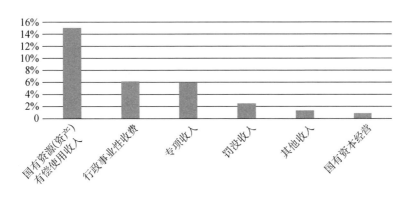

**图4.8 安徽省2016年县级各项非税收入占县级一般公共预算收入的比重**

国有经济是我国现阶段"公有制为主体、多种所有制经济共同发展"的基本经济制度的重要体现,国有经济的重要载体是国有企业及其国有控股公司,我国

---

[1] 钱锋:"多城市地方政府土地储备虚假抵押融资",《中国经营报》,2015年5月。

现在是全世界国有经济比重最大和国有资产数额最大的国家。根据财政部公布的数据,2013年,全国独立核算的国有法人企业15.5万户,同比增长5.8%。中央企业5.2万户,同比增长7.2%。其中,中央部门企业9 988户,同比增长8.2%;国资委监管企业3.8万户,同比增长7.6%;财政部监管企业3 614户,同比增长0.8%。地方国有企业10.4万户,同比增长5.1%。其中,省级4.2万户,同比增长5%;地市级1.6万户,同比下降4%;县级及以下4.5万户,同比增长9%。2013年,地方国有企业利润总额为6 737.2亿元,同比增长6.2%。其中,省级为2 516亿元,同比下降0.3%;地市级1 253亿元,同比下降7%;县级及以下为2 968.3亿元,同比增长20.1%[1]。

因此,国有资本经营收入作为地方非税收入的一部分,对于扩大地方财源,弥补地方财政缺口具有重要的作用,但是长期以来,这一作用并没有真正发挥。

一是纳入国有资本经营预算的只是部分国企。

长期以来,我国没有单独编制国有资本经营预算,国有资本经营收入只是作为一般预算收入中非税收入的一项科目,与一般预算收入混列,2007年9月,国务院才发布《关于试行国有资本经营预算的意见》,同时明确地方国有企业由地方国资委决定上缴制度。2010年5月,财政部下发《关于推动地方开展试编国有资本经营预算工作的意见》后,绝大多数地方出台了实施国有资本经营预算的意见或办法,多数省区市开始编制国有资本经营预算,部分省区延伸到地市级。2011年起,财政部将5个中央部门(单位)和2个企业集团所属共1 631户企业纳入中央国有资本经营预算实施范围。

即便如此,在目前体制下,纳入国有资本经营预算的只是部分归口国资委管理的国企,还有一部分归口于政府其他职能部门管理的国企并没有纳入。

二是国有资本经营收益上缴公共财政比例较低,国有资本收益应由全民共享的原则没有得到很好贯彻。

2007年,财政部和国资委按照行业将央企划分为三类,规定第一类为烟草、石油石化、电力、电信、煤炭等具有资源型特征的企业,上缴比例为10%;第二类为钢铁、运输、电子、贸易、施工等一般竞争性企业,上缴比例为5%;第三类为军工企业、转制科研院所企业,暂缓三年上缴或免缴红利。2011年后,国有资本收益上缴的范围扩大到三类企业,其中资源类中央企业收取比例从10%提高到

---

[1] 财政部公布2013年全国国有企业财务决算情况,http://www.gov.cn/xinwen/2014-07/28/content_2725636.htm。

15%,一般竞争类中央企业收取比例由5%提高到10%,军工科研类中央企业收取5%[1]。

对于国有企业大幅增加的利润来说,国企实际上缴比例很低。以2011年为例,中央国有资本经营收入800.61亿元,支出769.54亿元,其中723.6亿元又以各种名目返还给了中央企业,调入公共财政的只有40亿元,只占上缴利润的5.2%;2012年,中央国有资本经营收入950.76亿元,国有资本经营支出预算875亿元,其中调入公共预算用于社保等民生支出仅50亿元,只占上缴利润的5.3%[2]。用于民生方面的支出很低。

⑤ 县级政府缺乏稳定的自主财源,对上级政府的转移支付依赖较大。

从全国中央对地方转移支付的规模来看,如图4.9显示,1995—2016年,中央对地方补助支出占地方财力(预算内)的比重在50%—60%徘徊,平均值为52.89%。从2000—2009年上级政府对县级政府的转移支付情况来看(见图4.10),县级政府的转移支付规模不断扩张,2000年,县级政府转移支付总额为19 176 339万元,到了2009年转移支付总额达到了193 082 390万元,2009年是2000年的10.7倍,年平均增长率为29.48%;在扣除上解之后,净转移支付总额也在不断增加,2000年,县级政府净转移支付总额为14 548 083万元,到2009年这一规模也已经达到了166 102 135万元,2009是2000年的11.42倍,增长

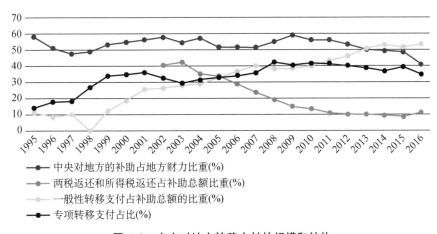

**图4.9 中央对地方转移支付的规模和结构**

数据来源:根据各年《中国财政年鉴》整理计算获得。

---

[1] "国资管理与央企成长若干关键词",《现代国企研究》,2010年第2期,第44-45页。
[2] 熊志军:"国有资本经营收益论析",《中国党政干部论坛》,2012年第10期,第13-16页。

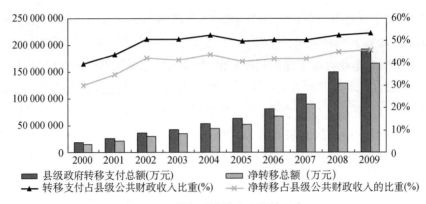

**图 4.10　县级政府转移支付情况表**

数据来源：根据各期《全国地市县财政统计资料》整理获得，获得的公开数据目前只到 2009 年。
注：净转移额是转移支付总额扣除上解的部分。

较为明显。从转移支付总额和净转移总额占县级公共财政收入的比重来看，2000—2009 年，前者平均值为 49.37%，后者平均值为 40.79%。

通过分析我们还发现，从不同地区的县级政府对转移支付的依赖程度来看，中西部地区[1]的县级政府对转移支付的依赖程度远大于东部地区（见表 4.8）。从转移支付总额占县级公共财政收入的比重来看，2000—2009 年，东部地区的平均值为 36.69%，中部地区为 60.02%；西部地区则高达 63.43%；从净转移总额占县级公共财政收入的比重来看，2000—2009 年，东部地区的平均值为 24.39%，中部地区为 51.40%；西部地区则高达 57.96%；从东部、中部、西部地区转移支付总额占县级财政收入的比重和净转移支付总额占县级公共财政收入的比重两者之间的差距来看，东部地区的差额为 12.29%，中部地区为 5.37%，西部地区的差距为 5.47%，东部地区要高于中西部地区，这说明东部地区上解上级政府的转移支付较高，中西部地区上解部分所占比例较低。

转移支付是县级政府可用财力的重要来源，转移支付的规模不断增长，占县级财政收入的比重较高，这说明县级政府自身财力严重不足，尤其在中西部地区，特别是少数民族地区的自主财源更加明显不足，主要依靠中央转移支付维持运转，西部地区有些县级财政支出预算中，来自上级转移支付的财力占到 90%

---

[1] 根据国家统计局的划分标准，将全国划分为东部、中部和西部。其中，东部包括北京、福建、广东、海南、河北、江苏、辽宁、山东、上海、天津、浙江；中部包括安徽、河南、黑龙江、湖北、湖南、吉林、江西、山西；西部包括甘肃、广西、贵州、内蒙古、宁夏、青海、陕西、四川、西藏、新疆、云南、重庆。

表 4.8　东、中、西地区转移支付占县级公共财政收入的比重

| 年份 | 东部 | | | 中部 | | | 西部 | | |
|---|---|---|---|---|---|---|---|---|---|
| | 转移支付占县级公共财政收入比重(%) | 净转移支付占县级公共财政收入比重(%) | 差额(%) | 转移支付占县级公共财政收入比重(%) | 净转移支付占县级公共财政收入比重(%) | 差额(%) | 转移支付占县级公共财政收入比重(%) | 净转移支付占县级公共财政收入比重(%) | 差额(%) |
| 2000 | 33.13 | 22.11 | 11.02 | 39.57 | 30.22 | 9.35 | 51.21 | 44.28 | 6.93 |
| 2001 | 32.14 | 21.03 | 11.11 | 47.93 | 40.31 | 7.62 | 59.68 | 53.70 | 5.98 |
| 2002 | 39.12 | 27.96 | 11.16 | 57.34 | 51.00 | 6.34 | 64.73 | 58.63 | 6.1 |
| 2003 | 40.25 | 27.47 | 12.78 | 56.85 | 51.59 | 5.26 | 63.98 | 57.67 | 6.31 |
| 2004 | 41.65 | 29.33 | 12.32 | 60.05 | 55.04 | 5.01 | 64.61 | 58.34 | 6.27 |
| 2005 | 36.97 | 23.99 | 12.98 | 59.37 | 54.55 | 4.82 | 63.26 | 57.14 | 6.12 |
| 2006 | 36.13 | 22.96 | 13.17 | 60.77 | 56.42 | 4.35 | 65.55 | 60.98 | 4.57 |
| 2007 | 35.57 | 22.59 | 12.98 | 61.28 | 57.29 | 3.99 | 65.54 | 60.94 | 4.6 |
| 2008 | 35.32 | 22.85 | 12.47 | 62.05 | 58.44 | 3.61 | 69.18 | 65.39 | 3.79 |
| 2009 | 36.60 | 23.69 | 12.91 | 62.43 | 59.09 | 3.34 | 66.59 | 62.53 | 4.06 |
| 均值 | 36.69 | 24.40 | 12.29 | 60.02 | 51.40 | 5.37 | 63.43 | 57.96 | 5.47 |

数据来源:根据各期《全国地市县财政统计资料》整理计算获得。

以上,自有财力还不到10%[1]。

从图4.9来看,中国转移支付的结构不甚合理,虽然一般性转移支付的规模在不断上升,但总体来说,专项转移支付规模要大于一般性转移支付,1995—2013年,一般性转移支付占中央对地方补助的比重均值为28.39%,专项转移支付占比的均值为32.95%,另外根据审计署2012年公布的对54个县的审计结果来看[2],54个县2011年收到上级转移支付738.18亿元,其中专项转移支付占50.78%,加上一般性转移支付中有规定用途的资金,共计有68.4%的转移支付是有明确用途的,地方政府不能统筹安排。由此可见,县级财政不仅对上级政府的转移支付依赖性很大,而且支配这笔资金的自由度也小,上级政府利用转移支付加强了对县级政府的财力控制。

⑥县级政府的债务规模不断扩张,增长较快。

分析中国县级政府债务,首先应该了解中国县级政府的债务到底有多少。

---

[1] 高强:"'十二五'时期深化财政体制和税收制度改革的思考",《国家行政学院学报》,2010年第6期,第8-15页。
[2] 审计署2012年第26号公告。

由于长期以来,我国政府财政信息透明度不高,对于县乡政府真实的债务规模有多大,一直很难得出一个全面、真实的统计数据。从理论上来说,长期中国《预算法》不允许地方财政列支赤字,地方政府举债受到法律的限制,不应该进行举债活动。但实际上,由于各种原因,地方政府举债的行为并没有得到很好的约束,地方政府债务问题非常严重,规模也非常大。

比较有权威的数据是2013年国家审计署审计结果。截至2013年6月底,地方政府负有偿还责任的债务108 859.17亿元,负有担保责任的债务26 655.77亿元,可能承担一定救助责任的债务43 393.72亿元。如果再加上地方政府所属部门和单位举借的债务,规模会更大。从政府层级看,省级、市级、县级、乡镇政府负有偿还责任的债务分别为17 780.84亿元、48 434.61亿元、39 573.60亿元和3 070.12亿元[1]。省市县三级政府负有偿还责任的债务余额105 789.05亿元,比2010年年底增加38 679.54亿元,年均增长19.97%。其中,省级、市级、县级年均分别增长14.41%、17.36%和26.59%。县级政府的债务增长最快。

为了了解县级政府债务的真实情况,本研究调查了浙江省W市辖内8个县财政局和12家金融机构,对其政府债务状况以及融资平台公司贷款情况开展实地调查,获得了较为真实的一手数据[2]。

一是县级政府债务规模增长较快,负债过高。

调查发现,W市县级地方政府债务增长速度过快。2011年,县级地方政府债务余额为97.32亿元,2012年为129.95亿元,到了2013年年末为216.17亿元,是2011年债务余额的2.2倍,年均增长49.1%。由于县级财政的偿债能力

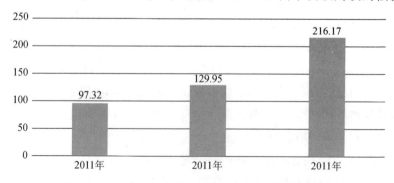

**图4.11 W市县级地方政府债务余额增长情况(亿元)**

---

[1] 国家审计署:全国政府性债务审计结果,2013年12月30日。
[2] 资料来源于本研究课题组参与者陈麦迪:《地方政府性债务风险问题研究——以W市为例》,上海财经大学硕士论文,2015年。

远低于中央、省、市级政府,基层政府债务的剧增,给县级政府的偿债带来巨大的压力,会加大各种潜在风险,并不断侵蚀财政的根基,财政风险不断加大。

二是债务主体集中在融资平台,债务来源以银行贷款为主。

2013年,W市县级政府债务中,46家融资平台公司举债109.20亿元,占比50.5%,75家政府部门、经费补助事业单位举债54.53亿元,占比25.2%,其他举债[1]52.38亿元,占比24.3%。其中,3个县融资平台举债规模占该县总债务的比重超过60%,最高达到81.8%(详见表4.9)。2013年,W市县级地方政府债务来源中,银行贷款规模132.14亿元,占总债务的61.1%,其中,政策性银行贷款50.36亿元,占银行贷款的38.1%。地方政府直接举债23亿元,占总债务的10.6%,其他债务50.99亿元,占总债务的27.8%[2]。

**表4.9　2013年W市县级地方政府债务主体分布**　　　　单位:亿元

| | 融资平台公司 | 政府部门、经费补助事业性单位 | 其他 |
|---|---|---|---|
| A县 | 22.4 | 10.1 | 2.8 |
| B县 | 32.6 | 7.2 | 0.0 |
| C县 | 26.7 | 7.1 | 8.1 |
| D县 | 3.0 | 2.1 | 2.4 |
| E县 | 22.1 | 19.5 | 0.0 |
| F县 | 0.0 | 4.0 | 37.8 |
| G县 | 0.0 | 2.4 | 0.0 |
| H县 | 2.4 | 2.1 | 1.3 |
| 合计 | 109.2 | 54.5 | 52.4 |

数据来源:本研究的实地调查。

三是债务的偿还对土地出让收入的依赖性过大,县级政府偿债压力大。

从表4.10可以看出,截至2013年年末,W市县级地方政府共偿债141.53亿元,其中靠项目自身收益、举新债还旧债、公共预算收入偿还的比重都不高,比重最高的是用基金预算收入偿还的金额达112.02亿元,占总偿还金额的79.2%。然而,基金预算收入中最主要的收入来源是土地出让收入,可见,基层政府债务偿还对土地出让收入倚重过高。一方面,这不仅推动了房地产价格的

---

[1] 其他举债包括国有企业承担公益性项目举借债务、地方政府对工程承包公司的债务等。
[2] 资料来源于本项目课题组参与者陈麦迪:《地方政府性债务风险问题研究——以W市为例》,上海财经大学硕士论文,2015年。

飞速增长,另一方面,也蕴藏着巨大的债务风险和金融风险,因为,虽然地方政府土地出让金总量逐年增长,但真正归地方政府自主支配的数额占土地出让金的比重也越来越低。据有关数据显示,2013年全国土地出让金虽然达到41 250亿元,但地方政府能够自由支配的部分约占20%,也就是说地方政府有8 000亿元左右的可支配资金,仅能偿还全部债务每年所产生利息的一半[1]。一旦政府加大了对房地产的政策调控,土地出让价格下跌,土地出让收入下滑,就给县级政府偿债带来了巨大的压力,由于目前该市的地方债务资金来源主要来自银行贷款,也可能会导致银行的烂账,加大金融系统的风险。

表4.10 2013年W市县级地方政府性债务偿还来源　　　　　　　单位:亿元

| 项目 | 偿还金额 | 占总偿还金额比重(%) |
| --- | --- | --- |
| 项目自身收入偿还 | 3.70 | 2.6 |
| 举借新债偿还 | 0.34 | 0.2 |
| 公共预算收入偿还 | 10.11 | 7.1 |
| 基金预算收入偿还 | 112.02 | 79.2 |
| 预算外资金偿还 | 0.42 | 0.3 |
| 其他 | 14.94 | 10.6 |
| 合计 | 141.53 | 100 |

数据来源:本研究的实地调查。

四是个别县政府超财力举债问题较为严重。

根据本课题组成员的调查,W市下辖的8个县中,有4个县的负债率超过了浙江省2005年制定的10%的警戒线,特别是经济不发达的海岛县D县的负债率为15.4%,债务率为104.3%,超过了债务率100%的警戒线,偿债率为14.2%,接近15%的警戒线。因此,可以基本判断,虽然该市大多数县的债务风险都在可控范围内,但个别县的债务风险比较集中,特别是经济不发达的县负债严重,有可能会发生局部债务风险(详见表4.11)。

总之,以上分析显示,地方性债务已是县级政府补充预算内财力不足的重要手段,毋庸置疑的是,地方性债务在促进城市化发展、提供基本公共服务方面起着非常重要的作用,但是增长过快的地方性债务,尤其部分县级政府债务规模过大也给县级政府带来了巨大的还款压力,且蕴含着巨大的财政风险。

[1] 经济观察网,http://www.eeo.com.cn/2014/0715/263431.shtml。

表 4.11　2013 年 W 市县级地方政府债务规模指标分布　　　　单位：亿元

| 财政指标 | 债务余额 | 偿还本息额 | GDP | 当年可支配财力 | 负债率(%) | 债务率(%) | 偿债率(%) |
|---|---|---|---|---|---|---|---|
| A 县 | 35.2 | 4.7 | 285.6 | 87.4 | 12.3 | 40.3 | 5.4 |
| B 县 | 39.8 | 8.1 | 645.0 | 11.1 | 6.2 | 36.0 | 7.4 |
| C 县 | 41.9 | 7.1 | 635.9 | 171.6 | 6.6 | 24.5 | 4.1 |
| D 县 | 7.5 | 1.0 | 49.3 | 7.3 | 15.4 | 104.3 | 14.2 |
| E 县 | 41.6 | 13.6 | 365.49 | 73.8 | 11.4 | 56.4 | 18.5 |
| F 县 | 41.8 | 1.1 | 298.0 | 72.4 | 14.0 | 57.7 | 1.6 |
| G 县 | 2.6 | 0.1 | 11.8 | 11.8 | 4.0 | 20.1 | 0.7 |
| H 县 | 5.8 | 0.4 | 15.3 | 15.3 | 9.8 | 37.3 | 2.8 |

注：当年可支配财力＝当年公共预算收入＋当年基金预算收入。

(2) 县级财政收入的层级结构分析。

从政府的层级构成来看，中国有五级政府，是世界上政府级次最多的国家。要分析县级政府的财力状况，有必要考察县级政府在五级政府之间的财力分配状况，从而可以看出县级政府在五级政府之间财力分配中的地位，也关系到各级财政收入与本级政府职能的对应问题，以及政府间财政分配关系的协调问题。

① 五级政府下的县级财政资金运行——基层政府处于被动的地位。

在中国财政管理体制构架中，县级财政与上级下级财政的关系主要表现为财政资金的层层上解和下拨的双向流动。以安徽省为例，在分税制财政体制下，县级政府需要将 75% 的增值税、60% 的个人所得税和企业所得税、60% 铁道和中央金融保险业营业税、100% 的消费税无偿上缴给中央财政。县级所得税的 15% 上划给省级政府，还需要上解地级市政府一定的财政资金。同时，县级接受来自中央、省、市的各种补助。考虑到技术操作的可行性，县级财政并非直接面对中央财政，中央财政也不具备以县为单位管理全国财政收支的能力，无论是资金的上解与补助，中央财政都力图在基层寻求代理。中央对县财政的转移支付通过省、市两级财政的传递才能拨付到位。2004 年，安徽省实行省管县财政管理体制后，绕开地级市政府，省对县直接进行财政结算，县上解地级市的资金大幅度减少，许多财政拨款不再在市与县之间进行再分配，极大地增加了县级财政能力。

本研究团队调研了位于安徽省中部的 S 县。S 县人口 100 万人，其中农业人口 75 万人，是一个典型的农业县。2015 年，全年累计实现财政收入 150 016 万元，比上年同期 132 408 万元增长 13.3%。其中，上划中央级收入 36 756 万元，同比增长 8.8%，而在这其中上划增值税 11 485 万元，同比增长 62.1%；上划消费税

2 571万元,同比下降29.5%;上划所得税16 389万元,同比下降6.0%;上划其他收入6 311万元,同比增长12.6%。出口货物退增值税6 667万元。

2015年,地方本级收入106 593万元,同比增长18.4%。加上省补助一般预算267 003万元,上年结余16万元,调入资金2 757万元,债务转贷收入50 240万元;减去债务还本支出36 635万元,安排预算稳定调节基金7 470万元,上解上级支出672万元,合计可用财力支配财力381 832万元,当年财政一般预算支出381 816万元,结余16万元,实现了收支平衡[1]。

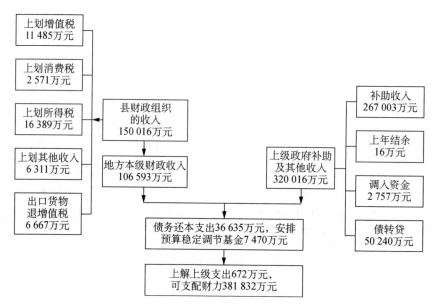

**图 4.12　安徽 S 县 2015 年财政资金运行情况**

从图4.12中可以看出,2015年,该县在接受转移支付、调入资金和完成财政上解后后,财政可支配财力为381 832万元。上级财政所调配的财力资源已经占到当年S县可支配财力的83%。县级财政与上级财政的资金双向流动,"一进一出"的财政收付行为反映上级财政完全可以通过"弹性很强"的上解与补助方式控制县级财政的收支规模与收支结构[2]。

在县与乡镇的财政关系上,从1994年起该县进行了多次的县乡财政管理体制调整。自2005年起,该县对乡镇实行"划分税种,核定收支,定额上解或补助,超

---

[1] 资料来自本研究的实地调查。
[2] 张立承:《中国县乡公共财政运行机理研究》,中国农业大学博士论文,2003年。

收留成,一定三年"的财政体制。从2009年开始,该县对乡镇实行"划分税种,核定基数,超收分成,区别对待,一定三年"的财政体制,旨在进一步理顺县乡财力分配关系,实现财力适度向乡镇倾斜,为乡镇政府履行职能提供必要的财力保障。

但是,随着2004年安徽省在全省范围内推行"乡财县管"的财政管理体制,即在保持乡镇预算管理权不变、乡镇资金所有权不变、财务审批权不变的前提下,以乡镇为独立核算主体,实行"预算共编、账户统设、集中收付、采购统办、票据统管"的财政管理方式,县与乡镇的财政关系有了新的变化,此项改革实际上使得乡级政府"一级政府、一级财政"变为虚设,乡镇财政的预算职能和监管职能大大弱化,财权与财力更是向县集中。

通过对案例县的分析发现,在政府间财政关系的调整上,主导权完全在上级政府,基层政府往往处于被动的地位。随着政府级次的降低,在政府间财政关系中所处的劣势逐渐明显。

② 五级政府下的财政收入级次构成——收入向上级政府集中。

从1994—2015年中央和地方财政收入的层级构成来看,中央财政收入占全国财政收入的比重远大于省、地市、县和乡镇四级地方政府(见图4.13)。从地方各级财政收入级次的构成来看,在地方既有的财力范围内,各个地方的级次构成有着一定的差异。1994—2008年,地级市财政收入占比最高,2008年以后才

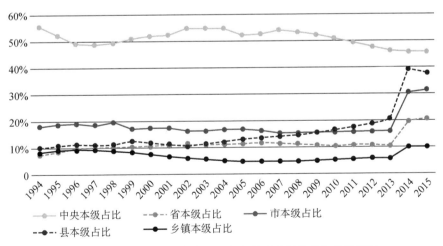

**图4.13　1994—2015年全国一般公共财政预算收入分级情况**

数据来源:《地方财政研究》,2017年第7期。

注:各项比重的分母是各年的全国财政收入总额,分子是地方各级政府的本级收入总额。

有所下降。1994—2002年,县级财政收入占比一直处于较低水平,2002年以后才有了缓慢提升,和县级政府紧密相连的乡镇政府财政收入占比一直垫底。从财政收入的级次构成总体上来说,省、地级市两级财政收入所占的比重要远高于县乡两级财政收入的比重(见图4.14),这说明地方财政收入有着逐步向上级政府集中的趋势,在政府间财政关系的调整上,主导权完全在上级政府,作为基层政府的县和乡镇两级,在五级政府之间的财力分配中处于弱势地位,随着政府级次的降低,在政府财政关系中所处的劣势逐渐明显。

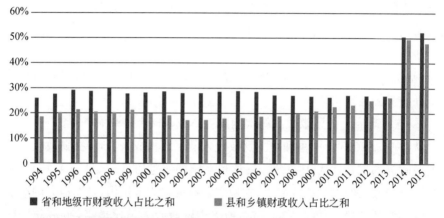

**图4.14　省和地级市财政收入占比之和与县、乡镇财政收入占比之和比较**

数据来源:同图4.13。

(3)县级财政收入的地区结构分析。

① 县级公共财政收入总量的地区比较。

从县级公共财政收入的地区结构来看(表4.12),2016年,公共财政收入在1亿元以下的县有132个,占总县数的比重为6.35%,占全部县域人口比重为0.95%,占全部县域地区生产总值的比重为0.43%,这些县大部分是国家级贫困县,财政收入严重缺乏;公共财政收入在1亿—5亿元的县有670个,占总县数的比重为32.23%,占全部县域人口比重为19.25%,占全部县域地区生产总值的比重为10.95%,这些县的经济和财政状况也是比较差的,主要也是分布在中西部经济欠发达地区;公共财政收入在5亿—10亿元的县有540个,占总县数的比重为25.97%,占全部县域人口比重为27.57%,占全部县域地区生产总值的比重为18.78%。公共财政收入在10亿元以上的县有737个,占总县数的比重为34.45%,占全部县域人口比重为52.23%,占全部县域地区生产总值的比重为69.58%。

从以上数据来看,64.6%的县公共财政收入在10亿元以下,县级政府财力普遍较弱,占县域人口47.80%。公共财政收入达10亿元以上的737个县撑起了中国县域GDP总值的69.83%,地区差距较大(见表4.12)。

表4.12 2016年按地方公共财政收入分类的县域经济情况

| 公共财政收入规模 | 县(市)数量 | | 人口 | | 地区生产总值 | |
|---|---|---|---|---|---|---|
| | 个数 | 占全部县数量比重(%) | 人口(万人) | 占全部县人口比重(%) | 地区生产总值(亿元) | 占比(%) |
| 1亿元以下 | 132 | 6.35 | 973 | 0.95 | 17 600 843 | 0.43 |
| 1亿—5亿元 | 670 | 32.23 | 19 739 | 19.25 | 443 403 648 | 10.95 |
| 5亿—10亿元 | 540 | 25.97 | 28 263 | 27.57 | 760 438 744 | 18.78 |
| 10亿元以上 | 737 | 34.45 | 53 553 | 52.23 | 2 827 137 448 | 69.83 |

数据来源:根据《2017年中国县域统计年鉴》整理获得。

县际之间的公共财政收入存在着明显的差距,从2016年公共财政收入达10亿元的县市分布情况来看(见图4.15),东部地区有326个,占县总数47%;中部地区有243个,占比35%;西部地区有124个,占比18%。从2014年中国县域经济与县域基本竞争力百强县的数据来看(见图4.16),主要分布在东部沿海地区,江苏省25个、山东省22个,浙江省17个、辽宁省10个、福建省7个;江苏省的江阴、昆山市并列第一,江苏省包揽了榜单的前5名。江苏、山东、浙江这三个省的百强县占比达到了57.7%。

② 人均县级公共财政收入的地区比较。

人均财政收入相对于财政收入总量更能够反映出一个地区的财政实力和经

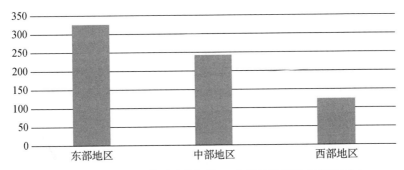

图4.15 2016年公共财政收入达10亿元的县(市)分布图(个)

数据来源:根据《2017中国县域统计年鉴》整理获得。

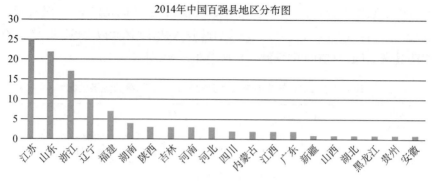

**图 4.16　2014 年中国百强县地区分布图(个)**
数据来源:根据《2015 中国县域统计年鉴》整理获得。

济实力。从 2000—2015 年各省(自治区、直辖市)县级人均一般公共预算收入的情况来看(见表 4.13),绝大多数省(自治区、直辖市)的这一指标都有了很大的增长,说明各省(自治区、直辖市)的县域经济发展水平不断提高,县级财政能力有了很大的改善,从总体上来看,以浙江、江苏为首的东部经济发达地区的县级财政状况要远好于中西部地区。2000 年,人均县级一般公共预算收入最高的是浙江省的 386.17 元,最低为贵州的 118.63 元,最高与最低相差 267.54 元,随后极差不断扩大,地区间的两极分化日趋严重,到了 2015 年,人均县级一般公共预算收入最高的是江苏省,为 7 228.42 元,最低为甘肃省的 997.76 元,极差为 6 230.66 元。与此同时,标准差也不断提高。2000—2015 年,从总体上看,人均县级一般公共预算收入的变异系数一直不断上升,由 2000 年的 33.60% 上升到 2015 年的 59.33%,各地区县域间的财力差距在不断扩大,2006 年高达 67.13%,2008 年为 65.86%,县域间财力差距的扩大非常迅速,但 2006 年后,变异系数有所下降,总体上来看,2006 年后,省际间县域财力的差距开始有所收敛,但仍处于一个较高的水平上。此外,还有一个值得关注的问题,2014—2015 年,山西、辽宁、吉林、黑龙江人均一般预算收入有所下降,东北三省和资源依赖省的山西省的县级财政状况不容乐观。

　　因此,从以上分析可以得出一个初步的结论:无论是从各地区县级一般公共预算收入的总量,还是人均财政收入的分析来看,我们都能看到东、中、东北、西部地区经济发展和财政能力差距。越是经济欠发达地区,县级财政的压力就越大,地区间的两极分化越日趋严重,地区间的财力差距越不断扩大。虽然,2006 年后,省际县级人均财政收入的差距有所收敛,但仍处于一个较高的水平上,因此,区域经济发展的不平衡已经成为我国社会经济生活中迫切需要解决的问题。

表 4.13 2000—2015 年各省(自治区、直辖市)人均县级一般公共预算收入的地区差异

单位:元

| 地区 | 2000 年 | 2002 年 | 2004 年 | 2006 年 | 2008 年 | 2010 年 | 2012 年 | 2014 年 | 2015 年 |
|---|---|---|---|---|---|---|---|---|---|
| 河北 | 179.98 | 173.05 | 226.66 | 353.59 | 524.76 | 798.94 | 1 337.32 | 1 660.43 | 1 818.55 |
| 山西 | 182.50 | 163.01 | 271.20 | 681.09 | 985.65 | 1 299.17 | 1 986.84 | 2 159.98 | 1 779.73 |
| 内蒙古 | 264.32 | 289.35 | 458.02 | 867.97 | 1 239.81 | 2 352.26 | 3 800.89 | 4 556.68 | 4 638.50 |
| 辽宁 | 195.22 | 245.41 | 296.15 | 483.79 | 892.69 | 2 077.48 | 3 745.28 | 3 795.94 | 1 783.07 |
| 吉林 | 151.15 | 212.50 | 192.43 | 388.38 | 622.86 | 928.05 | 1 672.38 | 2 298.38 | 1 998.46 |
| 黑龙江 | 186.18 | 132.19 | 176.13 | 236.98 | 384.29 | 604.88 | 1 050.20 | 1 273.48 | 1 219.08 |
| 江苏 | 322.54 | 516.14 | 705.83 | 1 208.79 | 2 129.71 | 3 368.94 | 4 872.42 | 6 130.91 | 7 228.42 |
| 浙江 | 386.17 | 639.25 | 912.99 | 1 478.79 | 2 195.45 | 2 920.27 | 4 028.21 | 4 982.79 | 6 643.12 |
| 安徽 | 159.65 | 146.18 | 164.50 | 164.12 | 390.29 | 649.66 | 1 166.61 | 1 897.50 | 2 107.99 |
| 福建 | 337.58 | 357.53 | 434.95 | 636.83 | 1 011.78 | 1 485.22 | 2 429.92 | 4 120.38 | 4 275.44 |
| 江西 | 165.83 | 186.60 | 247.78 | 356.35 | 570.38 | 1 002.38 | 1 770.82 | 3 199.07 | 3 350.14 |
| 山东 | 272.87 | 331.65 | 446.52 | 722.64 | 1 049.13 | 1 505.62 | 2 262.06 | 3 144.45 | 3 422.67 |
| 河南 | 136.43 | 150.66 | 203.16 | 323.92 | 488.27 | 594.63 | 910.11 | 1 235.97 | 1 350.25 |
| 湖北 | 210.46 | 189.09 | 197.50 | 225.39 | 338.62 | 554.07 | 1 119.08 | 1 699.74 | 2 050.00 |
| 湖南 | 144.82 | 168.52 | 203.99 | 271.81 | 391.39 | 566.40 | 971.60 | 1 290.38 | 1 402.48 |
| 广东 | 189.19 | 287.29 | 336.46 | 664.40 | 1 005.05 | 1 377.06 | 1 744.81 | 2 267.74 | 2 374.73 |
| 广西 | 181.02 | 192.90 | 222.06 | 252.79 | 361.99 | 511.10 | 797.74 | 1 080.69 | 1 177.20 |
| 海南 | 236.05 | 237.57 | 241.97 | 279.97 | 483.11 | 1 067.17 | 1 849.48 | 3 278.74 | 3 331.94 |
| 重庆 | 241.55 | 152.86 | 197.30 | 286.39 | 561.78 | 1 030.04 | 1 648.26 | 2 467.51 | 2 771.50 |
| 四川 | 127.82 | 144.78 | 156.99 | 232.17 | 401.71 | 668.34 | 1 085.40 | 1 397.79 | 1 534.28 |
| 贵州 | 118.63 | 140.59 | 175.45 | 216.23 | 396.40 | 602.19 | 1 263.93 | 1 974.16 | 2 022.73 |
| 云南 | 190.58 | 216.14 | 251.35 | 365.27 | 570.14 | 809.98 | 1 246.48 | 1 637.95 | 1 769.53 |
| 陕西 | 147.84 | 158.05 | 228.17 | 321.93 | 536.06 | 887.06 | 1 378.07 | 1 596.36 | 1 784.09 |
| 甘肃 | 120.91 | 131.37 | 130.23 | 172.63 | 221.48 | 314.54 | 600.05 | 986.79 | 997.76 |
| 青海 | 167.43 | 198.95 | 233.01 | 318.87 | 462.61 | 718.72 | 1 100.87 | 1 840.48 | 2 044.66 |
| 宁夏 | 139.62 | 176.48 | 221.87 | 352.92 | 597.69 | 1 103.18 | 1 958.46 | 2 476.59 | 2 487.60 |
| 新疆 | 225.94 | 277.98 | 363.19 | 577.27 | 931.49 | 1 312.09 | 2 228.01 | 3 116.87 | 3 089.27 |
| 极差 | 267.54 | 507.88 | 782.76 | 1 314.67 | 1 973.97 | 3 054.40 | 4 272.37 | 5 144.81 | 6 230.66 |
| 标准差 | 66.98 | 116.30 | 171.61 | 324.90 | 481.40 | 731.92 | 1 060.29 | 1 277.02 | 1 548.21 |
| 变异系数(%) | 33.60 | 50.51 | 58.68 | 67.13 | 65.86 | 63.49 | 57.23 | 52.01 | 59.33 |

数据来源:根据各年《中国县市社会经济统计年鉴》整理计算获得。

注:不包括上海、北京、天津和西藏。各省(自治区、直辖市)的县级数据不包括市辖区。由于缺少全国各省(自治区、直辖市)县级常住人口的数据,这里用的是户籍人口数据。

## (二) 县级财政支出状况分析

**1. 县级财政支出总量增速高于全国财政支出的增长速度**

从全国县级一般公共预算支出的总量来看,1993—2015年总量呈不断增长的趋势,从1993年的1 033.71亿元增加到2015年的71 654.9亿元,2015年是1993年的69.31倍,年均增速21.46%,高于全国年均18.3%的增长速度,并且绝大多数年份都高于全国财政支出的增长速度。

县级财政支出占GDP的比重总体呈上升趋势,平均增速为6.2%,要高于全国3.3%的平均水平。从县级财政支出对GDP的弹性系数来看,县级财政支出的弹性系数的平均水平为1.67,要高于全国1.45的平均水平,最大系数为3.89,即GDP每增长1%,财政支出增长3.89%,县级财政支出的规模增长高于经济的增长速度,也大于全国财政支出的增速。

从县级一般公共预算支出占全国财政支出和地方一般公共预算支出的比重来看,两个比重总体都呈上升趋势,2015年分别为40.77%和47.7%,县级财政支出规模不断扩张。这说明国家财政支出中有接近50%是由县级政府来完成的,县级政府在公共服务提供中扮演着重要的作用(见表4.14)。

**表4.14 全国县级一般公共预算支出情况**

| 年份 | 全国财政支出(亿元) | 增幅(%) | 县级一般公共预算支出(亿元) | 增幅(%) | 占全国财政支出的比重(%) | 占地方公共预算支出比重(%) | 占GDP的比重(%) | 全国财政支出弹性系数 | 县财政支出弹性系数 | 人均县级财政支出(元) |
|---|---|---|---|---|---|---|---|---|---|---|
| 1993 | 4 642.3 | 24.1 | 1 033.71 | — | 22.27 | 31.04 | 2.93 | — | — | 139.86 |
| 1994 | 5 792.62 | 24.8 | 1 184 | 14.54 | 20.43 | 29.32 | 2.46 | 0.68 | 0.4 | 169.33 |
| 1995 | 6 823.72 | 17.8 | 1 414.7 | 19.48 | 20.73 | 29.30 | 2.32 | 0.68 | 0.75 | 205.60 |
| 1996 | 7 937.55 | 16.3 | 1 732.76 | 22.48 | 21.83 | 29.95 | 2.43 | 0.95 | 1.32 | 254.18 |
| 1997 | 9 233.56 | 16.3 | 1 921.2 | 10.88 | 20.81 | 28.67 | 2.43 | 1.49 | 0.99 | 282.24 |
| 1998 | 10 798.18 | 16.9 | 2 153.58 | 12.1 | 19.94 | 28.07 | 2.55 | 2.46 | 1.76 | 315.19 |
| 1999 | 13 187.67 | 22.1 | 2 676.39 | 24.28 | 20.3 | 29.62 | 2.98 | 3.54 | 3.89 | 390.53 |
| 2000 | 15 886.9 | 20.5 | 3 030.17 | 13.22 | 19.07 | 29.23 | 3.05 | 1.92 | 1.24 | 851.75 |
| 2001 | 18 902.58 | 19 | 3 878.96 | 28.01 | 20.52 | 29.53 | 3.54 | 1.71 | 2.66 | 564.71 |
| 2002 | 22 053.15 | 16.7 | 4 820 | 24.26 | 21.86 | 31.54 | 4.01 | 2.07 | 2.49 | 709.62 |
| 2003 | 24 649.95 | 11.8 | 5 780.43 | 19.93 | 23.45 | 33.55 | 4.26 | 0.92 | 1.55 | 855.85 |
| 2004 | 28 486.89 | 15.6 | 7 179.19 | 24.2 | 25.2 | 34.86 | 4.49 | 0.88 | 1.37 | 1 063.51 |
| 2005 | 33 930.28 | 19.1 | 9 049.26 | 26.05 | 26.67 | 35.97 | 4.89 | 1.22 | 1.66 | 1 339.85 |

(续表)

| 年份 | 全国财政支出（亿元） | 增幅（%） | 县级一般公共预算支出(亿元) | 增幅（%） | 占全国财政支出的比重(%) | 占地方公共预算支出比重(%) | 占GDP的比重(%) | 全国财政支出弹性系数 | 县财政支出弹性系数 | 人均县级财政支出（元） |
|---|---|---|---|---|---|---|---|---|---|---|
| 2006 | 40 422.73 | 19.1 | 11 658 | 28.83 | 28.84 | 38.31 | 5.39 | 1.13 | 1.7 | 1 711.35 |
| 2007 | 49 781.35 | 23.2 | 15 777 | 35.33 | 31.69 | 41.15 | 5.94 | 1.01 | 1.54 | 2 289.63 |
| 2008 | 62 592.66 | 25.7 | 21 239 | 34.62 | 33.93 | 43.13 | 6.76 | 1.42 | 1.91 | 3 117.81 |
| 2009 | 76 299.93 | 21.9 | 26 876 | 26.54 | 35.22 | 44.03 | 7.88 | 2.56 | 3.1 | 3 827.19 |
| 2010 | 89 874.16 | 17.8 | 33 640 | 25.17 | 37.43 | 45.53 | 8.38 | 1 | 1.42 | 4 751.72 |
| 2011 | 109 248 | 21.6 | 42 259.4 | 25.62 | 38.68 | 45.57 | 8.73 | 1.17 | 1.39 | 5 924.96 |
| 2012 | 125 953 | 15.3 | 50 445.86 | 19.37 | 40.05 | 47.06 | 9.44 | 1.48 | 1.87 | 7 100.29 |
| 2013 | 140 212.1 | 11.3 | 57 456 | 13.9 | 40.98 | 47.98 | 9.77 | 1.11 | 1.38 | 8 085.70 |
| 2014 | 151 785.6 | 8.2 | 62 414.2 | 8.6 | 41.12 | 48.30 | 9.69 | 0.85 | 0.89 | 8 742 |
| 2015 | 175 768 | 15.8 | 71 654.9 | 14.8 | 40.77 | 47.70 | 10.45 | 1.63 | 1.53 | 10 000 |

数据来源：根据各年《中国统计年鉴》《中国财政年鉴》《全国地市县财政统计资料》《中国县市社会经济统计年鉴》整理计算而得。

从人均县级财政支出来看，支出规模也在不断增加，从1993年的139.86元，提高到2015年的10 000元，2015年是1993年的71.5倍。这表明国家和地方政府对县域人口的公共产品和公共服务提供的水平在不断增加，但是，人均县级财政支出水平要低于全国人均财政支出水平，国家对县域财政投入还较低（如图4.17）。

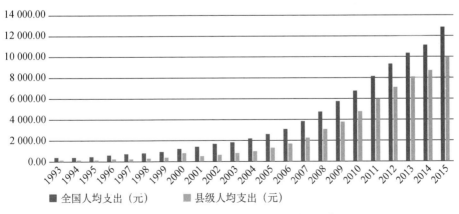

图4.17 人均县级财政支出与人均全国财政支出对比图

为了更好地分析县级财政支出情况,本书以安徽省为案例(见表4.15)。1996—2016年,安徽省级和县级财政支出的绝对规模都呈现出稳定增长态势,全省财政支出总量从1996年的1 787 143万元,增长到2016年的55 229 501万元,2016年是1996年的30.9倍,年均增长率18.9%。从县级财政支出情况来看,安徽省的61个县(县级市)财政支出总量稳步增长,从1996年的743 412万元

表4.15 安徽省县级财政支出情况表

| 年份 | 全省财政支出(万元) | 增幅(%) | 县级财政支出(万元) | 增幅(%) | 县级财政支出占全省支出比重(%) | 占当年GDP比重(%) | 县级财政支出弹性系数 | 人均县级财政支出(元) |
| --- | --- | --- | --- | --- | --- | --- | --- | --- |
| 1996 | 1 787 143 | — | 743 412 | — | 41.60 | 4.96 | — | 159.66 |
| 1997 | 2 072 408 | 15.96 | 890 659 | 19.8 | 42.98 | 5.08 | 1.17 | 189.86 |
| 1998 | 2 420 656 | 16.80 | 929 136 | 4.3 | 38.38 | 6.01 | −0.37 | 205.00 |
| 1999 | 2 886 031 | 19.23 | 1 019 555 | 9.7 | 35.33 | 6.51 | 7.61 | 330.40 |
| 2000 | 3 234 728 | 12.08 | 1 093 280 | 7.2 | 33.80 | 7.48 | −1.08 | 236.27 |
| 2001 | 4 037 988 | 24.83 | 1 300 834 | 19.0 | 32.21 | 8.58 | 5.13 | 277.15 |
| 2002 | 4 568 579 | 13.14 | 1 447 680 | 11.3 | 31.69 | 8.93 | 1.63 | 307.33 |
| 2003 | 5 074 398 | 11.07 | 1 698 324 | 17.3 | 33.47 | 9.67 | 2.05 | 359.18 |
| 2004 | 6 015 280 | 18.54 | 2 127 723 | 25.3 | 35.37 | 9.82 | 1.08 | 450.88 |
| 2005 | 7 130 633 | 18.54 | 2 567 370 | 20.7 | 36.00 | 10.41 | 1.50 | 542.51 |
| 2006 | 9 402 329 | 31.86 | 3 428 748 | 33.6 | 36.47 | 11.98 | 2.10 | 724.9 |
| 2007 | 12 438 342 | 32.29 | 4 679 949 | 36.5 | 37.63 | 13.40 | 1.66 | 985.05 |
| 2008 | 16 471 253 | 32.42 | 6 358 986 | 35.9 | 38.61 | 15.00 | 1.67 | 1 326.72 |
| 2009 | 21 419 217 | 30.04 | 8 278 703 | 30.2 | 38.65 | 17.22 | 2.25 | 1 715.08 |
| 2010 | 25 876 135 | 20.81 | 10 090 173 | 21.9 | 38.99 | 17.16 | 0.98 | 2 078.30 |
| 2011 | 33 029 911 | 27.65 | 14 004 292 | 38.8 | 42.40 | 18.95 | 1.51 | 2 829.15 |
| 2012 | 39 610 080 | 19.92 | 16 929 759 | 20.9 | 42.74 | 20.15 | 1.52 | 3 419.46 |
| 2013 | 43 496 817 | 9.81 | 18 693 765 | 10.4 | 42.98 | 20.27 | 1.07 | 3 783.63 |
| 2014 | 46 640 973 | 7.20 | 19 961 586 | 6.78 | 42.80 | 20.05 | 0.81 | 4 047.36 |
| 2015 | 52 390 076 | 12.3 | 22 393 031 | 12.18 | 42.74 | 21.31 | 1.57 | 4 636.24 |
| 2016 | 55 229 501 | 5.4 | 23 550 302 | 5.17 | 42.64 | 20.58 | 0.58 | 4 838.77 |

数据来源:根据各年《安徽统计年鉴》整理获得。

增长到2016年的23 550 302万元,2016年是1996的31.7倍,年均增长19.35%,略大于省级财政支出年均18.9%的增长水平。但从表4.15来看,2012年后,省级和县级财政支出的增速下降非常大,省级财政支出的增速下降为5.4%,县级财政支出的增速下降为5.17%,这在一定程度上反映出安徽省近年来财政支出的压力增大。

从安徽县级财政支出的相对规模来看,县级财政支出占全省财政支出比重在1996—2002年呈现递减状态,但到了2003后,这一比重逐年上升,2016年已经达到42.64%的水平,这说明县级政府承担的支出责任在不断增大,全省近43%的财政支出由县级政府来完成。1996—2016年,县级财政支出占当年GDP的比重增长迅速,2016年,这一比重已经达到20.58%,财政支出弹性系数波动较大,甚至有几年为负值,2016年,县级财政支出的弹性系数更是下降为0.58,这反映了2016年安徽省县级财政和县域经济的发展遇到了巨大的挑战。

1996—2016年,安徽省人均县级财政支出增长迅速,1996年,人均财政支出为159.66元,2016年为4 838.77元,2016年是1996年的29.04倍。人均财政支出与人均财政收入相比,更能反映着民众从政府那里获得了多大的福利,获得了多大的公共服务,县级人均财政支出的快速增长,也表明了安徽省近年来不断地加大了对县域公共服务的提供。

2. 县级支出结构分析

(1) 县级财政支出的项目构成。

由于《全国地市县财政统计资料》所统计的数据只到2009年,该资料中有关地市县财政支出具体项目于2008年后就不再显示,并且2007年中国实行政府收支分类改革,预算科目的调整和变化非常大,这就为如何全面地观察中国县级政府的财政支出结构带来了很大的困难。

鉴于全国县级财政支出具体项目数据的缺乏,本书采用安徽省县级财政支出结构来加以分析(见表4.16)。2010—2016年,安徽省各项县级财政支出占全省财政支出比较高的前五项分别是教育、农林水事务、医疗卫生、社会保障和就业、一般公共服务,这说明近年来,随着国家对民生项目的高度重视,安徽省县级政府也不断调整支出结构,加大对民生项目的投入力度,作为基层政府的县级政府,在提供教育、支农、医疗卫生、社会保障和就业等基本公共服务方面起到了非常重要的作用。由此可见,县级政府在提供基本公共服务方面承担的支出责任比省级政府要大。

如果再从县级各项财政支出分别占各项支出总额的比重来看(见表4.17),

2016年,占比40%以上的支出项目共有7项,其中,安徽省县级农林水事务占全省农林水事务支出的比重高达64.44%,位居榜首,其次就是医疗卫生、教育、国土资源气象等事务、一般公共服务(其中,主要是行政运行、一般行政管理、机关事务等项目的开支)、住房保障等占比紧跟其后,也就是说,64.44%的农林水事务、62.31%的医疗卫生支出、52.92%的教育、44.70%的一般公共服务、44.52%的住房保障、40.50%社会保障和就业等支出都是由县级政府来完成的。不仅农林水、教育、医疗卫生、社保、安全、储备等样样要管,还要承担基层政府的运转和行政管理的开支,可见县级政府支出责任的沉重。

表4.16 安徽省县市财政支出的项目　　　　　　　　　　　　　单位:%

| 支出项目 | 2010年 | 2011年 | 2012年 | 2013年 | 2014年 | 2016年 |
| --- | --- | --- | --- | --- | --- | --- |
| 一般公共服务 | 12.08 | 11.16 | 11.64 | 12.17 | 9.58 | 3.27 |
| 国防 | 0.08 | 0.07 | 0.06 | 0.05 | 0.08 | 0.02 |
| 公共安全 | 4.53 | 3.36 | 3.31 | 3.35 | 3.38 | 1.46 |
| 教育 | 21.14 | 22.07 | 21.85 | 20.16 | 18.75 | 8.73 |
| 科学技术 | 1.12 | 1.31 | 1.53 | 1.65 | 1.64 | 0.73 |
| 文化体育与传媒 | 1.25 | 1.11 | 1.10 | 0.48 | 1.15 | 0.48 |
| 社会保障和就业 | 11.39 | 11.49 | 11.29 | 12.22 | 12.05 | 5.59 |
| 医疗卫生 | 11.22 | 12.36 | 12.19 | 12.93 | 13.42 | 5.42 |
| 节能环保 | 1.93 | 1.84 | 1.89 | 1.69 | 1.70 | 0.89 |
| 城乡社区 | 5.41 | 4.56 | 4.91 | 6.00 | 7.98 | 3.56 |
| 农林水 | 13.77 | 15.18 | 15.41 | 16.09 | 15.85 | 7.29 |
| 交通运输 | 2.79 | 3.49 | 2.89 | 2.80 | 3.78 | 1.54 |
| 资源勘探电力信息 | 3.67 | 1.02 | 1.58 | 1.50 | 1.83 | 0.56 |
| 商业服务业 | 2.36 | 2.24 | 1.93 | 0.92 | 0.79 | 0.26 |
| 金融监管 | 0.22 | 0.16 | 0.16 | 0.09 | 0.12 | 0.02 |
| 国土资源气象 | 1.11 | 1.10 | 1.18 | 0.87 | 1.09 | 0.55 |
| 住房保障支出 | 3.60 | 5.28 | 5.96 | 5.06 | 5.27 | 1.89 |
| 粮油物资储备 | 0.77 | 1.00 | 0.78% | 0.76 | 0.87 | 0.17 |
| 债务付息 | 0.18 | 0.24 | 0.13% | 0.19 | 0.32 | 0.38 |
| 其他支出 | 1.36 | 0.96 | 0.22% | 0.26 | 0.35 | 0.02 |

数据来源:根据各年《安徽统计年鉴》计算获得。

表 4.17 2016 年安徽省县级各项财政支出占比

| 支出项目 | 县级各项财政支出占各支出项目总额的比重(%) |
| --- | --- |
| 农林水事务 | 64.44 |
| 医疗卫生 | 62.31 |
| 教育 | 52.92 |
| 一般公共服务 | 44.70 |
| 住房保障支出 | 44.52 |
| 社会保障和就业 | 40.50 |
| 粮油物资储备 | 30.35 |
| 国土资源气象 | 48.26 |
| 公共安全 | 36.45 |
| 节能环保 | 36.94 |
| 文化体育与传媒 | 31.15 |
| 城乡社区 | 29.36 |
| 商业服务业 | 24.50 |
| 科学技术 | 16.64 |
| 国防 | 18.85 |
| 资源勘探电力信息 | 19.36 |
| 国债还本付息 | 37.27 |
| 交通运输 | 19.93 |
| 其他支出 | 15.59 |

数据来源:根据 2017 年《安徽统计年鉴》计算获得。

(2) 行政管理费支出有所下降。

从全国县级数据来看,2000—2006 年,行政管理费占县级一般预算支出总额的比重较高,2000 年,高达 26.07%,2000 年后有所下降,如果加上保障国家机器正常运转的公检法司支出,2000 年高达 38.51%,2000 年后也有所下降,但 2006 年仍然占县级支出的 18.28%(见图 4.18)。由于 2007 年政府收支分类的改革,行政管理费支出这款项目被取消,本书只好用与"行政管理费"有很大相似性的"一般公共服务"来加以替代[1],鉴于全国县域数据的缺乏,本书选用安徽省的县级财政支出结构来加以观察(见表 4.16)。

一般公共服务支出是用于保障各级人大、政协、行政部门、司法等的行政运

---

[1] 行政管理费"与"一般公共服务"有很大的相似性,但统计口径不一样,不能直接比较。

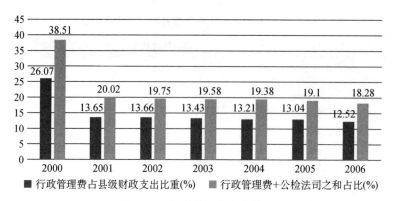

图 4.18　行政管理费支出情况

数据来源：根据各期《全国地市县财政统计资料》整理计算获得。

转和履行其职能的支出，主要是行政运行、一般行政管理、机关事务等项目的开支。从安徽省的县级支出情况来看，2009—2016 年，虽然此项支出的绝对值在增加，但相对值却在不断下降，一般公共服务支出占全省财政支出的比重低于教育、支农、医疗卫生、社会保障和就业的支出（见表 4.16）。一般公共服务支出相对值的不断降低，主要是由于近年来，从中央到地方都在大力控制行政运行成本，尤其是大力控制一般公共服务中"三公经费"［公务人员出国（境）、公务车购置及运行、公务招待］，这有利于节约政府资金，减轻了县级财政的支出压力。

(3) 不同层级财政支出占地方财政支出的比重——支出向县级集中。

不同层级财政支出占地方财政支出的比重，反映着各级地方政府的支出需求和承担的支出责任。表 4.18 中可以看出，1992—2015 年从中央和地方财政支出在全国财政支出中的比重来看，地方财政支出所占的比重一直呈现不断上升趋势，且远远高于中央财政所占的比重。

表 4.18　1992—2015 年不同层级财政支出占地方财政支出的比重　　单位：%

| 年份 | 中央 | 地方 | 地方合计 | 省级 | 地市级 | 县级 | 乡级 |
| --- | --- | --- | --- | --- | --- | --- | --- |
| 1992 | 31.3 | 68.7 | 100.0 | 27.2 | 27.7 | 31.4 | 13.6 |
| 1993 | 28.3 | 71.7 | 100.0 | 24.6 | 30.6 | 31.0 | 13.8 |
| 1995 | 29.2 | 70.8 | 100.0 | 21.2 | 36.5 | 29.3 | 13.0 |
| 1996 | 27.1 | 72.9 | 100.0 | 23.8 | 33.8 | 29.9 | 12.4 |
| 1997 | 27.4 | 72.6 | 100.0 | 25.1 | 33.3 | 29.3 | 12.3 |

(续表)

| 年份 | 中央 | 地方 | 地方合计 | 省级 | 地市级 | 县级 | 乡级 |
|------|------|------|----------|------|--------|------|------|
| 1998 | 28.9 | 71.1 | 100.0 | 26.4 | 33.9 | 28.1 | 11.6 |
| 1999 | 31.5 | 68.5 | 100.0 | 28.2 | 29.2 | 29.8 | 12.8 |
| 2000 | 34.7 | 65.3 | 100.0 | 29.5 | 30.8 | 29.2 | 11.3 |
| 2001 | 30.5 | 69.5 | 100.0 | 29.8 | 30.0 | 29.5 | 10.6 |
| 2002 | 30.7 | 69.3 | 100.0 | 28.3 | 30.3 | 31.5 | 9.8 |
| 2003 | 30.1 | 69.9 | 100.0 | 26.4 | 30.8 | 33.5 | 9.2 |
| 2004 | 27.7 | 72.3 | 100.0 | 25.9 | 30.7 | 34.9 | 8.5 |
| 2005 | 25.9 | 74.1 | 100.0 | 25.4 | 30.6 | 36.0 | 8.0 |
| 2006 | 24.7 | 75.3 | 100.0 | 24.3 | 29.9 | 38.3 | 7.4 |
| 2007 | 23.0 | 77.0 | 100.0 | 23.0 | 28.8 | 41.2 | 7.0 |
| 2008 | 21.3 | 78.7 | 100.0 | 22.6 | 27.4 | 43.1 | 6.8 |
| 2009 | 20.0 | 80.0 | 100.0 | 22.9 | 27.0 | 44.0 | 6.1 |
| 2010 | 17.8 | 82.2 | 100.0 | 20.8 | 27.4 | 45.5 | 6.3 |
| 2011 | 15.6 | 84.9 | 100.0 | 21.5 | 26.8 | 45.7 | 6.0 |
| 2012 | 14.9 | 85.1 | 100.0 | 20.0 | 26.7 | 47.0 | 6.3 |
| 2013 | 14.6 | 85.4 | 100.0 | 18.9 | 26.9 | 48.0 | 6.2 |
| 2014 | 14.9 | 85.1 | 100.0 | 18.2 | 27.2 | 48.3 | 6.3 |
| 2015 | 14.5 | 85.5 | 100.0 | 17.9 | 28.2 | 47.3 | 6.3 |

数据来源:《地方财政研究》,2017年第7期。

从地方各级财政支出占地方财政支出比重的变动情况来看,1992—2015年24年里,省级财政支出占地方财政支出比重的均值为24%,市级为29.8%,县级为37.03%,乡镇级为9.2%,县级政府所占的比重最大。2000年以后,在省、地市、县乡级不同层级的支出中,省级、市级和乡镇级财政支出占比基本呈现逐渐递减的趋势;相反,县级财政支出所占地方财政支出的比重却逐步上升,2015年已经达到了47.3%,远高于省级、地市级和乡镇级的财政支出占比,地方财政支出不断向县级政府集中(见图4.19)。这说明随着农村税费改革和农村教育管理体制调整后,县级财政的地位得到加强,县级政府财政支出需求大,承担的支出责任不断扩大。

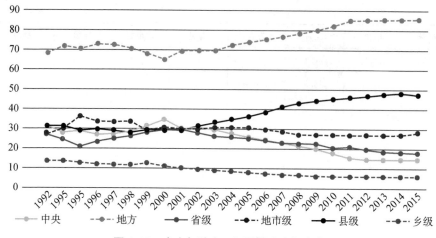

图 4.19 中央与地方一般预算支出级次表

(4) 县级财政支出对转移支付的依赖性很大。

财政支出与政府职能密切相关,财政支出反映了政府职能的履行以及公共服务提供的状况,如果一级政府的财政支出对上级政府转移支付依赖性很大的话,说明其自身的财政支出能力较弱,同时也意味着财政自主性较差。从表4.19 中可以看出,2000—2009 年,除了东部地区的一些省份外,县级转移支付总额占县级公共财政支出总额的比重基本上趋于不断上升的趋势。从东部、中部、西部的情况来看,县级转移支付总额占县级公共财政支出总额比重的均值东部地区最低,中部地区次之,西部地区最高。2001 年后,西部地区的均值基本都在61%以上,2007—2009 年更是高达70%以上,这说明,中央政府或上级政府加大了中西部地区的转移支付力度,对于改善它们的支出能力和公共服务的均等化起到了积极的作用。但同时也反映了东部、中部、西部地区县级政府的财力差距较大。

表 4.19 各省(自治区、直辖市)县级转移支付总额占县级公共财政支出总额的比重

| 地区 | 2000 年 | 2001 年 | 2002 年 | 2003 年 | 2004 年 | 2005 年 | 2006 年 | 2007 年 | 2008 年 | 2009 年 |
|---|---|---|---|---|---|---|---|---|---|---|
| 河北 | 0.94 | 0.88 | 0.89 | 0.90 | 0.88 | 0.90 | 0.92 | 0.92 | 0.92 | 1.06 |
| 辽宁 | 0.86 | 0.88 | 0.87 | 0.93 | 0.92 | 0.92 | 0.93 | 0.95 | 0.80 | 0.95 |
| 江苏 | 0.72 | 0.76 | 0.75 | 0.75 | 0.74 | 0.75 | 0.78 | 0.78 | 0.79 | 0.83 |
| 浙江 | 0.89 | 0.86 | 0.85 | 0.80 | 0.83 | 0.79 | 0.79 | 0.79 | 0.79 | 0.80 |
| 福建 | 0.81 | 0.82 | 0.87 | 0.80 | 0.84 | 0.87 | 0.92 | 0.95 | 0.96 | 0.89 |

(续表)

| 地区 | 2000年 | 2001年 | 2002年 | 2003年 | 2004年 | 2005年 | 2006年 | 2007年 | 2008年 | 2009年 |
|---|---|---|---|---|---|---|---|---|---|---|
| 山东 | 0.86 | 0.88 | 0.90 | 0.91 | 0.92 | 0.92 | 0.93 | 0.93 | 0.93 | 0.92 |
| 广东 | 0.87 | 0.92 | 0.90 | 0.86 | 0.92 | 0.93 | 0.92 | 0.96 | 0.94 | 0.95 |
| 海南 | 0.96 | 0.94 | 0.93 | 1.01 | 1.01 | 0.97 | 1.07 | 1.02 | 0.97 | 0.61 |
| 东部均值 | 0.86 | 0.87 | 0.87 | 0.87 | 0.88 | 0.88 | 0.91 | 0.91 | 0.89 | 0.88 |
| 山西 | 0.80 | 0.85 | 0.88 | 0.88 | 0.92 | 0.95 | 1.02 | 0.99 | 1.00 | 0.98 |
| 吉林 | 0.92 | 0.92 | 0.97 | 0.96 | 0.99 | 0.89 | 0.94 | 0.95 | 0.96 | 0.95 |
| 黑龙江 | 0.65 | 0.92 | 0.93 | 0.96 | 0.97 | 0.97 | 0.99 | 0.98 | 0.98 | 1.00 |
| 安徽 | 0.91 | 0.92 | 0.94 | 0.97 | 1.01 | 0.96 | 0.95 | 0.98 | 0.96 | 0.94 |
| 江西 | 0.83 | 0.92 | 0.93 | 0.94 | 0.99 | 0.96 | 0.95 | 0.96 | 0.95 | 0.96 |
| 河南 | 0.87 | 0.95 | 0.94 | 0.93 | 0.95 | 0.92 | 0.94 | 0.93 | 0.94 | 0.84 |
| 湖北 | 0.86 | 0.88 | 0.93 | 0.91 | 0.94 | 0.97 | 0.96 | 0.96 | 0.96 | 0.90 |
| 湖南 | 0.85 | 0.91 | 0.93 | 0.93 | 0.93 | 0.94 | 0.97 | 0.97 | 0.98 | 0.98 |
| 中部均值 | 0.84 | 0.91 | 0.93 | 0.94 | 0.96 | 0.95 | 0.97 | 0.97 | 0.97 | 0.94 |
| 四川 | 0.94 | 0.98 | 0.99 | 0.99 | 0.99 | 1.00 | 1.00 | 1.01 | 1.01 | 1.00 |
| 重庆 | 0.87 | 0.95 | 1.02 | 0.94 | 0.98 | 0.99 | 0.98 | 1.02 | 1.00 | 1.04 |
| 贵州 | 0.98 | 0.91 | 0.98 | 1.04 | 1.04 | 0.98 | 1.01 | 0.98 | 0.80 | 0.98 |
| 云南 | 0.90 | 0.91 | 0.90 | 0.91 | 0.91 | 0.91 | 0.94 | 0.94 | 0.95 | 0.95 |
| 陕西 | 0.85 | 0.86 | 0.87 | 0.82 | 0.86 | 0.86 | 0.89 | 0.90 | 0.87 | 0.89 |
| 甘肃 | 0.90 | 0.92 | 0.94 | 0.95 | 0.96 | 0.98 | 0.97 | 0.98 | 0.98 | 0.98 |
| 宁夏 | 1.00 | 1.03 | 0.99 | 0.98 | 1.02 | 1.00 | 1.01 | 1.08 | 1.03 | 0.99 |
| 青海 | 0.89 | 0.92 | 0.93 | 0.92 | 0.94 | 0.99 | 1.00 | 1.02 | 0.99 | 1.81 |
| 新疆 | 0.85 | 0.89 | 0.90 | 0.91 | 0.92 | 0.94 | 0.93 | 0.95 | 0.95 | 0.94 |
| 广西 | 0.88 | 0.95 | 0.92 | 0.97 | 0.95 | 0.96 | 1.00 | 1.00 | 1.17 | 1.00 |
| 内蒙古 | 0.88 | 0.93 | 0.94 | 0.84 | 0.89 | 0.87 | 0.97 | 0.90 | 0.88 | 0.89 |
| 西部均值 | 0.90 | 0.94 | 0.94 | 0.94 | 0.96 | 0.95 | 0.97 | 0.98 | 1.04 | 0.97 |

数据来源：根据各年《全国地市县财政统计资料》整理计算获得。不包括北京、上海、天津、西藏。

(5) 县级财政支出的区域性差异。

人均财政支出反映了政府提供公共服务的水平以及居民的受益状况。2000—2015年，几乎所有地区的人均县级一般公共财政支出的水平都有了很大的提高,尤其是西部地区人均财政支出的增长可以说是突飞猛进,甚至超过了东部地区。2000 年,人均县级公共财政支出最高的省市江苏省,为 634.40 元,最低为河南省的 220.01 元,最高与最低相差 414.4 元,在此后的年份里,极差一路上升,2015 年的极差为 10 401.72 元,两极分化日趋严重。2000 年的时候,人均县级财政支出的两极分化主要表现为经济发达地区与欠发达地区的差异,而 2010 年后,西部地区人均县级财政支出的增长已大大超过了东部和中部地区,与中部和东部地区的差距进一步扩大,这在一定程度上反映了财政转移支付大大提升了中西部尤其是西部地区的财力和财政支出能力。从变异系数的变动趋势来看,2000 年变异系数为 30.28%,2015 年为 35.42%,虽然 2000—2015 年变异系数处于上升的趋势,但上升趋势较为缓慢,这说明各地区县际间人均财政支出的差距一直处于扩大的态势,但扩大的趋势得以一定程度的控制(见表 4.20)。

表 4.20 2000—2015 年各地区人均县级一般公共财政支出情况　　　单位:元

| 地区 | 2000 年 | 2002 年 | 2004 年 | 2006 年 | 2008 年 | 2010 年 | 2012 年 | 2014 年 | 2015 年 |
| --- | --- | --- | --- | --- | --- | --- | --- | --- | --- |
| 河北 | 294.94 | 437.08 | 610.22 | 993.83 | 1 571.67 | 2 339.74 | 2 245.08 | 4 018.21 | 5 026.43 |
| 山西 | 340.52 | 534.92 | 838.02 | 1 523.81 | 2 214.85 | 3 275.67 | 4 848.99 | 5 544.34 | 6 131.97 |
| 内蒙古 | 535.72 | 914.75 | 1 372.82 | 2 111.66 | 4 007.44 | 5 961.50 | 8 981.71 | 10 679.46 | 12 276.4 |
| 辽宁 | 374.84 | 494.27 | 689.21 | 1 093.41 | 2 024.87 | 3 498.54 | 5 803.13 | 6 303.91 | 5 010.54 |
| 吉林 | 380.61 | 607.25 | 936.46 | 1 457.00 | 2 379.19 | 3 842.08 | 5 381.73 | 6 319.72 | 7 237.08 |
| 黑龙江 | 382.64 | 549.44 | 710.36 | 1 094.02 | 1 856.38 | 3 060.00 | 4 509.15 | 5 535.80 | 6 353.14 |
| 江苏 | 634.40 | 688.08 | 940.88 | 1 487.43 | 2 600.10 | 4 178.19 | 6 131.91 | 7 470.40 | 8 896.38 |
| 浙江 | 514.34 | 911.16 | 1 321.93 | 1 873.48 | 2 825.17 | 4 154.32 | 5 523.56 | 7 008.79 | 9 190.97 |
| 安徽 | 236.27 | 307.33 | 450.88 | 724.9 | 1 326.72 | 2 078.30 | 3 419.46 | 4 047.36 | 4 636.24 |
| 福建 | 422.97 | 510.97 | 663.51 | 979.54 | 1 632.60 | 2 720.31 | 4 202.16 | 5 759.19 | 6 864.43 |
| 江西 | 303.46 | 461.91 | 610.90 | 983.18 | 1 714.70 | 2 669.13 | 4 142.95 | 5 262.42 | 6 169.44 |
| 山东 | 356.07 | 502.26 | 720.26 | 1 131.00 | 1 683.43 | 2 488.96 | 4 279.07 | 4 601.95 | 5 269.37 |
| 河南 | 220.01 | 347.31 | 480.70 | 797.77 | 1 329.31 | 1 852.16 | 2 920.67 | 3 483.43 | 3 925.68 |
| 湖北 | 301.28 | 466.06 | 490.45 | 773.97 | 1 331.02 | 2 469.11 | 3 600.75 | 4 640.47 | 5 773.09 |
| 湖南 | 230.44 | 377.37 | 532.24 | 807.63 | 1 409.09 | 2 123.36 | 3 239.13 | 4 425.94 | 5 182.84 |
| 广东 | 364.45 | 629.29 | 775.44 | 1 132.45 | 1 684.92 | 2 323.61 | 3 354.79 | 4 493.64 | 5 464.92 |
| 广西 | 278.21 | 403.09 | 500.79 | 756.55 | 1 346.13 | 2 208.46 | 3 323.93 | 3 918.27 | 4 663.56 |
| 海南 | 419.74 | 569.38 | 757.65 | 1 075.59 | 1 918.00 | 3 723.81 | 6 278.13 | 7 339.51 | 8 488.91 |
| 重庆 | 346.73 | 505.44 | 594.07 | 851.07 | 1 618.48 | 2 807.03 | 4 629.81 | 5 615.32 | 6 612.43 |

(续表)

| 地区 | 2000年 | 2002年 | 2004年 | 2006年 | 2008年 | 2010年 | 2012年 | 2014年 | 2015年 |
|------|--------|--------|--------|--------|--------|--------|--------|--------|--------|
| 四川 | 273.56 | 129.55 | 620.63 | 941.76 | 2 422.37 | 3 300.56 | 3 771.78 | 4 996.98 | 5 603.87 |
| 贵州 | 251.64 | 415.47 | 541.92 | 702.32 | 1 595.92 | 2 470.45 | 4 070.84 | 5 178.65 | 5 924.86 |
| 云南 | 488.09 | 648.29 | 802.43 | 1 156.22 | 1 948.74 | 3 172.00 | 4 989.40 | 6 209.87 | 6 896.65 |
| 陕西 | 278.41 | 412.54 | 545.95 | 921.31 | 1 868.59 | 3 229.30 | 4 909.76 | 5 275.29 | 6 256.28 |
| 甘肃 | 323.71 | 523.61 | 656.35 | 1 022.37 | 2 271.48 | 3 194.29 | 5 012.85 | 6 066.16 | 6 777.90 |
| 青海 | 619.86 | 926.96 | 1 219.02 | 1 928.33 | 3 321.20 | 6 211.76 | 10 909.21 | 13 524.03 | 14 327.4 |
| 宁夏 | 487.02 | 812.90 | 941.66 | 1 455.73 | 2 819.36 | 5 417.65 | 8 800.81 | 10 020.08 | 10 655.4 |
| 新疆 | 512.40 | 812.62 | 1 058.40 | 1 660.57 | 2 927.97 | 4 984.17 | 7 395.70 | 9 325.30 | 10 447.01 |
| 极差 | 414.4 | 797.4 | 921.9 | 1 409.3 | 2 708.1 | 4 312.9 | 8 664.1 | 10 040.6 | 10 401.72 |
| 标准差 | 114.1 | 191.0 | 249.1 | 383.2 | 661.7 | 1 152.9 | 1 967.2 | 2 279.8 | 2 493.54 |
| 变异系数(%) | 30.28 | 34.61 | 32.99 | 32.91 | 32.12 | 34.66 | 38.86 | 36.84 | 35.42 |

数据来源：根据各年《中国县市社会经济统计年鉴》整理计算获得。不包括北京、上海、天津、西藏。

结合前面所分析的各省（自治区、直辖市）县际间人均县级财政收入差距不断扩大的情形，而各省（自治区、直辖市）人均县级财政支出扩大的趋势有所趋缓，尤其是西部地区人均县级财政支出的增长更是突飞猛进，接近甚至反超东部地区，这说明中央政府在加大对西部地区的转移支付力度后，西部地区的财政支出能力有了很大的提高。但值得一提的是，这并不意味着西部地区能够提供与东部地区同样水平同等质量的基本公共服务，因为除了西部地区人口较少的因素外，再加上西部地区自然条件较为恶劣、经济基础较为薄弱，财政供养人数要高于东部地区，西部地区提供公共服务的人均成本要远远高于东部地区，仍然需要进一步加大财政转移支付对中西部的投入，来解决地区间县域财力的差距，以实现基本公共服务提供的均等化。

**（三）县级财政收支对比——县级财政自给能力分析**

1. 财政自给能力的含义

要判断一级财政的实际财力状况，仅分别单独从收入和支出来分析还是不全面的，必须结合收入和支出两方面来考察。因为，各层级政府都必须为公共支出筹措资金，但每层次政府的筹资能力是不同的，筹资方式也不同。本书将通过财政自给能力率，将一级财政的收入与支出进行对比分析，来判断一级财政的财力状况。

财政自给能力（也称财政自给率、财政自给能力系数）是各级政府负责征收收入与本级支出的比值，即财政自给能力率＝本级负责征收的收入/本级公共支出,用于反映各级财政在收入上解、接受补助之前的财政状况。财政自给率在0—1进行变动,如果财政能力系数等于1,则说明该层次政府的财政收入恰好能够满足其支出的需求,自食其力,虽然没有能力向其他政府层级提供转移支付,但也不需要其他政府层级提供转移支付;如果系数大于1,则说明该级政府财政自给能力较强,除了满足本级支出外,还有结余,有能力向其他级别的政府提供转移支付;如果系数小于1,则说明该级政府的财政收入不能满足其本身支出的需要,自身难保,财政自给能力较弱,需要其他级别政府提供转移支付,或者通过举债满足支出需求[1]。

一级政府的财政自给能力受到很多因素的影响,除了本身地方经济的发展水平和财源状况外,在多级政府的结构下,最重要的是受到财政体制的影响。各级政府间的事权和支出责任的划分、税权的政府间配置、财政转移支付制度的设计,决定了各级政府间初次和再分配的财政关系,在很大程度上会影响到各级政府的财力大小。因此,从内涵上来看,"财政自给率"这一指标所使用的收入规模是各级财政形成可支配财力的基础。

从严格意义上来讲,财政自给能力率的计算需要使用标准收入与标准支出的概念。由于标准收入和标准支出的计算非常困难,需要大量的基础数据,本书将使用实际财政收支来测算各级财政自给率。虽然并不十分精确,但所得结果不足以影响结论。

为了全面反映出各级政府的财力变化,本书将从政府财政资金的二次分配过程,来反映各级财政能力的变化。

第一个过程是"初次分配",反映在收入上解、接受补助之前的财政收支对比状况,体现了由财政体制规定的各级政府间财政资源的初次分配关系,这里,财政自给率1=本级组织收入/本级支出。

第二个过程是"再分配"的过程,即中央对地方实行税收返还和转移支付补助,而地方对中央实行上解。经过再分配之后实际形成的本级可支配财力对本级支出的满意程度,反映了地方各级财政实际的收支平衡状况。财力自给率2=本级可支配收入/本级支出。

2."初次分配"中的县级财政自给能力变化

(1)五级政府财政自给能力的变化——县级财政自给能力最低。

从表4.21中,我们可以得出以下两个结论。

---

[1] 陶勇:"中国县级财政的困境及其出路",《甘肃行政学院学报》,2009年第2期,第59-65页。

表 4.21 各级财政自给率

| 年份 | 中央 | 地方 | 省 | 地市级 | 县 | 乡镇 |
|---|---|---|---|---|---|---|
| 1987 | 0.87 | 1.03 | 0.73 | 1.61 | 0.78 | 1.5 |
| 1988 | 0.92 | 0.96 | 0.50 | 1.54 | 0.77 | 1.4 |
| 1989 | 0.93 | 0.95 | 0.52 | 1.45 | 0.73 | 1.35 |
| 1990 | 0.99 | 0.94 | 0.56 | 1.38 | 0.72 | 1.33 |
| 1991 | 0.86 | 0.96 | 0.59 | 1.36 | 0.73 | 1.3 |
| 1992 | 0.84 | 0.97 | 0.61 | 1.32 | 0.71 | 1.35 |
| 1993 | 0.73 | 1.02 | 0.68 | 1.36 | 0.78 | 1.4 |
| 1994 | 1.66 | 0.59 | 0.41 | 0.75 | 0.45 | 0.84 |
| 1995 | 1.63 | 0.62 | 0.47 | 0.72 | 0.48 | 0.95 |
| 1996 | 1.70 | 0.65 | 0.54 | 0.73 | 0.50 | 1.00 |
| 1997 | 1.67 | 0.65 | 0.54 | 0.73 | 0.50 | 1.00 |
| 1998 | 1.57 | 0.65 | 0.51 | 0.75 | 0.52 | 0.98 |
| 1999 | 1.41 | 0.62 | 0.47 | 0.73 | 0.54 | 0.92 |
| 2000 | 1.27 | 0.62 | 0.47 | 0.73 | 0.53 | 0.88 |
| 2001 | 1.49 | 0.59 | 0.47 | 0.73 | 0.51 | 0.81 |
| 2002 | 1.53 | 0.56 | 0.51 | 0.66 | 0.43 | 0.77 |
| 2003 | 1.60 | 0.57 | 0.55 | 0.67 | 0.43 | 0.82 |
| 2004 | 1.84 | 0.58 | 0.58 | 0.69 | 0.43 | 0.76 |
| 2005 | 1.89 | 0.60 | 0.60 | 0.72 | 0.47 | 0.77 |
| 2006 | 2.05 | 0.60 | 0.63 | 0.70 | 0.46 | 0.83 |
| 2007 | 2.43 | 0.61 | 0.68 | 0.72 | 0.46 | 0.87 |
| 2008 | 2.45 | 0.58 | 0.64 | 0.70 | 0.42 | 0.89 |
| 2009 | 2.35 | 0.53 | 0.55 | 0.65 | 0.40 | 0.95 |
| 2010 | 2.66 | 0.44 | 0.57 | 0.55 | 0.41 | 1.03 |
| 2011 | 3.11 | 0.57 | 0.58 | 0.67 | 0.44 | 1.05 |
| 2012 | 2.99 | 0.57 | 0.60 | 0.66 | 0.44 | 1.04 |
| 2013 | 2.94 | 0.58 | 0.61 | 0.65 | 0.47 | 1.01 |
| 2014 | 2.86 | 0.59 | 0.64 | 0.66 | 0.48 | 0.95 |
| 2015 | 2.71 | 0.55 | 0.64 | 0.62 | 0.44 | 0.87 |

数据来源:《地方财政研究》,2017 年第 7 期。这里财政自给率＝本级一般预算收入/本级一般预算支出。

一是从中央与地方政府的财政自给能力来看,1994年分税制改革是个转折点。分税制改革前,1987—1993年地方财政自给率平均水平为0.98,中央财政自给率的平均水平为0.88,地方财政的自给能力高于中央财政,分税制后,中央财政自给能力大于地方财政。1993年中央财政自给率为0.73,创历史新低,但1994年飞速上升为1.66,从此以后基本一直保持上扬态势,2011年更是高达3.11,2011年后虽然有所降低,但2015年也达到2.71,远高于地方各级政府的财政自给能力。

与此相反的是,分税制后地方财政自给能力则整体下降。分税制改革前,地方财政自给率平均水平为0.98,基本上能自给,但分税制后则大幅下降。1993年,地方财政自给率为1.02,到了1994年则急剧下降为0.59,此后有所上扬,但1994—2015年地方财政自给率的平均水平为0.59,远低于中央政府平均2.08的水平。地方本级组织的财政收入不能满足本级支出的需求,形成了地方财政对中央财政转移支付高度依赖型的格局。

二是从地方各级财政的财政自给能力来看,1987—1993年,省级政府财政自给率的平均水平为0.59,地级市的平均水平是1.43,县级政府为0.74,乡镇政府为1.37。分税制后的1994—2015年,省级政府财政自给能力的平均水平下降到0.55,地级市的平均水平是0.69,县级政府为0.46,乡镇政府为0.91。从目前来看,县级政府的财政自给能力最低,主要原因有以下两点:①农村税费改革以后,乡镇政府一部分事权和支出责任上收到县级政府,例如,义务教育、行政事业单位人员经费支出等,加大了县级政府的支出压力。②作为基层政府的县级政府,承担了大量的上级政府"自上而下"转嫁的任务和职责,也导致了其支出压力增大。③由于每级政府的职能分工和支出责任不同,其财政自给能力也就存在着很大的差异,财政自给率的含金量也是不同的。在集权式的财政体制下,一般来说,政府级次越高,凭借财政体制制定权获取财力的可能性越大;政府级次越低,手中掌握财政体制制定权力就越小,且往往处于被动和服从地位,财政自给能力则相对就低。处于较低政府级次的县乡政府,财政自给能力较弱,难以满足公共支出的需求。

(2) 地区间县级财政自给率的比较——地区间县级财政财力差距较大。

从表4.22可以发现,2000—2015年,除了少数发达地区省份以外,绝大多数省的县级财政自给率都呈现下降的趋势,尤其是西部、中部地区尤为突出。

省际县级政府的财政自给率存在着一定的差异性。2000年,县级财政自给率最高的是福建省,为0.80,最低的是青海省,为0.27,极差为0.53;2015年,

表 4.22 各省(自治区、直辖市)县级财政自给率比较

| 地区 | 2000 年 | 2002 年 | 2004 年 | 2006 年 | 2008 年 | 2010 年 | 2012 年 | 2014 年 | 2015 年 |
|---|---|---|---|---|---|---|---|---|---|
| 河北 | 0.61 | 0.40 | 0.37 | 0.36 | 0.33 | 0.34 | 0.60 | 0.41 | 0.36 |
| 山西 | 0.54 | 0.30 | 0.32 | 0.45 | 0.45 | 0.40 | 0.41 | 0.39 | 0.29 |
| 内蒙古 | 0.49 | 0.32 | 0.33 | 0.41 | 0.31 | 0.39 | 0.42 | 0.43 | 0.38 |
| 辽宁 | 0.52 | 0.50 | 0.43 | 0.44 | 0.44 | 0.59 | 0.65 | 0.60 | 0.36 |
| 吉林 | 0.40 | 0.35 | 0.21 | 0.27 | 0.26 | 0.24 | 0.31 | 0.36 | 0.28 |
| 黑龙江 | 0.49 | 0.24 | 0.25 | 0.22 | 0.21 | 0.20 | 0.23 | 0.23 | 0.19 |
| 江苏 | 0.51 | 0.75 | 0.75 | 0.81 | 0.82 | 0.81 | 0.79 | 0.82 | 0.81 |
| 浙江 | 0.75 | 0.70 | 0.69 | 0.79 | 0.78 | 0.70 | 0.73 | 0.71 | 0.72 |
| 安徽 | 0.68 | 0.47 | 0.36 | 0.36 | 0.29 | 0.31 | 0.35 | 0.47 | 0.46 |
| 福建 | 0.80 | 0.70 | 0.66 | 0.65 | 0.62 | 0.55 | 0.58 | 0.72 | 0.62 |
| 江西 | 0.55 | 0.40 | 0.41 | 0.36 | 0.33 | 0.38 | 0.43 | 0.61 | 0.54 |
| 山东 | 0.77 | 0.66 | 0.62 | 0.64 | 0.62 | 0.60 | 0.53 | 0.68 | 0.65 |
| 河南 | 0.62 | 0.43 | 0.42 | 0.41 | 0.37 | 0.32 | 0.31 | 0.35 | 0.34 |
| 湖北 | 0.70 | 0.41 | 0.40 | 0.29 | 0.25 | 0.22 | 0.31 | 0.37 | 0.36 |
| 湖南 | 0.63 | 0.45 | 0.38 | 0.34 | 0.28 | 0.27 | 0.30 | 0.29 | 0.27 |
| 广东 | 0.52 | 0.46 | 0.43 | 0.59 | 0.60 | 0.59 | 0.52 | 0.50 | 0.43 |
| 广西 | 0.65 | 0.48 | 0.44 | 0.33 | 0.27 | 0.23 | 0.24 | 0.28 | 0.25 |
| 海南 | 0.56 | 0.42 | 0.32 | 0.26 | 0.25 | 0.29 | 0.29 | 0.45 | 0.39 |
| 重庆 | 0.70 | 0.30 | 0.33 | 0.34 | 0.35 | 0.37 | 0.36 | 0.44 | 0.42 |
| 四川 | 0.47 | 1.12 | 0.25 | 0.25 | 0.17 | 0.20 | 0.29 | 0.28 | 0.27 |
| 贵州 | 0.47 | 0.34 | 0.32 | 0.31 | 0.25 | 0.24 | 0.31 | 0.38 | 0.34 |
| 云南 | 0.39 | 0.33 | 0.31 | 0.29 | 0.32 | 0.26 | 0.25 | 0.26 | 0.26 |
| 陕西 | 0.53 | 0.38 | 0.42 | 0.35 | 0.29 | 0.27 | 0.28 | 0.30 | 0.29 |
| 甘肃 | 0.37 | 0.25 | 0.20 | 0.17 | 0.10 | 0.10 | 0.12 | 0.16 | 0.15 |
| 青海 | 0.27 | 0.21 | 0.19 | 0.17 | 0.14 | 0.12 | 0.10 | 0.14 | 0.14 |
| 宁夏 | 0.29 | 0.22 | 0.24 | 0.24 | 0.22 | 0.23 | 0.23 | 0.25 | 0.23 |
| 新疆 | 0.44 | 0.34 | 0.34 | 0.35 | 0.32 | 0.26 | 0.30 | 0.33 | 0.30 |
| 极差 | 0.53 | 0.91 | 0.56 | 0.64 | 0.72 | 0.71 | 0.69 | 0.68 | 0.67 |
| 标准差 | 0.14 | 0.20 | 0.14 | 0.17 | 0.18 | 0.18 | 0.17 | 0.17 | 0.17 |
| 变异系数(%) | 24.95 | 44.16 | 37.26 | 42.89 | 50.59 | 50.12 | 45.13 | 42.47 | 44.73 |

数据来源:根据各年《中国县市社会经济统计年鉴》整理计算获得。不包括北京、上海、天津、西藏,不包括市辖区。这里财政自给率=本级一般预算收入/本级一般预算支出。

县级财政自给率最高的是江苏省,为0.81,最低的是青海省,为0.14,极差为0.67,这说明了省际县级政府财政自给能力两极分化严重。2000—2015年,省际县级财政自给率的变异系数一直不断提高,2000年为24.95%,2015年上升到44.73%,这说明省际县级财政的能力差距比较大。不过2008年后,变异系数有所缩小,这说明虽然省际县级财政自给率的差距还是处于高位运行,但差距有缩小的趋势。

从东部、中部、西部地区的县级财政自给率来看(见图4.20),2000—2015年,东部地区级政府的财政自给率平均值最高,中部地区次之,西部地区最低,地区间县级财政财力差距明显。

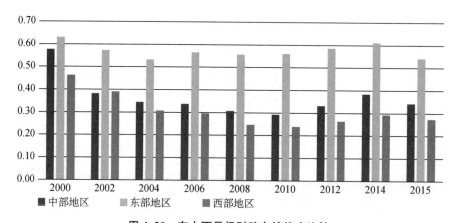

**图4.20　东中西县级财政自给能力比较**

### 3. "再分配"中的县级财政自给能力变化

为了全面反映县级政府的财力状况,本书将从政府财政资金的二次分配过程,即考虑到上级政府财政转移支付的因素,来分析县级财政能力的变化,考察在接受中央财政(上级财政)的税收返还和各种补助、扣除上解上级政府收入之后形成的县级财政可支配收入,能否满足县级财政的支出需求(这里考察的是财政总支出)。表4.23显示,2000—2009年,由于中央财政加大了对地方的转移支付力度,几乎所有省份(自治区、直辖市)县的财政自给能力都有了不同程度的提升,但是绝大多数省(自治区、直辖市)的县级可支配收入还是弥补不了日益扩大的财政缺口。从表4.23中我们还可以进一步发现,在中央财政转移支付的大力扶持下,中西部地区、尤其是西部地区县级政府财力改善尤为明显,四川、贵州、宁夏、青海、甘肃、广西等西部地区县级财政可支配收入基本上都能够接近或满足本级政府财政总支出的需求,反而是东部地区(例如,江苏、浙江)县级政府

表 4.23　考虑到上级政府转移支付后的各省(自治区、直辖市)县级财政能力的比较

| 地区 | 2000年 | 2001年 | 2002年 | 2003年 | 2004年 | 2005年 | 2006年 | 2007年 | 2008年 | 2009年 |
|---|---|---|---|---|---|---|---|---|---|---|
| 河北 | 0.94 | 0.88 | 0.89 | 0.90 | 0.88 | 0.90 | 0.92 | 0.92 | 0.92 | 1.06 |
| 辽宁 | 0.86 | 0.88 | 0.87 | 0.93 | 0.92 | 0.92 | 0.93 | 0.95 | 0.80 | 0.95 |
| 江苏 | 0.72 | 0.76 | 0.75 | 0.75 | 0.74 | 0.75 | 0.78 | 0.78 | 0.79 | 0.83 |
| 浙江 | 0.89 | 0.86 | 0.85 | 0.82 | 0.79 | 0.79 | 0.79 | 0.79 | 0.79 | 0.80 |
| 福建 | 0.81 | 0.82 | 0.87 | 0.80 | 0.84 | 0.87 | 0.92 | 0.96 | 0.96 | 0.89 |
| 山东 | 0.86 | 0.88 | 0.90 | 0.91 | 0.92 | 0.93 | 0.93 | 0.93 | 0.93 | 0.92 |
| 广东 | 0.87 | 0.92 | 0.90 | 0.86 | 0.92 | 0.93 | 0.92 | 0.96 | 0.94 | 0.95 |
| 海南 | 0.96 | 0.94 | 0.93 | 1.01 | 1.01 | 0.97 | 1.07 | 1.02 | 0.97 | 0.61 |
| 东部均值 | 0.86 | 0.87 | 0.87 | 0.87 | 0.88 | 0.88 | 0.91 | 0.91 | 0.89 | 0.88 |
| 山西 | 0.80 | 0.85 | 0.88 | 0.88 | 0.88 | 0.95 | 1.02 | 0.99 | 1.00 | 0.98 |
| 吉林 | 0.92 | 0.92 | 0.97 | 0.96 | 0.99 | 0.89 | 0.94 | 0.95 | 0.96 | 0.95 |
| 黑龙江 | 0.65 | 0.92 | 0.93 | 0.96 | 0.97 | 0.97 | 0.99 | 0.98 | 0.98 | 1.00 |
| 安徽 | 0.91 | 0.92 | 0.94 | 0.97 | 1.01 | 0.96 | 0.95 | 0.98 | 0.96 | 0.94 |
| 江西 | 0.83 | 0.92 | 0.94 | 0.99 | 0.96 | 0.95 | 0.94 | 0.95 | 0.96 |
| 河南 | 0.87 | 0.95 | 0.94 | 0.93 | 0.95 | 0.92 | 0.94 | 0.93 | 0.94 | 0.84 |
| 湖北 | 0.86 | 0.88 | 0.92 | 0.91 | 0.94 | 0.97 | 0.96 | 0.96 | 0.96 | 0.96 |
| 湖南 | 0.85 | 0.91 | 0.93 | 0.93 | 0.93 | 0.94 | 0.97 | 0.97 | 0.98 | 0.98 |
| 中部均值 | 0.84 | 0.91 | 0.93 | 0.94 | 0.96 | 0.95 | 0.97 | 0.97 | 0.97 | 0.94 |
| 四川 | 0.94 | 0.98 | 0.99 | 0.99 | 0.99 | 1.00 | 1.00 | 1.01 | 1.01 | 1.00 |
| 重庆 | 0.87 | 0.95 | 1.02 | 0.94 | 0.98 | 0.99 | 0.98 | 1.02 | 1.00 | 1.04 |
| 贵州 | 0.98 | 0.99 | 0.98 | 1.04 | 1.04 | 0.98 | 1.01 | 0.98 | 0.80 | 0.98 |
| 云南 | 0.90 | 0.90 | 0.90 | 0.91 | 0.91 | 0.91 | 0.94 | 0.94 | 0.95 | 0.95 |
| 陕西 | 0.85 | 0.86 | 0.87 | 0.82 | 0.86 | 0.86 | 0.89 | 0.90 | 0.87 | 0.89 |
| 甘肃 | 0.90 | 0.92 | 0.94 | 0.95 | 0.96 | 0.98 | 0.97 | 0.98 | 0.99 | 0.98 |
| 宁夏 | 1.00 | 1.03 | 0.99 | 0.98 | 1.02 | 1.00 | 1.01 | 1.08 | 1.03 | 0.99 |
| 青海 | 0.89 | 0.92 | 0.90 | 0.90 | 0.92 | 0.94 | 1.00 | 1.02 | 1.81 | 0.98 |
| 新疆 | 0.85 | 0.89 | 0.90 | 0.91 | 0.92 | 0.94 | 0.93 | 0.95 | 0.95 | 0.94 |
| 广西 | 0.88 | 0.95 | 0.92 | 0.97 | 0.95 | 0.96 | 1.00 | 1.00 | 1.17 | 1.00 |
| 内蒙古 | 0.88 | 0.93 | 0.94 | 0.84 | 0.89 | 0.87 | 0.97 | 0.90 | 0.88 | 0.89 |
| 西部均值 | 0.90 | 0.94 | 0.94 | 0.94 | 0.96 | 0.95 | 0.97 | 0.98 | 1.04 | 0.97 |

数据来源:根据各年《全国地市县财政统计资料》整理计算获得。不包括北京、上海、大津、西藏。本表中的财力自给率=本级可支配收入(本年财政收入+财政净转移)/本级财政总支出。

注:目前《全国地市县财政统计资料》只出版到2009年,2009年之后的数据缺少。

财政状况改善力度不大,这可能一方面是东部地区获得中央财政转移支付相对较少;另一方面是经济发达地区各项社会发展和经济建设的资金需求较大,所以即使他们获得了上级政府的转移支付,但还是满足不了巨大的支出需求。

综上所述,中央财政转移支付极大地改善了中西部地区尤其是西部地区县级政府的财政能力,中西部地区受益最多,为贫困地区提供大致均等化公共服务提供了有效的财力支持。

## 第三节 本章小结

由于县级研究数据的限制,本著作重点对县级政府一般公共预算收入的现实财力状况进行了评估,一般公共预算反映了县级政府的可支配财力,是县级政府真正的财政基础。本章通过设立财政收入类、财政支出类、财政收支对比类、影响县级财政收支状况经济类的系列指标,对县级政府财政收入的形式和内容、县级财政支出、县级财政自给能力、转移支付运行等进行了全面而系统的评估,分析县级财政基础以及财政压力的形成和表现。

从收入的角度来看,(1)随着经济的发展,1993—2015年,县级一般公共预算收入的总量和人均一般公共预算收入的绝对值在不断增长。县级财政收入占GDP比重虽然不高,但总体呈上升趋势;总体来看,县级财政能力在逐步提升。但从县级财政收入对GDP的弹性系数来看,财政收入增长缺乏弹性,财政收入具有不稳定性。(2)人均县级财政收入远低于全国平均人均财政收入,这说明广大县域人口真正获得的财政收入并不高。(3)从县级财政收入的形式构成来看,非税收入增长较快,尤其是县级政府对土地相关的税费收入依赖较大。(4)在县级政府财力的构成中,属于非税收入范畴的国有资本经营收入对县级财力的贡献却没有被充分挖掘。(5)县级政府缺乏稳定的自主财源,对上级政府的转移支付依赖较大,中西部地区县级政府对上级财政转移支付的依赖性远大于东部地区。(6)县级政府的债务规模不断扩张,增长较快,已经成为县级政府补充预算内财力不足的重要手段,但是政府债务规模过大也给县级政府带来了巨大的还款压力,且蕴含着巨大的财政风险。(7)从中央和地方财政收入的层级构成来看,中央财政收入占全国财政收入的比重远大于省、地市、县和乡镇四级地方政府。从地方各级财政收入级次的构成来看,省、地级市两级财政收入所占的比重要远高于县乡两级财政收入的比重,作为基层政府的县和乡镇两级,在五级政府之间的财力分配中处于弱势地位,各级政府随着政府级次的降低,其在政府间财政关系中所处的劣势逐渐明显。(8)从县级财政收入的地区结构来看,地区间的两极分化日趋严重,地区差距的财力差距不断扩大。

从财政支出的角度来看:(1)1993—2015年,无论是全国县级一般公共预算支出总量,还是县级财政支出的相对比重,都呈现出不断增长的趋势,且县级财政支出的增长速度远大于全国财政支出的增长速度,这说明县级政府在公共服务提供中扮演着重要的作用。(2)从人均县级财政支出来看,支出规模也不断增加,但是人均县级财政支出水平要低于全国人均财政支出水平,国家对县域财政投入还较低。(3)从县级财政支出的层级结构来看,财政支出的责任不断向县级政府集中。(4)县级政府不断调整支出结构,加大对民生项目的投入力度,县级政府是教育、支农、医疗卫生、社会保障和就业等基本公共服务的主要提供者。(5)县级政府行政管理费(一般公共服务支出)的不断下降,有利于节约政府资金,减轻了县级财政的支出压力。(6)县级财政支出对转移支付的依赖性很大,由东到西,逐步递增。由于中央政府对西部地区转移支付的大力支持,西部地区人均县级财政支出的增长更是突飞猛进,接近甚至反超东部地区,西部地区的财政支出能力有了很大的提高,省际人均财政支出差距扩大的趋势得到一定程度的控制。

从县级财政收支的对比来看:(1)五级政府财力"初次分配"中,县级财政自给能力最低;省际县级财政的能力差距比较大,虽然2008年后差距有所缩小,但仍然维持在一个较高的水平;(2)在五级政府财力"再分配"中,考虑到了上级政府转移支付的因素后,县级政府的财政状况都有了很大的好转,西部地区受益最多,但绝大多数省的县级可支配收入还是弥补不了日益扩大的财政缺口。

总之,县级财政收支矛盾的日益突出,财政自给能力的不断弱化,将严重影响到我国县级基本公共服务提供水平和均等化的实现。

# 第五章

# 县级财政能力对县级基本公共服务供给及其行为的影响

县级政府是我国的基层政府,面向广大农村地区和农村人口,承担着大量提供基础教育、医疗卫生、社会保障、基础设施等基本公共服务的职责。第四章的研究发现县级政府财政收支矛盾日益突出,财政自给能力不断弱化,人均县级财政收入远低于全国平均人均财政收入,财政收入增长缺乏弹性,财政收入具有不稳定性,并且财政收入的质量存在着一定的问题,主要对非税收入、上级转移支付依赖性比较大,政府负债严重。县级政府缺乏足够的财力严重影响到了县级基本公共服务尤其是农村基本公共服务的提供,也导致了县级基本公共服务提供的地区差距、城乡差距和县域内部的城乡之间差距的扩大(第三章),严重威胁到我国基层政权稳定以及经济社会的协调发展。如何有效实现县乡基层政府财政解困,提升县级政府提供基本公共服务的财力保障,是摆在我国政府和学术界面前的一项重大课题。

在多级政府体制下,县级政府财力的大小与地方经济发展状况、产业结构和财源结构密切相关,同时也由与其政治体制相结合的财政体制所决定,财政体制是影响县级政府财力大小的主要因素之一。假定在县级政府的经济发展水平和产业结构给定的情况下,县级政府自身财力不足的弥补主要靠来自上级政府的转移支付,包括一般性转移支付和专项转移支付。来自上级政府大量的转移支付,用来弥补县级财政的部分缺口,纠正财力的纵向不平衡和横向不平衡,促进公共服务的均等化。

本章旨在考察在目前的财政分权体制下影响县级基本公共服务供给及其均等化的因素有哪些,这主要有三个方面的研究内容。

一是在目前县级政府面临的巨大财政压力下,现有的县级财政能力对县级基本公共服务供给会产生怎样的影响?是否能够促进省际以及省内县际基本公共服务的均等化？回答这些问题,对于理解中国县级财政困难的机理,提升县级政府提供基本公共服务的财力保障具有一定的现实意义。

二是转移支付是影响县级政府财力和县级基本公共服务均等化的重要因素之一。由于目前县级政府对来自上级政府的转移支付依赖性很大,转移支付主要分为一般性转移支付和专项转移支付两种类型,不同类型的转移支付所产生的效应不同,为此,需要考察转移支付对县级基本公共服务供给产生了哪些影响,特别是一般性转移支付是否促进了基本公共服务的均等化。回答这些问题,对于完善财政转移支付,缓解县级财政困难,实现基本公共服务均等化具有一定的现实意义[1]。

三是县级财政的严重不足,不仅影响到公共产品供给的水平和质量,而且会导致基本公共服务供给轨迹的分化,公共服务供给的结构性失衡。为此,需要考察财政体制导致的县级财政压力是否改变了地方政府公共服务支出的政策取向,哪些公共服务的提供得到了强化,哪些公共服务的提供出现了弱化,导致这一行为的机理又是什么。回答这些问题,对于规范县级政府公共服务的支出行为,提高基本公共服务的供给水平,防止县级公共服务供给与需求的脱节具有一定的现实意义。

## 第一节　县级财政能力对县级基本公共服务供给的实证研究

### 一、数据说明、模型设定、变量定义

#### (一) 数据说明

由于数据的限制以及为了保持前后研究统计口径的一致,本节选取的样本是2006—2014年中国27个省份的1 971个县面板数据,样本数量较大,数据主要来自2006—2014年的《中国县(市)社会经济统计年鉴(中国县域统计年鉴)》和《中国区域经济统计年鉴》等,研究对象主要是县和县级市,不包括市辖区[2],主要是因

---

[1] 宋小宁、陈斌、梁若冰:"一般性转移支付:能否促进公共服务的供给?",《数量经济技术经济研究》,2012年第7期,第33-43页。

[2] 由于近年来,县级行政区划变动较大,很多省都进行了"撤县设区"的改革,为了保证研究口径的前后一致性,对于一些"撤县设区"的县,只要它的行政隶属关系和行政级别没有变化,就依然给予了保留;否则,则予以剔除。例如,安徽省的巢湖市,2011年,由地级市降为县级市,行政隶属关系和行政级别发生了变化,则予以剔除。

为市辖区产业结构以工商业为主,城市化水平较高,服务的对象以城市人口居多,公共服务的提供和规划主要是由地级市政府统一决定,和一般主要服务于农村人口的县级政府差别较大。考虑到北京、上海、天津所辖县级单位较少,西藏数据不全,也比较特殊,以及数据的可获得性、可行性和统计口径的一致性,将以上四个地区加以剔除。

### (二) 模型设定

财政是国家治理的基础,财政是县治的基础。长期以来,县级政府一直承担着大量义务教育、医疗卫生、社会保障、基础设施等基本公共服务提供职责,县级财政能力直接决定了整个国家基本公共服务均等化的水平。本书采用以下模型来考察县级政府财政能力对县级基本公共服务供给及其均等化水平的影响。

模型1如下:

$$PS_{it} = \alpha_i + \beta PS_{it-1} + \gamma RGRE_{it} + \tau FD_{it} + \delta AGRPOP_{it} + \sigma \ln PGDP_{it} + \theta \ln PGREV_{it} + \delta \ln PGEXP_{it} + \varepsilon_{it}$$

本书选择动态面板数据回归模型的原因是考虑到县级基本公共服务提供的水平以及县级财政能力的大小不是一成不变的,而是一个动态过程,县级基本公共服务的提供水平,既要考虑到广大县域人口对基本公共服务的需求,又要考虑到当前社会经济发展水平和财政承受能力,随着地方经济的发展、财力的不断壮大,动态调整基本公共服务的保障标准和保障水平,不断提高县域基本公共服务提供的水平和均等化水平。

### (三) 变量定义

模型1中,下标 $i$ 和 $t$ 分别代表第 $i$ 个省和第 $t$ 年,$\beta$、$\gamma$、$\tau$、$\delta$、$\sigma$、$\theta$、$\delta$ 分别是各变量的系数;$\varepsilon$ 是残差项;$PS$ 是县级基本公共服务指数,代表全国各省县域内的公共服务供给水平,为被解释变量;$PS_{it-1}$ 代表基本公共服务指数的一阶滞后项;$RGRE_{it}$ 是县级财政自给率,为核心解释变量;其他还有控制变量:$FD_{it}$ 是财政分权指数,$AGRPOP_{it}$ 是县级乡村人口比率,$PGDP_{it}$ 是县级人均国内生产总值,$PGREV_{it}$ 是县级人均一般公共预算财政收入,$PGEXP_{it}$ 是县级人均一般公共预算财政支出。

1. 县级基本公共服务指数

县级基本公共服务指数是被解释变量。本书在第三章已经以县级义务教育、社会保障、基础设施和医疗卫生为研究对象,建立在经济学投入和产出理论的基础上,从公共投入和产出两个方面,构建了系列公共服务评价指标体系(具体内容参见表3.1),并利用综合评价法,对各个单项指标进行无量纲化处理后,合成转化为义务教育、社会保障、基础设施和医疗卫生四个方面指标,然后再通过一定的方法合成为各地区的县级基本公共服务指数(具体内容见表3.47)。

2. 县级财政自给率(系数)

县级财政自给率是核心解释变量。财政自给能力率＝本级负责征收的收入/本级公共支出,用于反映各级财政在收入上解、接受补助之前的财政状况,财政自给能力反映了县级政府自有财力状况,县级财政解困关键是要看其自主财力和自有财力的发展情况,如果大量依赖转移支付只能受制于人。财政自给率在 0—1 进行变动,数值越大,财政自给能力就强;反之,就越差。

3. 控制变量

(1) 财政分权为控制变量。财政分权是影响县级政府财力和基本公共服务均等化的一个重要变量。财政分权关系到中央与地方之间事权、财权和财力的划分,反映了一个国家中央对地方政府的分权程度以及地方政府自主性的大小,传统的财政分权理论认为,分权可以提高地方政府提供公共产品的效率。如何来衡量财政分权? 真正的财政分权不仅停留在政府间的收入和支出责任划分的表象,而是真正的权力下放,地方政府拥有很大财政自主权和决策权,例如,具有税收立法权、举债权等,发达市场经济国家财政分权与地方政府自治是如影相随的,但是,对地方自治的量化很难。一个虽然不甚科学但简单易行的衡量办法在经济学界和财政学界被广泛采用,即用财政收支来衡量。Oates[1]首先采用财政收支指标,用下级政府的财政收支份额来刻画财政分权程度。Zhang 和 Zou[2]在讨论中国财政体制时采用的指标是人均地方政府财政支出与人均中央政府财政支出的比值。国内学者乔宝云、范剑勇和冯兴元[3]、张军、高远和傅勇[4]、贾俊雪、郭庆旺和宁静[5]等在研究财政分权的时候,也均采用财政收支方面的指标。在借鉴现有研究的基础上,本模型也从财政收入和支出两方面

---

[1] Oates. W:"Searching for Leviathan: An Empirical Study", American Economic Review, 1985, 75(4).

[2] Zhang, T. and Zou, H.:"Fiscal Decentralization, Public Spending, and Economic Growth in China", Journal of Public Economics, 1998, 67(2).

[3] 乔宝云、范剑勇、冯兴元:"中国的财政分权与小学义务教育",《中国社会科学》,2005 年第 6 期,第 37-46 页。

[4] 张军、高远、傅勇等:"中国为什么拥有了良好的基础设施",《经济研究》,2007 年第 3 期,第 4-19 页。

[5] 贾俊雪、郭庆旺、宁静:"财政分权、政府治理结构与县级财政解困",《管理世界》,2011 年第 1 期,第 30-32 页。

来衡量财政分权指数,财政收入的分权水平用人均省级的县级财政收入与人均全国县级财政收入的比值来衡量,财政支出的分权水平是人均省级的县级财政支出与人均全国县级财政支出的比值。整体县级财政分权指数则用这两个比值的均值来表示。

(2)县级人均GDP[1]。人均GDP,直接衡量了一个地区的经济发展水平,经济发展水平会影响人们对公共服务的需求与供给。根据瓦格纳法则,随着经济的发展和生活水平的提高,人们会增加对某些公共产品的需求,公共产品的供给会呈现不断增长趋势。为此,将其设为控制变量。

(3)县级乡村人口比重。由于县级政府面对的是广大的农村地区和农民,提供农村公共服务或公共产品是县级政府的基本职能。县级乡村人口的比重将会直接影响县级公共服务的供给和需求。

(4)县级人均一般公共预算收入和支出。一般公共预算收入包括地方本级收入、上级政府对本级政府的税收返还和转移支付、下级政府的上解收入。一般公共预算收入反映了地方政府可支配财力状况,会影响到基本公共服务的支出。一般公共预算支出则是直接用于教育、社会保障、医疗卫生等公共服务的支出,故将其作为控制变量。

## 二、统计描述与稳健性检验

表5.1给出了各个变量的描述性统计,就被解释变量县级基本公共服务指数来看,可以看出县级基本公共服务指数最大值与最小值差距较大,地区间两极

表5.1 变量描述性统计

| 变量 | 均值 | 中位数 | 最小值 | 最大值 | 标准差 |
| --- | --- | --- | --- | --- | --- |
| PS | 0.31 | 0.31 | 0.09 | 0.63 | 0.11 |
| RGRE | 0.37 | 0.33 | 0.09 | 0.82 | 0.17 |
| FD | 1.04 | 0.91 | 0.37 | 2.35 | 0.42 |
| AGRPOP(%) | 0.79 | 0.82 | 0.54 | 0.91 | 0.08 |
| PGDP(元) | 18 744.67 | 18 793.63 | 2 927.37 | 74 214.91 | 13 530.71 |
| PGREV(元) | 1 331.37 | 1 005.56 | 164.12 | 6 130.91 | 1 093.30 |
| PGEXP(元) | 3 546.90 | 3 132.78 | 449.84 | 13 524.03 | 2 269.40 |

---

[1] 因县级常住人口数据的缺失,这里用的是户籍人口。

分化比较严重。核心解释变量的财政自给率的均值仅为0.37,这表明我国县级政府的财政收支矛盾比较突出,自身财力不足,仅仅能够支撑大约1/3的财政支出事务,并且最大值与最小值差距较大,全国地区间县级财政的差距较大,两极分化比较严重。

表5.2给出了各个变量的平稳性检验。如果LLC检验和IPS检验拒绝单位根假设,则数据是平稳的。从表5.2中可以看到,除了PGDP和PGEXP的IPS检验未能拒绝原假设外其余变量都在5%的显著水平下拒绝了单位根假设,同时,我们可以看到取了对数之后的PGDP和PGEXP均能在1%的显著水平下拒绝单位根假设,说明绝大部分变量是平稳的。

表5.2 变量平稳性检验结果

|  | LLC 检验 | IPS 检验 |
| --- | --- | --- |
| PS | −18.359*** | −2.024 2*** |
| RGRE | −2 700*** | −2.826 2*** |
| FD | −1 700*** | −2.840 6*** |
| AGRPOP | −10.393*** | −1.994 6*** |
| ln PGDP | −1.835 4** | −1.882 4*** |
| ln PGREV | −48.805*** | −2.424 1*** |
| ln PGEXP | −2.649 5*** | −2.628 4*** |
| PGDP | −7.345 1*** | −1.241 8(0.902 0) |
| PGREV | −660*** | −2.863 4*** |
| PGEXP | −7.906*** | −0.994 4(0.997 8) |

注:***、**、*表示1%、5%、10%的统计水平显著。

## 三、计量结果分析

从表5.3中我们可以看到,县级财政自给率与县级基本公共服务供给水平呈现正相关关系,并且结果显著。

首先用Pooled OLS估计,结果如列(1)所示,显示县级财政自给率对县域基本公共服务的影响为正,且在5%的显著性水平上显著。

如果存在遗漏变量与县级财政自给率相关,且又影响县域基本公共服务水平,那么Pooled OLS估计结果就是有偏且不一致的,遗漏变量可能是样本的资

表 5.3 地方财政自给率对基本公共服务供给的回归结果

| 解释变量 | 被解释变量:基本公共服务系数 PS | | | |
|---|---|---|---|---|
| | Pooled OLS | FE-OLS | | Diff-GMM |
| | (1) | (2) | (3) | (4) |
| $PS_{it-1}$ | | | 0.537*** | 0.396*** |
| | | | (0.082 7) | (0.076 8) |
| $RGRE_{it}$ | 0.067 3** | 0.206*** | 0.103*** | 0.125*** |
| | (0.026 9) | (0.034 4) | (0.037 8) | (0.039 1) |
| $FD_{it}$ | −0.060 3** | −0.174*** | −0.085 2** | −0.105*** |
| | (0.022 2) | (0.028 3) | (0.031 1) | (0.032 0) |
| $AGRPOP_{it}$ | −0.086 0 | 0.104 | 0.108** | 0.211 |
| | (0.080 3) | (0.091 3) | (0.049 4) | (0.211) |
| $\ln PGDP_{it}$ | 0.003 42 | 0.003 82*** | 0.001 67*** | 0.003 40 |
| | (0.002 09) | (0.001 25) | (0.000 341) | (0.002 20) |
| $\ln PGREV_{it}$ | 0.074 4*** | 0.052 4*** | −0.008 11 | 0.011 4 |
| | (0.013 0) | (0.017 7) | (0.014 5) | (0.024 9) |
| $\ln PGEXP_{it}$ | 0.078 8*** | 0.108*** | 0.102*** | 0.104*** |
| | (0.015 5) | (0.021 2) | (0.021 5) | (0.024 7) |
| Constant | −0.756*** | −0.924*** | −0.652*** | |
| | (0.105) | (0.109) | (0.090 7) | |
| Hansen 检验 | | | | 25.13 |
| AR(1)检验 | | | | 0.006 |
| AR(2)检验 | | | | 0.858 |
| $R^2$ | 0.815 1 | 0.631 7 | 0.861 8 | |
| Observations | 243 | 243 | 216 | 189 |
| Number of id | 27 | 27 | 27 | 27 |

注:括号中为稳健标准误;***、**、*表示1%、5%、10%的统计水平显著。

源禀赋、县域基本公共服务的初始水平等。为了解决这个问题,我们通过 Hausman 检验,我们放弃随机效应模型,选择采用固定效应模型,使用 FE-OLS 估计。结果如列(2)所示。同样显示县级财政自给率对县域基本公共服务的影响为正,且结果高度显著。

由于基本公共服务的水平显而易见的受到上一期的影响,我们在列(2)的基础上,将县域基本公共服务的一阶滞后项放入解释变量中,结果如列(3)所示,显示县级财政自给率对县域基本公共服务的影响为正,且在5%的显著性水平上显著。

由于列(3)中包含了被解释变量的滞后项,其与误差项相关,会使得FE-OLS估计结果变得有偏且不一致;同时,模型可能存在一定的内生性问题。所以,我们进而采用Diff-GMM估计,Diff-GMM估计可以有效缓解此类内生性问题。Diff-GMM结果如列(4)所示,通过AR(1)检验和AR(2)检验,接受扰动项无自相关的原假设;通过Hansen检验,无法拒绝没有存在过度识别的原假设;所以运用Diff-GMM估计是合理的。结果显示,县级财政自给率对县级基本公共服务水平有正向影响,且在1%的显著性水平上显著。

就总体情况而言,县级财政自给率对县级基本公共服务供给的影响为正,且结果高度显著。这也就是说,县级财政自给能力越高,基本公共服务供给的水平就越高,均等化水平就越高。鉴于县级财政自给能力对县级基本公共服务的影响为正,且高度显著,县级财力大小是因,基本公共服务的提供为果,要解决县级财政困难问题,提高它们提供基本公共服务的保障水平,必须要改善县级政府自身的财力状况,虽然加大对县级政府的转移支付,提高它们的可支配财力固然重要,但过度对上级转移支付的依赖,也可能会导致县级财力的不确定和不稳定,本书认为,增强县级政府自主发展能力和财政自给能力是县级财政解困的首要目的。

财政分权对县级基本公共服务的影响为负,且较为显著。国内有不少研究也得出这样的研究结论,林江、孙辉、黄亮雄[1]、宋文昌[2]等认为中国式财政分权框架造成了严重的区域间基本公共服务非均等化。Yin认为财政分权将导致地区间在财政收入上的差距,进而影响地区间公共服务的供给水平,导致区域间基本公共服务非均等化[3]。

---

[1] 林江、孙辉、黄亮雄:"财政分权、晋升激励和地方义务教育供给",《财贸经济》,2011年第1期,第34-40页。

[2] 宋文昌:"财政分权、财政支出结构与公共服务不均等的实证分析",《财政研究》,2009年第3期,第56-60页。

[3] 转引自卢洪友、陈思霞:"谁从增加的财政转移支付中受益——基于中国县级数据的实证分析",《财贸经济》,2012年第4期,第24-32页。

模型1中的控制变量财政分权之所以没有改善县级政府基本公共服务的供给状况，是由于中国式财政分权的不彻底，中国在政治上是典型的单一制国家，政治上和行政上是高度集权，地方政府没有税收立法权和公开举债权，政府间财政关系不稳定，现行的分税制只确认和规范了中央和省级政府的财政关系，而省与下级政府之间的财政体制则尚不规范，政府间存在着事权与财权和财力的不匹配，越是基层政府承担的支出责任越大，但缺乏相应的财权和财力，县级财政缺口较大，再加上由于各地经济发展、自然禀赋不同而导致的地区间差异，结果中国式财政分权导致了县级基本公共服务提供的不足和地区间的非均等化。

人均GDP与县级基本公共服务提供呈正相关关系，但显著性不够强，这意味着随着人均GDP的提高，政府会将更多的资源投入到公共服务中，之所以显著性不强，主要是目前绝大多数县域经济比较薄弱，因此大力发展县域经济非常重要。

乡村人口比重与县级基本公共服务的供给也是存在着正相关的关系，但不显著。因为县级政府主要服务的对象是农村人口，为广大农村人口提供基本公共服务是县级政府的主要职能。通常来说，乡村人口占比比较大的县一般都是农业县，因农业利益比较低，财政状况较差，因而靠自身财力提供基本公共服务的压力就较大，这从一个侧面反映了县级财政在公共产品和公共服务领域投入的不足，因此，需要加大财政对农业县的转移支付力度。

县级人均一般公共预算收入与县级基本公共服务均等化也存在着正相关的关系，但不显著。而县级人均一般预算支出对基本公共服务均等化产生正面影响且非常显著，因为财政支出会直接形成对基本公共服务的提供。

## 第二节　县级财政能力、转移支付对省内县级基本公共服务供给的影响——以安徽省为例

由于中国县级政府的财力对来自上级政府的转移支付依赖性很大，国内外学者就财政转移支付对地方政府可掌握的财力与公共服务均等化的影响进行了分析。

第一，财政转移支付对地区财力差异均等化的作用。

国内外学者关于转移支付对地区财力差异均等化的作用有着两种截然不同

的观点:一种观点是认为转移支付没有起到地区财力均等化的作用;另一种则持有相反的观点。

Paul Cashin 和 Ratna Sahay 利用横断面估计和索洛新古典增长模型的分析框架,研究了印度 20 个州在 1961—1991 年的增长经验,研究发现贫穷州的增长速度比最初富裕的州要快,但是,印度各州间人均收入的差距存在逐渐扩大的态势,尽管中央政府对穷州的转移支付拨款额要比对富裕的州多,但对缩小州际间的人均收入差距的作用仍不明显[1]。

Raiser 分析了 1978—1992 年中国 29 个省人均收入的收敛性问题,研究发现在改革的早期,地区间的人均收入是收敛的,并且认为转移支付缩小了地区间收入差距。但在 20 世纪 80 年代中期后地区间收敛速度下降,其原因是随着改革从农村向工业转变,富裕的地区从转移支付中获益更多,财政转移制度阻碍了内陆省份之间的收敛趋势[2]。

刘溶沧和焦国华基于省级政府数据,利用相对变异系数对转移支付对地区间财力差异的平衡效应进行了实证检验,结论是现行的转移支付制度并没有缩小地区间的财力差距[3]。

贾晓俊和岳希明认为,财力均等化转移支付是公共服务均等化的前提条件。该文的目的在于考察我国均衡性转移支付资金分配是否倾斜于财力较弱的地区。分析结果显示,财力越强的省份,得到转移支付资金人均值也越多。这一资金分配结果主要源于以财政供养人口为主的资金分配方式。财力较强的省份,总人口中财政供养人口比重较高,以财政供养人口为主的资金分配方式最终导致资金向财力较强的省份倾斜[4]。

李波和陈明考察了湖北省 2004—2006 年的县级人均财力标准差的变化,指出湖北省财政转移支付的均等化效果比较明显,横向财力分布不均衡的情况初步好转,一定程度上实现了各地区间财力的均等化[5]。

---

[1] Paul Cashin, Ratna Sahay: "Internal migration, center-state grants, and economics growth in the state of india", *IMF Staff Papers*, 1996, 43: 123-171.

[2] Raiser, M.: "Subsidising inequality: economics reforms, fiscal transfersand convergence across chinese provinces", *Journal of Development Studies*, 1998, 34: 3.

[3] 刘溶沧、焦国华:"地区间财政能力差异与转移支付制度创新",《财贸经济》,2002 年第 6 期,第 5-12 页。

[4] 贾晓俊、岳希明:"我国均衡性转移支付资金分配机制研究",《经济研究》,2012 年第 1 期,第 11-30 页。

[5] 李波、陈明:"省以下财政转移支付的效率因子:以湖北为例",《山东经济》,2009 年第 1 期,第 80-86 页。

张光以除北京、天津、上海以外的28个省级行政区及其所辖县和县级市为研究对象,使用变异系数统计分析工具,来测量估计转移支付对财力的省际分布和省内县际分布不平等的影响。结论是转移支付对各省省内财力的县际分布产生了减小差距的积极影响,转移支付是唯一能够平衡财力县际分布的因素。我国的省内财力县际分布不均衡水平、转移支付的均等化作用因省而异[1]。

李一花分别利用变异系数、泰尔指数、基尼系数对1999—2011年山东省县级财力差异及财政转移支付的均等化效果进行了分析,财政转移支付从整体上看对县际的财力差异起到了一定的均等化作用[2]。

王晨和马海涛研究了转移支付对江苏省县际财力的均等化效应,结果表明现行转移支付制度对于缩小江苏省县际的财力差异发挥了正向作用[3]。

第二,财政转移支付对县级公共服务的提供和均等化的影响。

成刚和萧今则是利用1994—2001年江西省县级面板数据来对基础教育供给进行了研究,认为现行省以下财政收入分权和支出分权不利于县级基础教育的投入,分权导致地方福利损失;转移支付总体影响不明显,但税收返还可显著正向增加基础教育供给[4]。

尹恒等认为转移支付尽管对缓解县级政府财政困难,弥补财政缺口有一定的效果,但是均等化效果大打折扣,反而拉大了县级间财力差异,而且县级基本公共服务的供给也并没有得到有效的改观[5][6][7]。

卢洪友和陈思霞认为基本公共服务均等化要求财政转移支付应有效保障贫困地区提供大致均等化公共服务的财政能力,该文运用边际受益归宿分析技术,实证评估了2003—2007年中国县(市)一级财政转移支付资金的边际受益分配状况。研究结果显示:贫困县(市)从增加的一般转移支付补助中受益更高;对于调整工资补助和农村税费改革补助,富裕县(市)是新增财政转移支付资金的最

---

[1] 张光:"财政转移支付对省内县际财政均等化的影响",《地方财政研究》,2013年第1期,第4-9页。
[2] 李一花:"县级财政转移支付制度的均等化效果分析",《当代经济研究》,2015第2期,第80-86页。
[3] 王晨、马海涛:"转移支付对县际财力的均等化效应分析——以江苏省为例",《新疆财经大学学报》,2016年第2期,第13-21页。
[4] 成刚、萧今:"政府间转移支付对县城基础教育供给的影响——基于江西省的证据",《北京大学教育评论》,2011年第2期,第143-160页。
[5] 尹恒、朱虹:"县级财政生产性支出偏向研究",《中国社会科学》,2011年第1期,第88-101页。
[6] 尹恒、朱虹:"中国县级地区财力缺口与转移支付的均等性",《管理世界》,2009年第4期,第37-45页。
[7] 尹恒、康琳琳、王丽娟:"政府间转移支付的财力均等化效应——基于中国县级数据的研究",《管理世界》,2007年第1期,第48-55页。

大受益者;专项转移支付增量资金的受益分配也存在配置失效问题[1]。宋小宁、陈斌和梁若冰基于2 000余个县级样本,实证研究发现一般性转移支付对基本公共服务供给的影响极其微弱,并认为虽然专项转移支付有诸多弊端,但就基本公共服务供给而言,更应依靠专项转移支付,中央通过增加一般性转移支付来促进基本公共服务供给的政策需要改变[2]。

## 一、县级财政能力对省内县级基本公共服务供给及其均等化的影响

本章第一节的分析主要是基于全国县级政府的数据,讨论的是全国层面县级公共服务供给及其地区间的均等化。但在当前的中国,公共服务的地区差距既存在于我国东、中、西部地区之间,也存在于同一省份内不同的市县之间;不仅存在于发达的省份内,也存在于欠发达的省份内部,甚至省内地区之间的公共服务差距比省际的差距还要大。因此,分析县级财政能力、转移支付对省内县级基本公共服务供给及其均等化的影响也非常重要。本节将以安徽省为例,从一个截面来分析这一问题。此外,安徽省的县级转移支付数据较全,根据数据的可获得性和可行性,以安徽省为案例分析转移支付对县级基本公共服务提供的影响,可以弥补全国县级层面2007年以后财政转移支付数据的不足。

安徽省是位于中国中部地区的农业大省,农村户籍人口占全省人口的77.1%。安徽省是中国农村改革的发祥地,许多经验已被提炼成全国性的政策措施。安徽省的县级财政状况是中国县级财政问题的一个缩影,具有一定代表性和特殊性。为此,本书将安徽省61个县(县级市)作为一个代表性样本[3],分析县级财政自给能力对县级基本公共服务供给的影响。

### (一) 数据说明、模型设定、变量定义

1. 数据说明

本节所选取的样本主要为2000—2011年安徽61个县的面板数据,自2012年起转移支付数据缺失,所以只到2011年。因数据的限制,根据数据的可获得

---

[1] 卢洪友、陈思霞:"谁从增加的财政转移支付中受益——基于中国县级数据的实证分析",《财贸经济》,2012年第4期,第24-32页。
[2] 宋小宁、陈斌、梁若冰:"一般性转移支付:能否促进基本公共服务的供给?",《数量经济技术经济研究》,2012年第7期,第33-43页。
[3] 安徽省县级市的第一产业所占比重较大,具有农业县的特征。

性,本节将以安徽县级义务教育、医疗卫生和社会保障作为研究对象。数据来源于 2000—2011 年的《安徽统计年鉴》《中国教育经费统计年鉴》《中国卫生和计划生育统计年鉴》《中国县(市)社会经济统计年鉴(中国县域统计年鉴)》《中国教育统计年鉴》。

2. 模型设定

本书构建下列模型来分析县级财政能力对省内县际基本公共服务供给及均等化的影响。模型 2 如下：

$$PS_{it} = \alpha_i + \beta_1 PS_{it-1} + \beta_2 PS_{it-2} + \beta_3 RGRE_{it} + \beta_4 \ln PGTR_{it} + \beta_5 \ln PSTR_{it}$$
$$+ \beta_6 FD_{it} + \beta_7 AGRPOP_{it} + \beta_8 \ln PGDP_{it} + \beta_9 \ln PGREV_{it}$$
$$+ \beta_{10} \ln PGEXP_{it} + \varepsilon_{it}$$

其中,下标 $i$ 和 $t$ 分别代表第 $i$ 个县和第 $t$ 年, $\alpha$ , $\beta_1$ , $\beta_2$ , …, $\beta_{10}$ 分别是各变量的系数, $\varepsilon$ 是残差项。$PS$ 是安徽县级基本公共服务指数,代表安徽省县级政府提供的公共服务水平,为被解释变量; $PS_{it-1}$ 和 $PS_{it-2}$ 分别代表基本公共服务指数的一阶和二阶滞后项; $RGRE_{it}$ 是县级财政自给率,是核心解释变量;影响地方公共服务的控制变量:$PGTR$ 县级人均一般转移支付, $PSTR$ 县级人均专项转移支付; $FD$ 财政分权指数、$AGRPOP$ 乡村人口比率、$PGDP$ 人均生产总值、$PGREV$ 人均县级一般公共预算收入、$PGEXP$ 人均县级一般公共预算支出。

本书选择动态面板数据的原因是考虑到县级基本公共服务提供的水平以及县级财政能力的大小不是一成不变的,而是一个动态过程。

3. 变量定义

(1) 县级基本公共服务指数是被解释变量。由于数据的限制,根据数据的可获得性,本书以安徽省县级义务教育、社会保障、医疗卫生三项基本公共服务为研究对象,从公共投入和产出两个方面,构建了系列公共服务评价指标体系。教育、社会保障、医疗卫生投入类指标分别是人均县级教育支出、人均县级社会保障支出和人均县级医疗卫生支出;产出类指标分别是中小学生师比、每万人医院床位数、每万人社会福利院数、每万人社会福利院床位数。并利用综合评价法,对各个单项指标进行无量纲化处理后,合成转化为义务教育、社会保障、医疗卫生三个方面指标,然后再通过一定的方法合成为安徽县级基本公共服务指数。(参见附录中的表 1,具体合成方法参见第三章第五节)。

(2) 县级财政能力是核心解释变量。财政自给能力率＝本级负责征收的收入/本级公共支出。财政自给率在 0—1 中进行变动,数值越大,财政自给能力就强;反之,就越差。

(3) 县级人均一般转移支付是控制变量。一般转移支付[1]也称无条件转移支付,上级政府拨给地方政府的一般性转移支付,不规定资金的具体用途,地方政府有很大的自主权。根据财政学的基本原理,一般性转移支付的主要目的是弥补地方财政缺口,实现财力均等化和公共服务均等化。

(4) 县级人均专项转移支付为控制变量。专项拨款也称有条件拨款。上级政府对下级政府的专项拨款规定具体用途。根据财政学的基本原理,专项转移支付的主要目的是鼓励地方政府提供具有外部效益的公共产品,同时也是中央财政为实现特定的宏观政策及事业发展战略目标,以及对委托地方政府代理的一些事务进行补偿而设立的补助资金[2]。

(5) 其他控制变量。财政分权指数、乡村人口比重、人均 GDP、人均一般公共预算收入和支出,具体内容在第一节模型 1 中已经加以分析,这里不再赘述。

(二) 统计描述与稳健性检验

表 5.4 给出了各个变量的描述性统计,可以从均值和标准差发现,县域基本公共服务指数、财政分权指数和乡村人口比率在样本间波动较小,县级一般转移支付、财政自给能力、人均生产总值在样本间波动较大。从表 5.4 中可以看出,安徽省乡村人口比重较大,是一个典型的农业大省,县级财政自给能力的均值为 0.39,说明安徽省县级财政收支矛盾突出,自身财力较弱,仅仅能够支撑大约 1/3 的财政支出事务,并且最大值与最小值的差距较大,相应的变异系数为 46%(标准差除以均值),省内县级财政之间的差距较大,两极分化比较严重。此外,各县获得的人均一般转移支付和专项转移支付最大值与最小值差距较大,两极分化严重。

表 5.5 给出了各个变量的平稳性检验。如果 LLC 检验拒绝单位根假设,则数据是平稳的。从表 5.5 中可以看到,除了 FD 和 PGREV 的 LLC 检验未能拒绝原假设外,其余变量都至少在 5% 的显著性水平下拒绝了单位根检验,大部分变量是平稳的。

---

[1] 我国一般性转移支付名称经过多次变更,2009 年前,被称为财力性转移支付(包括一般性转移支付、民族地区转移支付、调整工资转移支付、农村税费改革、义务教育转移支付等),2009 年后,财力性转移支付改为一般性转移支付(包括均衡性转移支付,革命老区、民族和边境地区转移支付,农村综合改革转移支付、义务教育转移支付等)。目前,真正起到均等化作用的是均衡性转移支付。本书采用一般性转移支付的名称。

[2] 宋小宁、陈斌、梁若冰:"一般性转移支付:能否促进公共服务的供给?",《数量经济技术经济研究》,2012 年第 7 期,第 33-43 页。

表 5.4　变量描述性统计

| 变量 | 说明 | 均值 | 中位数 | 最小值 | 最大值 | 标准差 |
| --- | --- | --- | --- | --- | --- | --- |
| PS | 县域基本公共服务指数 | 0.22 | 0.17 | 0.02 | 0.74 | 0.15 |
| RGRE | 地方财政自给率 | 0.39 | 0.37 | 0.09 | 2.12 | 0.18 |
| PGTR | 县级人均一般转移支付(元) | 414.90 | 326.25 | 28.94 | 2 518.82 | 354.51 |
| PSTR | 县级人均专项转移支付(元) | 310.27 | 123.11 | 0.98 | 2 451.40 | 379.67 |
| FD | 财政分权指数 | 0.55 | 0.49 | 0.16 | 2.70 | 0.29 |
| AGRPOP | 乡村人口比率(%) | 0.87 | 0.88 | 0.55 | 1.00 | 0.05 |
| PGDP | 人均生产总值(元) | 11 036.59 | 7 532.21 | 1 681.00 | 73 354.00 | 9 883.33 |
| PGREV | 人均县级一般公共预算收入(元) | 773.22 | 317.75 | 41.07 | 13 860.18 | 1 192.72 |
| PGEXP | 人均县级一般公共预算支出(元) | 1 904.82 | 1 157.35 | 117.96 | 12 218.79 | 1 957.10 |

表 5.5　变量平稳性检验结果

| | Levin-Lin-Chu 检验 |
| --- | --- |
| PS | −9.763 1*** |
| RGRE | −5.976 6*** |
| PGTR | −4.177 4*** |
| FD | −1.548 7* |
| AGRPOP | −2.183** |
| PGDP | −9.743 1*** |
| PGREV | 6.135 7 |
| PGEXP | −8.049 3*** |

**(三) 计量结果分析**

从表 5.6 中我们可以看到,地方财政自给率与县域基本公共服务水平呈现正相关关系,且结果显著。

首先用 Pooled OLS 估计,结果如表 5.6 中列(1)所示,地方财政自给率对县域基本公共服务的影响为正,且在 1% 的显著性水平上显著。如果存在遗漏变量与地方财政自给率相关,且又影响县域基本公共服务水平,那么 Pooled OLS 估计结果就是有偏且不一致的,遗漏变量可能是样本的资源禀赋、地理位置等。为了解决这个问题,通过 Hausman 检验,我们放弃随机效应模型,选择采用固定效应模型,使用 FE-OLS 估计,结果如表 5.6 中列(2)所示,在控制了其他条件

表5.6　县级财政自给率对安徽省内县际间基本公共服务的影响

| 解释变量 | 被解释变量:基本公共服务系数 $PS_{it}$ | | |
|---|---|---|---|
|  | Pooled OLS | FE-OLS | Diff-GMM |
|  | (1) | (2) | (3) |
| $PS_{it-1}$ | 0.854*** | 0.737*** | 0.566*** |
|  | (0.023 6) | (0.035 7) | (0.058 1) |
| $PS_{it-2}$ |  |  | 0.220*** |
|  |  |  | (0.060 5) |
| $RGRE_{it}$ | 0.137*** | 0.223*** | 0.478*** |
|  | (0.035 2) | (0.034 2) | (0.124) |
| $\ln PGTR_{it}$ | 0.019 0*** | 0.018 8*** | 0.030 0*** |
|  | (0.005 45) | (0.005 28) | (0.011 0) |
| $\ln PSTR_{it}$ | −0.004 28*** | −0.005 24*** | −0.007 61** |
|  | (0.001 39) | (0.001 63) | (0.003 13) |
| $FD_{it}$ | −.0 261*** | −0.022 1 | 0.038 3 |
|  | (0.005 76) | (0.036 0) | (0.038 7) |
| $AGRPOP_{it}$ | 0.020 3 | 0.067 5 | 0.182 |
|  | (0.021 2) | (0.055 6) | (0.147) |
| $\ln PGDP_{it}$ | −0.009 34** | 0.000 695 | 0.039 0*** |
|  | (0.004 68) | (0.009 53) | (0.014 7) |
| $\ln PGREV_{it}$ | −0.013 2 | −0.014 6 | −0.081 3*** |
|  | (0.009 19) | (0.009 67) | (0.030 2) |
| $\ln PGEXP_{it}$ | 0.053 4*** | 0.064 6*** | 0.102*** |
|  | (0.007 84) | (0.011 0) | (0.025 5) |
| Constant | −0.303 539*** | −0.510 691 1*** |  |
|  | (0.041 021 5) | (0.073 606 2) |  |
| Hansen检验 |  |  | 57.40 |
| AR(1)检验 |  |  | 0.000 |
| AR(2)检验 |  |  | 0.260 |
| $R^2$ | 0.939 5 | 0.925 7 |  |
| Observations | 671 | 671 | 549 |
| Number of id | 61 | 61 | 61 |

注:括号中为稳健标准误;***、**、*分别表示1%、5%、10%的统计水平显著。

下,地方财政自给率对县域基本公共服务的影响都为正,且在1%的显著性水平上显著。

由于Pooled OLS模型和FE-OLS模型中包含了被解释变量的一阶滞后项,其与误差项相关,会使得估计结果变得有偏且不一致;同时,模型可能存在一定的内生性问题。所以,我们进而尝试采用差分GMM(Diff-GMM)估计,Diff-GMM估计可以有效缓解此类内生性问题。由于一阶滞后的差分方程,没有通过AR(2)检验,无法拒绝扰动项无自相关的原假设;我们尝试二阶滞后的差分方程,通过AR(1)和AR(2)检验,接受扰动项无自相关的原假设;通过Hansen检验,接受不存在过度识别的原假设;所以运用Diff-GMM估计是合理的。地方财政自给率与县域基本公共服务水平呈正相关关系,并且结果在1%的显著性水平上显著。

县级财政自给率对安徽省省内县际基本公共服务供给的影响为正,且结果高度显著。也就是说,县级财政自给能力越高,基本公共服务供给的水平就越高,省内县际均等化水平就越高。要解决县级财政困难问题,提高它们提供基本公共服务的保障水平,必须要改善县级政府自身财力状况。

主要控制变量的结果分析:(1)一般转移支付对基本服务的供给及均等化有明显的促进作用。一般性转移支付是中央对地方的无条件拨款,主要是用于弥补地方财政收支缺口,具有减小地区基本公共服务差距的作用。(2)专项转移支付对安徽省内县际基本公共服务供给的影响为负,且非常显著。这主要是因为目前专项转移支付存在着很大的问题,交叉设置,品种繁多,资金分散,并且很多需要地方政府拿出配套资金,加大了基层政府的压力。此外,由于专项转移支付指定用途,地方财政自主性较差,不能因地制宜地使用专项资金,提供当地居民急需的公共服务。(3)其他主要控制变量。财政分权与安徽省内县级基本公共服务提供呈正相关关系,但不显著。这一结论与本章第一节的研究结论有些出入。主要可能是由于前一个模型是基于全国县级面板数据,后一个是基于安徽省的县级模板数据,局部与全局有着一定的差异。但相似的地方是,虽然财政分权与安徽省内县级基本公共服务提供呈正相关关系,但不显著。这主要是因为中国式财政分权特别是省以下的财政分权还存在着许多问题(具体内容参见本章第一节)。(4)人均GDP对基本公共服务指数都具有显著的影响,这意味对于安徽这个农业大省来说,发展县域经济特别重要,县域经济发展水平高,县级政府就会有更多的自主财力为居民提供更多和更好的公共服务。

## 二、一般转移支付对安徽省内县级基本公共服务供给及均等化的影响

本书第四章已经分析了中国县级政府面临的最大问题是财政缺口大,对上级转移支付的依赖性很大,并且,西部地区对转移支付的依赖性大于中部地区,中部地区又大于东部地区,转移支付是县级政府可支配财力的重要组成部分。上级政府对县级政府大量的转移支付,弥补了其财政收支缺口,也是促进县级政府提供基本公共服务的财力保障之一。那么,就有必要研究转移支付特别是一般转移支付是不是促进了县级基本公共服务的供给?本部分将以安徽省61个县为研究对象,来分析转移支付特别是一般转移支付是否促进了安徽省内县级基本公共服务的供给及均等化。

### (一)安徽省财政转移支付基本情况

政府间转移支付既包括中央政府对省级政府的转移支付,也包括省级政府以下的转移支付。我国在1994年分税制改革后正式确立了中央与省级财政转移支付制度。从1995年起,各省根据中央对地方转移支付办法,结合本地实际情况,研究制定了较为科学、规范的转移支付办法,逐步建立了省对下级政府的转移支付制度。

鉴于规范的财政转移支付制度尚未完全建立起来,1995年经国务院批准,出台了中央对地方财政的《过渡期转移支付办法》。过渡期财政转移支付(一般性转移支付的前身)是在分税制体制确立后,规范的政府间财政转移支付制度尚未建立之前,采用的一种过渡性财政转移支付形式。这是首次采用以建立公式为基础、以均等化为基本目标的一般性转移支付办法,该办法通过测算各地标准收入和标准支出,决定财政转移支付资金的分配,是我国规范化转移支付制度建设上的重大突破[1]。

目前,我国中央对地方的转移支付体系主要包括税收返还、原体制补助和结算补助、一般性转移支付[2]、专项转移支付几大形式,具体构成内容见图5.1。

---

[1] 苏明、王常松:"我国财政转移支付制度的现状分析与对策",《中国经济时报》,2007年12月24日。
[2] 目前的一般性转移支付包括均衡性转移支付、老少边穷地区转移支付、基本养老金转移支付、成品油税费改革转移支付、基层公检法司转移支付、城乡居民医疗保险转移支付等。其中,均衡性转移支付包括重点生态功能区转移支付、产粮大县奖励资金、县级基本财力保障机制奖补资金、资源枯竭城市转移支付、城乡义务教育补助经费、农村综合改革转移支付等。

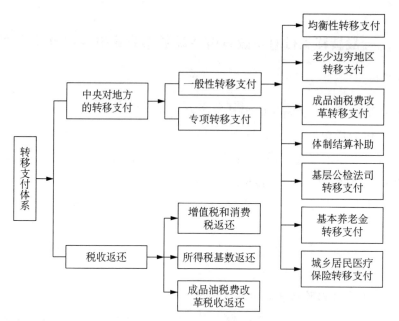

图 5.1 中央对地方转移支付的构成

1995年,安徽省也借鉴财政部"过渡期转移支付办法",采用了以建立公式为基础、以均等化为基本目标的一般性转移支付办法,并作为省以下转移支付的依据,不断完善省以下转移支付制度。目前,安徽省的财政转移支付基本情况如表5.7所示。从表5.7中可以看出,2000—2011年安徽省一般性转移支付和专项转移支付的绝对值在不断增加,从主要财政转移支付占转移支付总额的比重来看(见图5.2),税收返还占比呈不断下滑趋势。在2008年以前,专项转移支付的规模远超过一般性转移支付,一般性转移支付占比较低,专项转移支付占比较高,但2008年后情况有了很大的变化,安徽省加大对市县的一般性转移支付的力度,一般性转移支付占比超过了专项转移支付。这说明了安徽省财政转移支付结构在不断优化。

表 5.7 2000—2011年安徽省转移支付主要类型数值　　　　单位:万元

| 年份 | 税收返还 | 一般转移支付 | 专项转移支付 | 本年收入 | 体制补助 | 结算补助 |
|---|---|---|---|---|---|---|
| 2000 | 102 177 | 27 869 | 84 700 | 725 131 | 3 693 | 26 705 |
| 2001 | 102 143 | 55 533 | 100 708 | 698 718 | 1 683 | 57 595 |
| 2002 | 146 324 | 43 289 | 135 341 | 659 188 | 2 665 | 36 530 |
| 2003 | 145 707 | 38 766 | 261 410 | 636 517 | 365 748 | 343 |

(续表)

| 年份 | 税收返还 | 一般转移支付 | 专项转移支付 | 本年收入 | 体制补助 | 结算补助 |
|---|---|---|---|---|---|---|
| 2004 | 203 331 | 198 101 | 416 523 | 912 201 | 718 353 | 0 |
| 2005 | 175 001 | 277 831 | 409 274 | 784 011 | 691 713 | 14 456 |
| 2006 | 182 577 | 197 607 | 613 868 | 1 014 299 | 1 306 619 | 98 840 |
| 2007 | 185 531 | 156 296 | 623 683 | 1 378 566 | 1 487 619 | 217 356 |
| 2008 | 190 516 | 2 418 046 | 1 827 999 | 1 803 529 | 0 | 0 |
| 2009 | 227 276 | 3 553 258 | 2 790 921 | 2 708 625 | 0 | 0 |
| 2010 | 199 773 | 3 180 078 | 3 163 584 | 3 040 261 | 1 787 865 | 10 272 |
| 2011 | 207 801 | 4 831 645 | 4 060 765 | 4 273 405 | 1 805 031 | 11 040 |

数据来源:《安徽省财政年鉴》。

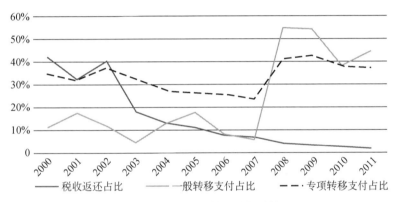

图 5.2 安徽省财政转移支付结构图

### (二) 数据说明、模型设定、变量定义

1. 数据说明

本节所选取的样本主要为 2000—2011 年安徽 61 个县的面板数据,因 2012 年起转移支付数据缺失,所以只到 2011 年。因数据的限制,根据数据的可获得性,本节将以安徽县级义务教育、医疗卫生和社会保障作为研究对象。数据来源于 2000—2011 年的《安徽统计年鉴》《安徽财政年鉴》《中国教育经费统计年鉴》《中国卫生和计划生育统计年鉴》《中国县(市)社会经济统计年鉴(中国县域统计年鉴)》《中国教育统计年鉴》。

2. 模型设定

本书构建下列模型来考察一般转移支付是否促进了安徽省内县级基本公共

服务的供给,模型 3 如下:

$$PS_{it} = \alpha_i + \beta_1 PS_{it-1} + \beta_2 \ln PGTR_{it} + \beta_3 \ln PSTR_{it} + \beta_4 FD_{it}$$
$$+ \beta_5 AGRPOP_{it} + \beta_6 \ln PGDP_{it} + \beta_7 \ln PGREV_{it}$$
$$+ \beta_8 \ln PGEXP_{it} + \varepsilon_{it}$$

其中,下标 $i$ 和 $t$ 分别代表第 $i$ 个县和第 $t$ 年,$\alpha$、$\beta_1$、$\beta_2$…$\beta_8$ 分别是各变量的系数,$\varepsilon$ 是残差项。$PS$ 是安徽县级基本公共服务指数,代表安徽省县级政府提供的公共服务水平,为被解释变量;$PS_{it-1}$ 代表基本公共服务的一阶滞后项,$PGTR$ 是县级人均一般转移支付,是核心解释变量;$PSTR$ 是县级人均专项转移支付,为控制变量;其他影响地方公共服务的控制变量:$FD$ 财政分权指数、$AGRPOP$ 乡村人口比率、$PGDP$ 人均生产总值、$PGREV$ 人均县级一般公共预算收入、$PGEXP$ 人均县级一般公共预算支出。

3. 变量定义

(1) 县级基本公共服务指数为被解释变量,具体内容参见模型 2 中的解释内容(如附录中的表 1)。

(2) 人均县级一般转移支付为核心解释变量。根据财政学的基本原理,一般性转移支付的主要目的是弥补地方财政缺口,实现财力均等化和公共服务均等化。

(3) 人均专项转移支付、财政分权指数、乡村人口比率、人均生产总值、人均县级一般公共预算收入、人均县级一般公共预算支出等控制变量的定义参见模型 2 和模型 1,这里不再赘述。

(三) 统计描述与稳健性检验

有关统计描述与稳健性检验的具体内容参加模型 2 和表 5.4、表 5.5,这里不再赘述。

(四) 计量结果分析

从表 5.8 中我们可以看到,人均一般转移支付对县级基本公共服务水平同样有正向的影响,并且结果显著。首先用 Pooled OLS 估计,结果如表 5.8 中列(1)所示,显示人均一般转移支付对县域基本公共服务的影响为正,且在 1% 的显著性水平上显著。

如果存在遗漏变量与人均一般转移支付相关,且又影响县域基本公共服务水平,那么 Pooled OLS 估计结果就是有偏且不一致的,遗漏变量可能是样本的资源禀赋、地理位置等。为了解决这个问题,通过 Hausman 检验,我们放弃随机

表 5.8　一般转移支付对安徽省内县级基本公共服务供给影响的回归结果

| 解释变量 | 被解释变量:基本公共服务系数 $PS_{it}$ | | |
|---|---|---|---|
| | Pooled OLS | FE-OLS | Diff-GMM |
| | (1) | (2) | (3) |
| $PS_{it-1}$ | 0.856*** | 0.784*** | 0.811*** |
| | (0.025) | (0.034 3) | (0.054 5) |
| $\ln PGTR_{it}$ | 0.014 1*** | 0.015 2*** | 0.021 5*** |
| | 0.003 95 | 0.004 99 | 0.006 13 |
| $\ln PSTR_{it}$ | −0.005 78*** | −0.006 78*** | −0.010 1*** |
| | (0.001 57) | (0.001 78) | (0.003 13) |
| $FD_{it}$ | −0.021 4*** | −0.004 8 | 0.037 2 |
| | (0.007 15) | (0.034 7) | (0.052 9) |
| $AGRPOP_{it}$ | 0.034 4 | 0.071 8 | 0.254* |
| | (0.020 9) | (0.061 1) | (0.144) |
| $\ln PGDP_{it}$ | −0.007 71 | −0.002 95 | 0.031 1** |
| | (0.004 61) | (0.009 25) | (0.014 8) |
| $\ln PGREV_{it}$ | 0.023 3*** | 0.043 4*** | 0.053 9*** |
| | (0.003 54) | (0.007 94) | (0.012 8) |
| $\ln PGEXP_{it}$ | 0.020 7*** | 0.008 33 | 0.023 6 |
| | (0.006 76) | (0.011 4) | (0.018) |
| Constant | −0.234*** | −0.337*** | |
| | (0.031 4) | (0.075 2) | |
| Hansen 检验 | | | 57.95 |
| AR(1)检验 | | | 0.000 |
| AR(2)检验 | | | 0.106 |
| $R^2$ | 0.937 8 | 0.927 5 | |
| Observations | 671 | 671 | 610 |
| Number of id | 61 | 61 | 61 |

注:括号中为稳健标准误;***、**、*分别表示1%、5%、10%的统计水平显著。

效应模型,选择采用固定效应模型,使用 FE-OLS 估计,结果如列(2)所示。人均一般转移支付对县域基本公共服务的影响为正,且在1%的显著性水平上显著。

由于 Pooled OLS 模型和 FE-OLS 模型中包含了被解释变量的一阶滞后项,其与误差项相关,会使得估计结果变得有偏且不一致;同时,模型可能存在一定的内生性问题。所以,我们进而尝试采用 Diff-GMM 估计,Diff-GMM 估计可以有效缓解此类内生性问题。模型 3 我们采用 Diff-GMM 估计。通过 AR(1) 检验和 AR(2) 检验,接受扰动项无自相关的原假设;通过 Hansen 检验,接受不存在过度识别的原假设;所以运用 Diff-GMM 估计是合理的。人均一般转移支付与县域基本公共服务水平呈正相关关系,并且结果在 1‰ 的显著性水平上显著。

一般转移支付对安徽省内县级基本服务的供给具有明显的促进作用。从理论上来说,一般性转移支付是中央对地方的无条件拨款,地方政府可以自由支配这笔资金,主要用于弥补地方政府的财政缺口,实现财力均等化和公共服务的均等化。对安徽省 61 个县的实证研究证明了这一现实情况与理论是吻合的,这主要是安徽省这些年来不断完善省以下转移支付制度,清理整顿了一批专项转移支付,加大对一般性转移支付的力度,转移支付结构不断优化的结果。现在国内有不少学者[1][2][3]的研究认为,转移支付尽管对缓解县级政府财政困难起到了一定作用,但是县级基本公共服务的供给并没有得到有效的改观,转移支付对县级政府均等化效应不明显,以均等化为目的、按因素法分配的一般性转移支付非但"没有达到预定的效果,反而在拉大县级财力差异"。但是本书对安徽省的实证研究与上述结论有着很大的不同,我国一般性转移支付的均等化作用必须得到肯定,而且还要继续加大一般性转移支付的比重。

专项转移支付对安徽省内县际基本公共服务供给的影响是负,且非常显著。这主要是由目前专项转移支付存在着很大的问题所致,具体内容参见模型 2。

## 第三节 县级财政能力对县级政府提供基本公共服务行为的影响

本章第一节基于全国的县级面板数据,研究了县级财政能力对县级基本公共服务供给和地区均等化的影响,第二节基于安徽省的面板数据,分析了财政能力对省内县级基本公共服务及其均等化的影响,研究结果都发现县级财政能力

---

[1] 尹恒、朱虹:"县级财政生产性支出偏向研究",《中国社会科学》,2011 年第 1 期,第 88-101 页。

[2] 尹恒、朱虹:"中国县级地区财力缺口与转移支付的均等性",《管理世界》,2009 年第 4 期,第 37-45 页。

[3] 尹恒、康琳琳、王丽娟:"政府间转移支付的财力均等化效应——基于中国县级数据的研究",《管理世界》,2007 年第 1 期,第 48-55 页。

对县级基本公共服务的供给有着显著的正相关关系,财政能力的大小在一定程度上决定了基本公共服务供给的水平和质量。本节想探讨的问题是,在县级政府面临着巨大财政缺口的情况下,财政能力会不会影响其提供公共服务的行为?哪些公共服务的提供得到强化?哪些公共服务的提供又被弱化?回答这些问题,对于规范县级政府公共服务的支出行为,提高基本公共服务的供给水平,防止县级公共服务供给与需求的脱节具有一定的现实意义。对于这个问题,国内外有不少学者都进行了研究。

张立承[1]认为,在县乡财政压力运行的重重背景下,农村公共服务的供给轨迹沿着强化和弱化两个不同的方向演进。农村教育是弱化到强化的品种,卫生是强化到弱化的品种。托尼·塞奇(Tony Saich)认为,财政体制导致的财政压力改变了地方政府的政策取向,在中国压力型的政治契约之下,地方政府将上级政府对他们的考核指标进行分类,分为优先指标、硬指标和软指标,因而采取不同的对策。优先指标是全国性指标,其属性通常更具有政治或政策导向,包括维持社会秩序、完成计划生育指标等;硬指标主要涉及县、县对乡下达的经济方面的任务,包括完成税收收入、经济增长等一系列经济指标;软指标与社会发展问题相关,如卫生和教育供给问题以及环境保护问题。对于地方政府来说,完成优先指标和硬指标是最重要的,因为如果完不成这些指标,则意味这一时期的其他工作将大打折扣,官员将丧失晋升、经济奖励及荣誉奖励的机会[2]。

傅勇和张晏通过构造财政分权指标和政府竞争指标,利用 1994—2004 年的省级面板数进行实证检验,得出的结论是中国的财政分权以及基于政绩考核下的政府竞争,造就了地方政府公共支出结构"重基本建设、轻人力资本投资和公共服务"的明显扭曲[3]。

本节接下来对上述的研究进行实证检验,看检验的结果是不是支持上述的结论。即在中国县级政府面临的巨大财政压力下,其提供公共产品的行为会产生异化,重视那些投资期限短、能够提高地方政绩的"硬公共产品"的提供,轻视投资期限较长、不容易代表其政绩的"软公共产品"的提供。

---

[1] 张立承:《中国县乡公共财政运行机理研究》,中国农业大学博士论文,2003年。
[2] 托尼·塞奇:"盲人摸象——中国地方政府分析",《经济社会体制比较》,2006年第4期,第96-104页。
[3] 傅勇、张晏:"中国式分权与财政支出结构偏向:为增长而竞争的代价",《管理世界》,2007年第3期,第4-12页。

## 一、数据说明、模型设定、变量定义

### （一）数据说明

由于县级财政数据的不完整和统计口径的变化，根据数据的可获得性，本部分主要使用 2000—2006 年安徽省 61 个县（不包括市辖区）面板数据进行分析。由于 2007 年中国实行政府收支分类改革，县级财政支出口径变化很大，2007 年后缺少相关基本建设支出的数据，所以我们选取 2007 年以前的数据。同时，去除了部分极端值和缺失数据。数据主要来源于《安徽省统计年鉴》《安徽省财政年鉴》。

### （二）模型设定

本书以安徽省为例，分别构建了以下两个模型分析县级财政能力对县级政府提供基本公共服务行为的影响。具体模型 4 和模型 5 分别如下：

$$INF_{it} = \alpha_0 + \beta_1 INF_{it-1} + \beta_2 RGRE_{it} + \beta_3 \ln PGDP_{it} + \beta_4 NOSW_{it} + \beta_5 AGRPOP_{it} + \beta_6 FD_{it} + \varepsilon_{it}$$

$$EDU_{it} = \alpha_0 + \beta_1 EDU_{it-1} + \beta_2 RGRE_{it} + \beta_3 \ln PGDP_{it} + \beta_4 NOSW_{it} + \beta_5 AGRPOP_{it} + \beta_6 FD_{it} + \varepsilon_{it}$$

模型 4 和模型 5 选择动态面板数据回归模型的原因是考虑到县级政府提供基本公共服务的支出以及县级财政能力的大小不是一成不变的，而是一个动态的过程。

在上述动态面板模型中，下标 $i$ 和 $t$ 分别代表第 $i$ 个县和第 $t$ 年，$\alpha$，$\beta_1$，$\beta_2$，…，$\beta_6$ 分别是各变量的系数，$\varepsilon$ 是残差项。模型 4 中，$InF$ 是基建支出占当年县级财政支出的比例为被解释变量，这一指标用来反映"硬公共产品"的提供情况。$INF_{it-1}$ 是基本建设支出占比的一阶滞后项。$RGRE_{it}$ 是县级财政自给率，为核心解释变量，控制变量有 $PGDP$ 人均生产总值、$NOSW_{it}$ 非国有化程度、$AGRPOP_{it}$ 农业人口比率、$FD_{it}$ 财政分权指数。

模型 5 中，$EDU_{it}$ 是教育支出占当年县级财政支出的比例，为被解释变量，这一指标用来反映"软公共产品"的提供，$EDU_{it-1}$ 是教育支出占比的一阶滞后项。$RGRE_{it}$ 是县级财政自给率，为核心解释变量，控制变量有 $PGDP$ 人均生产总值、$NOSW_{it}$ 非国有化程度、$AGRPOP_{it}$ 农业人口比率、$FD_{it}$ 财政分权指数。

## (三) 变量定义

**1. 基本建设支出占当年县级财政支出的比例是被解释变量**

基本建设支出是国家财政用于购置和建设固定资产的重要手段之一,其结果会直接增加全社会的固定资产和物质财富,结果非常显性,看得见,摸得着,见效快,且易出政绩。所以模型4借用这一指标来表示"硬公共产品"的提供情况。

**2. 教育支出占当年县级财政支出的比例为被解释变量**

中国县级政府提供的教育基本上都是义务教育,义务教育对于中国这样一个农村人口较多的发展中大国来说,外部效益非常显著,但义务教育见效慢、不易出政绩。模型5借用这一指标来反映"软公共产品"的提供情况。

**3. 县级财政自给率**

这是指各县本级财政收入与本级财政支出的比例,这是模型4和模型5的核心解释变量,反映了县级政府自有财力状况和承受的财政压力的大小。具体内容参见本章第一节的模型1。

**4. 控制变量**

非国有化程度($NOSW_{it}$),用来反映我国经济体制改革的情况。经济体制的变革与政府职能的转变是紧密相连的,由此也必将导致政府支出偏好的改变。我国的经济体制改革集中表现为所有制结构的转变,鉴于数据的可获得性,这里用非国有经济单位职工人数占总职工人数的比重来衡量地区的经济体制改革状况。其他控制变量的具体释义财政分权指数、乡村人口比率、人均生产总值参见本章第一节的模型1,这里不再赘述。

## 二、统计描述与估计方法说明

为了分析县级财政能力对县级政府提供基本公共服务行为的影响,我们运用固定效应模型和系统GMM作为主要估计方法。如果存在遗漏变量与地方财政自给率相关,且又影响县级基础建设支出和教育支出,那么Pooled OLS估计结果就是有偏且不一致的,遗漏变量可能是样本的资源禀赋、地理位置等。为了解决这个问题,通过Hausman检验,我们放弃随机效应模型,选择固定效应模型,并采用稳健的Robust进行估计。同时,由于模型中将被解释变量的一阶滞后项作为控制变量,所以这是一个动态面板回归模型,采用系统GMM进行回归。通过系统GMM可以有效缓解内生性问题,更加有效地对模型和系数进行估计,并给出AR(1)、AR(2)的统计量和过度识别约束的Hansen统计量,以说明运用系统 GMM 的合理性。

表 5.9 显示,2000—2006 年安徽省县级财政自给率的均值为 0.43,最小值为 0.12,最大值为 0.85,说明安徽省县级财政能力较弱,且地区间两极分化严重。教育支出的占比较大是由于中国义务教育支出下放由县级政府承担,给县级政府带来了巨大的支出压力。表 5.9 显示,安徽省基建支出占当年财政支出比重的均值较低,这主要是因为对于县级政府来说,虽然承担着大量基础设施建设的支出责任,但获得的财政资源却较低,基本建设的财政资源主要集中在省、市级两级政府。由于县级财政能力有限,"预算内资金管吃饭,预算外资金搞建设",导致了预算内基建支出占当年财政支出的比重不高。

表 5.9 变量描述性统计

| 变量 | 说明 | 均值 | 中位数 | 最小值 | 最大值 | 标准差 |
| --- | --- | --- | --- | --- | --- | --- |
| INF | 基建支出占当年财政支出的比例 | 0.043 | 0.034 | 0.000 55 | 0.21 | 0.039 |
| EDU | 教育支出占当年财政支出的比例 | 0.28 | 0.29 | 0.11 | 0.43 | 0.06 |
| RGRE | 财政自给率 | 0.43 | 0.43 | 0.12 | 0.85 | 0.16 |
| PGDP | 人均 GDP(万元/人) | 0.49 | 0.44 | 0.17 | 1.77 | 0.24 |
| NOSW | 非国有化程度 | 0.29 | 0.26 | 0.037 | 0.95 | 0.14 |
| AGRPOP | 农业人口比率 | 0.87 | 0.88 | 0.69 | 0.94 | 0.04 |
| FD | 财政分权指数 | 0.53 | 0.49 | 0.17 | 1.65 | 0.23 |

## 三、计量结果分析

从表 5.10 中的列(1)和列(2)我们可以看到,县级财政自给率对基本建设支出占比有负向的影响,无论是在固定效应模型中还是系统 GMM 模型中,都在 1% 的显著性水平下显著。通过 AR(1) 和 AR(2) 检验,我们接受扰动项无自相关的原假设;通过 Hansen 检验,接受不存在过度识别的原假设;所以运用系统 GMM 估计是合理的。

从表 5.10 中的列(3)和列(4)我们可以看到,在固定效应模型中,财政自给率对教育支出占比有正向的影响,在 10% 的显著性水平下显著。同时在系统 GMM 模型中,财政自给率对教育支出占比也存在正向影响,在 5% 的显著性水平下显著;通过 AR(1) 和 AR(2) 检验,我们接受扰动项无自相关的原假设;通过

表 5.10 财政自给率对基本公共服务支出占比的回归结果

| 解释变量 | 被解释变量:基本建设支出占比 | | 被解释变量:教育支出占比 | |
|---|---|---|---|---|
| | FE-OLS | SYS-GMM | FE-OLS | SYS-GMM |
| | (1) | (2) | (3) | (4) |
| $INF_{it-1}$ | 0.150** | 0.149** | | |
| | (0.071 8) | (0.077 1) | | |
| $EDU_{it-1}$ | | | 0.286*** | 0.300*** |
| | | | (0.056 2) | (0.091 1) |
| $RGRE_{it}$ | −0.116*** | −0.122*** | 0.024 2* | 0.072 0** |
| | (0.040 3) | (0.031 3) | (0.029 5) | (0.042 9) |
| $LNPGDP_{it}$ | 0.027 5* | 0.016 0 | −0.047 0*** | −0.029 6* |
| | (0.015 5) | (0.011 9) | (0.009 58) | (0.017 3) |
| $NOSW_{it}$ | 0.006 41 | 0.015 2 | −0.026 9** | −0.014 9 |
| | (0.017 5) | (0.017 0) | (0.011 0) | (0.017 8) |
| $AGRPOP_{it}$ | −0.378** | 0.077 1 | −0.072 0 | −0.119 |
| | (0.184) | (0.103) | (0.078 6) | (0.111) |
| $FD_{it}$ | 0.122** | 0.070 8*** | −0.087 3*** | −0.098 0*** |
| | (0.052 7) | (0.024 5) | (0.021 9) | (0.029 4) |
| Constant | 0.372** | −0.005 66 | 0.270*** | 0.304*** |
| | (0.159) | (0.091 6) | (0.068 1) | (0.104) |
| Hansen 检验 | | 59.44 | | 58.21 |
| AR(1)检验 | | 0.005 | | 0.000 |
| AR(2)检验 | | 0.724 | | 0.149 |
| $R^2$ | .618 9 | | .6 892 | |
| Observations | 312 | 312 | 366 | 366 |
| Number of id | 61 | 61 | 61 | 61 |

注:括号中为稳健标准误;***、**、* 分别表示1%、5%、10%的统计水平显著。

Hansen 检验,接受不存在过度识别的原假设;所以运用系统 GMM 估计是合理的。

通过对实证模型的分析,我们可以得到以下结论。

(1) 县级财政自给率对基本建设支出占比有负相关的影响,且非常显著。

本节的假设是在县级政府承担着巨大的财政压力的背景下，地方政府为了增加财政收入和满足官员的政绩需要，其提供公共产品的行为会产生异化，将有限的财政资金用于那些投资期限短、能够提高地方政绩的"硬公共产品"的提供，而忽视了不容易代表其政绩的"软公共产品"的提供，如教育的投入。从实证分析的结果来看，也很好地支持了这一结论。虽然安徽省县级政府财政能力较弱，拥有的基本建设财政资金较少，但是也存在着将有限预算内资金投向基本建设的行为倾向，预算外资金更是主要投向了县域基础设施建设。

因为，在现有的官员考核和晋升机制下，地方政府为突显政绩很可能会加大对经济建设的投入，尤其在财政压力下，政府更愿意将有限的资金投入到回报率较高的基本建设中，无论是预算内资金还是预算外资金，既可以带来GDP的增长，也可以增加财政收入和解决当地的就业问题，一箭双雕。

（2）县级财政自给率与教育支出占比有着显著的正相关关系。

从表5.10可以看出，财政自给率对教育支出产生了显著的正向影响，这意味着当县级政府财政自给能力较弱的时候，从县级政府自身的支出偏好来说，会相应减少对教育的支出，随着县级政府财政能力的逐步提升，也相应会增加对教育的投入。这是因为县级政府面对的是广大的农村和农民，在教育方面主要是对农村义务教育的投入，虽然义务教育的社会效益大，外部效益强，但是义务教育本身的经济效益不高，投资回报率较低，因此，在有限财力下，县级政府并不希望在教育上投入大量的自有资金，而存在着将有限的资金投向基本建设方面的行为倾向。但是，由于近年来国家对义务教育事业的发展越来越重视，中央财政每年投入大量的专项资金用于发展义务教育，对教育相关的达标升级的考核指标也很多，义务教育支出是县级政府承担的最大支出责任，在县级政府自身财力有限的情况下，县级政府对教育的投入更加偏好依赖于上级政府的转移支付，而将有限的资金投入到基本建设上。

（3）非国有化程度对基础设施投入呈正相关，但不显著；对教育教育的投入呈负相关，也不显著，这说明非国有化程度并不是影响县级政府提供公共服务行为的最主要变量。

## 第四节 本章小结

（1）县级财政自给率对县域基本公共服务供给的影响为正，且结果高度显著。也就是说，县级财政自给能力越高，基本公共服务供给的水平就越高，均等化水平就越高。县级财力大小是因,基本公共服务的提供为果,要解决县级财政困难问题,提高它们提供基本公共服务的保障水平,就必须改善县级政府自身财力状况,增强县级政府自主发展能力和财政自给能力是县级财政解困的首要目的。

(2)县级财政自给率对安徽省省内县级基本公共服务供给的影响为正,且结果高度显著。也就是说,县级财政自给能力越高,基本公共服务供给的水平就越高,省内县际均等化水平就越高。要解决县级财政困难问题,提高它们提供基本公共服务的保障水平,就必须改善县级政府自身财力状况。

(3)一般转移支付对安徽省省内县级基本服务的供给具有明显的促进作用,专项转移支付对安徽省内县级基本公共服务供给的影响是负,且非常显著。这主要是因为目前专项转移支付交叉设置,品种繁多,资金分散,并且很多方面需要地方政府拿出配套资金,加大了基层政府的压力。此外,由于专项转移支付指定用途,地方财政自主性较差,不能因地制宜地使用专项资金,提供当地居民急需的公共服务。为此,我国一般性转移支付的均等化作用必须得到肯定,而且还要继续加大一般性转移支付的比重,改革和完善专项转移支付制度。

(4)县级财政自给率对基本建设支出占比有负相关的影响,且非常显著;县级财政自给率与教育支出占比有着显著的正相关关系。这意味着县级政府为增加财政收入和官员的政绩需要,存在着偏向于将有限的财政资金用于基本建设的行为倾向,而忽视了教育的投入,且在教育的投入上更加依赖上级政府的转移支付。为了保障基本公共服务供给与需求的平衡,需要规范县级政府的支出行为,优化政府支出结构,加大对民生类项目的投入力度。

# 第六章

# 县级基本公共服务供给财力短缺的体制性原因分析

本书第三章以县级义务教育、县级公共卫生、县级社会保障、县级基础设施为例,系统地分析了县级基本公共服务提供的水平和均等化的现状,得出的基本结论是在中央和地方财政的大力支持下,县级基本公共服务提供的水平有了一定的提高,但是地区间、城乡间供给水平的差距较大,且两极分化严重。在第四章,本著作对中国县级财政的基础和财力状况进行了考察和评估,得出的基本结论是:随着经济的发展,虽然总体上县域财政能力有了一定程度的改善,但收支矛盾日益突出,财政自给能力弱化,地区间财力差距较大,严重影响到了县域基本公共服务的提供能力。

影响县级基本公共服务的提供以及造成县级财政困难的原因错综复杂,有历史的、现实的、经济的、政策的、政治的、体制的等各方面的原因,是一个复杂的系统工程。在这些复杂的原因中,我们必须抓住主要问题和主要矛盾,突出重点,才能有效地解决问题。从县级基本公共服务提供能力和县级财政困难的表面性原因来看,主要是由于县域经济发展缓慢,县乡财源结构单一,特别是一些农业县过分依赖第一产业,而第一产业增长空间有限,一般是"农业大县,财政穷县",因此,县级财政问题也是农业财政的问题。此外,公共服务的提供方式、公共服务供给的效率,在很大程度上也影响到基本公共服务提供的水平。

从横向体制的视角来看,就是长期以来我国实行的是城乡分治格局,城乡分治固化了国家的二元经济结构,加剧了城乡之间的割裂状态,也是造成基层财政困难的根本原因之一。从纵向的体制来看,分税制的缺陷是造成我国县级财政困难的体制性原因,这一点理论和实践部门已经取得了共识。同时,本书还认为,造成我国财政体制财权、事权与财力不对称的现象背后,是中国政治集权与经济分权的冲突、政府治理结构的缺陷。为此,本章将从经济、财政、行政、政治多视角的融合,来全面系统地分析造成我国县级基本公共服务供给不足、地区和城乡差距大和县级财政困难的体制性和政策性原因。

## 第一节 城乡二元经济体制是县级财政困难的制度性原因之一

县级政府主要为广大农村人口提供农村公共产品和公共服务,县特别是农业县具有农政的特点,县级财政问题也是农业财政、农村财政的问题,之所以县级政府财政困难和农村公共服务提供不足,在很大程度上是由于我国长期以来采取了"重城轻乡""重工抑农"二元经济体制的结果。

### 一、中国二元经济结构的现状

根据结构主义的观点,二元经济结构是发展中国家在经济发展时存在的一个普遍现象,即发展中国家的经济包括"现代的"与"传统的"的两个部门,现代部门依靠自身的高额利润和资本积累,从传统部门获得劳动剩余不断发展。在现代的城市工业发展起来以后,在市场经济的调节下,不断通过对传统农业部门的影响,促使传统部门向现代化部门转化,最终实现二元经济结构的一元化和国民经济的现代化[1]。

中国实行的"重城轻乡""重工抑农"二元经济结构政策,源于新中国成立后国家实施的重工业优先发展战略。然而发展重工业需要大力的资金投入,鉴于新中国成立后国家财力的薄弱以及特殊的政治经济条件,在高度集中的计划经济体制下,政府用行政干预手段将城乡分开,以牺牲农业和农民利益为代价,实现国家重工业优先发展战略。从此,我国的国民收入分配就出现了农业向工业、农村向城市倾斜的局面。结果是,国家为了工业的资本积累和对城市的补贴,强制性抽取大量农业剩余,大大削弱了农业资本积累、技术革新的实力,扼制了农业的发展后劲。也就是说,在工业化过程中,原有的二元经济结构不仅没有得到改变,而且还被加强了。虽然改革后,政府对这一非均衡发展模式进行了一些调

---

[1] 陶勇:"二元经济结构下的中国农民社会保障制度透视",《财经研究》,2002年第11期,第49-54页。

整,但并没有从根本上改变其性质[1]。

本书借用发展经济学中采用的比较劳动生产率、二元对比系数、二元反差系数等指标来反映我国二元经济结构的实际情况。

比较劳动生产率即一个部门产值与此部门就业的劳动力比重的比率,可客观反映一个部门当年劳动生产率,通常农业比较劳动生产率低于1,工业比较劳动生产率高于1。农业比较劳动生产率=农业GDP/GDP的比重/农业就业人口占全社会就业人口的比重。同样,非农业比较劳动生产率为非农业GDP/GDP的比重/非农业就业人口占全社会就业人口的比重[2]。

二元对比系数即农业比较劳动生产率与非农产业比较劳动生产率的比率。该数值在0—1变动,当数值越小时,经济二元性越显著,反之亦然;当数值为1时,农业和非农产业的比较劳动生产率相同,则经济二元性消失。

二元反差系数,即非农业产值比重与劳动力比重之差的绝对值。该数值在0—1间摆动,数值越小,农业和工业差距越小,经济二元性越不明显;当数值为0时,二元经济性消失。

图6.1显示,1978—1990年,二元对比系数呈现上涨趋势,二元反差系数呈下降态势,城乡二元经济结构逐步缩小,而这种现象得益于1978年开始在农村实行的家庭联产承包责任制。此外,国家对农民实行的价格、税收、信贷等一系

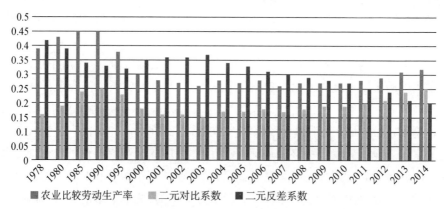

**图6.1 农业比较劳动率、二元对比系数和二元反差系数**

数据来源:根据各年《中国统计年鉴》计算获得。

---

[1] 陶勇:"中国县级财政的困境及其出路",《甘肃行政学院学报》,2009年第2期,第59-65页。
[2] 赵颖文、吕火明:"改革开放以来我国二元经济结构的历史演变与发展对策",《农业经济与管理》,2016年第5期,第21-32页。

列惠农政策,极大地调动了广大农民的积极性,农业的发展潜力得到释放。1991—2003年,二元对比系数呈下降态势,二元反差系数则相反变动,农业的比较劳动生产率逐步下滑,这表明城乡二元经济结构又进一步强化。2004—2014年,二元对比系数逐年递增,二元反差系数逐年递减,农业的比较劳动生产率也逐步提高,这说明在国家各种支农政策的扶持下,二元经济结构在一定程度上有所趋缓。

总而言之,改革开放后,政府不断地对二元经济发展模式进行了一些调整,城乡经济的二元性时而显著,时而趋缓,但总的来说,并没有从根本上改变其性质。

## 二、国家财政对城乡投入存在着巨大差异

### (一) 国家财政农业投入严重不足,农业成为国民经济增长的"短板"

城乡分治的二元经济结构,势必导致城乡二元的财政投入格局。国家财政对农业投入的不足,对城乡投入的巨大差异,使得农村公共服务的提供严重不足,城乡差距扩大,也使得为广大农民提供主要公共产品的县级财政举步维艰。

从国家财政支农支出来看,虽然支农支出的绝对值不断增加,但从相对量来看,农业支出占国家财政支出的比重一直较低。从表6.1可以看出,1991—1999年,20世纪90年代这一比重基本上是不断下降的趋势,1998年短暂上升后,随后又迅速降低,2006年,农业支出占财政支出的比重为7.58%。1978—2015年,农业GDP占整个GDP的比重呈不断下降趋势,2015年,农业GDP占整个GDP的比重只有9.2%(如图6.2)。

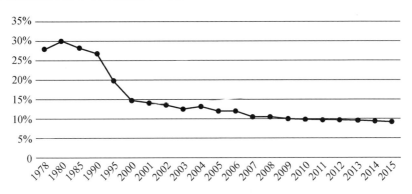

**图 6.2 农业 GDP 占 GDP 的比重**

数据来源:根据《中国统计年鉴》计算获得。

农业基本建设支出是形成农业固定资产的主要支出形式,它直接影响到农村公共产品或服务供给的水平和质量,1991—2006年,虽然国家财政对农业基本建设支出的绝对值一直在增加,但相对值的比重一直不高。20世纪90年代以后,这一比重有所提高,基本在13%—16%波动,1998年,由于国家用增发的国债用于农业基本建设投资,这一比重高达33%,但1999年又不断下降,2006年,这一数值下降到了11.49%(见表6.1)。

表6.1 国家财政支农支出以及农业基本建设支出情况

| 年份 | 国家财政支农支出(亿元) | 农业支出占财政支出的比重(%) | 国家财政基本建设支出(亿元) | 国家财政对农业基本建设支出(亿元) | 农业基本建设支出的比重(%) |
| --- | --- | --- | --- | --- | --- |
| 1991 | 347.57 | 10.26 | 559.62 | 75.49 | 13.50 |
| 1992 | 376.02 | 10.05 | 555.90 | 85.00 | 15.29 |
| 1993 | 440.45 | 9.49 | 591.93 | 95.00 | 16.05 |
| 1994 | 532.98 | 9.20 | 639.72 | 107.00 | 16.73 |
| 1995 | 574.93 | 8.43 | 789.22 | 110.00 | 13.94 |
| 1996 | 700.43 | 8.82 | 907.44 | 141.51 | 15.59 |
| 1997 | 766.39 | 8.30 | 1 019.50 | 159.78 | 15.67 |
| 1998 | 1 154.76 | 10.69 | 1 387.74 | 460.70 | 33.20 |
| 1999 | 1 085.76 | 8.23 | 2 116.57 | 357.00 | 16.87 |
| 2000 | 1 231.54 | 7.75 | 2 094.89 | 414.46 | 19.78 |
| 2001 | 1 456.73 | 7.71 | 2 510.64 | 480.81 | 19.15 |
| 2002 | 1 580.76 | 7.17 | 3 142.98 | 423.80 | 13.48 |
| 2003 | 1 754.45 | 7.12 | 3 429.30 | 527.36 | 15.37 |
| 2004 | 2 337.63 | 9.67 | 3 437.5 | 542.36 | 15.78 |
| 2005 | 2 450.31 | 7.22 | 4 041.34 | 512.63 | 12.68 |
| 2006 | 3 172.97 | 7.58 | 4 390.38 | 504.28 | 11.49 |

数据来源:各年《中国财政年鉴》。
注:从1998年开始,农业基本建设支出包括增发国债安排的支出。因2007年实行政府收支分类的改革,农业支出和基本建设支出的预算科目有了很大的调整,为了说明问题,本书采用了1991—2006年的数据。

地方财政是支援农业的主力军,本书对2009—2015年地方财政对农业的支出数据进行了整理,可以看出,地方财政对农业投入的绝对值是不断增加的,但相对值即农业支出占地方财政支出的比重却很低,呈下降态势。并且在地方财政对农业的支出里面,并不是所有的资金都是用于农业、农村和农民的,有相当一部分是用于涉农政府部门的行政运行、一般行政管理、机关服务、事业运行、农垦运行、执法监管、农业行业业务管理、对外交流、统计监测与信息服务等方面的支出,2009—2015年,这些非农业支出的比重逐年递增,2015年达到38.94%(见表6.2),资金的"漏出效应"非常明显。

表6.2 地方财政对农业的支出

| 年份 | 地方财政对农业的支出(亿元) | 农业支出占地方财政支出比重(%) | 行政运行等非农支出占农业支出的比重(%) |
| --- | --- | --- | --- |
| 2009 | 3 645.2 | 5.97% | |
| 2010 | 3 733.5 | 5.05% | 29.31 |
| 2011 | 4 021.83 | 4.34% | 32.46 |
| 2012 | 4 749.48 | 4.43% | 31.56 |
| 2013 | 5 233.82 | 4.37% | 34.22 |
| 2014 | 5 471.23 | 4.23% | 34.46 |
| 2015 | 6 059.88 | 4.03% | 38.94 |

数据来源:根据财政部网站的数据整理计算获得。本表中的数据为决算数。

国家财政对农业投入的不足,特别是基本建设投入的不足,使得农业成为国民经济的"短板",导致了农业GDP占整个GDP的比重逐年下滑(如图6.2),制约了农业和农村经济的发展。因此,基于农业为主导产业的县域经济,收入增长缓慢,财政状况捉襟见肘。

**(二) 对城乡基本公共服务的投入存在着巨大差异**

本书第三章已经花费了很多的笔墨从投入和产出两方面,对县级基本教育、公共卫生、社会保障和基础设施的城乡差距和地区差距进行了研究,这里就不再赘述。

因此,在城乡分治的二元公共产品供给体制下,城市和县城的公共产品和公共服务往往是政府免费和半免费提供的,而广大农村人口获得的公共产品和公共服务远低于城市居民,并且很多时候是由自己自掏腰包,农村税费改革以前主要是靠乡镇自筹资金和"三提五统"由农民自我负担,农村税费改革后采取"一事一议"等方式筹集,这是非常不公平的。

这种非均衡的制度安排使得县域公共产品尤其是农村公共产品的供给严重短缺,农业发展脆弱,农村基础设施老化,农村教育、医疗卫生、社会保障等公共服务的供给严重不足,远远不能满足广大农村人口的需求。农村公共产品的瓶颈和"病残",极大地制约了农业和农村社会的可持续发展,影响了农民的利益,使县乡经济相较于高速发展的城市经济严重滞后,这也是许多农业大县财政困难的主要原因。

## 第二节 地方政府治理结构的缺陷

### 一、县级政府职能定位不清,政府间事权划分模糊

县级政府保障基本公共服务提供的财力薄弱,不仅仅是财政体制的问题,与政府的职能活动、政府行为、行政体制等政府治理结构高度相关。

#### (一)县级政府职能的法律规定

从县级政府职能的法律规定来看(见表6.3),现有的法律对县级政府的职能的规定都是原则性的,非常宽泛,在中国公共权力在五级政府的纵向配置中,县级政府的职能具有双重性的特点。一方面,县级政府要贯彻执行中央政府或上级政府的各项政策和任务;另一方面,其又是所管辖区内经济、政治、社会、文化等管理者和组织者,可以说其职能范围覆盖政治、经济、文化、行政、社会发展、宗教等各个领域,无所不管,县级政府的职能定位却不是很清晰,和其他级别地

表6.3 县级政府职能的法律规定

| | |
|---|---|
| 《中华人民共和国宪法》第三章国家机构第五节地方各级人民代表大会和地方各级人民政府第一百零七条规定 | 县级以上地方各级人民政府依照法律规定的权限,管理本行政区域内的经济、教育、科学、文化、卫生、体育事业、城乡建设事业和财政、民政、公安、民族事务、司法行政、监察、计划生育等行政工作,发布决定和命令,任免、培训、考核和奖惩行政工作人员。乡、民族乡、镇的人民政府执行本级人民代表大会的决议和上级国家行政机关的决定和命令,管理本行政区域内的行政工作 |
| 《中华人民共和国地方各级人民代表大会和地方各级人民政府组织法》第五十九条规定 | 县级以上的地方各级人民政府行使下列职权:<br>(1)执行本级人民代表大会及其常务委员会的决议,以及上级国家行政机关的决定和命令,规定行政措施,发布决定和命令;(2)领导所属各工作部门和下级人民政府的工作;(3)改变或者撤销所属各工作部门的不适当的命令、指示和下级人民政府的不适当的决定、命令;(4)依照法律的规定任免、培训、考核和奖惩国家行政机关工作人员;(5)执行国民经济和社会发展计划、预算,管理本行政区域内的经济、教育、科学、文化、卫生、体育事业、环境和资源保护、城乡建设事业和财政、民政、公安、民族事务、司法行政、监察、计划生育等行政工作;(6)保护社会主义的全民所有的财产和劳动群众集体所有的财产,保护公民私人所有的合法财产,维护社会秩序,保障公民的人身权利、民主权利和其他权利;(7)保护各种经济组织的合法权益;(8)保障少数民族的权利和尊重少数民族的风俗习惯,帮助本行政区域内各少数民族聚居的地方依照宪法和法律实行区域自治,帮助各少数民族发展政治、经济和文化的建设事业;(9)保障宪法和法律赋予妇女的男女平等、同工同酬和婚姻自由等各项权利;(10)办理上级国家行政机关交办的其他事项 |

方政府的职能具有很大的相似性。法律上对县级政府职能的定位不明确、不清晰,很容易导致在实践中政府职能的"越位"和"缺位",一方面,县级政府对社会经济干预过多,存在着"越位";另一方面,县级政府对于应该提供的各项公共服务提供严重不足,存在着"缺位"。此外,在中国自上而下垂直的行政体制下,上级政府在资金分配、政策制定权、人事权等方面享有绝对的权威,财权和财力上移,而事权下移就成为一个必然的结果。

**(二)县级政府职能的现实情况——以安徽省 S 县政府为例**

中国县级政府职能的现状仅从理论和法律规定的角度来分析是不够的,还需要进行实证分析。当我们在研究一个政府主体的职能和行为的时候,首先要注意的是这个行为主体的结构以及这种结构所具有的功能。

1. "条条"与"块块"的矩阵结构

目前,中国县级政府的组织结构是由"条条"和"块块"组成的。由于中国是一个地域辽阔、民族众多、行政事务繁多的单一制国家,在行政管理体制上形成了从中央政府到基层乡镇政府的分级管理体制,以及从国务院各部、委、行、署到市县各职能、业务局办的垂直业务管理体制。

所谓"条条"结构是指从中央政府的职能部门或机构到地方各级政府职能部门或机构的垂直业务管理体制,如工商、教育、卫生、民政、农业、水利、国土资源、财政、审计等部门,也称为"一竿子插到底"的管理体制。"条条"管理一般以上下级地方政府各自事权的不可替代性为动因,以上级业务主管部门职能的纵向延伸为架构,以地方政府上下级间存在某些交叉性质的共有权为基础,强调的是政令的上下一致和畅通[1]。

"块块"是指同一级别的政府内部按照管理内容划分为不同的部门或机构,着重强调的是针对一项具体的行政事务部门间的协调与配合。

"条条"与"块块"并不相互排斥,许多县级行政单位既要受到"条条"的规范又要受到"块块"的管理。

图 6.3 反映了 2015 年安徽 S 县的政府结构概况,共有 38 个职能部门,分管着所管辖区域内政治、经济、文化以及社会生活等各个方面的事务。其中一部分政府职能部门按"条条"设置,分解了县级政府的税收、工商、财政等方面的职能;另一部分按"块块"设置,在县级政府内部按照政府管理内容的不同,划分为不同的职能部门。其政府结构的设置体现了"条条"和"块块"关系的特征。

---

[1] 谢庆奎等著:《中国地方政府体制概论》,中国广播电视出版社 1998 年版,第 15-16 页。

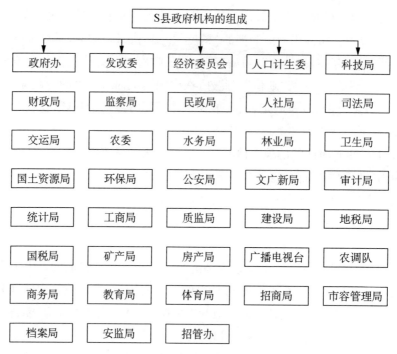

图 6.3 安徽 S 县政府机构的组成

县既是本区域内经济、社会发展的决策、管理、指挥机关,又是上级政府各项方针政策和任务的执行者,县级政府职能覆盖面很广,涉及工、农、商、学、科、教、文、卫、司法等各个方面。

2. 县级政府职能的实证分析

然而,从县级政府职能的法律规定和政府机构的设置还很难反映政府职能的实际面貌,因而也很难反映出真实的政府行为特征,还需要通过实地调查来进行补充。为此,本书的研究对安徽、浙江等地进行了实地调研,此外,本研究负责人利用给全国各地市县财税干部培训授课和 MPA 学员授课的机会,通过对安徽、江苏、浙江、河南、四川等地 8 个县的财政局和税务局领导、政府公务人员等多位政府官员的深度访谈,以及根据县级政府对干部的绩效考核权重的大小,来大概描绘出县级政府职能的实际运作概况。

(1) 县级政府的职能非常宽泛。

实际调查中我们发现县级政府的工作任务是非常庞杂的,目标管理绩效考核的指标也越来越细,被赋予的权重系数也各不相同,但是依然可以根据其实际性质,进行分类比较。本书中,我们将之分成六类:经济发展类、财政类、农业类、

表 6.4 被调查县主要政府工作任务以及绩效考核列表

| 类别 | 任务内容 | 类别 | 任务内容 |
| --- | --- | --- | --- |
| 经济发展类 | GDP 的增长 | 政治类 | 党建建设 |
| | 招商引资 | | 廉政建设 |
| | 发展规模工业企业 | | 社会治安综合治理 |
| | 城市化率、工业化率 | | 信访工作 |
| | 发展高新技术产业 | | 计划生育 |
| | 重点项目建设 | | 安全生产 |
| | 土地集约利用 | | 重大突发事件和应急管理 |
| | 民营经济占经济总量比重 | | 国防动员和后备力量建设 |
| | 城镇建设 | | 社区建设及管理 |
| | 社会消费品零售总额 | | 依法行政 |
| | 固定资产投资 | | 政风评议 |
| 财政类 | 财政总收入增长率 | 社会服务与社会发展类 | 农村基础设施 |
| | 地方财政收入增长率 | | 环境保护与公共卫生 |
| | 争取上级财政资金 | | 社会保障覆盖率 |
| | 化解县乡政府债务 | | 新型农村合作医疗覆盖率 |
| | 社保基金征收增长率 | | 城镇保障性住房建设 |
| | 财政收入占地区生产总值比重 | | 公共文化及体育设施建设 |
| | 税收收入占财政收入比重 | | 食品药品安全 |
| 农业类 | 农民增收 | 其他 | 城镇失业人员的就业和培训 |
| | 农业产业化 | | 农村劳务输出 |
| | 粮棉播种面积 | | 防灾救灾工作 |
| | 农产品基地建设 | | 教育发展 |
| | 发展特色农业 | | 社会救助与社会优抚 |
| | 农业产值增长率 | | 信息化覆盖率 |
| | 农民专业合作社建设 | | 城镇和农村信息化建设 |
| | 粮食直补 | | 气象减灾防灾工作 |
| | 退耕还林 | | 应付上级部门的评比检查 |
| | 粮棉订购 | | 配合上级部门的项目建设 |

资料来源:根据调查访谈、地方政府绩效考核指标整理获得。

政治类、社会服务类和其他(见表6.4)[1]。当然,这种分类也不一定是完全精确的,也不能囊括所有政府的工作任务,且这六项职能之间还包含着相互交叉的部分,例如农村基础设施建设既可以是经济发展类的政府工作,也可以是社会服务类的政府工作。

但是,无论是从县级政府职能的法律规定和政府机构的设置来看,还是从现实中县级政府所从事的具体工作任务来看,政府均事无巨细、全面包揽,政府与市场、企业之间的职责不清,政府成了无所不能、无所不管的全能政府[2]。

(2)县级政府呈现出"上下同口、职责同构"的特征。

从县级政府职能的法律规定来看,我们发现,不论是《宪法》,还是《地方组织法》,对地方政府职权大都没有细分,而是将各级地方政府放在一起列举。地方政府的职权能够一并列举,恰恰说明了地方政府职权上的同构性[3]。此外,由于"条条"与"块块"的组织结构而实行的"归口管理"和分类管理,也导致了上级业务主管部门职能的纵向延伸。现实中,除了少数事权,如外交、国防等专属中央政府外,地方政府拥有的事权几乎全是中央政府事权的翻版,形成了"上下对口、职责同构"的现象。

从县级政府职能的实际运作来看,作为集权下的县级政府,既要执行中央政府或上级政府的许多政策,又要执行本级政府的各项政策,而地方性的政策实际上绝大多数都是为了执行上级政府的各项任务而制定的,地方性的政策中也包含了中央政府的政策精神,县级政府仿佛就是上级政府的"派出机构",县级政府的独立性较差,但上级政府和县级政府的事权划分不清。

(3)现实中的县级政府职能存在着一定的偏差。

规范的财政分权要求县级政府的主要功能是向本辖区的居民提供公共产品与公共服务,但现实中的县级政府职能却存在着一定的偏差:主要是县级财政跨越了公共财政的范围行事,直接组织经济或者管理企业,存在着"越位"的问题。基本上所有的县级政府都把经济发展类、财政类等经济性指标视为对政府目标管理考核的首要指标,权重系数非常大,特别是GDP的增长、财政收入的总量和增速、招商引资、发展规模企业等指标格外受到重视,甚至对地方政府主要官员进行"一票否决"的考核。诚然,对于县级政府来说,大力发展县域经济对于提升

---

[1] 本项目借鉴了候麟科等对县级政府职能的分类。参见候麟科、刘明兴、陶然:"中国农村基层政府职能的实证分析",《经济社会体制比较》,2009年第3期,第58-64页。

[2] 陶勇著:《中国县级财政压力研究》,复旦大学出版社2015年版,第106页。

[3] 朱光磊、张志红:"职责同构批判",《北京大学学报(哲社版)》,2005年第1期,第101-112页。

县级财政能力,保障基本公共服务的提供很重要,但是对GDP的过于倚重,会导致政府对市场的干预,政企不分,同时也会导致县级政府职能的"缺位",为了追求短期政绩目标的最大化,县级政府往往倾向于将大量财政资金投向生产和竞争型领域,而对关系到老百姓福利的公共服务投入不足,不能满足广大农村人口对公共产品或公共服务的需求。

## 二、政府层级太多

中国是一个单一制的中央集权国家,在中央政府的统一领导之下,地方各级政府按分级管理的原则管理国家事务。因此,从行政组织的角度来看,设置了从地方政府逐级向上到中央政府、层级节制的金字塔式的行政组织结构。在这样的行政组织框架下,从中央到地方纵向上划分为五个层级,各层级的业务性质和职能范围基本相同,不同层级的管理范围自上而下逐级缩小,各层次分别对上一层次负责。

根据《宪法》的规定,目前,我国地方政府的层次结构为两级制、三级制、四级制并存,以四级制为主的格局。

(1) 两级制,其层次是指直辖市政府—市辖区政府。

(2) 三级制,包括①直辖市政府—县政府—乡(民族乡、镇)政府;②直辖市政府—市辖区政府—乡(镇)政府;③省(自治区)政府—地级市政府—市辖区政府;④省(自治区)政府—县(自治县、县级市)政府—乡(民族乡、镇)政府;⑤省政府—自治州政府—县级市政府。

(3) 四级制,包括①省(自治区)政府—地级市政府—县政府—乡(民族乡、镇)政府;②省(自治区)—地级市政府—郊区政府—乡(民族乡、镇)政府;③省(自治区)政府—自治州政府—县(自治县)政府—乡(民族乡、镇)政府。

除了以上地方政府层次结构以外,还设置了具有"准政府"性质的居民委员会或村民委员会,作为群众性自治组织,不作为国家一级政权。但实际上居(村)民委员会起到了某种基层政权的作用,是连接国家政权组织与社会成员的一个法定中介组织。而城市街道办事处作为政府派出机关,是沟通市辖区和市政府与居委会的政府机构。

和世界上其他国家相比,我国目前的政府行政管理层级是最多的。相关资料显示,到20世纪90年代,全世界223个(其中6个缺少资料)国家和地区中,有13个国家不划分政区,53个国家实行一级制,92个国家实行二级制,51个国家实行三级制,只有 8 个国家实行多级制,占国家总数的 3.7%[1]。

政府层级过多会导致以下问题:

(1) 政府机构的臃肿、人员冗多、财政供养人数居高不下,以及行政成本高、行政效率低,都为基层政府带来了巨大的支出压力,导致了许多县级财政是"吃饭财政",甚至是"要饭财政"。

(2) 从行政学的视角来看,政府层级和行政控制幅度呈反比的关系,政府层级越多,行政控制幅度越小,行政效率越低。

(3) 中国五级政府的构架为完善分税制财政体制带来很大的困难。纵观世界各国,绝大多数国家特别是发达市场经济国家的分税制都是建立在三级政府的基础上。我国五级政府的行政组织制度,一方面,五级政府间的事权难以理顺划分清楚,交叉事权、共担事权过多,极易导致政府间事权和支出责任的推诿和转嫁;另一方面,五级政府下如何划分政府的税收和建立转移支付制度难度也很大,往往到了县乡一级,特别是乡镇一级几乎是无税可分,转移支付到了基层政府也是所剩无几,这也是目前县乡政府财政困难的主要原因之一。

(4) 由于县级政府位于行政体系的末端,自上而下的行政干预层级过多,很容易导致信息传递的时滞,"天高皇帝远",上级政府对基层政府的监督难度较大。在财政支出管理制度不完善,财政资金的分配、使用和管理缺乏有效监管的情况下,极易导致财政资金下拨和使用过程中经常会被层层截留挪作他用,严重影响了县域基本公共服务或公共产品的资源配置和效率。

## 三、"条条"与"块块"的矛盾与影响

"条条"与"块块"的关系实际上反映的是中央集权与地方分权的关系,作为"条条"的部门管理以权力纵向集中为基础,而作为"块块"的地区管理则以权力横向分散为基础。在地域辽阔的中国,中央集中统一领导、地方分级管理有利于提高政府管理的效率,但"条条"与"块块"的矛盾也不少,也影响到政府间事权的划分、财力的配置和基层财政的困难。

### (一) 肢解了县级政府的权力

改革开放以后,"条条"不断向地方分权,在权力下放过程中,随着地方财政权和企业管理权的扩大,管理体制开始从原来的"条条为主"逐渐变成了"块块为

---

[1] 甫善新著:《中国行政区划改革研究》,商务印书馆 2006 年版,第 265 页。

主",这一转变促进了地方政府之间及地方政府内部各部门之间的协调与合作,这是区域经济迅速发展的体制动因。但是,还存在着另一种情况,即"条条"部门不断向下级政府派出机构,分割下级政府的权力,使得下级政府很难开展工作。现在中国县级政府条块关系上,"垂直"单位越来越多,既有"省垂",也有"省垂"和"市垂",越垂越直,越垂越难。笔者访谈的许多县级政府官员反映,县级政府官员压力很大,上级政府相继把有权有钱的单位都收走了,如工商、税务、公安、检验检疫、国土资源、质检等部门都实行垂直管理,权力部门越来越"条条化",县级政府直接管理的部门越来越少,县级政府的权力被"条条"不断肢解,导致目前中国县政府承担的各种责任很大,但权力却较小,并且这些"条条"的职能单位部门利益意识很强,缺乏全盘意识和部门之间的协调,严重影响到了县级政府职能的履行。

**(二)"条条"有钱,"块块"穷**

在县级政府各职能部门的财力分配上,访谈中县级政府官员普遍反映"条条"有钱,"块块"穷。因为,中央财政或上级政府对"条条"部门安排的财政资金比较丰裕,不受地方"块块"财政收入丰歉的影响,除了正常的工作经费外,几乎每个"条条"都掌握了大量的项目资金。此外,"条条"还可以通过自上而下的权力,在履行职能时,通过各种行政事业性收费、土地出让收入、罚没收入等从地方"块块"中集中一部分收入,如税务部门、工商部门、国土资源部门、技术监督部门等。

"条条有钱,块块穷"的结果会导致财政资金在不同政府职能部门之间分配的不均衡,一方面"条条"有钱,很多都是通过项目资金的方式来分配资金,资金分散在各政府部门,缺乏有效的监督,资金浪费严重,使用效率低下;另一方面"块块"钱少,由于大量的项目资金"条条"化,访谈中县级政府官员普遍反映,向上级"条条"部门跑,要更多的财政资金是县委书记和县长的头等大事。即使"块块"获得了"条条"给予的财政资金,但因为地方每年预算的各项支出指标由中央(上级政府)各主管部门给定,很多时候财政自主性小。且由于地方用钱自主能力小,又严重影响到地方政府公共服务的提供。

**(三)各种法定支出以及通过"条条"下达的资金配套指标,加重县级政府的支出压力**

县级政府支出责任过大,在很大程度上也归咎于法定支出的增长和通过"条条"下达的资金配套指标不断增加。法定支出涉及面很广,如教育、卫生、支农、科技、环保、计划生育、社会保障等事业经费要求财政支出按一定比例逐年增长,甚至"一票否决"。

根据审计署2012年6月颁布的对54个县财政性资金审计结果,其对54个县2010年支出结构的分析发现,为满足国家有关农业、教育、科技等法定支出的增长要求和中央有关部门出台的达标增支政策安排的支出,是县级财政当年公共财政支出的77.23%,留给县级政府自主安排的财力占比较小(如图6.4所示),这种状况造成县级政府部分财政性支出存在一定压力。对比东部和中西部发现,54个县中,45个中西部县的上述比例为81%,高出9个东部县约11个百分点[1]。因此,法定支出的不断增长和各种达标升级活动频繁,改革赋予的责任和所需的大量开支最终落到县级财政。所有这些又会进一步增加基层政府的财政支出压力。

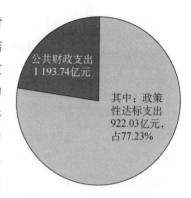

图6.4 54个调查县的法定支出情况

### (四) 公共服务提供政策上的相互推诿和扯皮

在"条条"与"块块"的矩阵型管理结构中,"条条"与"块块"并不相互排斥,许多县级行政单位既要受到"条条"的规范和业务上的指导,又要受到"块块"的管理,县级政府职能部门头上存在着多种贯穿的指挥线,造成"条""块"冲突,形成矩阵杂乱的结构。县级政府在提供各项基本公共服务的时候,如果主管部门在政策、计划上不相协调,基层政府就无所适从;此外,部门管理与地区管理的相互分割、多头管理、职能交叉,造成基层职能部门在执行主管部门的指令,还是执行地方政府的指令的两者之间难以选择,在很多具体的公共服务提供和政策执行上,相互推诿和扯皮,影响到县域基本公共服务的有效提供。

## 四、县级基本公共服务决策与监督机制的问题

在中国目前的行政和政治制度下,县域居民对公共服务和公共产品需求表达机制缺乏,难以对公共服务资金的筹措、管理、使用进行有效的监督。

第一,中国的行政组织是一种自上而下的压力型行政体制,地方政府官员不是由地方选民直接选举产生,而是由上级政府任命,并且上级政府对下级政府官员实行政绩考核。在这种自上而下的官员考核和晋升机制下,地方政府官员的

---

[1] 中华人民共和国审计署2012年第26号(总第133号)公告。

身份具有"二重性",他们一方面是"经济参与人",即像任何经济主体一样关注经济利益;另一方面他们是"政治参与人",他们关注政治晋升和政治收益。各地的官员不仅在经济上为财税和利润而竞争,同时也在"官场"上为晋升而竞争,是一种政治晋升博弈,或者政治锦标赛[1]。在政治锦标赛指挥棒的指挥下,县级政府官员比较积极主动地提供能够迅速反映其政绩的项目,例如,豪华阔气的广场、楼堂馆所等;比较看重GDP、财政收入总量、财政收入增速、固定资产投资等经济性指标,而对教育、环保、文化等涉及县域可持续发展的公共产品供给严重忽视,甚至部分公共产品的提供严重损害了当地居民的利益。

第二,县级政府官员处于政权的最底层,从基层提拔走出去,向上流动的难度较大,一是要靠"关系",二是要靠政绩,他们不像省级官员乃至最高统治者那样十分注重政治威望,需要一个全局的、综合的发展眼光,需要同时关注多个政策目标。基层官员希望的或是获得升迁的机会,或是满足自己的私欲,其行为往往短期化,在现行监督机制不完善的情况下,问题尤为突出。虽然广大居民可以通过当地人民代表大会来表达自己的需求,制约政府行为,但人大制度本身的不完善以及政府官员是由上级政府直接任命的体制,也就使这种制约效力大打折扣。

第三,从公共财政的监督机制来看,中国目前是高度集权的行政组织体制,地方政府既是上级政府政策的执行者,又是地方的管理者。因此,基层政府这种双重角色决定了其在相当程度上的决策自主性和根据当地实际情况执行政策的灵活性,这也是中央政府和直接上级部门所认可的。在这个意义上,来自中央政府的政策对基层政府的约束能力是有限的[2]。另外,在自上而下的压力型行政体制下,地方政府官员的行为主要受到上级政府部门的监督,"自上而下"的监督体制在政府级次较多和信息不对称的情况下,往往出现"上有政策,下有对策"的情形。同时,在信息不对称的情况下,地方政府选民往往处于信息的弱势,也缺乏对基层政府官员的有效监督。

## 第三节 财政体制的缺陷

中央与省以及省以下财政体制的安排决定了县级政府的财力构成与财力的

---

[1] 周黎安:"晋升博弈中政府官员的激励与合作——兼论我国地方保护主义和重复建设问题长期存在的原因",《经济研究》,2004年第6期,第33-40页。
[2] 周雪光:"逆向软预算约束:一个政府行为的组织分析",《中国社会科学》,2005年第2期,第132-143页。

大小,财政体制是造成县级财政困难的制度性原因已经成为理论和实践部门的共识,相关研究成果汗牛充栋。但是,国内外的研究重点多是聚焦于中央与地方(省级)的财政关系,并附带谈一下省以下的财政关系,而就中国省以下政府间财政关系的研究还不多见。然而,作为五级政府末梢的县级政府,恰好与省以下财政体制的关系最大。因此,本部分的研究除了分析中央与省级政府的财政关系外,将研究重点放在了省以下的财政体制方面,而省以下财政体制的改革是我国财政体制改革的重点和难点。

## 一、中央与地方事权错位,事权下移,县级政府承担的责任过大

### (一) 中央与地方政府(省)事权和支出责任的错位

1994年分税制以及省以下财政体制的改革,重点在于对财政收入的调整,基本不涉及各级政府间事权的划分,因为相对于收入划分来说,五级政府间的事权划分是一件非常复杂的事情,它不仅仅是财政体制本身的问题,而且还涉及政府职能的定位以及政治体制改革的问题,所以,分税制的改革暂时绕开这一难点,把改革的重点放到了财政收入调整层面。然而,事权的划分是财税体制的重心,没有明确的事权划分就没有规范的政府间财政关系。那么,什么是事权和支出责任?

事权的关键就在于每一级政府应该做什么"事",也就是每一级政府应该承担的职责,是政府职能的合理配置,如果这"事"该由一级政府承担的话,应该拥有多大的"权"来做这"事"。这个"权"应该包括"决策权""支出权(筹资权)""管理权""监督权"。也就是说,"事权"由"决策权""支出权""管理权""监督权"四个维度组成,其中所谓"决策权"就是"谁决定干这件事";"支出权"即是支出责任,通俗地讲就是"谁负责掏钱";"管理权"就是"谁负责做这件事";"监督权"就是谁负责监督做这件事。简单来讲,事权就是由"谁决定—谁掏钱—谁干事—谁监管"组成[1]。由于中国五级政府的事权划分比较复杂,支出责任相对容易衡量,所以,在财政学中常常又用支出责任来反映政府的事权。

图6.5反映了中央和地方财政收支占国家财政收支的比重,可以很清晰地看到1985—1994年地方财政收入占国家财政收入的比重是不断上升的,但1994年后却是断崖式的下跌;相反,中央财政收入占国家财政收入的比重之前

---

[1] 本项目对事权概念的界定借鉴了倪红日、张亮的观点。参见倪红日、张亮:"基本公共服务均等化与财政管理体制改革研究",《管理世界》,2012年第9期,第7-18页。

则是不断下跌的,但1994年后却是火箭式地向上增长。然而,中央财政和地方财政支出占国家财政支出的比重在1994年前后变化不大,可以基本判断分税制的改革重点在于对财政收入的调整,而不是对事权和支出的调整。分税制以前,地方财政支出占国家财政支出的比重就相当高,2000年以后,地方财政支出占国家财政支出的比重更是不断上升,2016年,地方财政支出占国家财政支出的比重高达85.4%,这样的比重和世界上其他国家相比都是最高的(见表6.5)。

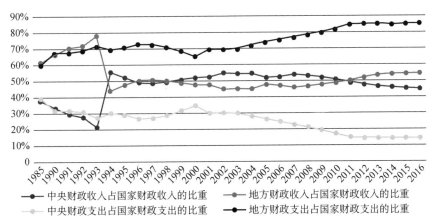

**图 6.5　中央和地方财政收支占国家财政收支的比重**

数据来源:各年《中国统计年鉴》。

**表 6.5　地方财政支出的国家比较**

| 国别 | 地方财政支出占全国财政总支出的比重(%) |
| --- | --- |
| 发展中国家(20世纪90年代末) | 14 |
| 转轨国家(20世纪90年代末) | 26 |
| 印度(20世纪90年代末) | 46 |
| 俄罗斯(20世纪90年代末) | 38 |
| 巴基斯坦(20世纪90年代末) | 29 |
| 美国(20世纪90年代末) | 46 |
| 德国(20世纪90年代末) | 40 |
| 日本(20世纪90年代末) | 61 |
| OECD国家(20世纪90年代末) | 32 |
| 中国(2016年) | 86 |

数据来源:黄佩华(2005),《中国统计年鉴2017》。

地方财政支出占国家财政支出比重如此之高,一方面说明了地方政府在资源配置、公共产品和公共服务提供方面的作用很大；另一方面，也反映了地方政府承担的事权较多，支出责任较大，而很多事权和支出责任本属于中央政府承担，却被层层转嫁给了县级政府，加大了县级政府的财政负担和支出压力。从图6.6可以看到，从2016年中央与地方的支出项目来看，除了中央政府在国防、外交、债务付息、粮油物资储备方面承担了绝大多数责任外，其余的支出主要都是由地方政府承担的。

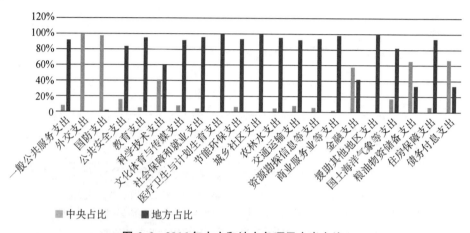

图6.6　2016年中央和地方各项目支出占比

数据来源：根据《2016中国统计年鉴》计算获得。

（1）收入再分配职能转嫁给地方政府实施。从2016年中央与地方的支出项目来看，在社会保障和就业的支出项目中，中央财政占比为3.8%，地方财政占比96.2%；住房保障支出中，中央财政占比6.92%，地方财政支出占比93.08%。而根据公共财政理论和国际惯例，具有再分配性质的社会保障和社会救济的职能几乎都是由中央政府提供的。从国家财政对缩小地区差距的作用来看，2016年中央政府在援助其他地区支出中所占比重为0，而地方财政则占到100%。十八届三中全会后，中央政府一再要求上收本应由中央政府承担的事权，但政策执行情况却不尽人意，中央政府对地区差距的宏观调控能力较弱，收入再分配职能转嫁给了地方政府。

（2）公共安全属于中央政府的事务，地方政府却分担了绝大部分项目费用，占比83.11%，中央仅负担16.89%，即便属于纯公共产品和全国性公共产品性质的国防支出，地方政府也承担了2.41%，例如，军人及其家属的优抚安置费和营房建设等。

(3) 一般来说,根据国际经验,中央和省级是教育和卫生的主要提供者[1],然而目前中央政府在这两方面的投入太低,中央财政占教育支出投入的5.17%左右,医疗卫生和计划生育0.17%,科学技术支出的42.24%。可以说,文教科卫的支出基本上是由地方政府负担。此外,地方政府在节能环保支出、一般公共服务支出、城乡社区支出、交通运输支出、商业服务业等支出方面承担了90%以上的支出责任。地方政府支出压力非常沉重。

### (二) 省以下政府间事权和支出责任的划分现状

1. 按行政隶属关系划分省以下事权和支出责任范围

1994年分税制实行后,按照中央关于省以下改革和完善分税制体制的有关规定,部分地区陆续全面或部分调整了省以下财政管理体制,但大都处于一个调整和适应阶段。2002年,中央出台《关于完善省以下财政管理体制的指导性意见》是一个转折点,之后各省的省以下财政管理体制陆续进入了比较稳定的阶段[2]。

虽然中央政府出台多项指导性意见要求省以下政府合理界定事权和支出范围,但实际上,完善省市县财政体制主要也是以改革收入划分办法为主,基本没有涉及财政支出范围的重新调整,因此省市一般预算支出的范围仍然与1995年分税制体制实行以来的按行政隶属关系划分事权和支出责任的范围一致。

表6.6 省以下政府事权和支出责任划分现状

| 省级财政 | 市县财政 | 省市县共同承担的部分 |
| --- | --- | --- |
| (1) 省财政主要承担省级国家机关运转经费,调整国民经济结构、协调各市发展、实施宏观调控必需的支出以及省级直接管理的事业发展支出<br>(2) 跨地区的涉及全省的公共产品和服务的提供以省为主 | 市县财政承担市县政权机关运转经费,本辖区经济和社会事业发展支出 | 各省按照保发展、惠民生的要求,省、市县共同承担一部分经济和社会事业发展支出 |
| 具体包括:省级行政管理费、离退休人员经费、公检法司支出,省级文教卫生科学事业支出,省级农林水和工交商及其他部门事业费支出,全省大部分粮食支出和政策性补贴支出,有关抚恤、社会救济、社会保障和省级其他支出 | 具体包括市县级行政管理费、离退休人员经费、市县级安排的基本建设投资、挖潜改造和结构调整资金,市县农业、政法、文化、教育、科学、卫生、城市维护建设等各项事业发展的支出 | 具体包括基本建设、公检法司、文化、教育、科学、卫生等各项事业发展支出 |

资料来源:作者整理。

从表6.6中省以下政府间事权和支出责任的划分情况来看,目前的划分是

---

[1] 黄佩华等著:《中国:国家发展与地方财政》,中信出版社2003年版,第74-79页。
[2] 周黎安、吴敏:"省以下多级政府间的税收分成:特征事实与解释",《金融研究》,2015年第10期,第64-80页。

粗线条的、模糊的,不够清晰,省和下面的市县政府承担的事权具有很大的雷同性,存在着"职责同构"的现象。

2. 省级以下政府事权的错位,县级政府的支出责任最大

第四章表4.18显示,从地方各级财政支出占地方财政支出比重的变动情况来看,总体来说省级政府财政支出占比最小,1992—2015年,省级财政支出占地方财政支出比重的均值为24%,市级为29.8%,县级为37.03%,乡镇级为9.2%,县级政府所占的比重最大。2000年以后,在省、地市、县乡级不同层级的支出中,省级、市级和乡镇级财政支出占比基本呈现逐渐递减的趋势;相反,县级财政支出所占地方财政支出的比重却逐步上升,2015年已经达到了47.3%,远高于省级、地市级和乡镇级的财政支出占比,地方财政支出不断向县级政府集中(见图4.19)。

因此,可以基本判断省级以下政府事权的错位,主要表现在县乡政府承担的事权过多,支出责任过大,而行政位次高、权力大的省级政府承担的支出责任较小。

县级政府之所以承担的支出责任最大,不仅是中央与地方,也是省以下政府事权的错位和下移所致。在前面的第四章,本书已经分析了50%—60%的教育和医疗卫生支出是由县级政府承担,县级政府还承担了40%—46%左右的社会保障和就业、住房保障支出,60%的农林水气支出、36%左右的公共安全支出等,而这些支出本应该由政府层级高的中央、省承担更多的支出责任。为了避免重复,相关具体的数据和图表不再赘述。

## 二、政府间收入划分存在的问题

### (一)中央与省级政府税收划分不合理

1. 地方政府缺少税种管理的自主权

我国幅员辽阔,各地区的地理环境和经济发展状况千差万别。现阶段基本以国家层面统一制定税收政策,赋予地方政府行使的税种开征、税收管理的权力较小。这一方面会使得各地区税收差别较大,另一方面降低了地方政府的积极性,难以结合地区优势发挥区域特色。但如果赋予地方自主税收的权力过大,各地纷纷开征新税种,又会与现行"税负只降不增"的宏观政策相矛盾。所以给予地方政府多大范围的自主征收权也是地方财税体系建设的关键点。

2. 分税制设立的地方税收体系具有城市和工业倾向的特征,不利于农业县增加财政收入,并且加大了地区间财政能力的差距

根据美国著名财政学家马斯格雷夫教授的分税原则,属于地方政府的税收

应该具有以居住为依据、对完全不流动要素征税、尽可能向使用者征收使用费的特征。

而我国1994年的分税制改革,在划分中央与省级政府税收收入的时候,建立了依靠增值税、营业税、企业所得税和其他工商收入为主要税收来源的地方税收体系。表6.7显示,在地方税收收入的构成中,营业税、增值税、企业所得税和个人所得税占的比重最大,是地方政府最主要的税源,这样的税收体系划分存在着明显的城市和工业倾向特征,地方财政收入的多少依旧是跟产值的多少直接挂钩。我国目前商品和劳务的生产地大部分集中在经济发达地区或城市地区,一般来说,经济越是发达地区,工业越发达,第三产业比重越高,在第三产业的内部结构上,具有现代化、高附加值、高科技、高税负特征的产业分布比重就越高;反之,在经济越是不发达地区,这一比重就越低。因此,这就导致了在财政收入的初次分配上,发达地区获得了更多的财政资源,经济欠发达地区则获得的财源少,特别是一些农业依赖型的县级政府财政收入增长缓慢,随着2005年农业税的全面取消,这些地区的财政状况更是雪上加霜。

表6.7 地方税收的构成　　　　　　　　　　　　　　　　单位:%

| 项目 | 2005年 | 2006年 | 2007年 | 2009年 | 2010年 | 2011年 | 2012年 | 2013年 | 2014年 |
|---|---|---|---|---|---|---|---|---|---|
| 增值税 | 22.48 | 20.98 | 20.09 | 17.45 | 15.89 | 14.57 | 14.24 | 15.36 | 16.49 |
| 营业税 | 32.24 | 32.61 | 33.14 | 33.82 | 33.65 | 32.85 | 32.85 | 31.83 | 29.95 |
| 资源税 | 1.12 | 1.36 | 1.36 | 1.29 | 1.28 | 1.45 | 1.81 | 1.78 | 1.76 |
| 企业所得税 | 16.81 | 17.60 | 16.27 | 14.98 | 15.44 | 16.41 | 16.00 | 14.81 | 14.93 |
| 个人所得税 | 6.58 | 6.44 | 6.62 | 6.05 | 5.92 | 5.89 | 4.92 | 4.85 | 4.99 |
| 城镇土地使用税 | 1.08 | 1.16 | 2.00 | 3.52 | 3.07 | 2.97 | 3.26 | 3.19 | 3.37 |
| 证券交易印花税 | 0.02 | 0.04 | 0.31 | 0.06 | 0.05 | 0.03 | 0.02 | 0.03 | 0.03 |
| 农业税 | 0.47 | 0.30 | 0.00 | 0.00 | 0.00 | 0.00 | 0.00 | 0.00 | 0.00 |
| 城市维护建设税 | 6.22 | 6.13 | 5.97 | 5.43 | 5.31 | 6.35 | 6.20 | 6.02 | 5.85 |
| 耕地占用税 | 1.11 | 1.12 | 0.96 | 2.42 | 2.72 | 2.62 | 3.43 | 3.36 | 3.48 |
| 其他各税 | 11.88 | 12.26 | 13.29 | 14.98 | 16.68 | 16.86 | 17.28 | 18.78 | 19.15 |

数据来源:根据各年《中国财政年鉴》整理获得。

此外,地方政府大量依靠增值税、营业税,也助长了地方政府对企业的干预。一方面,一些地方政府只强调地方的经济发展,片面追求GDP和财政收入的指标,根本不管地方的环境变化,以牺牲环境来换取经济的增长;另一方面,这反过来又强化了地方政府扩张制度外收入的动机。

### 3. 中央与地方(省)过多采用"共享税"模式,地方共享税分配比例低

1994年分税制后,中央与省级政府之间的"共享税"和"准共享税"包括增值税、资源税、证券交易税、企业所得税、个人所得税、营业税、城建税等,先在中央与省级之间分享,然后再在省以下各级政府之间分享,层层分享。省以下政府间的"共享税"除了增值税、资源税、证券交易税、企业所得税、个人所得税、营业税、城建税外,还包括城镇土地使用税、土地增值税、耕地占用税、房产税、契税以及非税收入。可以说各级政府间"共享税种"的数量已扩大到12个,占税种总数的31%。

在共享税模式中,地方共享税分配比例低,中央分享的比例在不断提高。比如,主体税种如增值税作为中央与地方的共享税,按照75∶25比例分成(为了保证地方财力不受影响,国务院决定增值税的分享比例为中央和地方"五五"分成,过渡期2—3年,这将倒逼财政体制的进一步深化改革),中央财政拿大头;在证券交易税印花税的共享比例中,中央政府的分享比例高达97%,2016年1月1日起,证券交易印花税全部调整为中央财政收入;而企业所得税和个人所得税从2002年的50∶50分成,在2003年则进一步变成目前的60∶40分成;消费税则是100%上划。营业税虽然说是地方的主体税种,但实际上却是个不折不扣的共享税(不含铁道部门、各银行总行、各保险公司总公司集中交纳的营业税),在中央和各级政府间分享。而且,2016年6月全面推行"营改增"后,营业税作为地方主体税种的地位丧失,在很大程度上影响到地方政府财力。图6.7显示,1994—2014年,各种共享税占国家税收的比重平均值为79.19%,2007年最高达到84%,而真正划归为地方税收的占比在5.7%—16.8%摆动,均值为8.11%。可见地方税收规模较小,共享税规模太大。在逐级共享、上收后,地方

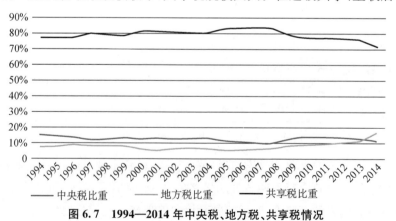

**图6.7 1994—2014年中央税、地方税、共享税情况**

注:根据历年《中国财政年鉴》《中国税务年鉴》等计算,因口径、数据所限,存在一定误差。

固定税种只剩下了农牧业税、耕地占用税、农业特产税、房产、印花、土地使用税等小税种,这些收入不但逐年递减,而且难以征收,在这种情况下,基层政府财政收入增长的空间非常有限。

### (二) 省以下财政收入划分的现状与问题

1994年分税制改革实施,该次改革相对规范了中央政府和省级政府之间的收入分配关系,然而,并没有对省以下财政体制的财权、事权、支出责任及省以下转移支付等方面的问题作出明确规定。虽然1996年、2002年中央对省政府财政关系的收入、支出、转移支付等环节作了原则性规定,但是,在省以下分税模式中,省本级政府依然享有相当大的自由裁决空间。省级政府通过控制财政体制,拥有扣除中央分税收入外剩余的四级地方财政收入的主导权。在这样的背景下,县级财政解困,提升其提供公共服务的财力保障,需要对省以下政府分税模式进行分析。

#### 1. 省以下财政收入划分的模式

受经济发展水平和产业结构差异的影响,各地省以下政府间收入划分形式多样化,且差别较大,但绝大多数省区按照税种分税的方式,建立了省以下财税体制。本书通过对26个省及自治区(不包括四个直辖市、西藏自治区)税收收入划分最新政策进行梳理,发现各个省级自治区的税收划分模式错综复杂,且每个省份的税收划分也往往不是采用单一模式,而是多种划分模式的综合(见表6.8)。目前大约有以下几种方式[1]:

(1) "分税+共享"模式(19个省份)。

"分税+共享"模式,即按照税种划分省级固定收入、市县固定收入和省与市县共享税种收入。这种划分方式能使利益边界清晰,同时可以大大消除政府的过多干预,一方面可以保证省级财力稳定增长;另一方面可以调动市县增加财政收入的积极性[2]。本书样本选取的26个省(自治区)中,有19个省(自治区)运用了划分税种的模式进行税收收入的划分,分别为黑龙江、吉林、河北、广东、海南、山西、安徽、湖南、江西、内蒙古、新疆、宁夏、陕西、甘肃、青海、四川、广西、贵州、云南。

(2) 分税+分成(总额/增量)模式(7个省份)。

这种划分收入模式,又可划分为以下四种方式。

① 在按税种划分省与市县各自税收收入的基础上,省对市县形成的财力

---

[1] 感谢本书研究课题组参与者2014级税务专硕学生李蕾同学整理的资料。
[2] 吴孔凡:"县乡财政体制与县域财政能力建设",《华中师范大学学报(人文社会科学版)》,2009年第3期,第40-44页。

表 6.8  19 个省份(自治区)选择划分税种的分税方式

| 地区 | 省份 | 文件公布时间 | 主要分税范围 |
|---|---|---|---|
| 东北地区 | 黑龙江 | 2004 年、2016 年 10 月 | 营业税、增值税、所得税、资源税 |
| | 吉林 | 2004 年 4 月 | 营业税、增值税、所得税 |
| 东部地区 | 河北 | 2004 年、2016 年 5 月 | 营业税、增值税、所得税 |
| | 广东 | 2004 年、2016 年 6 月 | 增值税、营业税、所得税、土地增值税 |
| | 海南 | 2013 年 11 月 | 增值税、营业税、所得税、房产税、土地增值税 |
| 中部地区 | 山西 | 2004 年、2016 年 7 月 | 增值税、营业税、所得税、资源税 |
| | 安徽 | 2004 年、2016 年 7 月 | 所得税 |
| | 湖南 | 2004 年、2010 年 1 月 | 增值税、营业税、所得税、资源税、土地增值税 |
| | 江西 | 2004 年、2017 年 2 月 | 增值税、所得税 |
| 西部地区 | 内蒙古 | 2005 年 12 月 | 增值税、所得税、营业税、资源税 |
| | 新疆 | 2005 年 1 月 | 资源税 |
| | 宁夏 | 1995 年 12 月 | 房产税、土地使用税、资源税 |
| | 陕西 | 2004 年 9 月 | 增值税、营业税、所得税、城镇土地使用税、房产税、资源税 |
| | 甘肃 | 2004 年、2016 年 6 月 | 增值税、营业税、所得税、资源税 |
| | 青海 | 2003 年 7 月 | 增值税、资源税 |
| | 四川 | 2004 年、2016 年 5 月 | 增值税、营业税、所得税、资源税、房产税、城镇土地使用税等 |
| | 广西 | 2004 年、2016 年 7 月 | 增值税、营业税、所得税 |
| | 贵州 | 2004 年、2016 年 6 月 | 增值税、营业税、所得税、资源税、城镇土地使用税、城市维护建设税、耕地占用税、契税 |
| | 云南 | 2002 年 1 月 | 所得税 |

资料来源:《中国省以下财政体制 2006》、各省或自治区财政厅官网、网络公开资料,并经作者整理。

按照一定比例实行总额分成,由市向省上解财力。例如,《辽宁省人民政府关于印发全面推开营改增试点后完善省市财政管理体制过渡方案的通知》(辽政发〔2016〕40 号)规定,省对市四项税收(增值税 50%、企业所得税 40%、个人所得税 40%、房产税 100%)形成的财力实行总额分成,由市向省上解财力。

② 将省级享有的税收划归市县级政府所有,再按一定比例,将税收收入在省市政府之间进行总额分成或者对财政收入增量按比例分成。

例如,山东省自 2013 年起,将省级分享的一般企业营业税、企业所得税、个人所得税以及石化企业增值税,胜利石油管理局增值税,电力生产企业增值税和企业所得税,国家开发银行山东分行、高速公路和铁路运输企业城市维护建设税和教育费附加,全部下划市县,作为市县财政收入,属地征管、就地缴库。对省级下划的收入,以2012年决算数为基数,每年由市县定额上解省财政[1]。

③ 省对市县财政收入超基数增长部分,省与市县实行比例分成。

江苏省以2000年为基期年,核定各市地方财政收入基数和税收返还基数。今后比基数增长部分,省统一集中20%。浙江省在2003年以后,杭州及其他市、县(市)地方财政收入超过2002年收入基数的增量部分,省与市、县(市)实行"二八"分成,即省得20%,市、县(市)得80%[2]。山东省自2013年起,对增值税、营业税、企业所得税(含企业所得税退税,下同)、个人所得税、资源税、房产税、城镇土地使用税、土地增值税、耕地占用税和契税收入比核定的2012年收入基数增长部分,由省与市县按照15∶85的比例分成。

④ 分税加共享及增量分成型。

例如,湖北在分税加共享的同时,还规定各市县上解省级财力以2010年核定省级税收为基数,与地方财政收入增长挂钩。

以上分税模式在兼顾县市财政利益的同时,又保证了省级财政的利益,但对地方政府的征管水平要求较高(见表6.9)。

表6.9 7个省份选择的分税+分成"(总额/增量)分税方式

| 地区 | 省份 | 文件公布时间 | 分税方式 |
| --- | --- | --- | --- |
| 东北地区 | 辽宁 | 2010年、2016年6月 | 总额分成,市向省上解财力 |
| 东部地区 | 山东 | 2013年、2016年10月 | 总额+增量分成 |
| | 江苏 | 2014年1月 | 总额+增量分成 |
| | 浙江 | 2015年12月 | 总额+增量分成 |
| | 福建 | 2016年5月 | 企业归属地+总额分成 |
| 中部地区 | 河南 | 2009年、2016年6月 | 增量分成 |
| | 湖北 | 2010、2016年4月 | 增量分成 |

资料来源:各省或自治区财政厅官网、网络公开资料。

(3) 按照"分税+共享"("分税+分成")与行业或企业隶属关系相结合的方式划分(16个省份)。

在按照"分税+共享"或"分税+分成"模式划分省与市县财政收入的基础

---

[1]《山东省人民政府关于进一步深化省以下财政体制改革的意见》(鲁政发〔2013〕11号),http://sdgb.shandong.gov.cn/art/2013/7/25/art_4563_1860.html。

[2] 转引自周黎安、吴敏:"省以下多级政府间的税收分成:特征事实与解释",《金融研究》,2015年第10期,第64-80页。

上,再按企业隶属关系或行业性质,将某些支柱型、特殊性行业或产业以及跨区域重点企业的税收收入全部划归省级政府所有,市县政府不参与其收入的分享,涉及的行业有石油、电力、天然气、通信等。现实中,税收划分往往是几种模式的综合。

本书选取的26个省(自治区)样本中,有16个省(自治区)在"分税+共享"或"分税+分成"模式的基础上,运用了划分行业、企业性质的模式进行税收收入的划分,这16个省(自治区)分别为黑龙江、河北、江苏、浙江、福建、广东、山西、湖南、内蒙古、新疆、宁夏、陕西、青海、四川、广西、云南(见表6.10)。

该种模式可以加强省本级政府对企业的调控力,更易于征管,保证省(自治区)级政府的税源。

表6.10 "分税+共享"/"分税+分成"与行业/企业隶属关系相结合的方式

| 地区 | 省份 | 文件公布时间 | 分税方式 | 省级独享行业/企业 |
| --- | --- | --- | --- | --- |
| 东北地区 | 黑龙江 | 2016年10月 | 分税+共享 | 石油 |
| 东部地区 | 河北 | 2016年5月 | 分税+共享 | 银行 |
| | 江苏 | 2014年1月 | 总额+增量分成 | 发电 |
| | 浙江 | 2015年12月 | 总额+增量分成 | 电力、金融 |
| | 福建 | 2016年5月 | 企业归属地+总额分成 | 金融、铁路 |
| | 广东 | 2016年6月 | 分税+共享 | 电力、通信 |
| 中部地区 | 山西 | 2016年7月 | 分税+共享 | 银行、铁路 |
| | 湖南 | 2010年1月 | 分税+共享 | 烟草、铁路 |
| 西部地区 | 内蒙古 | 2005年12月 | 分税+共享 | 跨区经营 |
| | 新疆 | 2005年1月 | 分税+共享 | 银行 |
| | 宁夏 | 1995年12月 | 分税+共享 | 石油、电力、化工 |
| | 陕西 | 2016年6月 | 分税+共享 | 电力、金融 |
| | 青海 | 2003年7月 | 分税+共享 | 金融、民航、铁路、通信 |
| | 四川 | 2016年5月 | 分税+共享 | 金融 |
| | 广西 | 2016年7月 | 分税+共享 | 金融 |
| | 云南 | 2002年1月 | 分税+共享 | 烟草 |

资料来源:《中国省以下财政体制2006》、各省或自治区财政厅官网、网络公开资料。

2. 省以下财政收入划分的特征与存在的问题

省以下通过多种形式的收入划分合同确定财政关系,一方面,保证了上级政府对下级政府的财力控制;另一方面,灵活的多种收入划分合同又兼顾了地方政府的利益,具有一定的激励作用[1]。本书第四章已经对省以下财政收入划分的特点进行了介绍,为了避免内容重复,这里稍加补充。

(1) 收入规模较大,收入稳定的税种划为省与地市或省与县(市)共享收入。

涉及的税种包括增值税(25%部分,2016年5月改为50%部分)、营业税、企业所得税和个人所得税(40%部分)、资源税、城镇土地使用税、房产税、城建税等。省与市县的分享比例主要有"五五""三七""四六""二八""三五六五""六四"等。具体各省划分的比例参见第四章表4.2。

对于将税收收入规模较高、收入来源稳定、增收潜力大、相对容易征收的税种,划分为省市(县)共享,导致县市税收收入不稳定,给地方政府财政管理带来不变,也使地方税收增长缺乏弹性。

(2) 划归为市县的税收收入少,税源分散,缺乏主体税种,省以下财力分配向省级政府集中。

目前,省以下分税模式的主要决策权在省级政府,结果导致省、地市、县、乡镇政府之间,财权向上集中,使得基层政府财力较为薄弱。省级政府几乎主导了全省的财力状况,将税源较为稳定的大税种、税收收入额较大的垄断性行业或企业税收划归省级政府所有,几乎所有的省份都将收入较少、税源分散的地方税种划归为市县独享。这些税收入规模较小,易于地方征管,但缺乏主体税种,主要包括城建税、房产税、车船使用和牌照税、印花税、土地增值税、契税、耕地占用税等。市县等基层政府所拥有税种的税收收入可持续性不强,财政困难问题日益凸显。

虽然随着省以下财税体制的不断改革和完善,不少省逐步加大了县乡的分享比例,但总体来说,绝大多数地区还是省级和地市级政府分享的比例较高。从2006—2013年增值税、营业税、企业所得税和个人所得税分级决算情况来看(见表6.11),虽然县乡政府分享的比例在逐步提高,但总体来说,省级和地市两级政府分享比例之和要远大于县乡政府,特别是企业所得税和个人所得税,长期以来,省级政府分享的比例最高。

(3) 按照税种和行业(企业隶属关系)相结合的方式划分。

该种模式可以加强省本级政府对企业的调控力,更易于征管。但是对于省以下政府来说,以行业(或企业隶属)模式划分税收,其往往只能征收到那些税收

---

[1] 吕冰洋、聂辉华:"弹性分成:分税制的契约与影响",《经济理论与经济管理》,2014第7期,第43-50页。

表 6.11 主要税种分级决算情况表　　　　　　　　　　　　　　单位:%

| 年份 | 增值税 | | | 营业税 | | | 企业所得税 | | | 个人所得税 | | |
|---|---|---|---|---|---|---|---|---|---|---|---|---|
| | 省级 | 地级市 | 县乡 | 省级 | 地级市 | 县乡 | 省级 | 地级市 | 县乡 | 省级 | 地级市 | 县乡 |
| 2006 | 23 | 35 | 42 | 29 | 34 | 37 | 49 | 27 | 24 | 39 | 32 | 29 |
| 2007 | 21.8 | 32.7 | 45.5 | 29.8 | 32.1 | 38.1 | 37.5 | 32.3 | 30.2 | 38.3 | 30 | 31.7 |
| 2008 | 21.1 | 31.6 | 47.3 | 29.7 | 31.5 | 38.8 | 37.7 | 32.7 | 29.6 | 36.2 | 30.8 | 33 |
| 2009 | 19.6 | 32 | 48.4 | 29.1 | 30.5 | 40.4 | 37.8 | 31.1 | 31.1 | 36.4 | 32.2 | 31.4 |
| 2010 | 19.2 | 31.2 | 49.6 | 27.8 | 28.9 | 43.3 | 32.1 | 31.3 | 36.8 | 33.4 | 31.3 | 35.3 |
| 2011 | 17.9 | 31.3 | 50.8 | 27.5 | 28.9 | 43.6 | 33.4 | 30.1 | 36.5 | 33.4 | 28.8 | 37.8 |
| 2012 | 18.9 | 32.6 | 48.5 | 26.6 | 27.7 | 45.7 | 34.2 | 30.2 | 35.6 | 33.9 | 29.2 | 39.9 |
| 2013 | 19.5 | 32.7 | 47.8 | 26 | 25.7 | 48.3 | 33 | 30.2 | 36.8 | 34 | 28.1 | 27.9 |

数据来源:根据各期《中国财政年鉴》整理获得。

贡献额相对较少的企业。税收收入规模有限,进一步导致省以下地方政府收入水平偏低的状况。并且这样的划分方式,必然导致不同地区的政府与企业之间存在着千丝万缕的利益关系,造成政企不分,影响企业间的公平竞争和要素的合理流动,更不利于产业结构的调整和生产方式的转变。

(4) 按照政府与本地经济的依附程度划分。

根据周黎安和吴敏的研究发现,无论是对省本级政府还是对市本级政府,本级政府对企业的控制程度越高,本级政府各项税收的分成比例越高。下辖行政区的经济发展不平等程度越高,省本级政府分成的税收比例越多。一个地区的工业化程度趋向于提高上级政府的增值税分成比例,降低营业税分成比例[1]。

(5) 省以下财政收入划分的形式多样化,总的趋势是对市县扩权增收。

中国省以下政府间财政收入的划分形式多样,并没有一个统一的制度。但是一个总的趋势是,近年来,随着省管县财政体制的实施,各地不同程度对省以下财政体制进行了调整,赋予市县更大的发展权,扩大市县政府的分享比例。通过对市县扩权,提高市县财政收入的分享,让利于县,增强县域经济的发展,缓解县乡财政的困难。

(6) 省以下财政关系的改革重收入层面,轻支出层面。

纵观中国省对下财政体制的改革,侧重点在收入层面,重点是对税收、转移

---

[1] 周黎安、吴敏:"省以下多级政府间的税收分成:特征事实与解释",《金融研究》,2015年第10期,第64-80页。

支付的分配和调整,但省以下政府间事权和支出责任的划分并没有改变,只是保证了改革时各级政府的既得利益。省以下地方各级政府之间的事权和支出责任模糊,缺乏明确的法律依据,在实践中缺乏可操作性。省和下面的市县政府承担的事权具有很大的类同性,因而执行中容易导致事权和支出责任的相互推诿,调整较多,随意性较大。

(三) 省以下转移支付制度不合理

事权的下放,财权与财力的向上集中,使得中国县级财政在很大程度上要依赖中央政府的转移支付。县级政府获得多少来自上级政府的转移支付,不仅取决于中央与省级政府之间的转移支付,更受到省以下转移支付制度的影响,本书将重点分析省以下财政体制的现状与问题。

1. 省以下转移支付体系构成

目前,省对下转移支付体系主要包括一般性转移支付、专项转移支付和税收返还。

一般性转移支付主要包括均衡性转移支付、老少边穷转移支付支出、县级基本财力保障机制奖补资金支出、成品油税费改革转移支付支出、基层公检法司转移支付支出、产粮(油)大县奖励资金、农村综合改革转移支付支出、基本养老保险转移支付支出、结算补助支出、重点生态功能区转移支付支出、资源枯竭城市转移支付支出等,一般性转移支付的目的是均衡市县间财力水平,保证各级政府正常运转。

专项转移支付面较广,涉及教育、医疗、环保、农林水、社会保障、一般公共服务等方面。专项转移支付规定了资金的用途,地方政府不能挪作他用,体现了上级政府的某种特定的政策意图。

税收返还现在主要包括"消费税和增值税税收返还""成品油税费改革"以及"所得税基数返还"。

2. 省以下转移支付的特征

(1) 政策目标:"保工资、保运转、保民生"。

根据均衡性转移支付的性质,各地对省以下转移支付的重点是用于保障机关事业单位职工工资发放和机构正常运转等基本支出,特别是保障中央出台的重点民生支出需求,支持农业、科技、教育等各项事业的发展,推动区域内基本公共服务均等化。

(2) 公式法分配。

目前从总体上来看,绝大多数省份对下均衡性转移支付采用标准财政收支办法,通过计算标准收支缺口和转移支付系数,确定对下转移支付补助额。即某地区转移支付额＝(该地区标准财政支出－该地区标准财政收入)×转移支付系数[1]。

(3) 规定资金使用用途。

各地区普遍规定均衡性转移支付资金重点用于保障事业单位职工工资发放、机构正常运转、社会保障等基本公共支出,以及偿还到期的债务,不得用于"形象工程"和"政绩工程"。

(4) 多层次转移支付。

我国所有地区省以下转移支付都以县级辖区为基础,实行分级管理,省级测算到县,实施多层次的转移支付。

(5) 探索补助与激励相结合的新措施。

这些新措施包括:对一般预算收入超过全省平均水平的市县给予奖励;建立转移支付与财政收入增长关联机制;建立缓解县乡财政困难的奖补政策;转移支付向老、少、边以及基层财政困难地区倾斜;建立县级最低保障机制等。

3. 省以下转移支付存在的问题

(1) 转移支付规模大,专项转移支付规模大于一般性转移支付。

在第四章里,我们已经提到县级政府缺乏稳定的自主财源,对上级政府的转移支付依赖较大,并且不同的地区对转移支付的依赖有很大的差异,西部地区高于中部地区,中部地区又高于东部地区;从县级政府对上级政府的资金上解来看,东部地区要高于中西部地区,这说明东部地区上解上级政府的转移支付较高,中西部地区上解部分所占比例较低。为了避免重复,相关的数据在这里就不再赘述。

根据公共财政理论,一般来说,具有较强规则性和透明度的一般转移支付更有利于实现公共服务均等化的需要,但我国现有的转移支付体系中起主导地位的还是几十种乃至上百种透明度较差、随意性较强的专项转移支付,一般转移支付的比重虽然近几年在不断上升,但专项转移支付规模要大于一般性转移支付。从审计署 2012 年公布的对 54 个县的审计结果来看[2],54 个县 2011 年收到上级转移支付 738.18 亿元,其中专项转移支付占 50.78%,加上一般性转移支付中有规定用途的资金,共计有 68.4% 的转移支付是有明确用途的,地方政府不能统筹安排。

---

[1] 李萍主编:《财政体制简明图解》,中国财政经济出版社 2010 年版,第 137 页。
[2] 审计署 2012 年第 26 号公告。

由此可见,县级财政不仅对上级政府的转移支付依赖性很大,且不能因地制宜自由地支配这笔资金来满足地方政府各方面的支出需求,反而,上级政府则利用转移支付加强了对县级政府的财力控制。周飞舟指出,专项转移支付资金一直是体现中央意志的主要形式。而伴随专项转移支付资金体制的建立所产生的主要影响体现在以下两个方面:第一,增强了从中央到地方职能部门("条条")系统的力量;第二,促进了从中央到地方更为庞大而严格的项目申报体系和审计监察体系。这两点无疑体现了分税制以后中央财政集权的大趋势,也对地方基层政府产生了巨大的影响[1]。

(2)省级政府没有起到均衡省以下财力,保障基层政府基本支出的责任。

省以下转移支付主要是以省级本级财力为基础的转移支付制度,旨在实现区域内财力的均衡和公共服务的均等化。近年来,随着改革的不断推进,基层政府职能日益扩大,支出责任也呈不断扩张的趋势。然而,财权和财力的配置并没有同步跟进,导致基层政府财力与支出责任不匹配,基层财政保障不足,这就需要中央和省级尤其是省级政府转移支付的调节和支持。

从严格意义上来说,省对下转移支付主要依靠的是省级政府的财力,而不涉及其他级别的政府,但现实情况并非如此。在东部经济发达地区,一般从中央财政获得的转移支付较少,省对下转移支付主要依赖省级本级财力的"自力更生",然而,发达地区社会经济发展方方面面的资金需求量很大,这就需要适当提高省级政府的财政集中能力才可以起到较好的效果。而在中西部经济欠发达地区,省级财力本身并不富裕,除中央给予的转移支付资金外,一部分地区拿不出一定的资金用于省以下的转移支付,有的甚至截留中央转移支付资金。这就导致了财力呈现向上级政府集中的态势。在第四章中,通过对数据的分析发现,从1994—2015年地方财力的纵向分布情况来看(见图4.13和图4.14),虽然2009年以后县级占比有了很大的提升,但总体来说,市级占比一直最高,省级和市级两级财政占地方财力的比重之和要远大于县乡财政,财力呈现向上级政府集中的态势,县乡级财政用40%以上的财力承担庞大的教育、医疗卫生、一般公共服务等支出,支出责任与财力严重不匹配。可见,省级政府没有起到均衡省以下财力,保障基层政府基本支出的责任。

(3)要求地方配套资金过多。

多数专项转移支付项目要求地方配套30%—40%的资金,有些项目配套比

---

[1] 周飞舟:"财政资金的专项化及其问题:兼论'项目治国'",《社会》,2012年第1期,第1-37页。

例甚至高达70%以上。在地方自有财力严重不足的情况下,这种中央部门"开单"、地方政府"埋单"的状况,加剧了地方财政的收支矛盾[1]。

## 三、"省管县"与"乡财县管"财政管理体制存在的问题

从1994年开始,各省结合自己的实际情况,纷纷建立了省以下财政体制。由于中国地域辽阔,政府层级过多,相对于中央与省级财政关系而言,省以下政府之间的财政关系更为庞杂和具体。

### (一)复杂的省以下财政管理体制

在中国五级政府的行政体系下,根据《预算法》的"一级政府,一级财政"的规定,省以下财政体制包括省对市(地、州)财政体制、市(地、州)对县财政体制、县(市)对乡镇财政体制三对财政关系。

1. 省对市县:"省管县"与"市管县"两种财政管理体制并存

从省对市县政府的财政管理级次来看,目前是"省管县"和"市管县"两种财政管理体制并存。

"市管县"体制最早始于1958年,停止于20世纪60年代,重建于20世纪80年代初,到了20世纪90年代后,"市管县"已经成为我国行政管理体制中普遍存在的现象。"市管县"体制在特定的政治经济环境下,其产生和存在都有着一定的合理性和必然性,其优点主要体现在以下三个方面:一是在中心城市带动农村发展方面发挥了一定的作用;二是市县之间自然经济格局的封闭式状态被较好地打破,并结束了工农业之间的分离状态;三是市域经济规模和总量得到了增加,城市的知名度有所提高[2]。但随着时间的推移,这种体制的弊端已经逐渐地暴露了出来:一是地级市带动所辖县经济发展的初衷并未实现;二是"市管县"体制增加了管理层次,降低了行政效率;三是造成了城乡在利益分配方面的不均衡。

就在"市管县"成为地方财政管理体制的主流模式的时候,一向富有制度创新精神的浙江省却另辟蹊径,为了保护本省强大的县域经济、促进县域经济的发展、缓解县乡经济的困难,浙江省保留了"省管县"的财政体制格局,并且在2002年后的几年内,又进一步对强县进行扩权。2004年,湖北、安徽、河南、吉林、广

---

[1] 高强:"关于深化财税体制改革的几点思考",《上海财经大学学报》,2014年第1期,第4-10页。
[2] 王吉平:"理论界对市管县体制改革的探讨",《兰州学刊》,2005年第5期,第32-33页。

东等省纷纷宣布,改革原来"省管市""市管县(市)"的财政管理体制,在全省实行"省管县(市)"财政管理体制。

"省管县"的财政管理体制就是由省直接来确定与县(县级市)以及地级市之间的财政分配关系。就是在财政收支划分、专项拨款、预算资金调度、财政年终结算等方面,由省直接分配下达到县、市,县(县级市)财政和市(地)本级财政一样都直接同省财政挂钩。

目前,"省管县"有四种代表性模式,即行政管理型、全面管理型、补助资金型和省市共管型(见表6.12)。"省管县"的推行在一定程度上提高了财政资金的周转效率,增强了县级政府的可用财力,推动了县域经济的发展。

表6.12 "省管县"财政体制有以下几种代表性的模式

| 类型 | 实施地区 | 主要内容 |
| --- | --- | --- |
| 行政管理型 | 北京、上海、天津、重庆、海南 | 因三级行政体制,财政体制自然是省直管县 |
| 全面管理型 | 浙江、湖北、安徽、吉林 | 对财政体制的制定、转移支付和专款的分配、财政结算、收入报解、资金调度、债务管理等财政管理的各个方面,全部实行省对县直接管理 |
| 补助资金管理型 | 山西、辽宁、河南等 | 主要是对转移支付、专款分配,以及资金调度等涉及省对县补助资金分配的方面实行省直接管理 |
| 省市共管型 | 山东、广西 | 省级财政在分配转移支付等补助资金时,直接核定到县,但在分配和资金调度时仍以省对市、市对县方式办理。同时,省级财政加强对县级监管 |

资料来源:张志华:"完善中的省以下财政管理体制",2005年,http://www.doc88.com/p-9039016765960.html。

"市管县"财政体制也有两种情况,一种是省级财政只管到市级,县级财政完全由市级管理,山东、湖南、甘肃等省实行这种办法;另一种是县级财政的收支范围和上缴或补助数额由市负责核定,市财政也负责汇总报表和调度国库资金,但财政转移支付由省直接测算到县,市级财政一般不进行调整,其余省区都采用这种形式。

2. 市县对乡镇:乡镇财政管理体制情况更为复杂

各地区市县对乡镇财政管理体制也进行了改革,实行了多种不同形式的财政管理体制。归纳起来,主要有四种类型:一是分税制型。在省和市(州)分税制财政体制框架下,县对乡镇确定财政收支范围。按税种将收入划分为县级固定收入、乡镇固定收入和县乡共享收入,同时核定乡镇支出数额,实行县对乡镇的税收返还制度。二是收支包干型。即县与乡镇按照税种划分收入,收支均由县财政核定,实行超收分成(或留用)、短收不补(或补助)的财政管理体制。三是统收统支型。乡镇的所有收入都作为县级收入,县财政按照实际需要对乡镇的工资、公用经费和其他事业发展支出进行核定,保证乡镇人员工资和正常运转的最低需要[1]。四是"乡财县管"型。自 2004 年安徽、黑龙江全面推行"乡财县管"后,"乡财县管"改革在许多地区推开。吉林省于 2005 年全面推行"乡财县管",内蒙、江苏、江西、河南、广西、海南、重庆、云南、陕西、甘肃、青海、宁夏、新疆等地区也在 2005 年选择部分区县进行"乡财县管"改革试点。

### (二)省管县"与"乡财县管"财政管理体制存在的问题

"省管县"与"乡财县管"是省以下财政体制改革的一部分,当初提出"省管县"财政体制改革的初衷是为了缓解县乡财政的困难,促进县域经济的发展。2009 年,财政部曾经发文要求到 2012 年,除了少数民族省份以外,有条件的地区全面实行财政"省管县"。但是,现实中财政"省管县"的实施各地差异较大,不同地区对财政"省管县"的态度也不尽相同,有的欢迎,有的反对,"省管县"的改革充满了争议。主要是因为中国地域辽阔,各地差异很大,政府的实施不宜一刀切,同时财政"省管县"和"乡财县管"也存在一定的问题。

(1)行政体制与财政体制的矛盾和冲突。在省管县的体制下,财政资金、专款、项目、财政预算由省对县直达,而县级计划生育、财政收入的督察、报表汇总、结算等事项还是由市级负责,县级行政权、审批权、人事权和其他行政管理仍然由市级管理,市级行政还覆盖全市性事权,这就不可避免地存在着财政体制与行政管理体制、财权与事权不对称的问题[2]。

(2)省级政府管理范围和调控能力的矛盾。实行"省管县"财政体制后,省管理范围和幅度的扩大,对省级财政的调控能力提出了严峻挑战,也给省级财政带来了财政压力。

(3)试点县与地级市(省辖市)之间的矛盾。实施"省直管县"体制改革后,试点县与地级市(省辖市)之间的关系变得越来越尴尬。推行"省直管县"体制改革后,地级市在强县扩权问题上有抵触,为了维护本级的经济利益而不愿意下放太多权利,甚至出现了与试点县"争权"的现象。同时,市级政府对试点县的财政

---

[1] 张志华:"完善中的省以下财政管理体制",2005 年,http://www.doc88.com/p-9039016765960.html。

[2] 傅光明:"论省直管县财政体制",《经济研究参考》,2006 年第 33 期,第 29-33 页。

支持力度有所减弱甚至取消。一些县对于"省管县"的改革也非常微妙,即县级政府,一方面,希望被省管县后,县级基本财力能够得到保障;但另一方面,省里许多项目都是通过地级市下来的,县财政不归市统辖,市里在一些项目和发展上可能就不考虑县,所以县也就觉得少了一大块利益。

(4)"自上而下"的行政垂直管理也制约了"省管县"的改革。在推行财政"省管县"改革的同时,一些地区也积极推进行政体制的改革,实行"强县扩权"和"扩权强县",但是行政的垂直管理制约了"省管县"的改革,各种"国垂""省垂"的部门和单位,导致了权力部门越来越"条条"化,县级政府的权力被"条条"不断肢解,扩权空间有限。即使有一些下放的权限,但因数量少,而且多是虚的、空的,实质性权限仍然停留在省市级政府,造成基层政府"责大、位卑、权小",县级政府在促进县域社会经济发展和改革、提供县域公共服务等公共事务方面,可动用的手段和资源有限,从而造成权力和责任的"两极分化"。

(5)"乡财县管"的改革并没有触及整个国家财政体制,乡镇机构和人员的改革,只局限于对基层政府财政管理方式的改革,对于解决乡镇财政的困境也是隔靴搔痒。此外,"乡财县管"严重弱化了乡镇财政的预算管理职能和对财政资金的调控能力,实行"乡财县管"后,乡镇就不是一级财政了,乡镇财政仅承担财政供养人员工资申报、公用业务经费报账和涉农资金发放等具体业务,实际上仅为县级财政的一个独立预算单位,是县财政的"报账员"和"出纳员",乡镇财政被严重弱化[1]。同时,"乡财县管"后,随着乡镇财权的削弱,可能会对乡镇政府履行其职责产生负面影响:一是乡镇政权运转资金更加困难;二是由此导致乡镇公共服务供给的缺位;三是资金管理成本加大,资金使用费时费力。

## 第四节 本章小结

从横向体制的视角来看,长期以来,我国实行城乡分治的二元经济结构,加剧了城乡之间的割裂状态,也是造成基层财政困难的根本原因之一。从纵向的体制来看,地方政府治理结构和财政体制的缺陷是造成我国县级财政困难的体制性原因。

(1)改革开放后,政府不断地对二元经济发展模式进行一些调整,城乡经济

---

[1] 安徽省财政厅课题组、刘浩等:"财政'大监督'理念与乡镇财政职能转换",《经济研究参考》,2012年第11期,第11-17页。

的二元性时而显著,时而趋缓,但总的来说并没有从根本上改变其性质。在这样的现实背景下,国家财政对城乡公共服务的投入存在巨大的差异,极大制约了农业和农村社会的可持续发展,影响了农民的利益,使县乡经济相较于高速发展的城市经济严重滞后,这也是许多农业大县财政困难的主要原因。

(2) 县级政府保障基本公共服务提供的财力薄弱,不仅仅是财政体制的问题,还与政府的职能活动、政府行为、行政体制等政府治理结构高度相关。县级政府职能定位不清,政府间事权划分模糊;政府层级太多;"条条"与"块块"的矛盾和冲突等也影响到政府间事权的划分、财力的配置和基层财政的困难。

(3) 从财政体制的视角来看,第一,中央与地方事权划分的错位和下移,以及省级以下政府事权划分不合理,省级政府支出责任最小,县级政府的支出责任最大。第二,地方政府缺少税种管理的自主权;分税制设立的地方税收体系具有城市和工业倾向的特征,不利于农业县增加财政收入,并且加大了地区间财政能力的差距;中央与地方(省)过多采用"共享税"模式,地方共享税分配比例低,导致了地方财政困难。第三,省以下收入划分不合理,主要表现为:财政收入划分的形式多样化,收入规模较大,收入稳定的税种划为省与地市或省与县(市)共享收入;划归为市县的税收收入少,税源分散,缺乏主体税种,省以下财力分配向省级政府集中。第四,省以下转移支付规模大,专项转移支付规模大于一般性转移支付;省级政府没有起到均衡省以下财力,保障基层政府基本支出的责任。第五,"省管县"与"乡财县管"省以下财政体制改革也存在着许多问题,并没有真正缓解县乡财政的困难。

# 第七章

# 建立县级政府提供基本公共服务
# 财力的动态保障机制

加强县级政府提供基本公共服务的财力保障,是我国财政发展与改革的重要任务之一,近年来,在党中央和国务院的统一部署下,财政部也制定了一系列政策和措施来缓解县乡财政困难,具体措施包括:加大对地方的财政转移支付力度;控制基层债务规模;豁免部分债务;弥补政策性汇率损失,分批解决部分早期国际金融组织贷款农业项目的汇率损失,减轻农民负担和基层财政负担;逐步消化政策性粮食和棉花亏损挂账;建立国际金融组织贷款偿债准备金[1]。自2010年开始,财政部研究制定了《关于建立和完善县级基本财力保障机制的意见》(财预〔2010〕443号),在既有转移支付和"三奖一补"政策的基础上,建立和完善县级基本财力保障机制。2013年12月,国务院转发了财政部制定的《关于调整和完善县级基本财力保障机制的意见》(国办发〔2013〕112号),意见提出以县乡政府实现"保工资、保运转、保民生"为目标,明确责任,以奖代补,保障基层政府实施公共管理、提供基本公共服务以及落实党中央、国务院各项民生政策的基本财力需要。同样,地方政府(省级)也积极采取各种激励或补助政策努力缓解县乡财政困难,化解县乡政府债务,并开展"省管县"和"乡财县管"财政管理体制改革的探索。

中央和地方(省)为解决县财政困难所做出的各种政策措施,在一定程度上缓解了县级财政的压力,但这些措施基本上都是临时性的措施而不是长久之计,要真正解决县级财政的困境,就需要在体制上动刀。

造成县级政府财政困难的原因很多,第六章已经从制度的视角进行了分析,本章将从体制的视角,就如何建立县级政府提供基本公共服务的动态保障机制

---

[1] 刘尚希、傅志华主编:《缓解县乡财政困难的路径选择》,中国财政经济出版社2006年版,第31页。

提出相关政策建议。本书认为,由于中国县级政府众多,各县之间的经济发展水平参差不齐,差异很大,为了满足广大县域居民不断提高的基本公共服务需求,县级政府财力保障机制的政策应该因地制宜,适当弹性化。要根据各地经济发展的不同水平以及政策等因素的变化,及时对保障对象、保障范围和保障标准进行动态调整。不仅要提高县级政府的可支配财力,还要进一步增强县级政府财政自主发展能力和财政自给能力,以充分保障县级政府财力的可持续性。

## 第一节 坚持城乡一体化的政策导向,加大对县域(农村)基本公共服务投入力度

县级政府提供的公共服务除了一部分是服务于县城人口,具有一定的城市公共服务特性外,绝大多数都是农村公共服务或公共产品,县级财政具有农村财政的特点。造成县级财政困境的原因很多也很复杂,但其背后的深层次原因是我国长期以来城乡分治的二元经济结构,该结构使得县级经济相对于高速发展的城市经济严重滞后,进一步造成了县财政发展困难,财政压力不断加大。

为此,必须要打破城乡分治的二元体制和二元经济结构,促进城乡经济社会一体化。近年来,我们的党和政府在城乡统筹、公共财政覆盖农村的政策方面,已经做了大量的工作,党的十八大报告也提出加快形成政府主导、覆盖城乡、可持续的基本公共服务体系。但是,长期以来"城乡分治"的二元体制和二元经济结构,已经成为我国社会和经济发展的路径依赖,城乡公共服务水平差距较大,农村教育、医疗、社会保障等公共服务仍比较落后,要彻底打破原有的体制,建立一个新的体制是一个渐进的过程,公共财政覆盖农村也是一个渐进的过程。因此,在城乡统筹、公共财政覆盖农村方面的力度还要进一步加大。

### 一、进一步加大对农业的财政投入力度

县级财政的问题,也是农业财政的问题。国家尤其是中央财政要进一步加大对农业的投入力度,大力发展农业,建立促进粮食稳定生产的长效支持机制,加大对农业科研和重大科技项目推广项目的资金投入,加快农业基础设施的建设,支持农产品加工业的发展和农业产业化经营,增加农业产品的附加值。这不仅可以提高广大农民的收入,也可以减轻县级政府尤其是农业县的财政负担,提高其财政保障能力。

## 二、进一步扩大公共财政在农村的覆盖面,加大对农村公共服务投入的力度

根据城乡政策统一的需要,优化公共支出结构,加大公共财政对农村的投入力度,重点支持农民急需的农村公共服务的提供,逐步实现城乡公共产品与公共服务供给制度的衔接。在教育上,公共财政要全部承担义务教育的支出,逐步提高对农村义务教育阶段学生的教育经费补助和生活补助标准。支持农村校舍建设、改造和维修,提高农村义务教育教师工资水平和福利待遇,开展保障性安居工程和教师周转宿舍建设或增加住房货币补贴。在医疗卫生上,重点支持农村公共卫生防疫体系建设、重大传染病的防治、农村医疗救助体系建设。在社会保障制度上,要进一步推动新型农村合作医疗制度的建设和完善,进一步推动农村新型养老制度的实施与推广,以及最低生活保障制度建设、农村特困救助、大病救助和失地农民的社会保障制度的建设。在文化上,要重点支持文化传播渠道进入农村和农村文化基础设施建设。

## 三、建立国家级"农业县一般转移支付基金",农业县提供基本公共服务的财力需求应该由中央、省级、市级政府承担主要责任

截至2016年,中国接近2 851个县级单位中,真正的县(自治县)大约1 483个,这些县级大多是农业县和半农业县,第一产业占比40%以上,农业人口占全部人口的65%。这些县一般都是"老少边穷"县,经济不发达,但往往又是城市的水源地和国家重要的粮油产地,外溢效应很大;财政困难,"农业县等于财政困难县"是对其现状的概括[1]。这些农业县自身财力薄弱,工商业经济不发达,财源贫瘠,特别是2006年国家免征农业税后,财力更是大幅度下降,基本上是无税可分或者是可以分成的税收有限,主要依赖上级政府的转移支付,县域公共服务提供水平不高,和经济发达地区差距较大,县级财政解困的重点就是这些农业县,如果这些农业县的基本财力能够真正得到保障,那么中国县级财政困难的问题就迎刃而解,而这需要国家财政大量的增量资金支持。

---

[1] 马国贤等:"论基于绩效的农业县转移支付政策研究",《甘肃行政学院学报》,2011年第6期,第108页。

为了缓解县级政府的财政困难,2010年,财政部颁布了《关于建立和完善县级基本财力保障机制的意见》(财预〔2010〕443号);2013年,国务院转发了财政部《关于调整和完善县级基本财力保障机制的意见》(国办发〔2013〕112号),提出县级基本财力的保障范围主要包括人员经费、公用经费、民生支出以及其他必要支出等,明确了中央、省、市县政府在保障县级基本财力的责任分担,要求地方财政采取措施弥补县级基本财力缺口,发展县域经济,加强收入征管,增加财政收入。对于采取上述措施后仍不能满足基本财力保障的县,省级政府加大财力调节力度,县级政府全面落实保障责任,中央财政健全激励约束机制,对实际缺口率低于全国平均缺口率的地区给予奖励,并逐步加大奖补资金支持力度,建立县级基本财力保障机制绩效评价体系。

诚然,中央这些政策的出台,对于加强县级政府的财力保障起到了非常重要的作用,但可以看出,省和县两级政府是保障的主体,中央财政只是"友情赞助",并且中央奖补资金的多少并不确定,这些政策在实际运行中对于缓解农业县的财政困难并不具有非常强的针对性,因为绝大多数财政困难的农业县都是分布在中西部地区,中西部地区的省级财政自身能力较弱,管辖范围内穷县太多,凭省级财力难以化解,因而多数采取"中央给多少钱就化解多少"的态度,希望寄托在中央财政的身上。但是分布在东部经济发达地区的农业县,由于省级财政实力较强,县级财政有缺口的县并不是很多,缺口的数额并不是很大,因此,消除财政缺口的难度不大。

本书认为,农业县一般是重要的粮油产地,承担着国家粮食安全的重任,具有很强的正外部性。农业县一般工业基础薄弱,缺少技术和人才,市场经济相对不发达,如果也通过招商引资、大力发展工业来增加财政收入的话,一方面,农业县没有大力发展工业的基础;另一方面,如果招商引资把关不严,为了片面追求财政收入和GDP的增长,发展一些对环境污染很严重的工业项目,破坏了好山好水好空气,反而会影响到粮食生产和国家粮食安全。

为此,对于1 483个农业县来说,应该发挥自己的比较优势,立足于发展农业生产以及农产品加工业发展和农业产业化经营,增加农业产品的附加值,提高农民的收入,保障国家粮食安全。对于农业县的财政困难,国家财政应该给予财政资金方面的大力支持,特别是农业县提供基本公共服务的基本财力应该由中央、省、市县财政共同承担。

我们建议在整合各项支农专项资金的基础上,建立国家级"农业县一般转移支付基金",基金的筹措办法由财政部牵头协调,除了中央财政的专项资金以外,发达地区和城市也应该给予农业县一定的资金补偿,财政部在测算下年需求量的基础上,年初公告应从各级政府新增财力中扣减比例,并专案用于农业县一般转移支付,列入中央决算[1]。然后,再由财政部通过因素法对各农业县的标准收入和标准支出进行测算,通过公式法将资金拨付给各个农业县,中西部地区农业县的基本财力保障,中央财政应承担主要责任;经济发达省份的农业县,省级政府和市级政府应承担主要责任。这样可以让农业县不再为财力困难而盲目追求工业的发展,安安心心地从事粮食生产,既可以解决为广大县域居民提供急需的基本公共服务的资金缺口问题,又可以保证国家的粮食安全战略,一石二鸟。

### 四、与农民市民化进程挂钩,提升财政提供基本公共服务的水平

以往各级财政提供基本服务都是与户籍人口挂钩的,随着大量农业人口向城市转移,农业人口市民化,老的政策显然不能与时俱进。为此,要促进户籍制度的改革,财政转移支付要与市民化挂钩,各项基本公共服务政策和福利待遇要与户籍制度脱钩。对常住人口多于户籍人口的农业人口流入县,基本公共服务资金需求的测算办法要由过去的以户籍人口测算,改为按常住人口测算。要推进基本公共服务向常住人口全覆盖,逐步实行新老市民享受同等或大致相当的基本公共服务。

### 五、加快农村基层民主制度建设,建立有效的农村公共资源使用监督机制

一是实现县域(农村)公共服务供给决策程序由"自上而下"向"自下而上"转变。加快农村基层民主制度建设,充分实行村民自治,建立由内部需求决定公共产品的供给机制,充分发挥农民主体地位的作用。为此,必须推进农村基层民主制度建设,充分实行村民自治,在村民委员会和乡人民代表大会的基础上,使农民的意见得到充分的反映,由全体农民或农民代表对本社区的公益事业建设进行表决。二是加快农村基层政府的组织建设,改变农村基层领导人由上级组织部门安排的做法,把主动权交给农民,由农民自己选举出能真正代表农民利益、对农民负责的社区领导人。三是,建立有效的农村公共资源使用监督机制,增加

---

[1] 马国贤等:"论基于绩效的农业县转移支付政策研究",《甘肃行政学院学报》,2011年第6期,第108页。

公共资源使用的透明度,定期将收支情况公之于众,接受全社会的监督[1]。

**六、建立以政府为主体,社会协同治理的多元化县级公共服务提供机制**

加大对县域基本公共服务的资金投入且保持公共服务资金的持续增长是必然趋势,但是并不是所有县级公共服务都需要政府买单,政府不是唯一的提供主体,为了保证县级尤其是农村基本公共服务的有效提供,需要建立以政府为主体,社会协同治理的多元化县级公共服务提供机制。

协调治理理论目前是公共行政研究领域的热门话题,协同治理是将"协同学"引入到社会治理理论而发展形成的一个新兴理论,"社会治理"通过强调多元主体的共同参与以及主体间的良性互动从而实现社会公共利益最大化,其最终目的则是要达到"善治"[2]。"协同学"源于希腊语,意为协调合作之学,指研究系统中诸要素或子系统之间相互配合、协调、互动合作而形成有机整体变化规律的新兴综合性学科,由理论物理学家赫尔曼·哈肯于1971年提出。联合国全球治理委员会对"协同治理"概念所下的定义:协同治理是个人、各种公共或私人机构管理其共同事务的诸多方式的总和,它是使相互冲突的不同利益主体得以调和并且采取联合行动的持续的过程[3]。协同治理的内涵非常丰富:强调治理主体的多元化,非政府组织、第三部门、政府、私人部门等多元主体参与治理的理念;协同治理权威是多样性的、分散的;治理主体关系是对等的、双向互动的;子系统之间具有相互协作性、系统的动态性等多种内容。

县级基本公共服务的协同治理模式,就是要打破长期以来政府是公共服务唯一提供者的单一模式,搭建起县级基本公共服务平台,撬动民间社会资本,建立起包括政府、非政府组织、企业、私人部门以及公民个人等多元化供给主体,并开展各主体之间的合作、协调、互动,整合各主体的资源,发挥各自的长处,注重政府供给、市场供给、政府与市场混合供给、志愿供给等方式的有效结合,为广大县域人口提供更多和更好的基本公共服务,可以有效解决县域尤其是农村基本公共服务供给短缺问题。

---

[1] 陶勇:"农村公共产品供给与农民负担问题探索",《财贸经济》,2001年第10期,第74-77页。
[2] 姜晓萍:"国家治理现代化进程中的社会治理体制创新",《中国行政管理》,2014年第2期,第24-28页。
[3] 刘伟忠:"我国协同治理理论研究的现状和趋向",《城市问题》,2012年第5期,第81-85页。

在这个开放的、多元化协同治理的基本公共服务提供模式中,政府的地位是主导,政府的主要作用就是加大对基本公共服务的资金投入,制定相关的法律法规和政策,维护市场秩序,保障各参与主体的权利和利益,实现和增进公共利益;企业、私人部门等参与的市场提供方式主要为县级基本公共服务供给拓宽筹资渠道;第三部门以及各种社会组织的参与为个人尤其是农民的利益表达提供了组织平台,有助于推动县域社会公益事业发展。

## 第二节 完善省以下事权和支出责任的划分

相对于较为规范的中央与省级政府之间的财政体制来说,省以下财政体制的改革和完善,是解决县级财力短缺的制度保证,也是国家财政体制改革的重点。其中,政府间事权和支出责任合理划分是财政体制改革的关键,也是政府有效提供基本公共服务的前提和保障。

### 一、基本理论

#### (一) 事权和支出责任的内涵

2016年8月24日,国务院颁布了《关于推进中央与地方财政事权和支出责任划分改革的指导意见》(国发〔2016〕49号),提出了"财政事权"的新的表述,财政事权是一级政府应承担的运用财政资金提供基本公共服务的任务和职责,支出责任是政府履行财政事权的支出义务和保障。这样的表述,是从财政支出的角度,将"事权"界定为需要财政掏钱承担的基本公共服务职责。但实际上,"事权"的概念显然比"财政事权"的外延大,因为有些公共服务的提供,并不一定完全需要财政拿钱来提供,市场和社会也可以参与提供。本书提及的事权主要是广义的"政府事权"。

所谓事权,实际上是政府职能的表现。我们在研究政府间财政体制时,各级政府的事权是指每一级政府在公共事务和公共服务中应承担的职责和任务,也是依据政府职能和责任而被赋予的一种权力。事权应该包括决策权、支出权(支出责任)、管理权、监督权四个要素,简单来讲,事权就是由"谁决定—谁掏钱—谁干事—谁监督"四个要素组成。如果这四个部分都由同一个政府承担,那么事权、财权和财力就不会脱节。

许多学者从财政学的视角认为事权就是一级政府的财政支出责任,将事权等同于支出责任,即哪些支出应由哪一级政府承担[1]。2016年8月24日,国务院颁布了《关于推进中央与地方财政事权和支出责任划分改革的指导意见》(国发〔2016〕49号),提出"财政事权"新表述,也是从财政支出的视角对这一概念进行界定。一般来说,政府履行其职能需要财政的支持,因而政府的职能又体现在财政支出的范围、规模和结构上,在政府的财政活动和公共收支中,又常常多使用"支出责任"来反映政府的事权。但是,事权并不等于支出责任,因为一级政府的事权主要是指其必须要履行的职能,而支出责任更强调事权的成本和花费。某一级政府的支出并不一定能够完全反映出其应该承担的职能,因为,政府做事并不一定都是自己掏钱,可以用别人的钱办自己的事;也有可能是掏了钱,却承担了上一级或低一级政府的职能;此外,即使花费达到法定的水平,政府仍然不一定较好地履行其事权。由于中国五级政府的事权划分比较复杂,支出责任相对容易衡量,所以,在财政学中常常又用支出责任来反映政府的事权。

有关合理划分政府间的事权,涉及财政学、政治学、社会学、公共管理学、法学等多个学科和维度,需要开展不同学科的交叉研究。目前,我国理论界关于中央与地方事权划分的研究主要有四种研究路径:侧重于政府实际财政支出的财政学框架(简称财政进路);从法学的视角,以国家宪制组织体系为对象的国家结构形式分析(宪制进路);围绕着央地关系的动态演变而展开的政治互动探讨(政治进路)[2],以及从公共事务的多重属性来划分政府事权的研究框架。

**(二) 理论依据**

1. 财政学视角的研究

公共财政学有关政府间事权和支出责任的划分最为经典的有以下三种。

(1) 根据公共产品受益层次性来划分。

从公共产品受益的空间层次性来看,全国性的公共物品和服务,一般由中央政府提供;地方公共产品供应主要由地方政府负责,因为与中央政府相比,地方政府更接近自己的民众,更了解其辖区内居民的需求和偏好,提供的公共产品更加有效率;对于产生跨地区外部效应和规模经济效应的地方公共产品与服务,应由中央与地方或者是地方政府之间合作提供。

公共产品受益层次性理论为中央与地方以及地方政府之间支出责任的划分

---

[1] 张永生:"政府间事权和财权如何划分?",《经济社会体制比较》,2008年第2期,第71-76页。
[2] 王浦劬:"中央与地方事权划分的国别经验及其启示:基于六个国家经验的分析",《政治学研究》,2016年第5期,第44-58页。

提供了理论基础。按照这一理论,国防、外交、全国性基础设施等全国性公共产品的提供由中央政府承担;社区治安、城市供水和排水、公园、街道维护等由地方政府承担;教育、医疗卫生、跨地区的基础设施等具有外部效应或规模经济的公共产品,单一的地方政府是难以克服这些问题的,应由中央与地方或地方政府间合作提供。换言之,根据这一理论逻辑,当公共产品的受益范围与政府层级和辖区大小基本一致时,由该级政府提供最有效。

(2) 根据政府经济职能的分层来划分。

蒂布特和马斯格雷夫还从政府的职能定位角度,提出著名的分层蛋糕模型。他们认为政府有着三大经济职能,即参与资源配置、调节收入分配、促进经济稳定。这三大职能有着一定的层次性,中央与地方在履行职能时应有所分工。他们认为地方政府应承担起资源配置的主要职能以提高效率,而收入再分配和经济稳定职能应当集中在中央政府手里,因为促进收入分配公平、保持经济稳定和增长的财政政策或货币政策应该在全国范围内使用,而地方政府是无力承担这一职能的[1]。

值得指出的是,财政分权有利于提高资源的配置效率,但并不是说中央政府可以不必承担任何资源配置的职能。同样,与中央政府相比,地方政府在收入再分配和稳定经济方面的能力较小,当然这并不是完全否定地方政府对收入再分配和稳定经济的作用。一些实证研究表明,地方政府的税收和支出政策对收入再分配和经济的稳定起到了一定作用,特别是在他们所管辖的区域范围内。

(3) 以效率为标准划分各级政府间事权和财政支出责任。

20 世纪上半叶,美国财政学家赛力格曼提出应以效率为标准在各级政府间划分财政支出责任,同时他还提出规模较大的财政支出,而规模较小的财政支出由地方支付负责。美国财政学家阿图·埃克斯坦在 20 世纪 70 年代强调在政府间财政支出划分中应重视决策程序问题,他的主要观点是相对于中央政府来说的,地方政府形成一项公共决策的时间要短许多,决策快捷,更能够体现本辖区内居民的偏好。因此他主张除国防、外交、国家管理等支出需要由中央财政承担之外,其他一些财政支出项目主要应由地方政府负责[2]。

### 2. 法学视角的研究

从法学的视角,现有的研究主要是通过对以国家宪制组织体系为对象的国家结构形式的分析,来探讨政府间事权的划分,重视国家主权的归属以及中央和

---

[1] 转引自 C.V.布朗、P.M.杰克逊著:《公共部门经济学》,中国人民大学出版社 2000 年版,第 214-218 页。
[2] 同上。

地方权力的初始配置结构,往往着力分析国家构建的发生史和宪法的相关规定,对事权划分的法律依据十分重视,将单一制和联邦制分为不同类型,阐述典型国家央地事权的划分[1]。例如,林尚立认为,分析一个国家的政府关系应该从基本的权力关系入手,政府间权力关系受到宪法和法律的保护。单一制国家宪法比较简单,只需对地方政府的权力范围作原则性的规定;而联邦制国家的组织形式决定了联邦宪法必须对联邦和联邦成员政府的各自权限范围与权力之间的关系作出具体的规定,而且这种规定的权威性比单一制国家的宪法规定的权威性大。在单一制国家,除了宪法对中央与地方关系作出原则性的规定外,那些直接源于宪法的有关地方政府的法律也有决定性的作用,如地方自治法、行政法、行政组织法、行政程序法等[2]。

### 3. 政治学的视角

从政治学的视角,现有研究的重点主要是集权和放权的分权动态过程,特别是其间的支配、监督和影响关系,因而对权力划分和博弈以及作为权力管辖对象的事务范围的动态变化,如权力下放、地方自治、地方分权等更为重视,大都是对相关国家央地关系改革过程中事权配置格局调整的事实描述、分析和总结[3]。

以上三种现有的研究侧重点不同,但都有着自己的局限。财政学研究的视角,不能确定不同层级政府事务的属性,以及不同属性事务的法律关系和权力关系;法学的研究视角忽略了政府提供事务的属性;现有的政治学研究的视角比较关注政府间权力的划分和互动,忽略了政府间事权划分的法律依据,以及如何根据公共事务的属性来合理界定各级政府的事权。

### 4. 从公共事务的多重属性来划分政府事权

王浦劬[4]在总结和综合了目前有关事权划分不同研究视角的基础上,提出"事权"一词是对于政府承担的公共事务及相应权力的特有称谓。所谓"事权",实际是指特定层级政府承担公共事务的职能、责任和权力。中央与地方的事权划分,应当从公共事务入手,以事务定基,而公共事务的政治、经济、社会、自然和战略属性,则是划分政府层级性事务的基本依据;实际途径是公共事务治权的合法合理配置,治理目标是确保国家主权的完整统一和治权的有效运行,调动

---

[1] 王浦劬:"中央与地方事权划分的国别经验及其启示:基于六个国家经验的分析",《政治学研究》,2016年第5期。
[2] 林尚立著:《国内政府间关系》,浙江人民出版社1998年版,第73—80页。
[3] 同[1]。
[4] 同[1]。

中央与地方的积极性,以高效提供丰富优质的公共物品。

公共事务的政治属性主要是国家主权与政治制度属性,此外,国家的政体、选举制度和监督制度等政治因素,也对央地事权划分具有直接影响。公共事务的经济属性,主要根据政府提供公共产品经济活动的辖区内经济利益的损益性、辖区外经济利益的损益性即正负外部性来确定。公共事务的民族属性,不同的民族对不同区域范围公共利益的理解既有共同性又有差异性,公共事务及其实施权力需要考虑不同民族的特点进行合理划分。公共事务的自然属性是指因为自然而非人为因素带来的公共事务权力责任划分的问题,诸如空气污染、自然灾害、跨区域河流治理等。公共事务的国家发展战略属性是指由于国家确定的特定国家战略而产生的公共事务属性,一般应由中央政府承担。

## 二、省以下事权和支出责任划分的国际经验

明确政府间事权和支出责任的划分是政府有效提供基本公共服务的前提和保障,是财政体制有效运行的基础。虽然由于各国政治制度、经济状况、文化背景等各不相同,政府间事权与支出责任的划分有所差异,但总体上来看也具有一定的共性。我们需要总结和归纳典型国家的实践和经验,为完善我国省以下政府事权的划分提供一定的借鉴。

### (一) 政府间事权和支出责任的原则

总体来说,绝大多数成熟的市场经济政府间事权与支出责任的划分普遍遵循了经典的财政分权理论,即效率原则、公平原则、受益范围划分原则和经济稳定的原则。

1. 效率原则

根据经典的财政理论,政府层级越低的地方,政府与服务对象越接近,比较了解其所管辖区域内居民的偏好,相对于级别高的中央政府来说,提高公共产品和公共服务就更具有效率。也就是说,公共事务支出责任的划分应该尽量属地化,越分权就越具有效率。

2. 公平原则

在调节收入再分配,实现收入分配公平方面政府职能的划分,由于各地经济发展情况千差万别,就需要较高层级的政府统一制定分配政策[1]。

---

[1] 张永生:"政府间事权和财权如何划分?",《经济社会体制比较》,2008年第2期,第71—76页。

### 3. 受益范围划分原则

基本上所有国家政府间事权和支出责任的划分都依据了公共产品受益范围划分的原则,凡是受益范围覆盖到全国的支出由中央政府承担,受益范围局限于特定区域的支出则由地方政府承担。

### 4. 经济稳定原则

对于经济稳定和增长职能在各级政府间划分,中央政府可以通过财政政策和货币政策来进行调控,故中央政府往往具有优势,应由中央支付承担主要职责。

在确定好了政府间事权和支出责任划分的基本原则(见表 7.1)后,对于事权在每一级政府间如何配置,即中央政府承担什么？州(省级)政府承担哪些？地方政府又承担哪些？由于受政治体制、经济发展水平等因素的影响,各国有所不同。一般来说:(1)从经济发展阶段来看,经济越是发达,地方政府承担的职能就越重要。

表 7.1 事权划分的一般性原则

| 公共服务种类 | 谁制定政策标准和监督 | 由谁提供和管理 | 理由 |
| --- | --- | --- | --- |
| 国防、外交、国际贸易、货币政策、外汇、州际贸易、失业保险、移民、对工商业的补贴、航空和铁路、对个人的转移支付 | 中央 | 中央 | 全国性公共产品 收入再分配 |
| 财政政策 | 中央、省 | 中央、省、地方 | 全国、省域公共产品 |
| 规制 | 中央 | 中央、省、地方 | 全国统一市场 |
| 自然资源 | 中央 | 中央、省、地方 | 全国统一市场 |
| 环境 | 中央、省、地方 | 中央、省、地方 | 外部性 |
| 工业和农业 | 中央、省、地方 | 省、地方 | 外部效益 |
| 教育 | 中央、省、地方 | 省、地方 | 外部效益 |
| 健康 | 中央、省、地方 | 省、地方 | 外部效益 |
| 社会福利 | 中央、省、地方 | 省、地方 | 外部效益 |
| 警察 | 省、地方 | 省、地方 | 地方公共产品 |
| 自来水、污水和垃圾处理 | 地方 | 地方 | 地方公共产品 |
| 消防 | 地方 | 地方 | 地方公共产品 |
| 公园和大众娱乐 | 中央、省、地方 | 中央、省、地方 | 地方公共产品 |
| 跨州公路 | 中央 | 省、地方 | 地方公共产品 |
| 省级公路 | 省 | 省、地方 | 地方公共产品 |
| 当地公路 | 地方 | 地方 | 地方公共产品 |

资料来源:Anwar Shan:"The reform of intergovernmental fiscal relation in developing and emerging market economics", *Policy and Research Series*, NO.23, World Bank, 1994。

发达国家地方政府(包括省和省以下政府)支出占政府总支出的比重为32.2%;而发展中国家的这一比例仅为19.5%;转轨国家则仍是介于两者之间为29%[1]。(2)从国家体制上看,联邦制国家由于地方政府被赋予了更多的权限,因而一般联邦制国家的地方政府开支占政府总开支的比重要高于单一制国家。

### (二) 事权划分的法制化

成熟市场经济国家事权和支出责任的划分都是以详细的法律为依据,强调事权划分的法制性和稳定性。这些国家基本上都通过宪法、各州宪法和法律、地方自治法、地方政府法以及公共财政和预算法等,对政府间事权划分作出了明确的规定。典型的联邦制国家,例如,美国、加拿大、德国、澳大利亚等,联邦政府与州政府之间不存在领导与被领导的关系,是平等的关系,地方政府从州政府中产生,地方政府的事权由州政府决定。宪法并没有对地方政府作出相关的规定,在宪法中没有列举的权力则属于地方政府,因而地方政府权力很大。

英国、法国、日本等典型的分权型单一制国家,强调中央政府的集权,中央与地方政府的事权都由宪法统一规定,但同时也赋予了地方政府一定的自治权,保证地方政府的独立性,例如,日本的都、道、府、县和市、町、村两级政府在日本宪

表7.2 部分国家事权划分的主要法律

| 国别 | 立法形式 |
| --- | --- |
| 美国 | 宪法、美国法典、国内收入法、联邦储备法、各州宪法 |
| 加拿大 | 1867年英属北美法案,各省城市法案 |
| 德国 | 联邦基本法、各州的宪法等 |
| 新西兰 | 宪法、公共财政法 |
| 澳大利亚 | 联邦宪法、州法律、财政管理与责任法案 |
| 印度 | 宪法 |
| 英国 | 权利法案、地方政府法、地方社会服务法等 |
| 法国 | 宪法、权力下放法 |
| 日本 | 宪法、地方自治法等 |
| 巴西 | 宪法、州法律 |
| 意大利 | 宪法 |
| 俄罗斯 | 宪法、预算法 |

资料来源:李萍主编:《财政关系图解》,中国财政经济出版社2010年版,第247页。

---

[1] 孙学工:"公共服务供给中各级政府事权财权划分的国际经验",《经济研究参考》,2005年第25期,第37-48页。

法被称为"地方自治体"或"地方公共团体",是独立于中央政府的法人,确保地方政府的自治地位。

**(三)典型国家主要基本公共服务政府间事权划分**

1. 基础教育

从世界各国的实践来看,教育特别是基础教育通常都是中央、省和地方政府共同承担(见表7.3)的。在美国,教育是州和地方政府提供的最基本公共服务。小学和中学一直是州和地方政府最大的支出,2003年,几乎等于地方一般支出总量的1/4,占地方政府支出的比重接近41%,这相对于地方警察和消防支出的5倍,地方道路支出的9倍。2002年,公立小学和中学的教育资金50%由州政府提供,地方政府、学区提供的支出占公立学校支出的43%,联邦政府为小学和中学提供的资金仅占公立学校支出的8.4%,作用要小些。在州政府提供教育资金的作用方面,美国各州差异较大,2002—2003年,夏威夷公立学校的资金90.1%由州政府提供,而南达科他州公立学校的资金34.1%由州政府提供,其余部分主要由地方政府提供[1]。

表7.3 部分国家主要基本公共服务的财政支出占比情况　　　　单位:%

| 区域 | 国别 | 教育 | | | 卫生 | | | 社会保障 | | |
|---|---|---|---|---|---|---|---|---|---|---|
| | | 中央(联邦) | 省(州) | 地方 | 中央(联邦) | 省(州) | 地方 | 中央(联邦) | 省(州) | 地方 |
| 发达国家 | 美国(2002) | 52.3 | 24.3 | 23.2 | 64.1 | 17.3 | 18.6 | 68.6 | 17.4 | 14.0 |
| | 澳大利亚(2004) | 74.0 | 25.7 | 0.3 | 75.0 | 22.9 | 1.5 | 88.7 | 6.0 | 5.3 |
| | 德国(2004) | 35.6 | 22.6 | 41.8 | 65.9 | 32.7 | 1.4 | 76.8 | 16.7 | 6.5 |
| | 加拿大(2003) | 38.8 | 41.3 | 19.9 | 97.3 | 0.7 | 2.0 | 67.4 | 16.5 | 16.1 |
| | 瑞士(2002) | 60.3 | 23.4 | 16.3 | 97.0 | 1.2 | 1.8 | 45.9 | 23.1 | 31.0 |
| | 英国(2000) | 36.5 | — | 63.5 | — | — | — | — | — | — |
| | 法国(2001) | 62.8 | | 27.2 | | | | | | |
| 发展中国家 | 巴西(2004) | 14.6 | 50.1 | 35.3 | 20.3 | 39.1 | 40.6 | 84.6 | 12.0 | 3.4 |
| | 印度尼西亚(2002) | 72.5 | 11.4 | 16.0 | 66.7 | 12.3 | 21.0 | | | |

数据来源:IMF, *Government Finance Statistics Yearbook*, 2005。

澳大利亚的学校教育也是由州政府和地方政府共同承担,但州政府承担了

---

[1] Ronald C. Fisher, *State and Local Public Finance*, Thomson South-Western, 2007, 3E:495.

主要的职责。加拿大学校教育也是省和地方政府共享的职责,其中,省提供大部分资金(在均衡的基础上),而地方政府从地方财产税中筹集资金用于教育支出。

英国实行集权与分权相结合的教育管理体制,地方教育行政部门主要负责本地区的教育管理。法国实行的是中央集权型的教育管理体制,中央政府承担的教育责任要比地方政府大。日本的教育由中央政府和地方政府共同承担,市町村负责学校建设和管理,中央和都道府县负责占教育经费大部分的教师工资。

巴西和印度尼西亚等发展中国家的教育职责也是由中央、省、地方共同承担,而中央和省级政府承担的责任要大一些。

2. 公共卫生

在公共卫生方面,一般由市级政府负责一般性疾病的预防和诊断工作。而治疗性医院或是专业性医院由于具有规模经济效益而一般由更高一级如地区、省甚至中央政府负责。传染性疾病的防治由于具有很强的公共产品性质,一般由高一级的如省级或中央政府负责[1]。从主要发达国家的实践来看,加拿大地方政府在诸如医疗卫生社会服务中一般起很小的作用,而联邦政府和州政府正是此类服务的有效供应者。在日本,中央政府只是对卫生行政进行全面的计划和指导,与国民生活密切相关的公共卫生事务几乎都由地方公共团体负责,其中,都道府县作为公共卫生的核心机关,从事内容极其广泛的公共卫生工作,与市町村负责的公共卫生有着大致的分工,都道府县负责结核病预防、传染病预防等卫生防疫工作,市町村负责粪便处理、灰尘处理等环境工作[2]。美国的公共卫生以州和地方政府为主进行管理,在财力分配上主要由州和地方政府来解决,中央政府给予一定的补助。从现有的数据来看,不论是发达国家,还是发展中国家,总体上来说,中央政府卫生支出占医疗卫生总支出的比重较高,省以下地方政府所占的比重较低,承担的支出责任相对较小。

3. 社会保障

社会保障主要包括养老保险、医疗保险、失业保险、社会救助四个方面的内容,是现代国家的安全网和稳定器,具有很强的收入再分配功能。一般理论认为,层次低的地方政府对收入再分配的能力有限,无论是发达国家还是发展中国家,社会保障的提供都是集权化,中央或联邦政府在社会保障和社会福利中起着

---

[1] 孙学工:"公共服务供给中各级政府事权财权划分的国际经验",《经济研究参考》,2005年第25期,第37-48页。
[2] 魏加宁、李桂林:"日本政府间事权划分的考察报告",《经济社会体制比较》,2007年第2期,第41-46页。

主导性的作用。例如,美国联邦政府在社会保险支出中总体上所占的比重从1950年的43%上升到2004年的72%,发达国家中央政府的社会保障和社会福利开支占全部社会保障和福利开支的比重为80%,发展中国家一般为75%[1]。

从社会保障具体内容的政府间事权划分情况来看:(1)养老保险和失业保险是向离退休和失业人员提供的基本生活保障,具有很强的收入再分配效应,具有全国公共产品的特征,由中央政府制定政策和标准并承担提供职责,有利于实现收入分配公平的目标。(2)医疗保险在许多市场经济国家,联邦政府负责统一制定政策,地方政府负责执行,中央或联邦政府起着主导性作用(见表7.4)。在一些发达市场经济国家,虽然私人保险在医疗保险提供中起的作用越来越大,例如美国的医疗保险以私人保险为核心,但在政府提供的医疗照顾和医疗救助计划中,中央政府负责提供老年和残疾人保险,贫困人员医疗保险由联邦制定政策,州政府负责[2]。(3)社会救济和社会福利也具有很强的收入再分配功能,但在确定具体救济对象的时候,需要了解救济对象的具体信息,例如,家庭收入和财产、家庭成员等,在此方面,地方政府具有一定的信息优势,所以许多发达的市场经济国家都充分发挥州和地方政府在提供社会救济方面的作用,再由中央政府给予一定的补助。

表7.4 部分国家社会保障事权划分

| 国别 | 养老保险 | 失业保险 | 医疗保险 | 社会救济和社会福利 |
|---|---|---|---|---|
| 美国 | 联邦 | 联邦和州共同负责,以州为主,联邦补助 | 以私人保险为主;老年和残疾人——由联邦负责;贫困人员医疗保险——由联邦制定政策,州政府负责 | 联邦政府和州政府共同负责;联邦政府负责制定政策,地方负责管理,资金主要由各地方负责,联邦给予一定补助 |
| 加拿大 | 联邦 | 联邦 | 联邦和州共同负责,以州为主,联邦补助 | 联邦和州共同负责,联邦补助 |
| 德国 | 联邦 | 联邦 | 联邦制定政策,地方执行 | 州和联邦 |
| 英国 | 中央 | 中央 | 中央 | 中央 |
| 澳大利亚 | 联邦 | 联邦 | 联邦 | 联邦和州 |
| 日本 | 中央 | 中央 | 中央 | 都道府县与市町村 |
| 法国 | 中央 | 中央 | 中央 | 省和中央 |

资料来源:李萍主编:《财政体制简明图解》,中国财政经济出版社2010年版,第252页,以及卢中原著:《财政转移支付和政府间事权财权关系研究》中国财政经济出版社2007年版。

---

[1] 财政部科研所课题组:"政府间基本公共服务事权配置的国际比较研究",《经济研究参考》,2010年第16期,第8-41页。

[2] 郭雪剑:"发达国家政府间社会保障管理责权的划分",《经济社会体制比较》,2006年第5期,第98-104页。

4. 交通

交通运输是一种与更多人日常生活密切相关的服务,省以下地方政府在提供公共交通方面的作用是显而易见的。美国在交通运输的政府间事权划分上,联邦政府在高速公路和运输方面的职责主要是给予下级政府补助,对于航空和水路交通方面,联邦政府则主要承担直接购买和提供服务与交通设施的作用。虽然联邦政府在公路和交通运输筹集资金方面发挥着重要作用,但所有这些资金的使用者主要还是州和地方政府。州政府是公路和航空运输的直接购买者,充当联邦对地方政府补助的中介。例如,公路服务,州政府的交通部门主要负责由其负责道路的建设和维护,而地方政府主要用自己的收入和获得的转移支付直接购买和提供交通设施服务。从不同道路的联邦补助分布来看,联邦公路补助资金主要流向州际公路、农村主干公路,而城市道路比农村道路所获得的联邦补贴要少。

在日本,根据《道路法》的有关规定,道路分为高速国道、一般国道、都道府县道和市町村道路四种。国道的新建和改建工作原则上由中央政府的建设大臣负责管理,在指定区间内的由建设大臣负责,其他部分由都道府县知事负责。此外,都道府县道的管理由都道府县负责,市町村道的管理由市町村负责[1]。

从澳大利亚政府间公路事权划分情况来看,联邦政府制定公路的技术标准,特别是国道的技术标准,并对州和地方政府进行投资补助,国道建设必须按照联邦标准进行,否则将不予以投资补助。联邦政府为连接各州府及中心城市的国道建设提供约70%的资金,但国道的管理仍归各州公路局。州政府主要负责州道、连接主要城镇道路干线和少量主要农村公路的建设,其资金来源主要依靠联邦和州政府的补助[2]。

### 三、完善省以下事权和支出责任划分的政策建议

#### (一) 明确省以下事权和支出责任划分的原则

有关政府事权划分的原则,20世纪英国财政学的代表人物巴斯特布尔提出"受益原则""行动原则"和"技术原则",即凡政府所提供的服务,其受益对象是全国民众,则支出应属于中央政府的公共支出;凡其受益对象是地方居民,则支出

---

[1] 魏加宁、李桂林:"日本政府间事权划分的考察报告",《经济社会体制比较》,2007年第2期,第41-46页。
[2] 交通运输部赴澳大利亚公路养护事权划分和运行机制培训团:"澳大利亚公路养护事权划分和运行机制",《中国公路》,2015年第5期,第50-57页。

应属于地方政府的公共支出；凡政府公共服务的实施在行动上必须统一规划的领域或财政活动，其支出应属于中央政府的公共支出；凡政府公共活动在实施过程中必须因地制宜的，其支出应属于地方政府的公共支出；凡政府活动或公共工程，其规模庞大，需要高度技术才能够完成的项目，则其支出应归中央政府的公共支出，否则应属于地方政府的财政支出[1]。

财政部部长楼继伟在他2013年出版的著作《中国政府间财政关系再思考》中提出，要按照"外部性、信息复杂性和激励相容"的原则来划分政府间的职能。(1)"外部性"原则，指在实际操作中是根据公共产品受益范围来确定其成本的辖区范围，使成本分担的地理边界同受益范围一致，从而实现外部性的内部化。(2)"信息复杂性"原则，指相对于中央政府来说，地方政府熟悉基层事务，搜集和加工差异性信息的能力明显比中央政府强，因此，信息处理越复杂，越可能造成信息不对称的事项，越应让地方管理。(3)"激励相容"原则，指财政体制的设计使得所有的参与人即使按照自己的利益去运作，也能导致整体利益最大化，这种体制就是激励相容的[2]。目前这三项原则已经被社会各界熟知，成为本轮政府间财政体制改革的基本原则，一些省份在探索省以下政府间事权和支出责任划分的时候，也是按照这三项原则进行的。

王浦劬提出从公共事务属性入手来划分政府的事权，他将公共事务的属性划分为政治属性、经济属性、民族属性、自然属性、公共事务的国家发展战略属性等[3]。

有关政府间事权的合理划分，涉及多个学科和维度，不仅仅是财政部门一家的事情，还需要政治、行政、法律、经济等全面的配合，并且还要符合中国的国情，是一项非常复杂的系统工程。

根据公共财政理论以及政治学、行政学等相关基本理论、国际经验以及中国的实际情况，省以下财税体制的改革需要遵守以下原则。

1. 正确处理政府、市场和社会之间关系的原则

正确处理政府、市场和社会的关系，明确界定政府的职能是政府间事权和支出责任划分的基础。从政府与市场的关系来看，政府职能转变不到位，一方面，政府对市场经济干预的太多，存在着"越位"，政府职能过大过广，政府支出责任

---

[1] 蒋洪主编：《公共经济学（财政学）》，上海财经大学出版社2006年版，第464页。
[2] 楼继伟：《中国政府间财政关系再思考》，中国财政经济出版社2013年版，第30-38页。
[3] 王浦劬："中央与地方事权划分的国别经验及其启示：基于六个国家经验的分析"，《政治学研究》，2016年第5期，第44-58页。

广大;另一方面,政府的经济职能又存在着"缺位"的现象,政府在教育、医疗卫生、社会保障等公共服务方面提供严重不足,不能满足广大人民日益增长的需求。为此,正确处理政府与市场的关系,就必须要充分发挥市场在资源配置中的决定作用,凡是市场能够做的,政府就应该坚决退出,财政资源应从竞争性领域退出,投向教育、卫生、社会保障等公共服务领域。

在政府与社会的关系上,应该实行"大社会,小政府",凡是社会组织可以承担的公共事务,政府应该放手让社会组织去做,实行政社分开,培育和推进社会组织的发展,明确社会组织权责,加强社会建设和创新社会管理,依法发挥社会组织自治作用。

2. 公共产品受益范围划分原则

对于受益范围覆盖到全省,外部性较强的公共事务作为省级事权,由省级政府承担主要支出责任;受益范围局限在特定区域的公共事务作为市县事权,省内跨区域的重大公共项目等作为省与市县共同事权。省与市县政府按承担事权划分,各自承担相应的支出责任。

3. 效率原则

从效率的视角来看,省以下公共服务事权和支出责任的划分方面,凡是层级低的地方政府能够承担的事务应该尽量属地化,越分权就越具有效率;具有一定规模经济的公共产品或公共服务由层级较高的省、市级政府提供,或者由省市县合作提供效率会更高。在政府间财政收入划分方面,以征收效率为标准来确定税种的归属,即如果某种税由地方政府征收效率更高,就将这种税划归地方税。

在省以下财税体制改革中,对于县乡基层政府来讲,中央政府高高在上,距离遥远,省市对于基层政府的财政关系更为重要,这就决定在省以下财税体制改革中,要充分发挥省级政府的决定性作用。

4. 激励与均衡相结合的原则

中国地域辽阔,各地要素禀赋、经济的发展又千差万别,因此,对省以下财政体制改革的实施不能够一刀切,在符合整个国家财政体制改革的整体目标和精神的框架下,应该在不同的地区分类实施。这样才能恰当地把握激励与均衡之间的关系,既可以防止过分的激励带来的均衡丧失,又可以防止过度的均衡导致的激励不足。例如,对于经济发达地区来说,财政收入增长潜力大,这决定了这些地区更偏好财权,因此,在财政体制的安排上,应该赋予发达地区更多的财权和社会经济管理权限;对于经济欠发达地区以及少数民族地区,应给予更多的转移支付,起到一定的财力均衡作用。

5. 财力向基层政府下倾原则

事权的划分必须要有财权和财力的划分相匹配。

目前的现实状况是,市县政府,尤其是县政府承担着较大的支出责任,但其财力状况令人担忧,财政支出压力较大。为此,省以下财政体制改革,在保持现有省级和地方财力格局总体稳定,以及省级调控能力不减的前提下,将新增财力主要用于市、县发展,进一步增强基层政府提供基本公共服务、推动科学发展的能力。

6. 稳定性与动态性相结合的原则

一方面为了避免政府间事权和财权调整的随意性,需要通过法律的形式将政府间事权划分制度化,以保证其稳定性和确定性。但是,政府间事权的划分并不是一成不变的,是一种相对的稳定,随着政府职能的转变、技术的进步和社会经济的发展,政府事权的划分也要随着客观条件的变化进行动态调整。

(二) 明确省以下政府间事权和支出责任的划分

财政体制改革最核心、最难啃的骨头也是政府间事权和支出责任的划分,特别是省以下政府间的事权和支出责任划分,相对于中央和省级政府更是困难重重。2016年8月24日,国务院颁布了《关于推进中央与地方财政事权和支出责任划分改革的指导意见》(国发〔2016〕49号)。在这份文件中,坚持财政事权由中央决定,适度加强中央政府承担基本公共服务的职责和能力,减少并规范中央与地方共同的财政事权。文件指出,对于省以下事权和支出责任的划分,由省级政府要参照中央做法,结合当地实际,按照财政事权划分原则合理确定,避免将过多支出责任交给基层政府承担。可以看出,文件对省以下财政事权和支出责任的划分是原则性的指导意见,并没有给出一个具体的划分标准和具体方案,而这对于完善政府间事权和支出责任的划分是远远不够的。

本书认为,要明确省以下事权的划分,首先要明确省以下各级政府的职能定位。

1. 省、市、县、乡镇政府的职能定位

(1) 政府的一般职能。

事权是政府职能的表现,是依据政府职能的范围和大小而赋予的权力,所以首先必须要搞清楚各级政府的职能定位。市场经济条件下,政府的基本职能主要有以下四个方面。

一是公共产品的提供者。在现代市场国家,政府对于教育、公共卫生、环境保护、社会保障、公用事业、重大基础设施、基础研究等进行大量直接投资,发挥着重要作用。二是宏观经济的调控者。由于市场的不完全和缺陷,政府必须干预市场经济的运行过程,对宏观经济进行调节。三是外部效应的消除者。政府通过补贴、税收、转移支付、公共管制等手段,消除外部性,使得外部性内在化从而促进资源的有效配置。四是收入再分配的调节者。市场经济在解决社会稳定、协调发展方面有明显的局限性,它能够较好地解决效率问题,却不能解决好公平问题,政府要从全社会的整体利益出发,对高阶层的收入和财产再分配加以调节,建立社会保障体制,保障弱势群体的利益,以保证社会稳定协调发展。

(2) 合理界定省、市、县、乡镇级政府的职能。

楼继伟[1]指出,要明晰各级政府事权配置的着力点。中央政府强化宏观管理、制度设定职责和必要的执法权,省级政府要强化统筹推进区域内基本公共服务均等化职责,而市县政府要强化执行职责。

在现行的行政体制下,省级政府是地方政府行政体系的最高层次,属于高层地方政府,是中央政府和省以下地方政府发生关系的联络点。在中央的统一领导下,省级政权是地方政治、经济、文化和社会生活的全面组织者和具体领导者,承担着本省区域内收入再分配,地区间综合平衡的责任。省级政府的职能定位属于"中观管理和调控"的范畴,具体职能的内容见表7.5。

大多数市级(地级市)政府,20世纪80年代从省级政府的派出机关——地区行政公署转变而来,并且实行"市管县"的行政体制。地级市除了负责管理城市的政治、经济、发展和公共事务,还要对所辖的县和县级市进行管理。随着"省管县"体制的实施与推行,地级市的职能逐渐被弱化。如果全部实现省管县的体制,地级市将成为与县级行政单位平等的行政主体。为此,地级市政府的职能应该定位为管理和城市相关的政治、经济和社会事务。

县级政府既是城市的尾,又是农村的"头",是中国城市与农村、农业与工商业、市民与农民的分界线[2]。县级政府除了服务一部分城市人口外,主要服务对象是广大农村人口。县级政府接近基层,与"三农"关系最密切,相对于省、市政府来说,提供农村公共产品和公共服务是县政府的基本职能,县级政府的职能定位见表7.6。

乡镇政府是直接服务于农村居民的一级政权组织,比县级政府的服务范围要小,服务对象更加集中。农村税费改革以后,随着部分地区"乡财县管"财政

---

[1] 楼继伟:"推进各级政府事权规范化法律化",《人民日报》,2014年12月1日。
[2] 徐勇:"县政、乡派、村治:乡村治理的结构性转换",《江苏社会科学》,2002年第2期,第27-30页。

管理体制的实施,乡镇政府的职能在逐步弱化,乡镇财政成为了县级财政的"报账单位";再加上在行政上,"条条"的政府垂直领导,肢解了乡镇政府的部分职能,乡镇政府实际上已经成为县级政府的派出机关,这一现象在经济不发达的农业乡镇尤为突出。为此,乡镇政府职能应重在服务三农方面,具体内容见表7.5。

表7.5　省、市、县、乡镇政府职能定位

| 省级 | 市级 | 县级 | 乡镇 |
| --- | --- | --- | --- |
| 职能定位:中观管理和调控 | 职能定位:城市公共事务管理 | 职能定位:农政 | 职能定位:服务三农 |
| (1)制定本地区中长期规划,制定地方性的法规和政策文件;(2)细化国家法律法规和政策;(3)优化本地区资源配置,改善需求结构,优化产业结构,促进区域协调发展;(4)加大对本地区教育、医疗卫生、社会保障、环境保护以及本省跨区域的重大基础设施的投入力度,统筹推进区域内基本公共服务均等化;(5)对本地区内收入分配的城乡差距、地区差距等方面进行调节 | (1)本地区的城市政府的行政管理和社会治安;(2)提供本地区的供水、污水和排水、电力、电话等公用事业;基础教育、医疗、社会福利、住房等城市社会服务;公路和道路、街道照明、交通控制、公共交通等城市交通;包括垃圾收集、公园和娱乐、市场、消防等一般社会服务;(3)执行中央和省里出台的方针政策和法律法规;(4)本地区内社会经济发展的统筹协调和收入分配调节 | (1)本地区政府的行政管理和社会治安;(2)提供农村公共产品和公共服务;(3)执行上级政府政策、方针、命令和任务的职能;(4)着力推进县域内的城乡规划、基础设施、公共服务等方面的一体化,实现县域内的城乡统筹 | (1)执行党和国家各项惠农和"三农"政策;(2)对农民和各类经济主体的示范引导、政策服务;(3)加强社会治安综合治理,着力化解农村社会矛盾,维护农村稳定;(4)配合上级政府,加快发展教育、卫生、文化、社会救济等农村公共服务 |

资料来源:作者整理。

2. 事权的三种类型

在中国目前的五级政府体制下,长期遵循"行政发包制"的政府间事权划分办法,即政府间职能责任被层层甩到基层政府。所以,现在要厘清这种错综复杂、"你中有我,我中有你"的政府间事权和支出责任可以说是非常的困难。

为此,有必要对中国各级政府承担的事权进行归类。根据事权来源的不同,将事权划分为法定事权(自有事权)、委托事权和共担事权。

(1) 法定事权(自有事权)。

法定事权也称自有事权,主要是根据公共服务的受益范围、效率与公平、外部性等原则,根据事权的影响范围和重要程度,来界定各级政府应该承担的事权,并且通过法律法规对中央与地方各级政府应该承担的事务加以规定,以保证各级政府履行职责。例如,国防、外交、国家安全、食品安全、司法、跨地区的重大基础设施、宏观调控、地区间财力的平衡等应该划归为中央政府的事权;而与地区利益关系紧密的地方公共产品或公共服务应该是地方各级政府承担的事权。

(2) 委托事权。

委托性事权是一个政府部门委托另一政府部门的事务,在中央与地方的关系中,更多指的是上级政府部门委托给下级政府部门的事务。一般来说,在各级政府的事权范围界定好后,每级政府各行其责,不得越位和缺位。但在我国集权的政治体制下,上级政府享有绝对的权威,再加上政府间的事权划分不清晰,上级政府可以指派或委托事权下放[1]。

(3) 共担事权。

共担事权指的是由于公共产品或公共服务的外部性、规模经济等特征,有些公共产品需要中央与地方或地方政府与地方政府共同合作来提供,因而成为它们之间的共同事务,并要求按照各自承担事权的比例共同承担支出责任。例如,跨区域的全国性重大基础设施,需要中央和地方共担事权和支出责任,而某些跨省、市、县的只对部分地区有外部效应的区域性公共事务,需要地方政府之间协商,共同承担这些事权和支出责任。

共担事权应该要尽量减少,一旦确定了各级政府承担的事权比例后,就要保持相对的稳定,不能朝令夕改。

3. 省以下主要基本公共服务事权与支出责任的划分清单

中央与地方以及地方各级政府间的事权如何划分,对于任何一个国家来讲,都不存在一个使政府间事权和支出责任得到最优划分的统一公式,由于各国的政治、行政和财政体制的差异,不是所有的国家都会得出谁该做什么的相同结论,当然其中也形成了许多共性的东西值得我们学习和借鉴,但也要结合中国的国情。政府间事权通行的划分标准有二:一是事权的影响范围;二是事权的重要程度。强调地方自治的国家多采用按事项的影响范围划分事权归属;中央集权国家多按重要程度划分事权,事项越重要就留给越高层级的政府处理[2]。

2016年8月24日,国务院颁布了《关于推进中央与地方财政事权和支出责

---

[1] 何逢阳:"中国式财政分权体制下地方政府财力事权关系类型研究",《学术界》,2010年第5期,第17-26页。

[2] 张千帆著:《国家主权与地方自治——中央与地方关系的法治化》,中国民主法制出版社2012年版,第62-154页。

任划分改革的指导意见》（国发〔2016〕49号），要求适度加强中央的财政事权，减少并规范中央与地方共同的财政事权。中央与地方财政事权的划分争议由中央裁定，已明确属于省以下的财政事权划分争议由省级政府裁定。从字面上来看，中央政府会更加有所作为。财政事权上收之后，中央政府将有更多支出的义务。但对于省级以下事权如何划分，如何赋予省级政府足够的权力，让省政府有足够自主性来制定省内政府间的关系事项，文件并没有提及。本书认为，在中央与地方、特别是省以下财政关系中，省级政府需要被置于一个非常重要的地位。中国省级行政单位极其庞大，各省差别极大，省内部区域差异也非常大，需要摆脱中央主导和行政主导，必须授予省级政府充足的社会经济管理权限，让省政府有足够的自主性来制定省内政府间关系。

　　本书认为，根据公共财政、政治学、行政学等相关理论，国际经验，事权的影响范围和重要程度，以及公共事务的属性，从政府提供的一些主要公共服务入手，根据公共服务属性的不同，分类解决公共服务项目集权与分权的程度，理顺中央和省以及省以下政府间的事权和支出责任。政府间事权的划分，主要是事权的四个构成要素，即决策权、支出权（支出责任）、管理权、监督权在纵向各级政府间的划分。

　　事权的执行内容庞杂，很难穷尽列举，事权的清晰界定存在着很大的难度，尤其是省以下事权和支出责任的划分更为复杂，这决定了其改革不可能一步到位。要充分发挥省级政府的决定作用，根据各省实际情况，由省级政府决定市县的支出责任，先选择一些主要公共服务为试点，事权划分从"粗"到"细"，从点到面，循序渐进。省以下政府间事权和支出责任划分的基本方向是：省辖区内的部分事权要适当上收到省级政府，省级政府的支出责任要适当加大，适当减轻市、县政府的支出责任，改变目前基层政府支出责任过重的状况。

　　（1）社会保障。

　　现代国家的社会保障体系以社会安全网络的形式出现，起到安定社会生活的作用并组成符合本国实际的框架。在今天的中国，这个安全网络由社会救济、社会保险、社会优抚和社会福利组成，其中社会保险是社会保障体制的核心。在大多数西方国家，养老保险与医疗保险是两个最大的社会保险项目，我国社会保险主要分为养老保险、医疗保险、失业保险、生育保险等，养老保险和医疗保险也是两个最大的社会保险项目。

　　从目前中央与地方政府的社会保障责任分担机制来看，地方政府承担了95%的支出责任，其中市县级政府又承担了40%—50%的责任。这种分散管理和分散融资的模式与其他国家明显不同,大多数工业化国家和发展中国家集中或大部分集中管理养老保险和其他保险的融资项目。社会保障是国家和社会经济发展的"安全网"和"稳定器",是调节收入再分配的重要工具,如果社会保障职责过于分权化,必然会导致社会保障较低的统筹水平以及保障水平的地区差异。我国需要重新合理配置社会保障在各级政府的事权和支出责任。

2016年8月24日,国务院颁布的《关于推进中央与地方财政事权和支出责任划分改革的指导意见》中,并没有明确提及社会保障的事权划分,该文件很明确提到的是,对于义务教育、高等教育、基本养老保险、基本医疗和公共卫生、城乡居民基本医疗保险,可以研究制定全国统一标准,但这些仍然是中央与地方的共同财政事权。但我们认为这种提法非常模糊不清,无法改变目前社会保障事权划分不合理的现状,不能为中央与地方以及省以下社会保障事权的具体划分提供理论依据。本书认为应该根据社会保障的具体内容来划分各级政府事权。

① 养老保险。

养老保险是向达到退休年龄的离、退休职工支付养老金。其主要目的是确保老年劳动者的生活权利。养老保险尤其是基本养老保险外部性较大,具有很强的收入再分配效应,属于基本公共服务范畴,在大多数发达的工业化国家提供养老金是中央政府的职能。中国目前的基本养老保险统筹层次低,主要由市县负责,真正实现省级统筹的省份只有7个。目前我国存在统筹层次低,养老保险基金碎片化的问题,数万亿元养老保险基金由2 000多个社保单位独自管理[1]。分散管理管理成本高,无法进行高效率的投资运营和实现养老保险基金的保值增值;而从公平性来说,统筹层次太低,对于大量流动性的参保者来说是非常不公平的。中国可以借鉴发达国家的经验,基本养老保险(基础养老金统筹账户)的责任要上收到中央,实行全国统筹,并由中央政府制定法律法规、政策和标准并承担提供职责,这样有利于实现收入分配公平的目标。而对于养老金的个人账户管理,地方政府掌握的信息较多,适合由地方政府来主导。

养老保险事权上收到中央后,养老金的缺口可以通过提高国有企业收益上缴的比例来弥补。

② 医疗保险。

医疗保险由于存在着信息不对称问题,地方政府在其管理上具有一定的优

---

[1] 新浪财经,2015年4月22日,finance.sina.com.cn/china/20150422/232922022395.shtml.

势,因此需要中央和地方合作提供和管理。医疗保险在许多市场经济国家,中央政府负责统一制定政策,地方政府负责执行,中央或联邦政府起着主导性作用。在美国,医疗保险以私人保险为核心。但在政府提供的医疗照顾和医疗救助计划中,中央政府负责提供老年和残疾人保险,贫困人员医疗保险由联邦制定政策、州政府负责。

我国目前由市县负责的医疗保险,虽然在管理上具有一定的优势,但统筹层次低,市县财政没有足够的资源支持,导致各地区医疗保险的给付水平差距较大。此外,实现劳动力的自由流动也需要实现医疗保险可转移,这意味着至少需要医疗保险融资责任集中到省。如果基于地方管理优势的监督考虑,需要地方政府承担一定的医疗保险事权的话,也需要中央政府给予专项转移支付加以补助。

③ 失业保险和工伤生育保险。

地方政府在失业和工伤生育保险的管理上,具有一定的信息优势,因而起着主导作用。但是,我国目前失业保险覆盖面低,国有及国有控股企业失业保险覆盖率较高,个体工商户、私营企业、临时就业群体等失业保险覆盖率较低,不利于收入分配的调节和社会的稳定,需要进一步扩大失业保险的覆盖面。但目前失业保险由县市负责,统筹层次低,难以满足日益扩大的支出需求。为此,应将失业保险的统筹层次上升到省级统筹,中央政府负责制定全国性的政策法规和标准,并对失业保险基金拥有监管权,对地方失业保险给予一定的补助;省级政府制定相关实施细则,承担对失业保险基金的管理,包括基金征缴、社会化发放、投资运营和补偿等事权。此外,把工伤和生育保险基金政策法规的实施细则、基金征缴、支付、补偿和监督等事权交给县(市)级政府。这样既可以加强地方政府对社会保险基金的管理,又可以分散基金管理风险[1]。

④ 社会救济和社会福利。

社会救济是国家通过财政拨款,向生活确有困难的城乡居民提供资助的社会保障计划。社会救济的对象包括城镇居民中无依无靠又无生活来源的孤、老、残、幼和收入不能维持基本生活的贫困户;突发性灾害造成生活一时拮据的公民;农村中一部分"五保户"。社会福利是国家、集体和社会在法律和政策范围内兴办的各种公共福利设施、社会服务和福利性物质帮助。

社会救济和社会福利也具有很强的收入再分配功能,但在确定具体救济

---

[1] 杨良初、赵福昌、韩凤芹:"社会保障事权划分研究",《财政与发展》,2004年第10期,第4-9页。

对象的时候,需要了解救济对象的具体信息,例如家庭收入和财产、家庭成员等。在此方面,地方政府具有一定的信息优势,所以许多发达的市场经济国家都充分发挥州和地方政府在提供社会救济方面的作用,中央政府给予一定的补助。

从我国社会救济的事权划分来看,中央政府主要负责全国性社会救济法律法规和政策的制定,对于特大自然灾害和经济不发达地区的城市和农村居民的最低生活保障给予专项补助,对跨省流浪乞讨人员救助、孤老、孤儿的供养等给予专项补助;省级政府主要负责制定地方性规划、法规和政策以及政策的实施细则,并承担社会救济筹资的主要责任;市县政府主要负责执行管理,并承担在中央和省级政府财政资金补助不足情况下的部分缺口。

从社会福利政府间的事权和支出责任划分情况来看,中央政府承担的事权是制定全国性社会福利法规和政策,指导地方政府落实社会福利和残疾人政策、法规,并安排相应的专项补助;省级政府主要负责制定地方性规划、法规和政策以及政策的实施细则,并承担社会救济的筹资责任;市县级政府主要负责执行管理的职责,并承担在中央和省级政府财政资金补助不足情况下的部分缺口。

⑤ 社会优抚。

社会优抚是国家和社会按照规定,对法定的优抚对象提供确保一定生活水平的资金和服务,带有褒扬和优待抚恤安置性质的特殊社会保障制度。社会优抚的对象主要包括社会有功人员、退役军人、残疾军人、烈军属等。

社会优抚中的退役士兵安置、烈军属抚恤、老复员军人、伤残军人救治和供养、全国重点烈士纪念设施和优抚事业单位维修改造、军队移交政府的离退休干部生活等涉及国家国防和国家安全,具有全国公共产品的特征,理应是中央政府的事权。然而,目前除了部分社会优抚和社会福利由中央政府安排支出外,主要还是县级政府的事权,省市财政给予一定的补贴,由于受县级财政困难的制约,社会优抚的供给水平较低。

为此,在社会优抚的政府间事权划分上,中央政府负责相关法规、政策的制定,承担退役士兵安置、烈军属抚恤、老复员军人、伤残军人救治和供养、全国重点烈士纪念设施和优抚事业单位维修改造、军队移交政府的离退休干部生活等事权;省级政府主要制定相关的实施细则;市县政府主要从事具体的执行管理(具体内容见表7.6和表7.7)。

表 7.6 政府间社会保障的事权划分

| 社会保障项目 | | 决策权 | 支出权(支出责任) | 执行管理权 | 监督权 |
|---|---|---|---|---|---|
| 养老保险 | 养老保险基金(统筹部分) | 中央 | 中央 | 中央 | 中央 |
| | 养老金个人账户 | 省 | 省 | 市、县 | 省 |
| | 农村基础养老金 | 中央 | 中央、省、市县 | 市、县 | 中央 |
| 医疗保险 | 城镇居民基本医疗保险基金 | 中央 | 中央、省 | 市、县 | 中央 |
| | 新农合 | 省 | 中央、省、市县 | 市、县 | 省 |
| | 医疗补助 | 省 | 中央、省、市县 | 市、县 | 省 |
| | 医疗保险的跨地区结算 | 中央 | 中央、省 | 中央 | 中央 |
| 失业保险 | 失业保险基金 | 省 | 省、市县、中央 | 省 | 省 |
| 工伤、生育保险 | 工伤、生育保险基金 | 市、县 | 市、县 | 市、县 | 市、县 |
| 社会优抚 | 烈军属、伤残军人、老复员军人等军人保障 | 中央 | 中央 | 省、市县 | 中央 |
| 社会福利 | 残疾人事业、社会福利机构和救助保护机构 | 省 | 省、中央、市县 | 市、县 | 省 |
| 社会救济 | 城市和农村最低生活保障金 | 省 | 省、中央、市县 | 市、县 | 省 |
| | 农村五保户供养 | 省 | 省、中央、市县 | 市、县 | 省 |
| | 一般自然灾害救助 | 省 | 省、市县 | 市、县 | 省 |
| | 跨省流浪乞讨人员救助;孤老、孤儿的供养等 | 中央 | 中央、省 | 市、县 | 中央 |
| | 特大自然灾害救助 | 中央 | 中央、省 | 省、市县 | 中央 |

表 7.7 社会保障具体事权的内容

| 社会保障内容 | 中央 | 省 | 市 | 县 |
|---|---|---|---|---|
| 养老保险 | 制定养老保险基金政策法规、基金征缴、社会化发放、投资运营等 | (1)落实和执行中央相关法规和政策,制定和下达符合当地实际情况的地方性规划、政策法规的实施细则;(2)养老金的个人账户管理 | 日常执行管理 | 日常执行管理 |
| 医疗保险 | 制定全国医疗保险政策法规和标准 | (1)落实和执行中央相关法规和政策,制定和下达符合当地实际情况的地方性规划、政策法规的实施细则;(2)制定农村合作医疗和医疗救助补助资金统筹管理办法 | 日常管理,给予适当财力补助 | 日常管理,给予适当财力补助 |

(续表)

| 社会保障内容 | 中央 | 省 | 市 | 县 |
|---|---|---|---|---|
| 失业保险 | 制定全国失业保险政策法规和标准 | 落实和制定实施细则;对失业保险基金征缴、社会化发放、投资运营和补偿等 | 日常管理,给予适当财力补助 | 日常管理,给予适当财力补助 |
| 社会救济 | 负责全国性社会救济法规和政策的制定;对于特大自然灾害和经济不发达地区的城市和农村居民的最低生活保障给予专项补助;对跨省流浪乞讨人员救助、孤老、孤儿的供养等给予专项补助;等 | 负责制定地方性规划、法规和政策以及政策的实施细则,并承担社会救济筹资的筹资责任 | 日常管理,给予适当财力补助 | 日常管理,给予适当财力补助 |
| 社会优抚 | 负责相关法规、政策的制定;承担退役士兵安置、烈军属抚恤、老复员军人、伤残军人救助和供养、全国重点烈士纪念设施和优抚事业单位维修改造、军队移交政府的离退休干部生活 | 落实和执行中央相关法规和政策,制定和下达符合当地实际情况的地方性规划、政策法规的实施细则 | 日常管理 | 日常管理 |

(2) 教育。

目前,中国高等教育的事权划分比较清晰,"985"大学和"211"大学以及教育部直属大学的事权和支出责任主要是由中央政府承担;省级政府主要承担地方性高等教育的支出责任,但是却把外部效益比较大的义务教育下放给了基层政府。

我国义务教育事权实行的是以"地方政府负责、分级管理、以县为主"的管理体制。《职业教育法》规定"县级人民政府应当适应农村经济、科学技术、教育统筹发展的需要,举办多种形式的职业教育"。在学前教育和高中教育方面,虽然国家并未出台相关法律规定事权主体,但对于这两方面的事权,事实上市、县(市、区)政府仍承担较多的管理责任。因此,从分教育阶段来看,无论是学前教育、义务教育、高中教育还是职业教育,其支出责任均以地方政府,尤其是以县级政府承担为主,上级转移支付为辅,县级政府的教育支出压力巨大,教育提供过于分权化,教育事权在政府间的配置存在着错位的现象,需要重新调整和完善。

由于本书研究的是县级基本公共服务,为此以下将主要分析义务教育、学前教育、中等职业教育、高中教育的事权和支出责任划分(见表7.8)[1]。

表7.8 教育的事权划分

| 教育项目 | 教育事权 | 决策权 | 支出权(支出责任) | 执行管理权 | 监督权 |
|---|---|---|---|---|---|
| 义务教育 | 教职员工工资 | 省 | 省、中央、市县(欠发达地区以中央和省级为主) | 市县 | 省 |
| | 公用经费 | 省 | 省、中央、市县 | 市县 | 省 |
| | 教师培训 | 省 | 省、中央、市县 | 市县 | 省 |
| | 校舍建设和改造 | 省 | 省、中央、市县 | 市县 | 省 |
| | 校舍设置、设施维修 | 市县 | 市、县 | 市县 | 市县 |
| | 教学、生活设施购置 | 市县 | 市、县 | 市县 | 市县 |
| 学前教育 | 教职员工工资 | 省 | 省、市、县 | 市县 | 省 |
| | 公用经费 | 省 | 省、市、县 | 市县 | 省 |
| | 教师培训 | 省 | 省、市、县 | 市县 | 省 |
| | 校舍建设和改造 | 省 | 省、市、县 | 市县 | 省 |
| | 校舍设置、设施维修 | 市县 | 市、县 | 市县 | 市县 |
| | 教学、生活设施购置 | 市县 | 市、县 | 市县 | 市县 |
| 高中教育 | 教职员工工资 | 省 | 省、市、县 | 市县 | 省 |
| | 公用经费 | 省 | 省、市、县 | 市县 | 省 |
| | 教师培训 | 省 | 省、市、县 | 市县 | 省 |
| | 校舍建设和改造 | 省 | 省、市、县 | 市县 | 省 |
| | 校舍设置、设施维修 | 市县 | 市、县 | 市县 | 市县 |
| | 教学、生活设施购置 | 市县 | 市、县 | 市县 | 市县 |
| 职业教育 | 教职员工工资 | 省 | 省、市、县 | 市县 | 省 |
| | 公用经费 | 省 | 省、市、县 | 市县 | 省 |
| | 教师培训 | 省 | 省、市、县 | 市县 | 省 |

[1] 在本书修改阶段,2019年5月24日,国务院印发了《教育领域中央与地方财政事权和支出责任划分改革方案》(国办发〔2019〕27号)的通知,将教育领域财政事权和支出责任划分为义务教育、学生资助、其他教育(含学前教育、普通高中教育、职业教育、高等教育等)三个方面,并将这三个方面界定为中央与地方共同财政事权,根据具体的事权和支出责任,所需经费由中央与地方财政分档按比例分担。第一档包括内蒙古、广西、重庆、四川、贵州、云南、西藏、陕西、甘肃、青海、宁夏、新疆等12个省(自治区、直辖市);第二档包括河北、山西、吉林、黑龙江、安徽、江西、河南、湖北、湖南、海南等10个省;第三档包括辽宁、福建、山东3个省(不含计划单列市);第四档包括天津、江苏、浙江、广东等4个省(直辖市)及大连、宁波、厦门、青岛、深圳5个计划单列市;第五档包括北京、上海2个直辖市。该文件主要是规定了教育领域中央与地方财政事权和支出责任划分,并没有涉及事权的其他维度,如决策权、执行管理权、监督权。

(续表)

| 教育项目 | 教育事权 | 决策权 | 支出权（支出责任） | 执行管理权 | 监督权 |
|---|---|---|---|---|---|
| 职业教育 | 校舍建设和改造 | 省 | 省、市、县 | 市县 | 省 |
| | 校舍设置、设施维修 | 市县 | 市、县 | 市县 | 市县 |
| | 教学、生活设施购置 | 市县 | 市、县 | 市县 | 市县 |
| | 学生实习基地建设 | 市县 | 市、县 | 市县 | 市县 |
| | 校企合作 | 市县 | 市、县 | 市县 | 市县 |
| | 专业建设 | 省 | 省、市、县 | 市县 | 省 |
| | 国家助学金 | 省 | 省、市、县 | 市县 | 省 |

① 义务教育。

义务教育是一项外部效益较强的公共产品，支出责任应当上收到中央和省级层次。中央政府主要负责全国义务教育法规、政策的制定，并对地方政府给予转移支付；省级政府落实和执行中央相关法规和政策，制定和下达符合当地实际情况的地方性规划、政策法规的实施细则；市县级政府具体实施。

从具体支出责任的划分来看：省级财政应该承担省级教育行政管理机构运行和管理，小学和初中的校舍建设和改造支出，教职员工的工资，同时中央财政要给予转移支付；市县财政主要承担市县教育行政管理机构的运行与管理，校舍设置、设施维修、学校日常管理支出。

② 学前教育、中等职业教育、高中教育。

学前教育、中等职业教育、高中教育目前主要由县级政府负责，事权和支出责任应该适当上收到省、市，成为省、市县的共担事权。省级政府负责制定相关的政策、标准和实施细则，教职员工工资；市县政府主要负责日常执行和管理，承担中央和省级政府财政资金补助不足情况下的部分缺口。

（3）公共卫生。

公共卫生以促进广大人民群众健康为主要目的，具有公共产品或准公共产品的特征，较之于临床医疗服务更能提高群体的社会健康水平，外部效益较大。不论是发达国家还是发展中国家，总体上来说，中央政府卫生支出占医疗卫生总支出的比重较高，省以下地方政府所占的比重较低，承担的支出责任相对较小。

公共卫生服务的范围内容较广：一是从服务机构来看，包括卫生行政管理部门、疾病预防控制中心、妇幼保健机构、地方病和职业病防治机构以及城乡卫生服务机构（乡镇医院、社区卫生中心）等公立机构提供的服务；二是从服务具体内容来看，包括传染病和非传染病的预防控制、公共卫生事件、食品安全、卫生管理、食品卫生与营养、妇幼和青少年卫生、职业和劳动卫生、健康教育、计划免疫、癌症早期筛查等。

目前,我国公共卫生事权存在着过于分权化的现状,县乡政府承担着主要的事权和支出责任。中央补助占比不到10%,90%以上要靠地方政府安排自有财力解决。由于各地政府尤其是基层政府的财力差距较大,在上级转移支付不足的情况下,必然导致公共卫生服务的城乡差距和地区差距的扩大。为此,公共卫生事权应该上收,根据公共卫生外部性的大小以及事权的重要性,建立中央与省级政府为主,市县为辅的公共卫生支出体系。例如,计划免疫、重大传染病的预防和控制、重大公共卫生事件、食品安全等公共卫生服务的事权应该上收到中央;社区卫生建设、卫生环境的改善、妇幼青少年卫生等应该划归为市县政府的事权;地方性疾病的防治、癌症早期筛查、健康教育应划为省级政府的事权,中央政府给予转移支付补助,为省级政府和中央政府的共同事权(具体内容见表7.9)。

表7.9 公共卫生的事权和支出责任的划分[1]

| | 事权 | 决策权 | 支出权(支出责任) | 执行管理权 | 监督权 |
|---|---|---|---|---|---|
| 公共卫生项目 | 计划免疫 | 中央 | 中央 | 省、市县 | 中央 |
| | 重大传染病和非传染病的预防控制 | 中央 | 中央 | 省、市县 | 中央 |
| | 健康教育 | 省 | 省、中央、市县 | 市、县 | 省 |
| | 重大公共卫生事件 | 中央 | 中央 | 省、市县 | 中央 |
| | 食品安全 | 中央 | 中央 | 省、市县 | 中央 |
| | 医疗卫生政策制定 | 中央 | 中央 | 市、县 | 中央 |
| | 妇幼和青少年卫生 | 市、县 | 市、县 | 市、县 | 市、县 |
| | 癌症早期筛查 | 省 | 省、中央、市县 | 市、县 | 省 |
| | 社区卫生建设与服务 | 市、县 | 市、县 | 市、县 | 市、县 |
| | 卫生环境改善 | 市、县 | 市、县 | 市、县 | 市、县 |
| | 地方性疾病的防治 | 省 | 省、中央、市县 | 市、县 | 省 |

---

[1] 2018年8月,国务院办公厅印发《医疗卫生领域中央与地方财政事权和支出责任划分改革方案》(国办发〔2018〕67号),自2019年1月1日起实施。该方案从公共卫生、医疗保障、计划生育、能力建设四个方面划分医疗卫生领域中央与地方财政事权和支出责任。本书的一些观点和国务院制定的改革方案不谋而合,该文件主要是规定了医疗卫生领域中央与地方财政事权和支出责任划分,并没有涉及事权的其他维度,如决策权、执行管理权、监督权。

(4) 公路。

公路的事权主要包括公路规划、公路建设、公路养护和路政管理四个方面。2008 年修订的《中华人民共和国公路管理条例》第四条对公路事权进行了明确的划分,主要根据政府的行政级次,将公路划分为国道、省道、县道、乡道四个级次,明确了国道、省道、县道、乡道规划管理分别由中央政府、省级政府、县级政府负责的管理体制。国道、省道由省、自治区、直辖市公路主管部门负责修建、养护和管理;国道中跨省、自治区、直辖市的高速公路,由交通部批准的专门机构负责修建、养护和管理;县道由县(市)公路主管部门负责修建、养护和管理;乡道由乡(镇)人民政府负责修建、养护和管理;专用公路由专用单位负责修建、养护和管理[1]。可以看出,根据相关的法律和法规规定,目前我国公路修建、养护和管理的事权主要由省级及省以下政府承担。

公路的公益性很强,是一种与更多人日常生活密切相关的公共服务,省以下地方政府在提供公共交通方面的作用是显而易见的。但是,目前中国公路的事权划分情况是省级和省以下政府承担的事权过大,特别是在公路修建、养护和管理的事权方面。据统计,2010—2012 年全国公路投资分别为 11 482 亿元、12 596 亿元、12 714 亿元,资金来源主要以地方财政和负债为主,地方承担投资比例分别为 85.1%、79.2%、81.2%[2],中央财政只予以少量的资金补助,地方政府的支出压力过大,导致地方政府债务规模过大,需要重新理顺公路的事权关系。

中央政府主要承担国家高速公路、重要国道、跨地区骨干公路网络的事权;省道、县道和乡道的建设和养护管理分别划归为省、市县政府的事权,中央财政和省级财政给予一定的补助。其他一般国道的建设、养护管理的事权应该由中央和省级政府共同承担。这样将公路的建设、养护和管理的事权适当上收,有助于减轻省以下政府的财政压力,实现公路事权与支出责任的匹配(具体内容见表 7.10)[3]。

---

[1] 1987 年 10 月 13 日,国务院颁布《中华人民共和国公路管理条例》,2008 年 12 月 27 日颁布《国务院关于修改〈中华人民共和国公路管理条例〉的决定》。

[2] 转引自古尚宣:"公路管理事权划分与支出责任若干问题研究",《交通财会》,2014 年第 11 期,第 8-12 页。

[3] 2019 年 6 月 26 日,国务院办公厅出台了《关于印发交通运输领域中央与地方财政事权和支出责任划分改革方案的通知》(国办发〔2019〕33 号),自 2020 年 1 月 1 日起实施。该方案指出,按照总体要求和交通运输工作的特点,划分公路、水路、铁路、民航、邮政、综合交通六个方面的中央与地方财政事权和支出责任。本书的一些观点和国务院制定的公路财政事权和支出责任改革方案不谋而合。

表 7.10  公路的事权划分

| 公路 | 事权 | 决策权 | 支出权（支出责任） | 执行管理权 | 监督权 |
|---|---|---|---|---|---|
| 公路规划 | 国道、省道、县道、乡道 | 按照行政隶属关系划分 | 按照行政隶属关系划分 | 按照行政隶属关系划分 | 按照行政隶属关系划分 |
| 公路建设 | 国家高速公路 | 中央 | 中央 | 中央 | 中央 |
| 公路建设 | 重要国道 | 中央 | 中央 | 中央 | 中央 |
| 公路建设 | 跨地区的主干公路网络 | 中央 | 中央 | 中央 | 中央 |
| 公路建设 | 一般国道 | 中央 | 中央、省 | 省 | 中央 |
| 公路建设 | 省道 | 省 | 省、中央 | 省 | 省 |
| 公路建设 | 县道 | 市县 | 市县、省 | 市县 | 市县 |
| 公路建设 | 乡道 | 县 | 县、省 | 县 | 县 |
| 公路养护和管理 | 国家高速公路 | 中央 | 中央 | 中央 | 中央 |
| 公路养护和管理 | 重要国道 | 中央 | 中央 | 中央 | 中央 |
| 公路养护和管理 | 跨地区的主干公路网络 | 中央 | 中央 | 中央 | 中央 |
| 公路养护和管理 | 一般国道 | 中央 | 中央、省 | 省、中央 | 中央 |
| 公路养护和管理 | 省道 | 省 | 省、中央 | 省 | 省 |
| 公路养护和管理 | 县道 | 省 | 省、中央 | 省 | 省 |
| 公路养护和管理 | 乡道 | 县(市) | 县(市)、省 | 县(市) | 县(市) |

### （三）明确清晰的省以下事权和支出责任划分法律文本

国际经验和实践证明,一个国家事权和支出责任的划分都是以详细的法律为依据的,强调了事权划分的法制性和稳定性。这些国家基本上都通过宪法、各州宪法和法律、地方自治法、地方政府法以及公共财政和预算法等,对政府间事权划分做出了明确的规定。我国应借鉴国际经验,加快财政法治建设,建议以《宪法》为根本,辅助于《预算法》《财政转移支付法》《财政收支法》《非税收入管理法》等法律体系,来确定政府间事权和支出责任划分规则,明确各级政府的收支范围和财政管理权限,以减少事权和支出责任调整的随意性,保证政府间事权和支出责任的确定性和稳定性。

## 第三节 理顺省以下政府间收入划分，建立县级财力动态保障机制

在政府间事权和支出责任划分确定后，就要科学合理地划分政府间的财权和财力。根据事权划分不同的类型，来确定政府间收入的划分，从而实现事权、财权和财力的匹配。

### 一、基本理论

财权，又称财政权限，与事权相对应，是指政府在取得和管理财政收入方面的权限，包括税收的课税权、税收征管权、收费权和发债权。财力是表示各级政府在一定时期内所拥有的以货币表示的各种财政资源。如果不考虑地方政府债务收入、国有资本经营收入、政府性基金和社保基金的话，地方财力主要来自自有收入和上级政府的转移支付。

在政府所拥有的各种财权中，课税权是政府的一项关键权力，课税权的划分是政府间收入划分的基本形式，是建立政府间财政关系基本框架的基础。税收如何在各级政府间进行划分，一些国家的学者对此进行了探讨。

#### （一）马斯格雷夫税收划分的七原则

与政府间事权划分的分层蛋糕模型相对应，美国著名财政学家马斯格雷夫（Richard Musgrave）使用公平与效率的标准，提出了税收划分的七条原则。(1) 以收入再分配为目标的累进税应划归中央。此类税如由地方征收会造成高收入和低收入集团的非正常流动，不仅扭曲人口的地理分布，也干扰社会公正目标的实现。(2) 可能影响宏观经济稳定的税收应由中央负责，下级政府征收的税应不与经济周期相关，否则，地方政府的税收政策可能破坏中央稳定宏观经济的努力。(3) 税基在各地分布严重不均的税种应由中央征收，例如，很多自然资源的分布很集中，如果自然资源税由地方政府征收，就会造成各地之间严重的不平等。(4) 税基有高度流动性的税种应由中央征收。如果此类税种不由中央统一征收，就可能造成税基跨地区流动，以致扭曲经济活动。(5) 依附于居住地的税收较适合划归地方。(6) 课征于非流动性生产要素的税收应划归为地方。(7) 只要可能，各级政府都应向公共服务的受益人收取使用费，并以此作为财政收入的

一个补充来源。但这种方法主要适用于基层政府[1]。

分析马斯格雷夫的税收划分原则,可以看出税收的划分应有利于政府实现收入分配的公平目标、资源配置的效率目标、经济稳定和增长目标。这与其提出的政府三大职能是相对应的。

### (二) 塞力格曼的三原则

美国财政学家塞力格曼从税收征管效率的视角,对税收的划分提出了效率、适应、恰当三原则。(1)效率原则。该原则以征税效率的高低为依据来确定税种的归属。(2)适应原则。以税基的广狭为划分标准,税基较宽的税种划归中央税,税基窄的税种应划归地方。(3)恰当原则。该原则以分配公平为划分标准,凡是有利于中央实施收入再分配和宏观调控的税种都应划归为中央,凡是不重要的税种则应划归为地方[2]。

各国政府间财权和财力的划分主要体现为税收的划分。纵观世界上发达的市场经济国家,各级政府间收入的划分都具有一些共同经验。

## 二、国际经验

### (一) 按照税种性质、各级政府职能分工以及征管效率划分各级政府收入

为了保障中央政府提供全国公共产品和承担收入再分配、稳定经济与增长职能的需要,根据税种的性质,以收入再分配为目标的累进税、影响宏观经济稳定的税收、与经济周期相关的税种、税基有高度流动性和各地分布严重不均的税种应划归为中央,例如,关税、个人所得税、公司所得税、社会保障税、增值税等,但是由于各国的政体差别很大,中央政府税收的集中程度也不尽相同。此外,财产税由地方政府征收效率高,一般都划归为地方政府主体税种(见表7.11)。

表7.11 主要发达市场经济国家政府间税收划分

| 中央(联邦)政府 | 州(省)政府 | 地方 |
|---|---|---|
| 增值税 | 工薪税 | 财产税 |
| 个人所得税 | 销售税 | 车辆税 |

---

[1] 转引自蒋洪主编:《公共经济学》,上海财经大学出版社2006年版,第468页。
[2] 同上。

(续表)

| 中央(联邦)政府 | 州(省)政府 | 地方 |
|---|---|---|
| 公司所得税 | 消费税 | 使用费 |
| 消费税 | 财产税 | 规费 |
| 自然资源税 | 车辆税 | |
| 关税 | 全国性税收的附加税 | |
| 出口税 | | |

资料来源：Roy Kelly："Intergovernmental revenue allocation theory and practice：application to Nepal"，*Asian Journal of public Administration*，1999，21(1)。

### (二) 税种的划分体现国情特色

以上第一点分析的是各国政府间税收划分的共同经验，但由于各国政体不同，各国政府间税收的划分也存在着一定的差异(见表7.12)。总的来说，联邦

**表 7.12 典型市场经济国家政府间税收划分**

| 国别 | 中央政府 | 州(省)政府或都道府县 | 地方政府(市町村) |
|---|---|---|---|
| 美国 | 个人所得税、社会保障税、公司所得税、遗产与赠与税、关税 | 销售税、个人所得税、公司所得税、遗产税等 | 财产税、销售税、个人所得税、公司所得等 |
| 德国 | 关税、消费税、保障税、交易营业税、道路维护税、证券交易税、资本流转税、汇兑税、所得税和增值税附加税等 | 财产税、遗产税、赠与税、地产购置税、机动车辆税、啤酒税、消防税、彩票税、赌博税、盐税 | 土地税、饮料税、狗税、狩猎税、钓鱼税、酒类营业许可税等 |
| 英国 | 直接税：个人所得税、公司税、资本利得税、印花税、遗产税、石油收入税；<br>间接税：增值税、燃油税、烟草税、关税、白酒税、红酒税、啤酒和果汁酒税、赌博税、航空税、保险收益税等；<br>社会保障税及其他税费 | | 市政税、营业税 |
| 日本 | 所得税：所得税、法人税；<br>财产税：遗产税、赠与税；<br>消费税：消费税、酒税、烟税、挥发油税、石油天然气税、飞机燃料税、石油煤气税；<br>流通税：地价税、印花税、汽车重量税、关税、注册牌照税、吨位税 | 所得税：都道府县民税、事业税；<br>财产税：汽车税、矿区税、固定资产税；<br>消费税：地方消费税、道府县烟税、娱乐设施利用税；<br>流通税：不动产取得税；<br>目的税：汽车取得税、轻油交易税、狩猎注册税、土地水利收益税 | 所得税：市町村民税；<br>财产税：固定资产税、轻型汽车税；<br>消费税：市町村烟税、矿产税、特别土地持有税、法外普通税；<br>目的税：入浴税、事业所税、城市规划税、共同设施税、宅地开发税、国民健康保险税 |

资料来源：作者整理。

制国家一般将所得税纳入联邦和州政府共享税收,中央财政集中低于单一制国家,例如,美国和德国。单一制国家中央财政财力集中水平要高一些,例如,英国中央和地方税收收入完全按税种划分,不设共享税,税收也分别由中央和地方各自的税务机关负责征收,其中,绝大多数是中央税,地方税只有市政税和营业税。日本政府财政收入的划分呈现集权特征,2003年,中央税收收入合计45.4兆日元,占全国税收总额的58.1%[1]。

### (三) 政府间转移支付的国际经验

#### 1. 转移支付目标明确,并用法律加以确定

大部分发达市场经济国家都将地方财力均等化或公共服务均等化作为政府间转移支付的目标,并用法律加以确定。加拿大将联邦财政均等化计划载入了宪法第36项条款,议会和政府要遵守公平原则;联邦政府进行支付以保证省政府有充足的收入,在合理可比的税收水平上提供合理可比的服务水平。德国《基本法》确定了"公民生存条件一致化"的原则,即公民享有的公共服务在全国范围内是均等的;《财政平衡法》明确了经济发达的州有必要对经济欠发达的州提供财政援助的办法和主要内容,促进了国内各地公共服务均等化。英国转移支付的目标是实现财政支出的纵向和横向均衡,保证中央政府的集权,在考虑地方政府支出需要和收入能力的基础上,通过转移支付实现各地基本公共服务均等化。

#### 2. 公式化、多样化和体系完整的拨款形式

发达市场经济国家绝大多数国家的转移支付形式主要包括无条件(一般性)转移支付和有条件转移支付两大类别。无条件转移支付主要是维护地方自治,促进地区间的公平;有条件转移支付主要是为承担某些特定的政府活动提供激励,有条件拨款又可分为配套与非配套拨款两种形式,其中配套拨款又可分为封顶与非封顶的拨款形式。德国的政府间转移支付包括纵向与横向两种转移支付体系,经济发达的州对经济欠发达的州提供横向转移支付。美国联邦政府对州和地方政府的拨款主要包括专项拨款、无条件拨款(分类补助)、配套拨款。日本中央政府对地方政府的转移支付主要包括地方交付税(一般性转移支付)、国库支出金(专项转移支付)和地方让与税(税收返还)三种形式。

公式化拨款方式是发达市场经济国家政府间转移支付的主要形式,通过测算各地方的收入能力和支出需求,采用公式化分配资金的方式,有利于财政转移支付资金分配的公平、合理和有效。例如,德国采用纵向和横向相结合的转移支

---

[1] 李萍主编:《财政体制简明图解》,中国财政经济出版社2010年版,第290页。

付制度,州与州之间的横向转移支付规范化、公式化和法制化,非常具有特色,较好地促进了地区公共服务均等化。

3. 均等化资金规模大,均衡效果明显

从主要国家的转移支付结构来看,均等化转移支付是中央对地方转移支付的主体。大部分国家均等化转移支付的比重在50%以上(见表7.13),单一制国家的日本和瑞典分别达到了56.5%和72.2%,联邦制的加拿大和南非甚至达到了95.5%和88.6%[1]。

表7.13 2004—2005财年部分国家中央(联邦)均等化转移支付比重

| 国别 | 均等化转移支付占比(%) | 其他转移支付占比(%) |
| --- | --- | --- |
| 澳大利亚 | 53.0 | 47.0 |
| 德国 | 77.6 | 22.4 |
| 加拿大 | 95.5 | 4.5 |
| 南非 | 88.6 | 11.4 |
| 巴西 | 75.0 | 25.0 |
| 印度 | 59.3 | 40.7 |
| 日本 | 56.5 | 43.5 |
| 瑞典 | 72.2 | 27.8 |

数据来源:李萍主编:《财政体制简明图解》,中国财政经济出版社2010年版,第262页。

4. 州和地方政府对拨款的依赖程度也各不相同,基层政府职能履行有足额财力保障

各国州和地方政府对拨款的依赖程度也各不相同。表7.14显示,澳大利亚的州政府最依赖来自中央政府的财政拨款,加拿大则与之相反。此外,拨款在澳大利亚、奥地利、瑞士的地方政府财政收入中仅占相对较小的份额,但却是加拿大地方政府的主要财政来源。

虽然各国地方政府对上级转移支付的依赖程度不一,但是发达国家一般都在明确了各级政府公共职责后,对于财政收入难以满足财政支出需求的地方政府,通过转移支付弥补财力缺口,为地方政府履行职责提供充足的财力保障。例如,德国的州对地方政府均衡性转移支付占转移支付总量的70%,以弥补地方政府财力缺口;根据地方财力状况,各州对地方专项拨款占转移支付总量的30%,用于对公路、医院以及环保方面的投资。日本的地方交付税(均衡性转移

---

[1] 李萍主编:《财政体制简明图解》,中国财政经济出版社2010年版,第22页。

支付)、国库支出金(专项转移支付)和地方让与税(税收返还)三种形式的转移支付都直接对两级政府"一杆到底",能够充分考虑各地各级的特殊因素,均衡效果较为理想,且在通过均衡性的地方交付税全额补足地方政府标准收支缺口的同时,还为地方政府提供额外财力,进一步提高了地方政府职责范围内各项事务的财力保障水平。

表 7.14 拨款在州和地方政府财政收入总量的占比　　　　单位:%

| 国别 | 州政府 | 地方政府 |
| --- | --- | --- |
| 澳大利 | 45 | 20 |
| 奥地利 | 43 | 15 |
| 美国 | 23 | 38 |
| 德国 | 24 | 35 |
| 加拿大 | 20 | 46 |
| 瑞士 | 30 | 18 |

数据来源:国际货币基金组织:《政府财政统计年鉴》,1997。

### 三、建立县级政府财力的动态保障机制

#### (一) 赋予省以下各级地方政府相应的财权,根据事权的类型匹配财权和财力

1. 事权、财权与财力关系的三个阶段

在事权划分以及事权、财权和财力的关系上,政府高层的政策主张有三个不同的发展阶段。第一阶段是 1994 年实行分税制提出的"事权与财权"相适应,但是分税制改革的重点是对收入的调整,提高中央政府的财政集中度,但事权的划分几乎没有触及,并且财权也并没有真正的划分,地方政府没有征税权、发债权,"事权与财权"并没有匹配,因此,在分税制运行了一段时间后,基层财政越来越困难引起了政府和社会的广泛关注。在这样的背景下,2006 年又提出了"财力与事权相匹配",主要理由是认为一些经济不发达的地区,财源有限,即便给了它们财权也收不到钱,还不如直接给钱,即只要有钱(财力)就好[1]。而这次的提法压根儿就不提财权,地方政府能够获得多少财力完全取决于中央的态度,受中央财政的控制。2013 年十八届三中全会提出了"事权与支出责任"相适应的原

---

[1] 杨志勇:"中央和地方事权划分思路的转变:历史与比较的视角",《财政研究》,2016 年第 9 期,第 2-10 页。

则,这次提法显然认识到了政府事权和支出责任划分的重要性,要求把一些本应该由中央政府承担的事权上收到中央,如果某项事权划定为某级政府承担的事权,该级政府必须承担支出责任,如果该级政府承担不了,委托别的政府承担,但必须要承担支出责任即掏钱的责任。实际上,"事权与支出责任"的提法,只是侧重于财政支出一侧的问题,强调政府的支出责任,而回避了政府财权和财力的问题,更与收支匹配没有直接联系,在某种程度上,三次不同的提法蕴含玄机,其背后的深层含义是中央政府不肯放权,财政体制改革有向上集权的倾向。

本书认为,真正的分税制应该是财权、财力与事权相匹配,财权、财力与事权相匹配是我国财政体制改革的目标。之所以在这里强调财权,是因为财权的配置和各级政府的积极性密切相关,财权的激励功能远大于财力[1]。当然,赋予地方政府一定的财权的同时,权力也是要受到制衡和监督的,因此,分税制的背后一定是一个民主的政治体制。

2. 根据事权的类型和属性匹配财权和财力

在中国,赋予地方政府一定的财权是必要的。目前,中国省和省以下地方政府没有正式的征税权力,大小税种所有大的税率和税基都由中央制定税权,高度集中在中央,地方政府仅在一定范围内有部分行业、某些产品的税收减免权。这样就使得地方政府成为中央税收政策的执行者,而无法越过税收手段对边际收入进行调节,缺乏灵活性,尤其对中国这样经济发展情况差异大的国家而言,并不能有效适应各地区的不同要求[2]。

一般来说,经济发达地区的经济体量比较大,经济基础雄厚,财政收入潜力大,这些地区更加关注中央政府或上级政府能否扩大与其承担的事权相适应的财权和社会经济管理权限,在财力与财权的选择上,更加偏好财权,所以扩大财权增加地方政府的自主性是必须的。虽然对于经济相对落后的地区来说,在财力与财权的选择上,他们目前更加关注的是财力与事权的匹配,但是税源的发展是动态的,随着经济的发展,这些经济不发达地区也会根据自己的实际情况,发展一些特色产业和特色产品,税源也会不断地丰裕。因此,赋予他们一定的税收立法权也是必要的,且可以因地制宜征税,增加地方税收收入。

当然,根据中国目前的国情,赋予地方政府一定的税收立法权是渐进的过

---

[1] 杨志勇:"中央和地方事权划分思路的转变:历史与比较的视角",《财政研究》,2016年第9期,第2-10页。
[2] 陶勇:"中国地方政府行为企业化变迁的财政逻辑",《上海财经大学学报》,2011年第1期,第66-73页。

程,目前地方税收立法权应该下放到省级人民代表大会及其常委会和省级政府,县级制定具体的实施细则,允许县级政府根据本地经济特色申请设立新的税目、允许县级政府在限定的范围内确定税率,以及停征某种税的权力(征收成本高、征收数额小的小税种)。允许地方政府在限定的范围内确定税率有一定好处,让当地居民决定他们愿意让政府有多少钱以及他们愿意付多少钱,这就迫使地方决策人在提供公共服务的效率方面对人民负责,过去地方政府用"歪门邪道"来取代正式征税措施就没有多大必要[1]。

同时,本书认为,省以下政府财权与财力的划分应该与事权和支出责任的类型和属性相匹配,事权的类型与财权财力的划分有以下三种模式。

(1) 自有事权(法定事权):事权、财权与财力的匹配。

法定事权,也称自有事权,根据事权的属性、影响范围和重要程度,来界定各级政府应该承担的事权,并且通过法律法规对中央与地方各级政府应该承担的事务加以规定,以保证各级政府履行职责。

对于法定事权来说,上级政府在制定相关政策的时候,要充分考虑省以下各级政府的财力承受能力。一方面,通过进一步扩大地方政府社会经济事项的财权、决策权、执行权、管理权,使得地方政府可以根据本地的实际情况,因地制宜征税,以增加自身财力;另一方面,对于超过省以下政府承受能力的政策,上级财政要通过一般性转移支付而非专项拨款的方式对下级政府进行必要的补助。

(2) 委托事权:事权与支出责任的匹配。

在中央与地方的财政关系中,委托性事权是指上级政府部门委托给下级政府部门的事务。对于本来理应由上级政府承担的法定事权,因各种原因无法履行的时候,可通过委托代理的关系,委托下级政府去做,上级政府不能"只给政策不给钱",将支出责任转嫁给下级政府,应该根据"谁做事,谁掏钱"的原则,必须承担本来应该承担的支出责任,通过专项转移支付安排足够的财力,实现"事权与支出责任"相匹配。

(3) 共担事权:事权与财力的匹配。

根据中央与地方以及地方政府之间承担事权比例的多少,界定各级政府承担的支出责任,支出责任确定后,需要有相应的财力作为保障。财力无非是由自有财力和上级转移支付组成。作为发达地区来说,其相应承担的财力部分应该

---

[1] 罗伊·鲍尔著:《中国的财政政策——税制与中央及地方的财政关系》,中国税务出版社2000年版,第216页。

更多的来自自有财力;对于经济欠发达地区相应承担一定比例的财力,则更多应该来自较高级别上级政府的转移支付。

### (二) 加强县级政府财源建设,实行地方财源动态管理

加强地方财源建设,优化地方财源结构是提升县级政府基本财力的主要途径之一。主要包括努力培育自有财源、巩固主体财源、挖掘潜在财源、规范补充财源等,并且根据政府提供公共服务事权的变化,实行动态财力保障机制。

#### 1. 努力培育自有财源——大力发展县域经济

一是要大力发展县域经济。县域经济是国民经济的基础,也是县级财政收入的主要源泉,从县级政府财力构成来看,主要包括自有财力和来自上级政府的转移支付。县级自有财力属于县级政府的内源性财力保障,具有相对稳定性和自我可掌控性[1]。"授人以鱼不如授人以渔",只有提升自身的造血功能,自身财力壮大了,才能够真正提高财力保障,而自身财力主要是来自县域的各项税收收入,与县域经济的发展密切相关。为此,各县级政府要大力发展县域经济,根据各地实际情况,因地制宜地制定财源培植计划,优化产业结构,促进产业升级,大力支持本地龙头企业和支柱产业,提高主体财源的收入,同时,努力培育和挖掘潜在财源和新兴财源,以保证县级财政收入的可持续增长。

二是加强县级财政收入的征管,根据国家和县域经济的发展趋势以及政策的变化,及时掌握财源变动趋势,科学预测和分析财政收入,加强财政部门与国税地税部门之间的沟通和协作,实行信息共享,努力实现财政收入的增加。

#### 2. 完善地方税制,构建地方各级主体税种——巩固主体财源

税收是政府的主要收入来源,是各级政府的主体财源。在现行的财政体制下,政府间的财政收入有着向上级政府集中的趋势,地方政府缺乏主体税种,地方税收收入规模较小,难以承担其应有的事权。特别是"营改增"后,作为地方政府第一大税种的营业税退出了历史舞台,对地方财政收入影响非常大,"营改增"倒逼财税体制改革,地方税制需要进一步改革和完善,构建各级地方政府主体税种。

(1) 取消按隶属关系划分收入的办法,严格按税种或比例划分收入。

省以下收入的划分应打破按企业经济成份、隶属关系、行业性质、企业规模划分收入的做法,尽可能按税种属性划分各级收入。2013年12月30日国务院办公厅转发财政部出台的《关于调整和完善县级基本财力保障机制的意见》(国

---

[1] 财政部科研所课题组:"建立和完善县级基本财力保障机制",《中国财政》,2012年第19期,第26-30页。

办发〔2013〕112号)明确提出,省级政府要取消按企业隶属关系(或出资额)划分收入的办法,采用按税种或按比例分享等规范办法。在税种的划分上,适当增加市县财政的分享比例。

(2)开征房地产税,并将其作为市县级政府的主体税种。

房地产税属于典型的财产税,从世界范围来看,财产税是世界各国的主体税种。

财产税作为地方政府主体税种的理由是:①作为税基的土地在地区间无法转移。②具有资产税的受益征税特征。这也是根据地方提供的公共服务的受益于土地价格的"资本化"挂钩决定的(当然,前提条件是土地市场的有效运作)。③明确的税收负担可以提高居民的成本意识,促进地方财政的效率化运作。土地征税不光给地方政府带来比较稳定的税收,而且征税的受益性也会提高地区居民的纳税意识。而且在确保税收的同时,还具有抑制投机交易和泡沫的效果[1]。

目前,中国现有的房地产税在土地和房产的保有、使用、出让、交易环节中进行征收,涉及的税种包括营业税、城市维护建设税、教育费附加、企业所得税、外商投资企业和外国企业所得税、个人所得税、土地增值税、城镇土地使用税、房产税、城市房地产税、印花税、耕地占用税和契税等。而且每个环节的信息是不对称的,征收成本较高,同时在相同的税基也存在着重复征收的问题,为此,房地产税作为市县级政府的主体税种,房地产税制必须要统一和改革。建议必须要在不加重纳税人税收负担的前提下,加快对现行房产税制的改革,对现行的房地产税种进行合并和整合,逐步将其转化为现代化的不动产税,使之成为替代"土地财政"的地方主体税种[2]。

(3)将车辆购置税划归为中央和省级政府的共享税。

我国的车辆购置税是由车辆购置附加费演变而来,国务院公布的《中华人民共和国车辆购置税暂行条例》自2001年1月1日起施行。其中,条例的第一条规定了在中华人民共和国境内购置本条例规定的车辆的单位和个人,为车辆购置税的纳税人,应当依照本条例缴纳车辆购置税。车辆购置税实行从价定率的办法计算应纳税额,其中车辆购置税的税率为10%。

随着汽车销量的大幅度增长,车辆购置税也随之快速增长。2014年,中国

---

[1] 卢中原:《财政转移支付和政府间事权财权关系研究》,中国财政经济出版社2007年版,第266页。
[2] 陶勇著:《中国县级财政压力研究》,复旦大学出版社2014年版,第253-254页。

汽车产销量分别为 2 372.3 万辆和 2 349.2 万辆,同比增长 7.3%和 6.9%,自 2009 年以来,产销量连续 6 年均稳居世界第一。汽车消费税收中购置环节税收的总量由 2012 年的 6 742.46 亿元上升至 2014 年的 8 773.39 亿元,平均每年增长幅度达到 14%左右,超过了汽车消费税收总量 10%的增长率。其中,购置环节中的车辆购置税从 2012 年的 2 228.91 亿元上升到 2014 年的 2 885.11 亿元,年均增长率为 13.77%[1]。

车辆购置税自开征以来,其税收收入都归属于中央。车辆购置税是在消费环节的一次课征,地方政府掌握信息充足,征收效率较高,同时属于较为稳定的税源。我们认为可以将车辆购置税作为中央地方共享税,补足地方对于道路交通支出的财政不足情况。具体来说,由国税征收,中央与地方(省级)的分享比例按各方占 50%分配较为合适。理由如下。

第一,地方对道路交通的支出需要更多财政支持,我们知道经济发达的地区机动车规模巨大,管理成本高,同时道路的维护等支出巨大,所以需要更多的资金支持道路的建设。因此将车辆购置税的税收收入一部分划为地方收入有利于地方政府对于道路交通方面等公共产品和服务的提供。

第二,中央需要一定的财力统筹,对地区间道路交通建设转移支付。例如,日本汽车的购置税属于地方政府,但目前我国的中央政府对于交通运输的支出仅有车辆购置税这一项专款专用的税源。在经济发达的东部沿海地区,车辆购置税的收入规模会明显比中西部地区大得多。而目前我国地区间道路交通发展水平差异巨大的背景下,如果将车辆购置税划为地方税种或者地方分享的比率过大会影响到中央主管全国的公路和统筹地方间差异的转移支付。

(4) 开征地方零售消费税,作为省级政府的主体税种。

地方零售税一般都是在最终销售环节征收,是地方政府筹集财政收入的有效工具,例如美国地方政府在最终销售点征收的销售税是州政府的主体税种。为了提高地方政府的收入,减少"营改增"对地方财政收入的影响,国内有不少资深财政官员、地方财政部门和专家学者都建议允许地方政府开征零售税。楼继伟在 2013 年出版的著作《中国政府间财政关系再思考》中,提出"允许地方在不超过原增值税分享额度内开征零售环节销售税。这个税种在零售环节征收,不在生产和流通中课征,不含地方追求数量型扩张机制,是有利于促进实现城镇化的"。

---

[1] http://www.chinairn.com/news/20150120/09131748.shtml。

我们建议将目前的特别消费税扩围到一般的消费税,扩围成销售税,即商品和劳务税,由生产地征收转向以消费地为基础征收。为了不引起纳税人的反感,这项改革需要循序渐进,例如,可以先在理发、餐饮等行业进行试点,把消费税的税基适当扩大,等试行一段时间后,再将消费税扩围到销售税。开征零售税后,这样做的好处是可以抑制地方政府盲目招商引资的冲动,缩小地方政府间财力的差距,促使地方政府执政理念从为生产者服务转变到为消费者(辖区居民)服务。

至于开征地方零售税后会不会增加纳税人的负担,一般来说,不会。目前纳税人尽管没有缴纳销售税,但是却以间接的方式缴纳了增值税、营业税、消费税等,消费税扩围到销售税后,其实只是把纳税人间接缴纳的税项转变为直接缴纳的税项而已,加上如果对增值税的税基稍作调整,即将一部分原属增值税的税基变成销售税的税基,再降低增值税税率,就可做到不增加纳税人的税务负担。

(5)开设环境保护税,并划归为地方财政收入[1]。

目前,中国相关的环境税收和排污收费政策对于环境保护和治理起到了一定的作用,但没有开设独立的环境保护税,现行收取排污费治理环境的做法,收费标准低,效果有限。将现行各种排污收费,进行"费改税",在不增加企业税负的前提下,征收环境保护税,税收的严肃性、权威性和使用效率要远大于收费。环境保护税的收入归属应该划归为地方财政收入,因为相对于中央政府来说,地方政府具有一定的信息优势,征收效率较高,另外,目前的排污费收入90%被划归为地方财政收入,为了保证政策的连续性以及获得地方政府对政策的支持,环境保护税应该留给地方政府。

(6)扩大资源税的征收范围,并作为省级政府的主体税种。

1984年起我国开始征收资源税,即以自然资源为课税对象、为了调节资源级差收入并体现国有资源有偿使用而征收的一种赋税。目前涉及的税目包括原油、天然气、煤炭、其他非金属矿原矿、黑色金属矿原矿、有色金属矿原矿、盐七个品目。其中,煤炭、石油、天然气三个矿种的资源税为从价计征,但其余黑色、有色、贵金属、非金属等近百个矿种依旧是从量计征方式。

本书认为应适时将水、森林、草场等非矿藏资源纳入征收范围,并提高资源税的计价标准,选择从价计征。由于我国资源多集中在中西部欠发达省份,资源

---

[1] 在本研究完稿后,2017年12月22日,国务院出台了《关于环境保护税收入归属问题的通知》(国发〔2017〕56号),自2018年1月1日起,环境保护税全部作为地方收入。

税也能成为地方政府财政收入的重要来源。

3. 规范补充财源——加强基层政府非税收入和债务管理

(1) 理顺政府征税与收费的关系,对现有的公共收费项目全面清理整顿,把一部分收费纳入政府统一的税收分配。

实际上,非税收入已成为地方政府不可缺少的一种收入形式,非税收入的存在具有一定的合理性。目前来说,最紧迫的任务是要对地方政府非税收入加以规范。根据财政理论和国外的经验,应坚持"以财政税收分配为主,收费分配为辅"的原则,对现行收费等非税收入进行清理整顿,即清理整顿收费归属、收费范围、收费项目、收费标准。

"税"和"费"作为国民收入分配的两种形式,有着各自的地位和作用,桥归桥,路归路,两者之间并不能相互替代,只有那些具有税收性质且宜于纳入税内管理的收费项目,才能通过"费"改"税"的办法,尽可能纳入税收的轨道,并由税务部门集中征管,这样不仅可以提高其权威性,而且可以减少征收管理中的不规范现象,大大节省了征收成本。

对具有如下特点的收费项目,应纳入征税范围:收费项目没有明显的利益报偿性,收费者与付费者之间不存在直接的利益交换关系;某些项目具有一定的外溢报偿性,但其受益范围不局限于特定的付费者,而是覆盖整体、全局,因为如果是使绝大多数居民受益的项目,就有足够的理由从税收收入中安排资金[1]。

① 为此可以考虑将教育费附加改为教育税;开征环境保护税,可将排污费、污水处理费、绿化费改征环境保护税,从量定额征收环境税,以便将因环境污染而导致的外部成本内部化;将社会保障统筹改为社会保障税,为社会保险筹资提供更加规范和权威性的制度保障,提高社会保险资金的筹集水平和使用效率。

② 扩大现有税种的税基,将某些收费项目相应地纳入现行税种中,合并征收。例如,目前与土地、房产开发相关的收费非常之多,需要对现有土地收费项目进行清理,该取消的坚决取消,该保留应该加以规范,并适当降低收费标准。扩大土地使用税征收范围,可考虑将与土地的占用、使用、出让、转让等有关的各种收费并入土地使用税中统一征收。

(2) 完善监管机制,强化预算约束。

推动各种政府性基金、收费等非税收入的"公共化、阳光化、问责化"。首先,严格按照全国人大和国务院的要求,所有非税收入必须要经过各级人大公开审

---

[1] 张云贵:"论费改税",《税务研究》,1997年第10期,第25-27页。

议,审议通过后,还应及时公开资金的使用情况,赋予公众应有的知情权、参与权、监督权和表达权。其次,加强"土地财政"收入预算管理,进一步明确其用途,将资金重点用于基础设施建设和民生的改善,让公众分享"土地财政"收入成果,切实提高资金的使用效益,防止资金的浪费和流失。再次,严格落实问责机制,严厉打击未批先用、以租代征、非法占地等违法征地行为,严惩在土地出让环节谋取私利的官员,规范土地出让收益的运作。

(3) 加强县级政府债务风险控制与管理。

根据审计署2013年12月30日发布的《全国政府性债务审计结果》,省级、市级、县级、乡镇政府负有偿还责任的债务分别为17 780.84亿元、48 434.61亿元、39 573.60亿元和3 070.12亿元。可以看出,市、县政府负有偿还债务高于省级政府,这主要是因为相对于省级政府的中观管理和宏观调控职能,市县级政府是一系列公共服务的主要提供者,负债相对高于省级政府是很正常的。对于县级政府来说,随着城镇化的发展,在基本公共服务资金需求较大且财政资金缺口较大的情况下,县级政府举债弥补了政府资金的不足,推动了县域基础设施的建设与发展,但是,目前最大的问题是基层政府债务增长过快,规模过大,且风险正在逐步加大,为此,需要多措并举加强债务风险控制与管理。

一是严控债务规模。采用因素法测算,根据县级政府的财力状况、经济发展水平、社会事业支出需求、债务风险、债务管理绩效等多种客观因素,通过公式来测算每年县级政府的债务规模(新增债务),报请本级人大和省级政府批准。

二是加强政府债务风险防范,建立和完善地方风险准备金和偿债基金;加强对地方政府债务风险的信用评级;借鉴国际经验和各地的实际情况,设定若干指标,建立地方政府债务风险预警机制等。

三是县级政府的债务作为政府的补充收入,亟需根据债务的不同类型纳入预算统一管理,将一般债务收支纳入一般公共预算管理,将专项债务收支纳入政府性基金预算管理。建立地方债务的信息充分披露机制,提交立法机关进行审议和批准,并加强社会公众的监督。

四是加强绩效评估和责任追究机制。通过对债务管理的绩效评估,对财政实力强,债务管理绩效好、风险小的地区在债务规模上多安排;反之,则少安排和不安排。并将债务率、偿债率、举债规模、债务化解等指标纳入到政府和领导的年度目标责任考核中,严厉追究相关责任。

4. 完善来自上级政府的财源——完善政府间转移支付

对于县级政府来说,不可能所有的公共支出都依靠自有财力,来自中央或上级政府的转移支付也是其重要的财源。在合理划分省和市县事权和支出责任的基础上,以推进地区间基本公共服务均等化为目标,建立事权与支出责任相匹配的省以下转移支付制度。

(1) 优化转移支付结构。

① 逐步取消税收返还制度。我国目前的税收返还制度与缩小地区财力差异的目标是相反的。性质上属于一般性转移支付的税收返还,应逐步将其归并到均衡地区财力差异起主要作用的一般性转移支付中。

② 清理、整合、规范专项转移支付。2014年12月27日,国务院印发了《关于改革和完善中央对地方转移支付制度的意见》(国发〔2014〕71号),提出清理整合已有专项、严格控制新设专项、杜绝变相增设专项。该文件要求取消专项转移支付中政策到期、政策调整、绩效低下等已无必要继续实施的项目;严格控制新设专项;逐步取消竞争性领域专项转移支付。规范专项资金管理办法,逐步引入因素法核定大部分专项拨款额,适当削减专项转移支付的配套要求,通过建立严格的专项拨款项目准入机制,减少专项拨款项目设立的随意性和盲目性。

③ 完善一般性转移支付。加大一般性转移支付的规模和比例,逐步将一般性转移支付占比提高到60%,建立以均衡性转移支付为主体,以老少边穷为辅,以及少量体制结算补助的转移支付体系。统一转移支付标准,以公式化的"因素法"代替"基数法",采用"因素法"的关键是如何科学、准确地找出影响各财政的因素。真实反映支出成本差异,建立财政转移支付同农业转移人口市民化挂钩机制,促进各市县基本公共服务均等化。

(2) 由中央政府或省级政府出面协调,建立省以下地方政府间横向转移支付制度。

某些公共服务,例如,生态污染和环境保护具有明显的外部性和跨区域的特征,既可以表现为省际,也可以发生在省内的各区域间。由于这些问题涉及多个同一行政级别或不同行政级别之间的利益,这就决定了省以下地方政府间横向转移支付的复杂性[1],需要由中央政府或省级政府出面加以协调。作为省内的生态补偿,省级政府可以通过建立生态补偿基金的方式,对省内流域水环境、自然保护区和生态功能区的环境保护进行横向转移支付。基金的来源可以是中央和省级政府的专项拨款,也可以是省内相关利益方的财政投入。

---

[1] 孙开:"省以下财政体制改革的深化与政策着力点",《财贸经济》,2011年第9期,第5-10页。

(3) 建立县级基本财力动态保障机制。

2010年和2013年,财政部两次发文要求建立和完善县级基本财力保障机制,在"保工资、保运转、保民生"的"低保"目标达到后,逐步扩大保障范围和提高保障标准,调整收支划分,建立县级政府基本财力动态保障机制,加大中央和省级政府对县级政府转移支付力度,明确保障资金来源,不断提高保障水平,使县级政府财力与支出责任基本匹配。

由于中国地域辽阔,东中西地区差异较大,需要分地区确定保障范围和保障标准,使得保障资金既能保障基层政府的基本支出需求,又能和各地方的实际情况相匹配。在此提出以下两点建议。

一是以政府提供的基本公共服务为切入点,在合理界定各级政府事权和支出责任的基础上,由各省级政府为主导,以县为单位,分地区测算基本公共服务最低保障需求,同时测算县级基本公共服务实际保障水平,以最低保障需求与实际保障能力的差额作为县级基本公共服务最低保障需求的缺口。根据财政部的要求,目前的保障范围是人员经费、公用经费、民生支出以及其他必要支出等,随着经济社会的发展逐步增大对民生支出的保障力度。在县级基本公共服务最低保障需求的缺口测算好了以后,再界定县级基本财力保障标准和筹资责任,在综合考虑各地区支出成本差异和可用财力(例如,财政供养系数、学生人数、城乡人口、区域面积、产值、可用财力)等具体影响因素的基础上分地区测定[1]。

二是进一步完善县级财力保障的激励机制。分地区制定奖补标准,尤其是要适当对东部地区、西部地区予以不同的支持。虽然东部地区经济相对发达,但对公共服务的需求大、保障范围和标准要求高,部分省内的县域间发展差距大,特别是发达地区是外来人口的聚集地,大量外来人口的涌入给当地公共服务的提供带来了巨大的压力。西部地区由于经济整体欠发达,县级基本财力保障难度大。为此,需要中央分地区制定奖补标准,加大奖补力度。对于东部发达地区,转移支付和奖补资金要与常住人口挂钩,"钱随人走",激励发达地区接纳更多的农村外来人口。对于西部地区,在加大奖补力度的同时,要注重以绩效为导向,对绩效评价高的地区给予更多的激励性奖励,引导其做好县级基本财力保障工作。

**5. 挖掘潜在财源——提高国有资本经营收益上缴地方公共财政的比例**

对于目前县级财政的巨大压力,可以通过提高国有资本经营收益上缴地方

---

[1] 财政部财政科学研究所课题组:"建立和完善县级基本财力保障机制",《中国财政》,2012年第19期,第26-30页。

公共财政的比例来增加地方财源,弥补地方财政缺口。

在社会主义生产资料公有制的制度下,国有企业属于全民所有,政府只是国有企业的经营管理者,全体人民是真正的股东,理所当然要享受国有企业的收益,这也是国有企业应该承担的社会责任。应该将"取之国企用之国企"的简单支出模式转为"取之国企用之国民经济"的模式。

(1) 进一步完善国有资本经营预算。扩大国有资本经营预算的征收范围,未来的方向是所有国有企业都必须要纳入国有资本经营预算。国资委必须和财政部配合起来编制国有资本经营预算,并向各级人民代表大会报告、审议和通过,维护国家预算体系的统一性和完整性。

(2) 提高国有资本经营收益上缴地方公共财政的比例。党的十八届三中全会的《决定》指出,国有资本经营收益上缴公共财政的比重到2020年提高到30%。但对于国企特别是垄断国企巨额的利润来说,这样的比重仍然不高。而从国外来看,法国国有企业税后利润的50%要上缴国家;瑞典、丹麦、韩国等国的国有企业,利润上缴比例也达到了1/3甚至2/3[1]。

本书认为,应该区分不同类型的国有企业,应该由地方人大而不是由地方国资委来决定地方国企收益的上缴制度。对于垄断企业来说,可以考虑超额利润全部上缴财政;非垄断企业的利润上缴可以参考同行业上市公司的现金分红比例,不能低于国内上市公司分红的平均水平[2]。

(3) 改变国有资本经营预算的支出结构,加大国有资本经营预算的民生支出。一方面,这在一定程度上可以弥补公共财政预算在民生投入方面的资金缺口,缓解仅靠税收增长难以化解的支出压力;另一方面,弥补社保基金预算支出之不足,扩大社会保障体系的覆盖范围,惠及全体人民,因为全体人民是真正的股东,理所当然要享受国有企业的收益。

## 第四节 加快地方政府治理结构的改革

县级财政困难的原因很多,一个重要原因就是财政体制与行政体制之间的矛盾和冲突。县级基本公共服务提供的不足,在很大程度上是由于各级政府以及政

---

[1] 文洪朝、马兆明、杨立志:"论国有资本经营预算制度的建立与完善",《山东社会科学》,2013年第3期,第135-139页。

[2] 同上。

府职能部门之间在提供公共服务职责上划分不清和相互推诿造成的,为此,提升县级政府提供基本公共服务的财力保障,还需要加快行政体制的改革和完善地方政府治理结构。

## 一、从"省管县财政改革"转向"省管县行政改革",逐步减少行政级次

我国政府层级过多,导致机构臃肿,人员冗多,财政供养人数居高不下,行政成本高,行政效率低;事权在五级政府之间难以划清和理顺,到了基层政府甚至无税可分,因此,需要通过财政体制与行政体制改革的互动和配合,通过省以下财政体制的"省管县"和"乡财县管"的改革,转向"省管县行政改革",逐步减少行政级次,减少财政级次和行政级次,构建三级财政和三级政府。

如何减少政府层级,应该减哪级政府呢?有人提出直接取消地级市政府,但是这项改革做起来很难,涉及利益太多,再说中国地域辽阔,地区间差异较大,在有些地区市级政府的存在有它的必要性。一个折衷的办法就是不撤销地级市政府,只是不管县,将原先属于地级市的管理权限部分或全部划给县级政府,县级政府与省级政府联系,地级市只管理所辖的主城区,地级市与县分立,行政地位平等,同时接受省级政府的领导,并由省直接管理县级干部,这样也就等于减少了中间环节,减少了行政成本。为了加强省级政府对县的管理和调控力度,可以考虑缩减县的数量,十几万人口的小县可以合并。在这个基础上,县、地、市并轨,行政等级平级,省、县之间不再设立中间层次,省直接领导县、市,实现财政、行政、人事体制的统一。

对于乡镇政府的去留问题,目前主要观点有"撤销说"[1]"派出说"[2]"保留且强化说"[3]"自治说"[4]。鉴于中国国情,本书认为,乡镇政府的改革也应该根据不同地区的实际情况分类实施。对于以农业经济为主的乡镇,乡镇政府的财力较弱,可以变成县级政府的派出机构来管理,乡镇政府主要职能是服务三农,实现"乡财县管"。对于工商业经济比较发达的中心城镇,一个乡镇的财政收

---

[1] 郑法:"农村改革与公共权力划分",《战略与管理》,2000年第4期,第19-26页。
[2] 徐勇:"变乡级政府为派出机构",《决策咨询》,2003年第5期,第31-33页。
[3] 潘维:"质疑'乡镇行政体制改革'—关于乡村中国的两种思路",《开放时代》,2004年第2期,第16-24页。
[4] 同[1]。

入相当于经济不发达地区的市级规模,甚至还要更高,且对于这些经济发达的小城镇,不应该取消,而是应继续保留一级政府和一级财政的设置,合理界定其职能,部分强镇扩权。但如果取消这些乡镇,当地的公共产品配置效率肯定会受到影响,当地居民的福利水平也会下降。这样改革后,政府的财政级次和行政级次都将会大大减少了。

## 二、正确处理"条条"与"块块"的关系

目前中国县政府的支出责任很大,但权力却较小,主要是由于目前许多县政府的权力被"条条"部门肢解了,现在中国县政府条块关系上,是"垂直"单位越来越多,既有"省垂",也有"省垂"和"市垂";越垂越直,越垂越难,权大利大的部门都拿走垂直,剩下的都是权轻钱少的。垂直管理越多,地方的积极性越会下降,垂直管理超过一定的限度,地方经济便很难繁荣。这里提出以下三点建议。

(1) 将"国垂"单位尽量减少;取消部分"省垂"和"市垂",尊重县级政府管理地方经济与社会事务的权力。例如,将工商局、质量技术监督局、药品监督管理局、广播电视局等下放给市、县。扩大县政府的权力,实行责权统一。

(2) 建立垂直管理部门与地方政府之间的协调机制。"条条"与"块块"的关系,实际上就是中央集权和地方分权的关系,对于某些中央与地方政府共同承担的公共服务事权,一方面需要"条条"的宏观调控,承担部分事权,同时也需要地方政府共担部分事权,以提高公共服务提供的效率,在这些事权共担和职能交叉的公共事务治理领域,垂直管理部门与地方政府间可能会陷入相互推诿或相互争权等现象。为此,需要建立垂直管理部门与地方政府之间的协调机制。

一是在合理划分中央与地方政府提供公共服务事权和支出责任的基础上,厘清垂直管理部门和地方政府以及相关政府部门的权责,并且通过法律的形式将二者的关系进行制度化、规范化,大家各司其职,避免相互"踢皮球",相互推诿。

二是建立信息共享机制。建立垂直管理部门与地方政府及各职能部门间的信息交流平台,促进相互之间的信息交流,做到信息共享的规范化、制度化、常态化[1]。

---

[1] 孙发锋:"从条块分割走向协同治理——垂直管理部门与地方政府关系的调整取向探析",《广西社会科学》,2011年第4期,第109-112页。

三是建立冲突的仲裁协商机制。垂直管理部门难免会与县级政府出现权责上的争议,出现这种情况,首先需要通过现有的法律和法规解决矛盾和争端。但是政府在从事公共管理的过程中,难免会遇到一些未曾遇到的事情,并没有相应的法律和法规来加以解决,建议建立中央垂直管理机构与地方政府间的相互监督机制以及争议协商和裁决机制。垂直管理机构和地方政府间如发生争议,且经协调达不成一致意见的,应报送共同上级决定。可以考虑在较高层次国务院内部设立相应的仲裁机构,统筹处理相关行政事权协调问题,以增强它的权威性。

四是完善干部交流机制。应按照优势互补、取长补短的原则,进一步扩大垂直管理部门与地方政府干部间交流的范围,加大交流的力度。这样有利于拓展干部的视野和发展空间,淡化部门意识和地方意识,提高干部的业务水平和理论素养[1]。

(3)加强对垂直部门的属地监督。垂直部门在业务、后勤保障等方面需要各级地方政府的支持,地方党委、政府、人大对其有"协调"和监督的权力。垂直部门除了接受上级监督外,还应该和当地直属单位一样,接受地方人大、党委、纪委组织评议,接受群众和全社会的监督。

### 三、改革政府考核和官员晋升机制

首先,建立起合理而有效的评价体系,不能以 GDP 和财政收入论英雄,可以淡化 GDP 考核指标,强调绿色 GDP 指标;从传统的对 GDP 和财政收入需要的激励向公共财政和民生财政过渡,地方政府官员必须要关注民生,重视地方的科学和谐发展。

其次,改变"自上而下"的考核和晋升机制,逐步建立"自下而上"的晋升机制。对官员的考核应该加大公共服务方面的指标权重,应逐步将基本公共服务提供的水平、人与自然的和谐以及居民满意度等指标考核纳入政府官员的政绩中,成为地方官员晋升考核的主要因素。逐步建立"自下而上"的考核和晋升机制,让公共服务的受众来评价政府提供公共服务的水平和质量,充分发挥民意,让人大和政协在监督和问责地方官员中起重要作用,并注重新闻的监督作用。

---

[1] 孙发锋:"从条块分割走向协同治理——垂直管理部门与地方政府关系的调整取向探析",《广西社会科学》,2011年第4期,第109-112页。

## 第五节 本章小结

由于中国县级政府众多,各县之间的经济发展水平参差不齐,差异很大,为了满足广大县域居民不断提高的基本公共服务需求,县级政府财力保障机制的政策应该因地制宜,适当弹性化。要根据各地经济发展的不同水平以及政策等因素的变化,保障对象、保障范围和保障标准要及时进行动态调整,不仅要提高县级政府的可支配财力,还要进一步增强县级政府财政自主发展能力和财政自给能力,以充分保障县级政府财力的可持续性。

(1) 坚持城乡一体化的政策导向,加大对县域(农村)基本公共服务投入力度,建立国家级"农业县一般转移支付基金",农业县提供基本公共服务的基本财力应该由中央、省、市县财政共同承担。与农民市民化进程挂钩,提升财政提供基本公共服务的水平;加快农村基层民主制度建设,建立有效的农村公共资源使用监督机制;建立以政府为主体,社会协同治理的多元化县级公共服务提供机制。

(2) 根据公共财政理论以及政治学、行政学等相关基本理论,国际经验,事权的影响范围和重要程度,以及中国的实际情况,省以下事权和支出责任的改革需要遵守以下原则:正确处理政府、市场和社会之间关系的原则;公共产品受益范围划分原则;效率原则;激励与均衡相结合的原则;财力向基层政府下倾原则;稳定性与动态性相结合的原则。

(3) 本章将政府的事权划分为法定事权(自有事权)、委托事权和共担事权。事权的划分主要是指事权的四个构成要素,即决策权、支出权(支出责任)、管理权、监督权在纵向各级政府间的划分。事权的执行内容庞杂,很难穷尽列举,事权的清晰界定存在着很大的难度,尤其是省以下事权和支出责任的划分更为复杂,这决定了其改革不可能一步到位。要充分发挥省级政府的决定作用,根据各省实际情况,由省级政府决定市县的支出责任,先选择一些主要公共服务为试点,且事权划分应从"粗"到"细",从点到面,循序渐进。

(4) 本章给出了教育、社会保障、公共卫生、公路这几项基本公共服务事权与支出责任的划分清单,省以下政府间事权和支出责任划分的基本方向是由省级政府根据实际情况,科学确定省、市、县政府分别承担支出责任的事务。省级政府的支出责任要增强,市、县政府的支出责任要减少,以改变目前基层政府支出责任过重的状况。同时要有明确清晰的省以下事权和支出责任划分法律文本。

（5）理顺省以下政府间收入划分，建立财力动态保障机制。本书提出的政策建议是：①赋予省以下各级地方政府相应的财权，根据事权的类型和属性匹配财权和财力。自有事权（法定事权）：事权、财权与财力的匹配；委托事权：事权与支出责任的匹配；共担事权：事权与财力的匹配。②加强县级政府财源建设，实行地方财源动态管理。包括努力培育自有财源——大力发展县域经济；完善地方税制，构建地方各级主体税种——巩固主体财源；规范补充财源——加强基层政府非税收入和债务管理；完善来自上级政府的财源——完善政府间转移支付；挖掘潜在财源——提高国有资本经营收益上缴地方公共财政的比例。

（6）加快地方政府治理结构的改革：从"省管县财政改革"转向"省管县行政改革"，逐步减少行政级次；正确处理"条条"与"块块"的关系；改革政府考核和官员晋升机制。

# 参考文献

1. 安体富、任强:"中国公共服务均等化水平指标体系的构建——基于地区差别视角的量化分析",《财贸经济》,2008年第6期。
2. 安体富、任强:"公共服务均等化:理论、问题与对策",《财贸经济》,2007年第8期。
3. 安徽省财政厅课题组、刘浩等:"财政'大监督'理念与乡镇财政职能转换",《经济研究参考》,2002年第11期。
4. Anwar Shan、沈春丽:《地方政府与地方财政建设》,中信出版社2005年版。
5. 暴景升:《当代中国县政改革研究》,天津人民出版社2007年版。
6. C. V. 布朗、P. M. 杰克逊:《公共部门经济学》,中国人民大学出版社2000年版。
7. 陈昌盛、蔡跃洲:"中国政府公共服务:基本价值取向和综合绩效考核评估",《财政研究》,2007年第6期。
8. 陈振明、李德国:"基本公共服务的均等化与有效供给——基于福建的思考"《中国行政管理》,2011年第1期。
9. 陈振明等:《公共服务导论》,北京大学出版社2011年版。
10. 陈锡文、韩俊:《中国县乡财政与农民增收问题研究》,山西经济出版社2003年版。
11. 陈锡文、韩俊、赵阳:《中国农村公共财政制度》,中国发展出版社2005年版。
12. 陈颂东:"促进地区基本公共服务均等化的转移支付制度研究",《地方财政研究》,2011年第7期。
13. 陈文胜:"中国县域发展的基本特征与历史演进",《中国发展观察》,2014年第 6 期。

14. 陈国辉:"我国县级市发展模式探析",《管理观察》,2014 年第 36 期。
15. 蔡建军:"县级基本财力保障机制的博弈分析",《经济研究参考》,2011 年第 41 期(总第 2385 期)。
16. 程谦:"公共服务、公共问题与公共财政建设的关系",《四川财政》,2003 年第 12 期。
17. 财政部预算司:《2006 中国省以下财政体制》,中国财政经济出版社 2007 年版。
18. 财政部科研所课题组:"建立和完善县级基本财力保障机制",《中国财政》,2012 年第 19 期。
19. 财政部科研所课题组:"政府间基本公共服务事权配置的国际比较研究",《经济研究参考》,2010 年第 16 期。
20. 财政部:"法国政府间事权划分概况",《预算管理与会计》,2014 年第 10 期。
21. 财政部:"德国政府间事权划分概况",《预算管理与会计》,2014 年第 10 期。
22. 迟福林:"加快建立社会公共服务体制",《求知》,2007 年第 9 期。
23. 迟福林:"城乡基本公共服务均等化与城乡一体化",《农村工作通讯》,2008 年第 24 期。
24. 常修泽:"中国现阶段基本公共服务均等化研究",《中共天津市委党校学报》,2007 年第 2 期。
25. 党国英、许力平:"城市农民工与基本公共服务均等化",载中国(海南)改革发展研究院:《基本公共服务与中国人类发展》,中国经济出版社 2008 年版。
26. 丁元竹:"基本公共服务均等化:战略与对策",《中共宁波市委党校学报》,2008 年第 4 期。
27. 丁元竹:"从社会公共服务角度看内需不足",《中国经贸导刊》,2006 年第 4 期。
28. 地方政府财政能力研究课题组、李学军、刘尚希:"地方政府财政能力研究——以新疆维吾尔自治区为例",《财政研究》,2007 年第 9 期。
29. 傅勇、张晏:"中国式分权与财政支出结构偏向:为增长而竞争的代价",《管理世界》,2007 年第 3 期。
30. 樊继达:《统筹城乡中的基本公共服务均等化》,中国财政经济出版社 2008 年版。
31. 樊纲:"论公共收支的新规范——我国乡镇'非规范收入'若干个案的研究与思考",《经济研究》,1995 年第 6 期。

32. 冯兴元等:"公共卫生事权应该怎样划分",《中国改革》,2005年第10期。
33. 费雪:《州和地方财政学》,中国人民大学出版社2000年版。
34. 甫善新:《中国行政区划改革研究》,商务印书馆2006年版。
35. 傅光明:"论省管县财政体制",《经济研究参考》,2006年第33期。
36. 郭和平:《县级管理学》,山东人民出版社1988年版。
37. 郭家虎、崔文娟:"财政合理分权与县乡财政解困",《中央财经大学学报》,2004年第9期。
38. 国家发改委宏观经济研究院课题组:"公共服务供给中各级政府事权财权划分问题研究",《经济研究参考》,2005年第26期。
39. 国务院发展研究中心宏观组:"公共服务供给中各级政府事权财权划分的国际经验",《经济研究参考》,2005年第25期。
40. 高强:"关于深化财税体制改革的几点思考",《上海财经大学学报》,2014年第1期。
41. 高鹏:《县级基本财力保障机制研究》,东北财经大学硕士论文,2010年。
42. 古尚宣:"公路管理事权划分与支出责任基本问题研究",《交通财会》,2014年第11期。
43. 何成军:"县、乡财政困难:现状、成因、出路",《中国农村经济》,2003年第2期。
44. 何逢阳:"中国式财政分权体制下地方政府财力事权类型研究",《学术界》,2010年第5期。
45. 侯麟科、刘明兴、陶然:"中国农村基层职能的实证分析",《经济社会体制比较》,2009年第3期。
46. 黄佩华:"财政改革和省级以下的财政",《经济社会体制比较》,1994年第5期。
47. 黄佩华:《中国地方财政问题研究》,中国检察出版社1999年版。
48. 黄佩华:"费改税:中国预算外资金和政府间财政关系的改革",《经济社会体制比较》,2000年第6期。
49. 黄佩华:《中国:国家发展与地方财政》,中信出版社2003年版。
50. 黄佩华:"21世纪的中国能转变经济发展模式吗?",载《比较》第18辑,中信出版社2005年版。
51. 胡伟:《制度变迁中的县级政府行为》,中国社会科学出版社2007年版。
52. 胡仙芝:"中国基本公共服务均等化现状与改革方向",《北京联合大学学报

(人文社科版)》,2010 年第 3 期。
53. 韩俊:"解决农民增收困难要有新思路",《经济与管理研究》,2002 年第 5 期。
54. 贾康、刘军民:"非税收入规范化管理研究",《税务研究》,2005 年第 4 期。
55. 贾康、白景明:"县乡财政解困与财政体制创新",《经济研究》,2002 年第 2 期。
56. 贾康:"公共服务的均等化应积极推进,但不能急于求成",《审计与理财》,2007 年第 8 期。
57. 贾晓俊、岳希明:"我国均衡性转移支付资金分配机制研究",《经济研究》,第 1 期。
58. 贾俊雪、郭庆旺、宁静:"财政分权、政府治理结构与县级财政解困",《管理世界》,2011 年第 1 期。
59. 江明融:"构建城乡统筹的公共产品供给制度研究",《农村经济》,2006 年第 8 期。
60. 姜晓萍:"国家治理现代化进程中的社会治理体制创新",《中国行政管理》,2014 年第 2 期。
61. 交通运输部赴澳大利亚公路养护事权和运行机制培训团:"澳大利亚公路养护事权划分和运行机制",《中国公路》,2015 年第 5 期。
62. 蒋洪:《公共经济学》,上海财经大学出版社 2006 年版。
63. 纪宣明、张亚阳、梁新潮:"地方政府财政能力评估若干问题",《集美大学学报(哲社版)》,2002 年第 3 期。
64. 珍妮特·登哈特等:《新公共服务:服务,而不是掌舵》,丁煌译,方兴、丁煌校,中国人民大学出版社 2016 年版。
65. 匡远配、何忠伟、汪三贵:"县乡财政对农村公共产品供给的影响分析",《南方农村》,2005 年第 4 期。
66. 卢中原:《财政转移支付和政府间事权财权关系研究》,中国财政经济出版社 2007 年版。
67. 卢洪友:《中国基本公共服务均等化进程报告》,人民出版社 2012 年版。
68. 卢洪友、陈思霞:"谁从增加的财政转移支付中受益——基于中国县级数据的实证分析",《财贸经济》,2012 年第 4 期。
69. 刘尚希、杨元杰、张洵:"基本公共服务均等化与公共财政制度",《经济研究参考》,2008 年第 40 期。
70. 刘尚希、傅志华:《缓解县乡财政困难的路径选择》,中国财政经济出版社

2006 年版。

71. 刘尚希、邢丽:"中国财政改革 30 年:历史与逻辑的勾画",《中央财经大学学报》,2008 年第 3 期。

72. 刘尚希:"一个地方财政能力的分析评估框架",《国家治理》,2015 年第 12 期。

73. 刘尚希:"正确认识'土地财政'",中国经济网,2015 年 5 月 6 日。

74. 刘溶沧、焦国华:"地区间财政能力差异与转移支付制度创新",《财贸经济》,2002 年第 6 期。

75. 刘成奎、龚萍:"财政分权、地方政府城市偏向与城乡基本公共服务均等化",《广东财经大学学报》,2014 年第 4 期。

76. 刘云龙:《民主机制与民主财政:政府间财政分工与分工方式》,中国城市出版社 2001 年版。

77. 刘铭达:"完善省以下转移支付制度的建议",《中国财政》,2007 年第 1 期。

78. 刘宇飞:《当代西方财政学》,北京大学出版社 2000 年版。

79. 刘玲玲、刘黎明、李国锋:"建立我国财政收入能力测算体系的思考",《税务研究》,2007 年第 3 期。

80. 刘伟忠:"我国协同治理理论研究的现状和趋向",《城市问题》,2012 年第 5 期。

81. 林江、曹越:"透视我国地方财政的改革与发展",《地方财政研究》,2013 年第 2 期。

82. 林江、孙辉、黄亮雄:"财政分权、晋升激励和地方义务教育供给",《财贸经济》,2011 年第 1 期。

83. 李一花:"'财政自利'与'财政立宪'",《当代财经》,2005 年第 9 期。

84. 李一花、乔敏、仇鹏:"县乡财政困难深层成因与财政治理对策",《地方财政研究》,2016 年第 10 期。

85. 李一花:"县级财政转移支付制度的均等化效果分析",《当代经济研究》,2015 年第 2 期。

86. 李一花:《中国县乡财政运行及解困研究》,社会科学文献出版社 2008 年版。

87. 李波、陈明:"省以下财政转移支付的效率因子:以湖北为例",《山东经济》,2009 年第 1 期。

88. 李扬、杨之刚、张敬:"中国城市财政的回顾和展望",《经济研究参考》,1992 年第 25 期。

89. 李萍:《财政体制简明图解》,中国财政经济出版社 2010 年版。
90. 李英利、黄力明、刘青林:"建立广西县级基本财力保障机制研究",《经济研究参考》,2011 年第 5 期。
91. 李修义:《中国县政综合改革的历程和实践》,经济管理出版社 1992 年版。
92. 龙竹:"对乡镇财政能力综合评价指标体系研究",《科技进步与对策》,2004 年第 5 期。
93. 吕冰洋、聂辉华:"弹性分成:分税制的契约与影响",《经济理论与经济管理》,2014 年第 7 期。
94. 罗丹、陈洁:《中国县乡财政调查》,上海远东出版社 2008 年版。
95. 罗伊·鲍尔:《中国的财政政策——税制与中央及地方的财政关系》,中国税务出版社 2000 年版。
96. 罗纳德·J. 奥克森:《治理地方公共经济》,北京大学出版社 2005 年版。
97. 凌耀初:《县域经济发展战略》,学林出版社 2005 年版。
98. 楼继伟:《中国政府间财政关系再思考》,中国财政经济出版社 2013 年版。
99. 楼继伟:"推进各级政府事权规范化法律化",《人民日报》,2014 年 12 月 1 日。
100. 毛翠英、田志刚、汪中代:"关于我国县乡财政困难问题研究",《经济体制改革》,2004 年第 6 期。
101. 马骏、刘亚平:"中国地方政府财政风险研究:'逆向软预算约束'理论的视角",《学术研究》,2005 年第 11 期。
102. 马骏:《论转移支付——政府间财政转移支付的国际经验及对中国的借鉴意义》,中国财政经济出版社 1998 年版。
103. 马国贤等:"论基于绩效的农业县转移支付政策研究",《甘肃行政学院学报》,2011 年第 6 期。
104. 倪红日、张亮:"基本公共服务均等化与财政管理体制改革研究",《管理世界》,2012 年第 9 期。
105. 潘维:《农民与市场》,商务印书馆 2003 年版。
106. 潘维:"质疑'乡镇行政体制改革'——关于乡村中国的两种思路",《开放时代》,2004 年第 2 期。
107. 寇明风:"省以下政府间事权与支出责任划分的难点分析与路径选择",《经济研究参考》,2015 年第 33 期。
108. 钱锋:"多城市地方政府土地储备虚假抵押融资",《中国经营报》,2015 年 5

月 18 日。

109. 乔宝云、范剑勇、冯兴元:"中国的财政分权与小学义务教育",《中国社会科学》,2005 年第 6 期。

110. 沙安文、乔宝云:《政府间财政关系:国际经验述评》,人民出版社 2006 年版。

111. 孙开:"省以下财政体制改革的深化与政策着力点",《财贸经济》,2011 年第 9 期。

112. 孙潭镇、朱钢:"我国乡镇制度外财政分析",《经济研究》,1993 年第 9 期。

113. 孙学工:"公共服务供给中各级政府事权财权划分的国际经验",《经济研究参考》,2005 年第 25 期。

114. 孙发锋:"从条块走向协同治理——垂直管理部门与地方政府关系的调整取向探析",《广西社会科学》,2011 年第 4 期。

115. 宋文昌:"财政分权、财政支出结构与公共服务不均等的实证分析",《财政研究》,2009 年第 3 期。

116. 宋小宁、陈斌、梁若冰:"一般转移支付能否促进公共服务的供给",《数量经济技术经济研究》,2012 年第 7 期。

117. 沈延生:"中国乡治的回顾与展望",《战略与管理》,2003 年第 1 期。

118. 斯蒂芬·贝利:《地方政府经济学:理论与实践》,北京大学出版社 2006 年版。

119. 世界银行:《2006 年世界发展报告:公平与发展》,清华大学出版社 2013 年版。

120. 世界经济合作与发展组织:《中国公共支出面临的挑战——通往更有效和公平之路》,清华大学出版社 2006 年版。

121. 商元君、殷瑞锋:"美国财政能力衡量办法述评",《中国财政》,2009 年第 4 期。

122. 陶勇:"对调整我国地方财政支出结构的思考",《财经论丛》,2001 年第 1 期。

123. 陶勇:《地方财政学》,上海财经大学出版社 2006 年版。

124. 陶勇:"分税制对地方财政运行的影响",《税务研究》,2008 年第 4 期。

125. 陶勇:"农村公共产品供给与农民负担问题探索",《财贸经济》,2001 年第 10 期。

126. 陶勇:"中国地方政府行为企业化变迁的财政逻辑",《上海财经大学学报》,

2011年第1期。
127. 陶勇:《中国县级财政压力研究》,复旦大学出版社2014年版。
128. 陶勇:"县级政府提供基本公共服务的困境——基于地方政府治理结构的视角",载《公共经济与政策研究》,西南财经大学出版社2014年版。
129. 滕霞光:《农村税费改革与地方财政体制改革》,经济科学出版社2003年版。
130. 托尼·塞奇:"中国地方政府分析",《经济社会体制比较》,2006年第2期。
131. 王谦:《城乡公共服务均等化研究》,山东人民出版社2009年版。
132. 王雍君:《中国公共支出实证分析》,经济科学出版社2000年版。
133. 王雍君:"中国的财政均等化与转移支付体制改革",《中央财经大学学报》,2006年第9期。
134. 王绍光:《分权的底限》,中国计划出版社1997年版。
135. 王诚尧:"合理划分中央、省和市县三级税种研究",《财政研究》,2008年第11期。
136. 王浦劬等:"德国央地事权划分及其启示",《国家行政学院学报》,2015年第6期。
137. 王浦劬:"中央与地方事权划分的国别经验及其启示:基于六个国家经验的分析",《政治学研究》,2016年第5期。
138. 王春娟:《县治的财政基础及其变化》,华中师范大学博士论文,2007年。
139. 王秀文:《中国县级政府财政能力研究》,东北财经大学博士论文,2011年。
140. 王晨、马海涛:"转移支付对县际财力的均等化效应分析——以江苏省为例",《新疆财经大学学报》,2016年第2期。
141. 王吉平:"理论界对市管县体制改革的探讨",《兰州学刊》,2005年第5期。
142. 王敏:"县级基本财力保障研究文献综述",《河南财政税务高等专科学校学报》,2012年第1期。
143. 王小龙:"县乡财政解困和政府改革目标兼容与路径设计",《财贸经济》,2006年第7期。
144. 吴孔凡:"县乡财政体制与县域财政能力建设",《华中师范大学学报(人文社会科学版)》,2009年第3期。
145. 吴理财:"乡镇机构改革:可否跳出精简—膨胀的怪圈",《贵州师范大学学报(社会科学版)》,2006年第6期。
146. 吴理财:"国家整合转型视角下的乡镇改革——以安徽省为例",《社会主义研究》,2006 年第 5 期。

147. 吴湘玲、邓晓婴:"我国地方政府财政能力的地区非均衡性分析",《统计与决策》,2006 年 8 月(下)。

148. 魏义方:"建立基本公共服务财政保障机制",《宏观经济管理》,2015 年第 5 期。

149. 魏加宁、李桂林:"日本政府间事权划分的考察报告",《经济社会体制比较》,2007 年第 2 期。

150. 文洪朝、马兆明、杨立志:"论国有资本经营预算制度的建立和完善",《山东社会科学》,2013 年第 3 期。

151. 辛波:《政府间财政能力配置研究》,中国经济出版社 2005 年版。

152. 徐勇:"变乡级政府为派出机构",《决策咨询》,2003 年第 5 期。

153. 徐勇:《中国农村村民自治》,华中师范大学出版社 1997 年版。

154. 徐勇:"县政、乡派、村治:乡村治理的结构性转换",《江苏社会科学》,2002 年第 2 期。

155. 徐绿敏:"我国省以下财政体制比较分析",《江西社会科学》,2014 年第 5 期。

156. 辛方坤:"财政分权、财政能力与地方政府公共服务供给",《宏观经济研究》,2014 年第 4 期。

157. 谢自奋:《中国县域经济发展的理论与实践》,上海社科出版社 1996 年版。

158. 谢庆奎等:《中国地方政府体制概论》,中国广播电视出版社 1998 年版。

159. 项继权、袁方成:"我国基本公共服务均等化的财政投入与需求研究",《公共行政评论》,2008 年第 3 期。

160. 薛风平:"县级政府职位优化配置模型",《中共青岛市委党校青岛行政学院学报》,2013 年第 6 期。

161. 熊巍:"我国农村公共产品供给分析与模式选择",《中国农村经济》,2002 年第 7 期。

162. 熊志军:"国有资本经营收益论析",《中国党政干部论坛》,2012 年第 10 期。

163. 许煜、常斌:"地方政府财政能力评价体系的新构想——基于 2009 年云南省数据的实证研究",《财会研究》,2011 年第 2 期。

164. 尹恒、康琳琳、王丽娟:"政府间转移支付的财力均等化效应——基于中国县级数据的研究,《管理世界》,2007 年第 1 期。

165. 尹恒、朱虹:"中国县级地区财力缺口与转移支付的均等性",《管理世界》,

2009年第4期。

166. 尹恒、朱虹:"县级财政生产性支出偏向研究",《中国社会科学》,2011年第1期。

167. 于国安:《山东省县乡财政体制研究》,经济科学出版社2009年版。

168. 易国安、胡宗能、李忠:"进一步完善县级基本财力保障机制浅析——以A省为例",《财政监督》,2016年第18期。

169. 姚大金:"公共服务型政府和公共财政体制",《云南财贸学院学报》,2003年第6期。

170. 姚洋:"制度供给失衡和中国财政分权的后果",《战略与管理》,2003年第3期。

171. 阎坤:"中国县乡财政困境分析与对策研究",《华中师范大学学报(人文社会科学版)》,2007年第46卷第2期。

172. 阎坤:"中国县乡财政体制的重新构建和设计",《中国金融》,2005年第12期。

173. 杨之刚:《财政分权理论与基层公共财政改革》,经济科学出版社2006年版。

174. 杨灿明:"创新县乡财政体制增强公共服务功能——以湖北省为例",《理论月刊》,2005年第3期。

175. 杨良松、赵福昌、韩凤芹:"社会保障事权划分研究",《财政与发展》,2004年第10期。

176. 杨志勇:"中央与地方事权划分思路的转变:历史与比较的视角",《财政研究》,2016年第9期。

177. 郁建兴:"中国的公共服务体系:发展历程、社会政策与体制机制",《学术月刊》,2011年第3期。

178. 张馨:"话说公共财政",《江西财税与会计》,1999年第7期。

179. 张恒龙:"构建和谐社会与公共服务均等化",《地方财政研究》,2007年第1期。

180. 张恒龙、康艺凡:"财政分权与地方政府行为异化",《中南财经政法大学学报》,2007年第6期。

181. 张立承:《中国县乡公共财政运行机理研究》,中国农业大学博士论文,2003年。

182. 张立承:《省对下财政体制研究》,经济科学出版社2011年版。

183. 张军、高远、傅勇等:"中国为什么拥有了良好的基础设施",《经济研究》,2007年第3期。
184. 张晓波等:"中国农村基层治理与公共物品提供",《经济学季刊》,2007年第7期。
185. 张千帆:《国家主权与地方自治——中央与地方关系的法治化》,中国民主法制出版社2012年版。
186. 张永生:"政府间事权和财权如何划分",《经济社会体制比较》,2008年第2期。
187. 张云贵:"论费改税",《税务研究》,1997年第10期。
188. 张光:"财政转移支付对省内县际财政均等化的影响",《地方财政研究》,2013年第1期。
189. 朱旭光、魏敏:"西部地区财政能力发展预测",《统计与决策》,2005年第9期。
190. 朱光磊、张志和:"职责同构批判",《北京大学学报(哲社版)》,2015年第1期。
191. 朱光磊:《当代中国政府过程》,天津人民出版社2002年版。
192. 周黎安:"晋升博弈中政府官员的激励与合作——兼论我国地方保护主义和重复建设问题长期存在的原因",《经济研究》,2004年第6期。
193. 周黎安、吴敏:"省以下多级政府间的税收分成:特征事实与解释",《金融研究》,2015年第10期。
194. 郑法:"农村改革与公共权力划分",《战略与管理》,2000年第4期。
195. 周飞舟、赵阳:"剖析农村公共财政:乡镇财政的困境和成因——对中西部地区乡镇财政的案例研究",《中国农村观察》,2003年第4期。
196. 周飞舟:"分税制十年:制度及其影响",《中国社会科学》,2006年第6期。
197. 周飞舟:"财政资金的专项化及其问题:兼论'项目治国'",《社会》,2012年第1期。
198. 周雪光:"'逆向软预算约束':一个政府行为的组织分析",《中国社会科学》,2005年第2期。
199. 周仁标:《"省管县"改革的动因、困境与体制创新研究》,安徽师范大学出版社2012年版。
200. 赵俊怀:"论我国地方公共产品供给民营化",《经济体制改革》,2003年第6期。

201. 中国海南改革发展研究院:《基本公共服务与中国人类发展》,中国经济出版 2008 年版。
202. 钟晓敏:"财政地位的衡量:财政拨款的重要条件",《财经论丛》,1997 年第 5 期。
203. Buchannan, J. M. An Economic Theory of Clubs, *Economics*, 32(125).
204. Chun Li Shen, Heng-fu Zou. Fiscal Decentralization and Public Services Provision in China, *Annals of Economics and Finance*, 2015, 16(1).
205. E. S. Savas. On Equity in Providing Public Services, *Management Science*, 1978, 24(8).
206. George Boyne, Martin Powell and Rachel Ashworth. Spatial Equity and Public Services: An Empirical Analysis of Local Government Finance in England. *Public Management Review*, 2001, 3(1).
207. George Stigler. *Tenable Range of Functions of Local Government*. In Federal Expenditure Police for Economic Growth and Stability. Washington D. C: Joint Economic Committee. Subcommittee on Fiscal Policy, 1957.
208. Lopez. Under-Investing in Public Goods: Evidence, Causes, and Consequences for Agricultural Development, Equity, and the Environment. *Agricultural Economics*, 2005, 32 (Supplement s1).
209. Musgrave R. A. *The Theory of Public Finance*, McGraw-Hill, 1959.
210. Oates, Wallace E. *Fiscal Federalism*, Harcourt Brace Jovanovic, 1972.
211. Philip Lake. Expenditure Equity in the Public Schools of Atlantic Canada, *Journal of Education Finance*, 1983, 8.
212. Paul A. Samuelson. The Pure Theory of Public Expenditure, *The Review of Economics and Statistics*, 1954, 36(4).
213. Paul Cashin, Ratna Sahay. Internal Migration, Center-state Grants, and Economics Growth in the State of India, *IMF Staff Papers*, 1996, 43(1).
214. Robin, Davided. *Public Sector Economics*. Boston, MA: Little Brown Press, 1984.
215. Ronald C. Fisher. *State and Local Public Finance*, Thomson South-Western, 2007, 3E.

216. Qian Y. and G. Roland. Federalism and the Soft Budget Constraint, *American Economic Review*, 1988, 77.
217. Raiser, M.. Subsidising Inequality: Economic Reforms, Fiscal Transfersand Convergence across Chinese Provinces, *Journal of Development Studies*, 1998, 34, 3.
218. Richard Musgrave. *Who should tax, Where and what?* In tax assignment in Federal countries by C. E. Mclure, 1983.
219. Rosen, Harvey S. *Study in state and local public finance*, University of Chicago Press, 1986.
220. Tiebout, Charles. A Pure Theory of Local Expenditure, *Journal of Political Economy*, 1956, 64.
221. Wagstaff A. Van Doorslaer, E. &. Paci, P. Equity in the Finance and Delivery of Health Care: Some Tentative Cross Countries Comparisions, *Oxford Review of Economics Policy*, 1989, 5(1).
222. Zhang, T. and Zou Heng-fu. Fiscal decentralization Public Spending, and Economic Growth in China, *Journal of Public Economics*, 1998, 67.

# 附　录

表 1　2000—2011 年安徽省县级基本公共服务均等化指数

| 地区 | 2000 | 2001 | 2002 | 2003 | 2004 | 2005 | 2006 | 2007 | 2008 | 2009 | 2010 | 2011 |
|---|---|---|---|---|---|---|---|---|---|---|---|---|
| 长丰 | 0.02 | 0.02 | 0.03 | 0.04 | 0.08 | 0.09 | 0.12 | 0.18 | 0.24 | 0.27 | 0.37 | 0.45 |
| 肥东 | 0.03 | 0.05 | 0.05 | 0.05 | 0.08 | 0.11 | 0.13 | 0.20 | 0.23 | 0.32 | 0.33 | 0.38 |
| 肥西 | 0.02 | 0.03 | 0.04 | 0.06 | 0.08 | 0.08 | 0.10 | 0.12 | 0.32 | 0.31 | 0.33 | 0.46 |
| 濉溪 | 0.01 | 0.02 | 0.03 | 0.03 | 0.04 | 0.04 | 0.06 | 0.11 | 0.17 | 0.21 | 0.22 | 0.38 |
| 涡阳 | 0.00 | 0.01 | 0.02 | 0.03 | 0.03 | 0.04 | 0.08 | 0.12 | 0.16 | 0.19 | 0.20 | 0.26 |
| 蒙城 | 0.01 | 0.02 | 0.03 | 0.03 | 0.03 | 0.04 | 0.05 | 0.12 | 0.14 | 0.17 | 0.21 | 0.30 |
| 利辛 | 0.01 | 0.01 | 0.02 | 0.02 | 0.03 | 0.05 | 0.07 | 0.08 | 0.13 | 0.12 | 0.17 | 0.27 |
| 砀山 | 0.01 | 0.02 | 0.03 | 0.04 | 0.05 | 0.06 | 0.12 | 0.14 | 0.22 | 0.24 | 0.25 | 0.33 |
| 萧县 | 0.01 | 0.02 | 0.03 | 0.04 | 0.05 | 0.05 | 0.13 | 0.15 | 0.24 | 0.23 | 0.25 | 0.35 |
| 灵璧 | 0.01 | 0.02 | 0.03 | 0.03 | 0.05 | 0.05 | 0.09 | 0.15 | 0.24 | 0.20 | 0.23 | 0.35 |
| 泗县 | 0.02 | 0.02 | 0.02 | 0.03 | 0.04 | 0.04 | 0.10 | 0.12 | 0.21 | 0.21 | 0.23 | 0.33 |
| 怀远 | 0.01 | 0.02 | 0.03 | 0.03 | 0.04 | 0.04 | 0.07 | 0.10 | 0.16 | 0.16 | 0.23 | 0.30 |
| 五河 | 0.02 | 0.03 | 0.05 | 0.05 | 0.06 | 0.07 | 0.10 | 0.11 | 0.16 | 0.18 | 0.21 | 0.37 |
| 固镇 | 0.03 | 0.03 | 0.06 | 0.06 | 0.06 | 0.08 | 0.13 | 0.15 | 0.20 | 0.22 | 0.25 | 0.44 |
| 界首 | 0.01 | 0.02 | 0.02 | 0.02 | 0.03 | 0.04 | 0.06 | 0.10 | 0.13 | 0.14 | 0.17 | 0.19 |
| 临泉 | 0.01 | 0.01 | 0.01 | 0.01 | 0.03 | 0.05 | 0.05 | 0.09 | 0.10 | 0.13 | 0.11 | 0.19 |
| 太和 | 0.01 | 0.01 | 0.02 | 0.02 | 0.02 | 0.03 | 0.06 | 0.10 | 0.11 | 0.13 | 0.12 | 0.24 |
| 阜南 | 0.00 | 0.01 | 0.01 | 0.02 | 0.03 | 0.04 | 0.06 | 0.08 | 0.10 | 0.16 | 0.14 | 0.21 |
| 颍上 | 0.01 | 0.01 | 0.01 | 0.01 | 0.03 | 0.04 | 0.05 | 0.09 | 0.13 | 0.18 | 0.17 | 0.31 |
| 凤台 | 0.03 | 0.03 | 0.05 | 0.07 | 0.09 | 0.08 | 0.11 | 0.18 | 0.22 | 0.31 | 0.27 | 0.50 |

(续表)

| 地区 | 2000 | 2001 | 2002 | 2003 | 2004 | 2005 | 2006 | 2007 | 2008 | 2009 | 2010 | 2011 |
|---|---|---|---|---|---|---|---|---|---|---|---|---|
| 天长 | 0.03 | 0.05 | 0.07 | 0.09 | 0.10 | 0.12 | 0.16 | 0.17 | 0.24 | 0.27 | 0.36 | 0.47 |
| 明光 | 0.03 | 0.04 | 0.03 | 0.04 | 0.06 | 0.05 | 0.07 | 0.11 | 0.14 | 0.15 | 0.18 | 0.28 |
| 来安 | 0.03 | 0.05 | 0.06 | 0.06 | 0.07 | 0.08 | 0.11 | 0.15 | 0.18 | 0.18 | 0.19 | 0.33 |
| 全椒 | 0.04 | 0.06 | 0.06 | 0.08 | 0.11 | 0.12 | 0.14 | 0.15 | 0.19 | 0.21 | 0.20 | 0.33 |
| 定远 | 0.01 | 0.03 | 0.04 | 0.04 | 0.06 | 0.07 | 0.09 | 0.12 | 0.16 | 0.15 | 0.19 | 0.26 |
| 凤阳 | 0.04 | 0.03 | 0.04 | 0.04 | 0.06 | 0.05 | 0.08 | 0.12 | 0.16 | 0.18 | 0.21 | 0.31 |
| 寿县 | 0.01 | 0.02 | 0.02 | 0.03 | 0.04 | 0.05 | 0.07 | 0.09 | 0.15 | 0.15 | 0.17 | 0.28 |
| 霍邱 | 0.02 | 0.02 | 0.03 | 0.05 | 0.06 | 0.07 | 0.09 | 0.12 | 0.17 | 0.19 | 0.23 | 0.32 |
| 舒城 | 0.04 | 0.04 | 0.04 | 0.05 | 0.06 | 0.07 | 0.09 | 0.13 | 0.19 | 0.21 | 0.21 | 0.34 |
| 金寨 | 0.04 | 0.05 | 0.05 | 0.06 | 0.09 | 0.09 | 0.14 | 0.20 | 0.25 | 0.28 | 0.31 | 0.46 |
| 霍山 | 0.05 | 0.08 | 0.10 | 0.11 | 0.14 | 0.18 | 0.22 | 0.31 | 0.37 | 0.43 | 0.53 | 0.57 |
| 当涂 | 0.01 | 0.02 | 0.03 | 0.04 | 0.06 | 0.07 | 0.10 | 0.17 | 0.21 | 0.32 | 0.48 | 0.64 |
| 庐江 | 0.02 | 0.03 | 0.04 | 0.04 | 0.06 | 0.06 | 0.08 | 0.12 | 0.18 | 0.18 | 0.19 | 0.30 |
| 无为 | 0.02 | 0.03 | 0.04 | 0.04 | 0.06 | 0.06 | 0.11 | 0.17 | 0.23 | 0.30 | 0.34 | 0.44 |
| 含山 | 0.02 | 0.03 | 0.04 | 0.04 | 0.06 | 0.06 | 0.09 | 0.13 | 0.32 | 0.35 | 0.40 | 0.57 |
| 和县 | 0.01 | 0.02 | 0.03 | 0.04 | 0.04 | 0.05 | 0.07 | 0.11 | 0.21 | 0.22 | 0.24 | 0.43 |
| 芜湖 | 0.02 | 0.03 | 0.05 | 0.05 | 0.08 | 0.09 | 0.11 | 0.20 | 0.25 | 0.33 | 0.38 | 0.66 |
| 繁昌 | 0.02 | 0.04 | 0.05 | 0.06 | 0.11 | 0.12 | 0.15 | 0.20 | 0.32 | 0.38 | 0.34 | 0.60 |
| 南陵 | 0.02 | 0.03 | 0.04 | 0.05 | 0.08 | 0.09 | 0.10 | 0.13 | 0.16 | 0.21 | 0.23 | 0.34 |
| 宁国 | 0.04 | 0.06 | 0.09 | 0.10 | 0.13 | 0.14 | 0.19 | 0.17 | 0.21 | 0.31 | 0.35 | 0.79 |
| 郎溪 | 0.03 | 0.04 | 0.06 | 0.06 | 0.09 | 0.09 | 0.12 | 0.19 | 0.28 | 0.34 | 0.47 | 0.72 |
| 广德 | 0.03 | 0.05 | 0.05 | 0.06 | 0.09 | 0.08 | 0.12 | 0.18 | 0.26 | 0.27 | 0.32 | 0.54 |
| 泾县 | 0.03 | 0.04 | 0.05 | 0.06 | 0.08 | 0.10 | 0.11 | 0.13 | 0.20 | 0.20 | 0.25 | 0.54 |
| 旌德 | 0.04 | 0.05 | 0.05 | 0.06 | 0.08 | 0.08 | 0.11 | 0.14 | 0.22 | 0.19 | 0.22 | 0.63 |
| 绩溪 | 0.06 | 0.08 | 0.09 | 0.10 | 0.14 | 0.14 | 0.16 | 0.24 | 0.30 | 0.33 | 0.41 | 0.81 |
| 铜陵 | 0.05 | 0.06 | 0.08 | 0.08 | 0.11 | 0.13 | 0.16 | 0.29 | 0.37 | 0.44 | 0.57 | 0.55 |
| 东至 | 0.03 | 0.04 | 0.05 | 0.06 | 0.08 | 0.09 | 0.11 | 0.16 | 0.23 | 0.25 | 0.31 | 0.46 |
| 石台 | 0.05 | 0.10 | 0.12 | 0.13 | 0.12 | 0.14 | 0.15 | 0.18 | 0.30 | 0.27 | 0.31 | 0.53 |
| 青阳 | 0.04 | 0.06 | 0.08 | 0.09 | 0.10 | 0.10 | 0.15 | 0.12 | 0.19 | 0.24 | 0.28 | 0.50 |
| 桐城 | 0.06 | 0.08 | 0.09 | 0.09 | 0.13 | 0.14 | 0.16 | 0.24 | 0.32 | 0.36 | 0.38 | 0.48 |

（续表）

| 地区 | 2000 | 2001 | 2002 | 2003 | 2004 | 2005 | 2006 | 2007 | 2008 | 2009 | 2010 | 2011 |
|---|---|---|---|---|---|---|---|---|---|---|---|---|
| 怀宁 | 0.05 | 0.05 | 0.05 | 0.06 | 0.07 | 0.13 | 0.17 | 0.22 | 0.29 | 0.35 | 0.44 | 0.60 |
| 枞阳 | 0.01 | 0.02 | 0.03 | 0.03 | 0.05 | 0.05 | 0.07 | 0.12 | 0.17 | 0.27 | 0.31 | 0.39 |
| 潜山 | 0.04 | 0.05 | 0.06 | 0.06 | 0.08 | 0.08 | 0.11 | 0.14 | 0.21 | 0.24 | 0.25 | 0.43 |
| 太湖 | 0.04 | 0.05 | 0.06 | 0.06 | 0.08 | 0.10 | 0.12 | 0.16 | 0.25 | 0.35 | 0.25 | 0.45 |
| 宿松 | 0.02 | 0.03 | 0.04 | 0.05 | 0.07 | 0.08 | 0.13 | 0.15 | 0.22 | 0.24 | 0.29 | 0.34 |
| 望江 | 0.02 | 0.03 | 0.03 | 0.03 | 0.06 | 0.06 | 0.09 | 0.12 | 0.24 | 0.21 | 0.25 | 0.37 |
| 岳西 | 0.05 | 0.08 | 0.09 | 0.08 | 0.11 | 0.12 | 0.14 | 0.20 | 0.27 | 0.32 | 0.47 | 0.55 |
| 歙县 | 0.04 | 0.05 | 0.06 | 0.06 | 0.07 | 0.08 | 0.10 | 0.13 | 0.19 | 0.22 | 0.29 | 0.38 |
| 休宁 | 0.03 | 0.04 | 0.05 | 0.04 | 0.07 | 0.07 | 0.10 | 0.13 | 0.18 | 0.20 | 0.26 | 0.33 |
| 黟县 | 0.05 | 0.06 | 0.08 | 0.08 | 0.11 | 0.11 | 0.12 | 0.15 | 0.22 | 0.25 | 0.30 | 0.40 |
| 祁门 | 0.04 | 0.06 | 0.07 | 0.07 | 0.09 | 0.10 | 0.13 | 0.17 | 0.21 | 0.29 | 0.31 | 0.33 |

# 文丛后记

筹划已久的"财政政治学文丛"终于问世了,感谢丛书的顾问、众多编委和复旦大学出版社帮助我们实现了这一愿望。

"财政政治学文丛"是"财政政治学译丛"的姊妹丛书。自 2015 年"财政政治学译丛"在上海财经大学出版社陆续出版以来,再出一套由中国学者作品组成的"财政政治学文丛"就成为周边很多朋友的期待。朋友们的期待就是我们的使命,于是我们设想用一套"财政政治学文丛"作为平台,将国内目前分散的、从政治视角思考财政问题的学者聚合在一起,以集体的力量推进相关研究并优化知识传播的途径。"财政政治学译丛"的许多译者成了"财政政治学文丛"的作者,我们还希望能够继续吸引和激励更多的学者加入到这一行列中来,以共同推进财政政治学的发展。

无论是对国内学界来说,还是对国外学界来说,"财政政治学"(fiscal politics)都不算是一个主流或热门的概念,甚至到目前为止都没有人专门考证过这个概念的提出者、提出的具体时间及其使用意图。从财政学发展史的角度看,至少早在 19 世纪 80 年代,意大利财政学者就将财政学划分为三个密切相关的分支学科:财政经济学(economia finanziaria)、财政政治学(politica finanziaria)和财政法学(diritto finanziario)。就今天来说,财政政治学在思想上主要源于财政社会学(fiscal sociology,译自德文 Finanzsoziologie),甚至可以说它和最初的财政社会学就是同义词。学界公认,美国学者奥康纳(James O'Connor)是 20 世纪 70 年代推动财政社会学思想复兴的重要代表,但他非常明确地在自己 1973 年出版的《国家的财政危机》一书中提倡"财政政治学",而他所说的财政政治学可以说就是财政社会学,因为他在谈到财政政治学时提及的学者就是财政社会学的创立者葛德雪和熊彼特，而其引用的也主要是熊彼特在1918年所发表的《税收国家的危机》这篇财政社会学的经典文献。无独有偶，在国际货币基金组织2017年出版的《财政政治学》(Fiscal Politics)论文集的导论中，主编也明确地将书名溯源到熊彼特1942年出版的《资本主义、社会主义与民主》和1918年发表的《税收国家的危机》，这实际上也是将财政政治学的思想上溯到财政社会学，因为《税收国家的危机》一文不仅是财政社会学的创始文献之一，也是《资本主义、社会主义与民主》一书的思想源头。

在这里，我们有必要明确强调，初创时期的财政社会学之"社会学"和当前的财政政治学之"政治学"之间并无实质性区别。虽然在今天社会学和政治学分属两个独立的学科，但我们不能根据今天学科分化的语境想当然地将财政社会学作为社会学的子学科或将财政政治学作为政治学的子学科，尽管很多人往往顾名思义地这样认为，甚至一些研究者也是如此主张。无论是从社会学思想史，还是从创立者的研究目的来说，财政社会学的"社会学"更应该被看作是社会理论(social theory)而非社会学理论(sociological theory)。前者试图理解、解释或识别大规模社会变迁，关注的是起源、发展、危机、衰落或进步等主题，因而特别重视制度和长历史时段分析；后者主要是建立一个能系统地将实证研究结果组成对现代社会的综合理解的框架，因其集中关注的主要是那些经济学、政治学、管理学遗漏的地方，甚至被人称作是"剩余科学"。在今天，西方学术界自称或被称为"财政社会学"的研究中，事实上既包含财政社会学初创时期所指的社会理论的内容，又包含当前社会学学科所指的社会学理论的内容，而我们所说的财政政治学跟初创时期的财政社会学基本一致。

"财政是国家治理的基础和重要支柱"，我们理解的财政学就是揭示财政与国家治理的关系和后果，以及利用财政工具优化国家治理、推动政治和社会进步的学问。在此前提下，作为财政学分支的财政政治学，探讨的主要就是财政与国家之间的理论关系，就像熊彼特评论财政社会学时所说的，"它可以让我们从财政角度来考察国家，探究它的性质、形式以及命运"[1]。根据我们对财政政治学的理解以及试图实现的研究目标来说，财政政治学的"政治学"所体现的主要不是现代政治学的英美传统而是欧洲大陆传统。前者以英美的科学传统为基础，强调政治研究中的行为主义视角和量化方法；后者以欧洲的人文主义传统为

---

[1] 熊彼特："税收国家的危机"，刘志广、刘守刚译，载格罗夫斯著，柯伦编：《税收哲人》附录，中译本，刘守刚、刘雪梅译，上海财经大学出版社2018年版，第183页。

基础,强调政治研究中跨学科研究和质性研究的重要性。就欧洲社会科学研究传统而言,遵循欧洲大陆传统的政治学可作为今天的社会理论的组成部分,事实上,当政治学研究传统上溯至亚里士多德时,它本身就是我们今天所说的社会理论。

因此,尽管名称有差异,但财政政治学与财政社会学实际上并不是两类不同性质的研究,只不过财政政治学指的是财政社会学初创时期所指的社会理论范畴。考虑到国内普遍流行的是社会学理论而非社会理论,为避免将财政社会学研究局限于实证或"剩余科学"的范围内,同时也为了进一步突出并传播"财政是国家治理的基础和重要支柱"这一重要理念,我们的译丛和文丛都特别选择财政政治学为名。也可以说,"财政政治学"这一名称选择,它以英美用法为名,但以欧洲大陆传统为实。

在财政学研究传统的划分中,一种更为合理的标准是区分为交换范式财政学和选择范式财政学,这种区分与曾经流行的欧洲大陆传统-英美传统、旧式财政学-新式财政学、德语财政学-英语财政学等划分标准能够基本形成对应关系,但表述更为准确,既能突出不同研究传统的内核,也能够有效避免以地域、时期、国别、语言等分类标准所带来的困难。财政社会学产生于"一战"后期关于欧洲各国战后怎样重建的辩论之中,是交换范式财政学研究传统的典型代表,它与曾流行于欧洲大陆的官房学(cameralism)在思想上有很深的渊源,后者兴盛于政治碎片化下民族国家形成的历史过程之中。无论对财政社会学来说,还是对官房学来说,国家都被置于分析的中心,甚至官房学后来在德国的发展还被称为国家学(Staatswissenschaft)。在欧洲大陆,财政学被认为起源于官房学,而财政社会学也曾被认为就是财政学本身。但长期以来,对英美社会科学思想史来说,官房学都是被遗失的篇章,后来在官房学被译介到英美时,按照其时下的学科划分标准,即经济学主要研究市场问题,政治学主要研究国家问题,而社会学主要研究社会问题,官房学者因为其研究的中心问题是国家而被看作是政治学家而非经济学家或社会学家。事实上,一些研究者也将选择范式财政学研究传统的思想追溯到官房学,但与今天选择范式下基于各种假设条件的虚幻选择不同,官房学中的选择是真实的选择,因为官房学者必须为其选择承担责任,有时甚至会付出生命的代价。从根本上说,官房学着眼于民族国家的实际创立、生存、竞争与发展,更能反映着眼于国家治理的财政科学的完整萌芽,它与我们理解的主要探讨财政与国家关系的财政政治学取向是一致的。阳光之下无罕事,我们并不需要假装财政政治学主张具有原创性,它并不是要构建出一个全新的出发点,而是对财政学思想史中已有传统的新的思考与拓展。周期性地追根溯源及重新阐述研究任务，似乎正是推进社会科学发展的常规做法，而官房学显然可以成为财政政治学发展的重要思想源头。

"财政政治学文丛"的选题范围与财政政治学译丛并没有太大区别，其覆盖面同样广泛，既涉及财政与国家的基础理论研究，也涉及此领域的历史及其实证研究。当然，探讨中国的财政与国家关系、国家治理优化过程中财政工具的运用、从财政推动政治发展等内容，是其中最为重要的组成部分。这些研究是依主题的相似而不是方法的相同而聚合在一起的，研究中各自采用的方法主要依据研究内容而定。它们所要传递并深入研究的基本思想，实际上是葛德雪和熊彼特在其财政社会学的经典论著中所总结并奠定的。

虽然财政政治学还是一个比较新的边缘性的提法，但这恰恰是其意义与价值所在，因为对社会科学研究来说，正是新的边缘性概念及其发展为理论的创新与发展提供了前提条件。更何况，从思想源头上说，财政政治学所代表的财政学思想传统，曾经是财政学本身或财政学的主流，那就是"以国家为中心"。遗憾的是，在中国目前的财政学研究中，恰恰丢掉了国家。正如葛德雪强调的，"财政学主要关心的是国家的经费问题，但它从未停止过询问，谁才是国家？"[1]因此，与政治学界以斯考克波为代表的学者呼吁"找回国家"[2]相应，"财政政治学"的发展实际上就是在财政学领域"找回国家"的知识努力。这种知识的发展和深化，将使我们能够拨开各种迷雾，更好地洞见在有国家的社会中财政制度安排对塑造国家治理体系、治理能力以及背后的社会权利-权力结构的基础性作用。

需要指出的是，财政政治学在当前还不是一个学科性概念，我们愿意遵循熊彼特当年对财政社会学的定位，仍将财政政治学看作是一个特殊的研究领域，它涉及一组特殊的事实、一组特殊的问题以及与这些事实和问题相适应的特殊的研究方法。奥康纳在2000年为其《国家的财政危机》再版所写的序言中反复强调了财政政治学研究是政治经济学和政治社会学的结合，而国际货币基金组织出版的《财政政治学》论文集的主编也强调财政政治学试图复兴一种在政治经济学中将经济、社会和政治过程看作是共同决定和共同演进的传统。正是在这种研究取向中，我们可以努力地去实现马斯格雷夫对财政学发展的反思性主张，他认为，主流财政学满足于帕累托最优而忽略了公平正义、个人权利以及有意义的

---

[1] 马斯格雷夫、皮考克主编：《财政理论史上的经典文献》，刘守刚、王晓丹译，上海财经大学出版社2015年版，第263页。

[2] 斯考克波："找回国家"，载埃文斯、鲁施迈耶、斯考克波编著：《找回国家》，生活·读书·新知三联书店2009年版。

自由概念等对一个国家的重要意义[1]。主流财政学的不足主要在于其研究所依赖的方法或技术导致人为地割裂了财政与国家间的历史性与制度性联系,从而使其研究偏离了财政学的真正研究主题。我们想要做的,就是努力使财政学重新回到对国家具有重要意义的议题的关注之上,并重塑其对社会的理解力和指导力,这一重塑是出于一种迫切且共同的需要,也就是在新的时代更恰当地去理解并推动国家治理优化与中国政治的发展。

当然,我们在此处并不是在否定财政政治学今后走向独立学科的可能性,事实上,我们正在为此做准备。但这需要一个很长的努力过程,需要有更多人能够积极且静心地投入进来。当我们能够从更多的研究确立的各项解释原则的相互关系中发现财政政治学的学科统一性时,建立财政政治学学科所要探讨的问题,将像罗宾斯在重新定义经济学时所说的一样"由理论统一中的缺口和解释性原理中的不足来提示"[2]。但对财政政治学的发展,最令人期待的结果并不在于形成像现代主流财政学那样统一且标准化的理论以对世界进行技术性或工具性控制,而在于通过财政政治学这种多元、开放的思想体系吸收和转化不同学科的研究成果,并将这种独到的综合性思考成果不断地融入到所要分析的主题中去,实现对国家治理和政治发展的更深层次、更广范围的反思性对话,从而促进优良政治与美好社会建设。我们也并不在意符合这里所说的财政政治学研究目的的研究是否都冠之以财政政治学之名,在"有名无实"和"有实无名"之间,我们会毫不犹豫地选择后者,因为这才是我们真正的追求。

因此,对本文丛感兴趣的研究者和读者,不必在意是否满意于"财政政治学"这一名称,也不必纠结于财政政治学是否有一个明确的定义,关键在于志同道合,即我们试图发展一个能让我们更好地理解历史与现实并指导未来的财政学,"财政政治学"就是我们的"集结号"!我们希望拥有更多的读者,也希望有更多研究者能够加入到这一研究团队中来,共同使"财政政治学文丛"不断完善并成为推动财政学科发展的一支重要力量,进而贡献于国家治理的优化与政治的现代化。

刘守刚　上海财经大学公共经济与管理学院
刘志广　中共上海市委党校经济学教研部
2019 年 8 月

---

[1] 布坎南·马斯格雷夫:《公共财政与公共选择:两种截然不同的国家观》,类承曜译,中国财政经济出版社 2001 年版。
[2] 罗宾斯:《经济科学的性质和意义》,朱泱译,商务印书馆 2000 年版,第 9 页。

图书在版编目(CIP)数据

县治的财政基础——基于县级基本公共服务提供的视角/陶勇著. —上海：复旦大学出版社,2019.10
（财政政治学文丛）
ISBN 978-7-309-14652-3

Ⅰ.①县…  Ⅱ.①陶…  Ⅲ.①县级财政-研究-中国  Ⅳ.①F812.8

中国版本图书馆 CIP 数据核字(2019)第 223429 号

**县治的财政基础——基于县级基本公共服务提供的视角**
陶　勇　著
责任编辑/张雪枫　岑品杰

复旦大学出版社有限公司出版发行
上海市国权路 579 号　邮编：200433
网址：fupnet@ fudanpress.com　http://www.fudanpress.com
门市零售：86-21-65642857　团体订购：86-21-65118853
外埠邮购：86-21-65109143
江阴金马印刷有限公司

开本 787×1092　1/16　印张 21.75　字数 359 千
2019 年 10 月第 1 版第 1 次印刷

ISBN 978-7-309-14652-3/F·2629
定价：69.00 元

如有印装质量问题，请向复旦大学出版社有限公司发行部调换。
版权所有　侵权必究